中文版序

信息与传播是政治的核心要素,是包括政府、公民个体、议会、政党、经济文化组织在内的所有政治行动者进行政治引导的来源与开展政治行动的工具。政治传播研究的关键问题是探索信息与传播在政治中具有何种作用,特别是大众媒体、互联网与社交网络在政治当中又有何作用。

近几十年来,几乎没有任何其他传播学研究领域能够媲美政治传播学的发展。传播媒介的发展是一个重要原因:从20世纪诞生的广播电视,到如今仍在扩张的互联网与社交媒体,都是具有空前影响力的新兴传播手段。它们一方面提高了政治行动者施加影响的可能性,另一方面,政治行动者也越来越依赖媒体。学界将这种现象称作政治的媒介化。

媒介化是描绘、解析政治传播变迁的学理概念之一。这个研究领域蓬勃发展,表现在学理概念、研究理论的演进,以及政治传播学者和相关的学术交流活动的数量增长,特别是相关的专著、期刊与学术会议的数量,都在这几十年间快速上升。

本书首次在中国出版,旨在提供最重要的政治传播理论与研究成果。书中不仅有理论梳理和经验研究案例,也有对解释模式的论述以及数据调研方法。学术类似政治,已经越来越国际化。各种重要的理论、方法与认知,在当今的国际学界广为人知。来自五湖四海的学者也从未懈怠于研究的应用与后续耕耘。

诚然，英美与欧洲学界在该领域或仍居主导地位，其因有二：首先，政治传播研究在学术史上与社会科学，尤其是社会学、社会心理学与政治科学密切相关。这些学科的理论与方法——包括政治传播学在内，主要发展于欧美院校。其次，高校的师资与经费是科学研究的主要资源。传播经验研究尤其如此，因为它需要开展实验、大量的媒介分析和广泛的调查工作。自20世纪后半叶以来，某些"西方"国家主要是美国和某些欧洲国家，具有很强的经济实力，例如德国。因此，本书多次提及欧美学者的理论，而且所举的经验研究案例主要来自德国。

早在多年以前，"西方世界"以外的学者，尤其是日本学者与中国学者也促进了学术的进步。在这些国家，经验研究的学术资源越来越多，研究者对科学进步的影响也越来越深。本书的中文版若能对中国与"西方世界"的学术交流有所贡献，将是作者最希望看到的。

温弗莱德·舒尔茨
2021年3月

译 序

本书集合了西方政治传播领域最核心的研究议题,系统探讨了近几十年来西方学界在这一领域中最为突出的经验研究成果。作者对学科的范式、概念以及理论框架进行了梳理,并且比较了大量的经典研究案例,为政治传播经验研究的实践提供了切实可行的方案。

不过,这些研究都在西方国家的政治语境诞生。由于国家政治、经济、文化的语境不同,某些德文词汇在中文里很难找出对应的词汇。译者在与作者交流之后,确定了某些词汇的译法,在此先明确解释这些译法。以下是我们讨论的结果。

关于"Vermittlung"。该词能与不少词汇结合成为复合词,例如"Politikvermittlung",具有传达政策并使人接受的含义;"Vermittlungsinstanz"是具有传达性质的中介机构;"Interessenvermittlung"则有"沟通、调和各方利益"的意思。"Vermittlung"具有传播、调和、连接、中介的意思。该词的译法因而需要视语境而定。

关于"Framing"。一些中国的研究者会将"Framing"与"Frame"统称为"框架",或者将"Framing"译为框架生成、框架形成。我们决定统一将德文"Framing"翻译为"架框",把"Frame"译为"框架"。这一方面是为了区分两个词汇,另一方面,"架框"也能体现"Framing"一词的动名词词性。

关于"Diskurs"。我国学者对该词的译法以"话语""语篇"居多。本书是在介绍公共领域理论的语境中使用这一词汇,而且德国学者更加偏重"沟通"和言论风格这层含义,因此将之译为"论述"。

关于"Kampagne"。德语"Kampagne"和英语"Campaign"一般对等。在本书中,该词多出现于政治选战期间,指的是政党的传播造势活动,也用于描述一些旨在改变公民特定行为的宣传活动,如戒烟行动等。在选举语境下,一般译作"选战活动",在与"Politische"(政治的)连用时翻译为"政治传播活动"。

原作最早于2011年出版,作者舒尔茨教授专门为中文译本新增了2020年的最新数据,主要的修改集中于第一章、第二章、第六章和第八章。

最后,本书的出版离不开一些人的帮助。在此特别感谢中国传媒大学的李舒教授、刘昶教授、赵均教授,以及中国传媒大学出版社编辑的指导和支持。能够翻译此书,是我们的荣幸。

译者
2021年7月

CONTENTS 目录

第一章 绪论 ·· *1*
   第一节 概念界定 / 3
   第二节 本书结构 / 4

第二章 媒体变迁与政治媒介化 ·························· *7*
   第一节 媒体扩张与政治信息使用 / 7
   第二节 政治媒介化 / 16

第三章 政治传播过程的模型 ···························· *26*
   第一节 媒体与政治：系统论的观点 / 26
   第二节 政治传播系统中的关系 / 30
   第三节 功能解释与因果解释 / 35
   第四节 政治传播的研究角度 / 38
   第五节 共同取向与交互 / 41

第四章 政治的媒介真实 ································ *47*
   第一节 大众媒体与真实 / 47
   第二节 媒介的信息处理 / 55

第三节 政治报道的影响因素 / 64
第四节 构建公共领域 / 86

第五章 传播与参政 121
第一节 政治参与的形式 / 121
第二节 大众媒体的政治社会化过程 / 129
第三节 政治知识的媒介传播 / 133
第四节 媒体扩张与知识鸿沟 / 144
第五节 人类认知政治过程的媒介化 / 152
第六节 政治麻醉或政治动力？ / 165

第六章 选战中的媒体 174
第一节 媒体变迁及其对选战的影响 / 174
第二节 竞选传播与选战活动的风格 / 187
第三节 选战活动的媒介形象 / 199
第四节 选举传播与投票决定 / 216

第七章 政治利益的传播管理 235
第一节 战略传播与政治传达 / 235
第二节 政治传播活动 / 242
第三节 公关与新闻的关系 / 246

第八章 媒体影响与媒体质量 251
第一节 媒体的政治效果与政治功能 / 251
第二节 媒体效能与民主质量 / 257
第三节 媒体自由与媒体质量 / 262

参考文献 265

第一章 绪 论

没有传播,政治便无从设想。正因为两者之间的联系如此紧密,有些学者倾向于通过传播来定义政治(Deutsch,1963;Meadow,1980)。无论如何,政治与传播密不可分(Jarren,Donges,2006:21)。

与政治哲学和政治理论类似,政治传播领域的学术耕耘也有悠久的传统(Vowe,2003b)。近几十年来,相关研究的数量与日俱增,这或许是因为政治与传播之间的关系出现了新的形式与质素。不少政治传播研究的出发点,也正是大众媒体的变迁以及媒体与政治之间的关系。这些研究固然已经日趋成熟,但学界认为其中仍然存在一些棘手的问题(Blumler,Gurevitsch,1995;Kasse,1998b;Bucy,D'Angelo,1999;Jäckel,1999)。

一方面,唱衰者抱怨电视、互联网的不利影响,不满于媒体美国化和商业化的趋势;另一方面,一些冷静的研究者则认为,现代化和全球化进程不仅催生出新的政治传播形式,而且还形成了新的公民参政方式(Bennett,2000)。

随着媒体的快速扩张,媒体已经渗透到社会的各个领域,众所瞩目。这种现象与当今社会正在经历的媒介化过程也有关联,而且显然涉及政治。伴随着媒介技术的发展以及媒体商业化与全球化的推动,这种变化自20世纪80年代以来已经更加明显。

早在20世纪前半叶电子媒介滥觞之时,政治传播就出现了新的质素。一如广播与电视把共同经验推介给广泛的受众,并在更大范围内建立起虚拟的公共领域,而今电视已经能为全球观众实况直播突发事件。影响更为深远的是互联网的发展,由马歇尔·麦克卢汉(McLuhan,1968)提出的电子"地球村"的构想已经成为现实。

当今时代,媒介传播的政治信息无所不在,这种情况前所未有。各种信息服务高度充盈:政治新闻、背景报道、时事分析和政治评论充斥于报纸、杂志、广播电视、视频、互联网和网络信息服务;内容实时更新,随时待人撷取。

然而,在信息的提供与使用之间却出现了一条不断扩大的鸿沟。政治信息的总量虽大,但人们只会利用或加工其中极小部分的信息。信息服务的增长带来了一种假象,好像公民因此就能对政治更加了解、在行。另外,虽然政客、政党、议会和政府在媒体中出现的频率更高了,但如果因此而认为人们对政治接受度更高的话,却仍然值得质疑。

一种传统观点认为,媒体在政治过程中应该扮演服从的角色。但随着政治媒介化程度的提高,这个观点也受到了挑战。一些警示在相关文献中广泛扩散,批判着媒体"殖民"政治(Meyer,2001)、媒体权力以及媒体"大权在握"的情况(Oberreuter,1982),同时还伴随着对媒体权力合法性的质疑(Donsbach,1982)。

不难发现,政治行动者正在更频繁、专业地利用政治营销与公共关系工具来应对这种变化。曾经的宣传"艺术",或是被贬斥为"操纵"的传播,已经发展成为一门广受推崇的学科和一种广受认可的专业,还被冠以"传播管理"或"媒体咨询"等响亮的名号。与此同时,政治传播的专业化也在不断加强:广泛参与选战与公关活动,以此来提升形象、规划政治选战,并尽可能地利用媒体报道,这些做法在全球比比皆是。

政治随之变得模棱两可。惯常的政治手段往往不可见,而媒体却是政治表演的舞台。这意味着在政策的形成与呈现之间出现了一条鸿沟(Sarcinelli,1987b)。

政治传播研究对这些发展的关注与日俱增,其分析更加精微,批判也更加尖锐。尽管如此,这些研究还是模棱两可的。就算研究者的初衷只是单纯的学术认知或学理批判,但他们还是在有意无意地帮助提升传播管理的策略与技巧。

拉扎斯菲尔德(Lazarsfeld,1941)曾经提议区分批判研究与行政研究。但随着学术研究的世俗化以及政治传播实践的学术化,这种区分看来是越来越不可能了。学界对这一无意中产生的政治后果也少有反省。

此外,大众媒体究竟以何种方式介入政治过程,并改变政治结构的呢?

对这一问题的探索,学界仍然停留在系统性的理论分析层面。这一方面是因为,传播学往往不熟悉政治学研究的问题提出与研究分类;另一方面,政治学过去几乎未曾关注过大众传播现象。正如马克斯·卡瑟所推测的那样,政治学的这种冷漠,或许恰恰是因为媒体的无所不在。大众媒体"作为一种社会的不言而喻之物,显然仍未得到学界的必要重视"(Kaase,1998b:100)。

第一节　概念界定

在过去 30 年间,关于政治传播的研究活动及出版物数量大大增长,学界的研究兴趣与日俱增,政治学领域的学者也是如此。

早在 20 世纪 70 年代,政治传播研究的独立与制度化过程就已经开始。美国学者查菲(Chaffee,1975)、克劳斯(Kraus,1976)、尼莫和桑德斯(Nimmo,Sanders,1981)的著作,以及德国学者朗恩布赫(Langenbucher,1974,1979)、萨克瑟(Saxer,1983)编著的丛书都影响深远。根据沙茨(Schatz,1978)的概述文章,政治学者对德国早期的学术议程产生的影响更大。另外,各种政治传播著作、丛书以及评论层出不穷,难以尽数。大型学术机构中学科的建立以及学术期刊的开办,也是政治传播研究制度化的表现。①

研究领域的制度化——或者莫不如称之为传播学与政治学之间的界限不断明晰,这意味着需要对相关概念进行明确的定义。当然,区分、界定政治传播概念的尝试数不胜数,但概念的抽象化并非总是有益的。

但有一种基础理论却是个例外:它从**政治行动者**的视角,特别是从国家公民的视角来研究政治。这是典型的盎格鲁-撒克逊式的研究路径。这种研究的核心议题,是探索传播在政治舆论及意志的形成过程中所发挥的作用,重点关注媒体对民意与政治意志形成的影响(尤其是选战期间)。

麦克奈尔曾经提出,如果要把政治行动者作为界定政治传播概念的参考点,那就应该明确政治行动者在相对宽泛的社会学层面上的定义,并且需要理

---

① 国际传播学会(ICA)和美国政治科学协会(APSA)分别建立了政治传播小组。这两个机构共同发行期刊《政治传播》。德国政治学会(DVPW)和德国新闻与传播学协会(DGPuK)各成立了工作组"政治与传播",并定期举行学术年会。参见政治学学者沙茨、罗斯勒与尼兰德的回顾,Schatz, Rössler, Nieland,2002:315-317。

清政治行动者与其他行动者之间的区别(McNair,2011)。在社会学意义上,行动者除了个体以外,还包括**集体**行动者,例如团队、协会、组织。**政治**行动者指的是以政治角色开展行动,即直接或间接地参与权力或资源分配,从而形成具有约束性效力的决定及实施决定的过程(参见:Luhmann,1974)。

典型的政治行动者包括政党、议会、政府、国家、超国家组织及其成员或代表。这些行动者的政治角色基础,就是达成具有约束性效力的决策。不过,有些行动者只能间接地影响决定的产生、内容和执行,他们包括利益集团、社会运动组织以及所有公民。对公民而言,当他们讨论政治议题、参与选举投票、参加游行或其他的抗争行动之时,就是以政治角色来行动。另一种不应忽视的公民参与形式,就是从媒体获得信息、形成政见。

大众媒体和不少网络平台也能扮演政治行动者的角色,往往是通过报道、评论政治时事、议题或其他政治行动者的行动(Pfetsch,Adam,2008)。其他政治行动者也需要大众媒体的独特功能(尤其是媒体构建公共领域的能力),单从这一点就可以感受到媒体对政治决策环节的影响。特别是当媒体高度关注某个轰动事件或者暴力冲突事件,或媒体传播假新闻、仇恨言论及煽动性信息时,就会产生极为重大的影响。

因此,我们可以这样总结政治传播的概念:**政治传播是由政治行动者开展的传播;它或者针对政治行动者本身,或者与政治行动者及其行动相关。**

政治传播从概念上区别于**传播政策**[①]。后者描绘了社会中传播关系的原则、目标与规制决策,这主要由政党、议会、政府和各类利益集团来代表或执行。传播政策是对**公共**传播行为的规制,其中以大众媒体为首要。因此,媒体政策也是一个常用的称谓。

第二节 本书结构

本书的重点是探讨有关政治与媒体之间关系的最重要的传播学经验研究的理论与成果,力图呈现在研究过程中出现最多的问题。这些问题包括:媒体在政治中扮演什么角色?它以何种方式促成、鼓励、阻碍或调整政治行为?在

[①] 媒体政策(Medienpolitik)有时是传播政策的同义词,有时是传播政策的一部分。具体参见:Tonnemaher,2003;Vowe,2003a。

这些方面,媒体的快速变迁带来了哪些变化?

这些问题与"**媒介化**"(Medialisierung)这个概念密不可分。媒介化概念关系到最广泛意义上的传播媒介。但本书中的这一概念主要指与政治相关的媒体。行动者只要利用了媒体的效能,这种媒体就**与政治相关**。它不仅包括传统的**公共新闻媒体**、电影、广播和电视,也包括互联网内容和服务以及在线媒体,还包括海报、图片和音频等线下媒体。有鉴于此,本书不局限于常识性的政治内容或政治类别,也不囿于以获得政治信息或建立政见为目的的媒体使用行为。① 娱乐性的媒体内容也可以是政治,因为这种内容也可以为政客提供通向公共领域的渠道。总而言之,近年来,传统的分类界限正在不断模糊;"**信息娱乐化**"和"**政治娱乐化**"概念的出现便是印证。

本书第二章主要探讨了媒介化概念。首先介绍大众传播和媒体的应用在当今社会(特别是德国社会)的意义。第三章介绍的传播学概念和模型,都涉及媒体与政治的关系、媒体的政治效果以及政治媒介化等议题。

第四章首先介绍关于人类处理政治信息以及媒体影响政治的基本认知,重点是媒体对政治讯息的塑造以及媒体建构公共领域的主题。第五章将从公民参政的角度,更详尽地解析媒体生产传播信息及塑造公共领域的过程。第六章介绍的选战政治传播的经验研究也与上述内容相互对应。第七章考察政治传播的"策略"手段,特别是政治公共关系,以及政治行动者传播管理措施的可能性与局限性。最后结论部分通过介绍有关媒体的政治效果以及政治报道质量的研究(无论其结论是真实的还是揣测性的),来讨论媒体与政治之间关系。

本书与学术积累的原则相一致,建立在其他学者的理论思考与经验研究的基础之上。本人从大量已有的研究中**挑选**一部分,是为了凸显其重要性,并为目前已有的学理认知建立一个有意义的框架。本书中有些部分是本人从已经发表的、零散的文章中挑选而来的,有些则是本人对文章进行修改并进一步补充而来的。

本书着眼于最重要的研究话题和研究领域,旨在提供一个概览。它绝非一本百科全书;本人也无法同时对所有主题展开同样深入的探讨。要满足这些需

---

① 德利·卡尔匹尼(Carpini,2004b)根据传播和媒体的不同形式、样式和类型,定义了"政治相关媒体",但没有过多提及媒体的效能。他认为,媒体首先是信息传播的渠道,其次是信息来源,最后可以作为公共领域。

求很困难,因为学界对某些理论和研究领域及其研究视角意义的理解都极为不同。正因为看问题的视角不同,不同概述文献之间也具有可比性(参见:Donsbach,1993a;Kaase,1998b;Schönbach,1998;Vowe,2003b;Vowe,Dohle,2005;Schulz,2003;2008a)。借助其他的书籍,读者可以对本书内容进行补充。还有许多值得推介的教材与丛书,都是从不同角度来考察政治传播的(Jarren,Sarcinelli,Saxer,1998;Kaid,2004a;Strohmeier,2004;Jarren,Donges,2006;Kaid,Holtz-Bacha,2007;Kamps,2007;Stanyer,2007;Rhomberg,2009;Sarcinelli,2009;McNair,2011)。

第二章　媒体变迁与政治媒介化

大众媒体的发展日新月异。这种变化本身就是社会转型的一种显著表现。互联网的蓬勃发展正是一个鲜活的案例。媒体的变迁之所以受到广泛的关注，正是因为它是我们日常生活经验的一部分，而且涉及社会各个领域。政治领域是受媒体变迁影响最深的一个领域。政治的变化以及这些变化的结果被称作媒介化。近几年来，大众媒体的扩张是媒介化的一个重要原因。本章描绘了这一过程，并聚焦媒体中的政治内容以及人们如何使用这些信息。本章的第二部分将更精确地分析媒介化进程，从而帮助解释、理解媒体变迁与政治变迁之间的相互影响。

第一节　媒体扩张与政治信息使用

在媒介技术创新以及媒体经济与组织不断发展的背景下，媒介化进程中最明显的一个标志是媒体扩张对政治边界的消解。从国际新闻通讯社的形成，到大众新闻媒体的崛起和发展，从广播电视的全球播出，再到卫星电缆技术和互联网的发展，这些都大大提高了大众媒体的覆盖范围，拓展了人们使用媒体的可能性。媒体系统的扩张高度延伸了政治的范围，并提高了政治行动的可能性。政府、政治组织、政党、反对运动和恐怖组织，都能得益于此。媒体还为公民带来了新的信息与参与机遇。但并非所有国家的公民都能同等地从中受益。与其他国家相比，个别国家公民使用政治信息和参与政治的情况存在着天壤之别。

在过去整整 20 年里，媒体变化的速度日益加快，媒体的内容和样式也更加多元。在很大程度上,信息与传播技术的发展以及广电领域的放松管制是媒体高速扩张的动力来源。而今,电脑和信息与传播技术(如广播电视、电信服务商、电子与光学存储、有线传输与卫星传输等一系列传播技术)的整合带来了质的飞跃和协同影响,广播电视技术的数字化转型催生了更多的频道、节目与服务,并强化了自身的发展。

一、供应扩张

在过去20年里,德国地面模拟广播节目的数量成倍增长,数字节目也日益增多。此外,德国境内还存在大量奥地利和瑞士的德语信息服务、卫星节目和网络流媒体服务。

相较于广播,德语电视节目的覆盖范围没有那么广,但电视节目的总量在近十几年增长了好几倍。我们可以用类似于区分广播传输渠道的方式来区分电视内容,因为有些电视节目是地区节目,有些只能通过特殊装置才能接收到(例如地区节目、大都市节目、外国节目、付费电视以及数字订阅的信息服务)。[1] 数字技术和互联网也催生出越来越多的电视节目,节目数量甚至超过了流媒体服务(和播客)数量。媒体的扩张使得信息产品越来越多元化、专门化了。

虽然电视主要播出娱乐内容,广播则主要播出音乐,但视听媒体数量的增长也提升了政治信息服务的总量,特别是广播及专门电视频道(例如德国的NTV电视台和凤凰台)中的公共信息和文化节目就是这种类型的节目。如果要了解所有德语电视频道的信息供应概况,可以查阅《媒体多样性报告》。[2]

视听媒介的扩张并没有挤压印刷媒体的生存空间。但是,不同印刷媒体的发展也各不相同。例如,在1990—2010年,德国图书的每年首印数以及定期出版物的总量翻了将近一倍,之后出现了下滑趋势。[3] 期刊的数量也在持续增长,但发行总量有所下滑。区域性日报数量及销量虽有下降,但网络报纸却出现了

---

[1] 媒体集中化调查委员会的媒体数据库提供关于德国电视节目的最新数据。网址:www.kek-online.de/medienkonzentration/mediendatenbank/#/ (查询日期:2020年10月28日)。
[2] 参见:Medienanstalten,2019。
[3] 最新数据可在《媒体基础数据》中查询。网址:www.ard-werbung.de/media-perspektiven/basisdaten/ (查询日期:2020年10月28日)。

高速增长。单是德国出版的网络期刊数便从 1995 年的 5 种提高到近 700 种。①

互联网扩张使得信息提供者越来越多元。过去,那些形形色色的政治组织,无论是社区、地方、全国还是国际层面,都必须依靠大众媒体的传播,而今这些组织也能直接向所有人传递信息。德国的联邦政府、州政府以及许多社区都在网上提供了丰富的政治信息。人们还能访问各个级别行政管理机构的网站。政党和许多候选人也建立了专门网页,将之作为传播选战信息与政治动员的手段。此外,大量的社会组织、利益集团、社会运动组织和政治行动群体都在网上进行内部沟通,或者在网上进行公开展示、施加社会影响。

总而言之,借助万维网和新型的存储媒介(如 CD、DVD 和 MP3 播放器),信息正以前所未有的方式在短时间内成倍增长。这一"数字宇宙"中的信息量每年都呈现**指数级**增长,平均的增长率约为 60%(Gantz,2008)。信息的膨胀也意味着政治信息产品在快速增长。不过,数字内容与传统媒体类似,其中大部分内容都是非政治性的信息。

二、媒体使用的扩张

虽然媒体的消费还在不断增长,但其增长速度却远不及信息供应的增速。这种强加于广大公众身上的"信息超载"现象经常引发争议(Deutsch,1986)。克罗伯-里尔在媒体高速扩张以前就已经测算出,在报刊及广播电视每日提供的所有信息当中,最多只有 1.7% 会被使用(Kroeber-Riel,1987)。这种量化测算和现实情况相比当然还不够精确,但的确凸显出信息超载和注意力稀缺之间的失衡,而且也在暗示,信息供应的暴涨并不一定有利于人们对信息的利用。

通过对公营广播电视发展情况的纵向分析,能够更加清晰地看到媒体消费的发展趋势(见图 2-1)。特别是 20 世纪 90 年代中期之后,德国人的媒介消费一直在不断提升,而且在 1995 年之后,每年都增长 50%。14 岁以上的德国人每天在媒体上花费的时间超过 7 小时,②其中,听广播和看电视的比重最高。2015 年,德国人的日均上网时间已经达到 107 分钟,而在 1997 年才不过 2 分钟(这是德国首个具有统计意义的上网行为调查)。1997 年,德国只有 6.5% 的人可以

---

① 这个数值在近几年来都比较稳定。参见:德国报纸出版协会的网站:www.bdzv.de。
② 这个数值取决于调查统计了哪些媒体,以及如何计算同时使用多个媒体的情况。

偶尔上网,2020年,将近一半的14岁以上人群能每天上网,而且所有14—19岁的德国人能够每天上网。

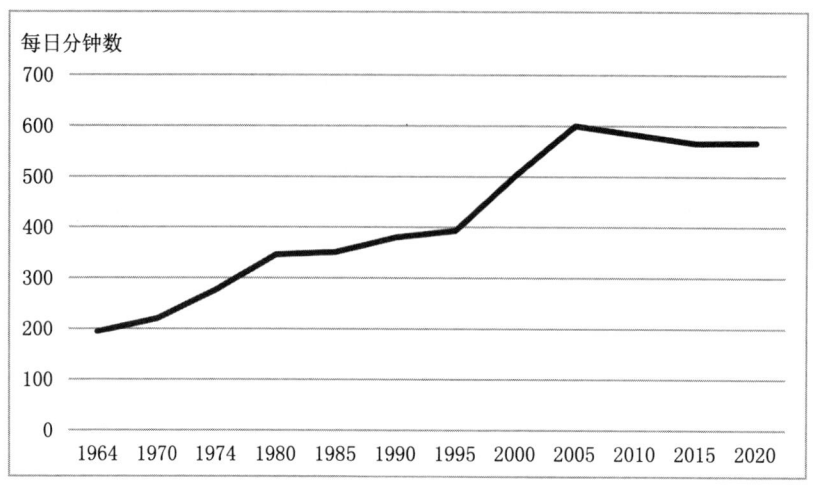

图 2-1　德国人的日均媒体消费趋势①

图2-1展现的媒体消费时间是一个总值,因此无法表现人们同时使用多个媒体的情况。2020年,同时使用多个媒体的时间大约占媒体消费日均总时长的20%。

这些历时性的研究数据表明,虽然互联网在扩张,上网的行为也越来越频繁,但互联网并没有压缩人们使用传统媒体的时间。只不过读报人口的比重已经显著下降,尤其是年轻群体。②

经验研究还应该考虑媒介使用过程中的非媒介行为,例如交谈、吃饭、做家务、开车或工作,其中大部分活动都涉及娱乐。③ 非政治内容已经占据媒体消费的主导地位,例如广播音乐、电视肥皂剧、娱乐节目、公共期刊中的生活建议、互联网以及专业期刊中的职业信息等。因此,根据上述这些一般的媒介消费数据,我们无法直接推断出政治信息消费的具体情况。

---

① 资料来源:www.ard-zdf-massenkommunikation.de/files/Download-Archiv/MK_2020/MK_2020_Publikationscharts_final.pdf(查询日期:2020年10月28日)。
② 参见第五章第二节第二点。
③ 参见:http://www.ip.de/fakten_&_trends/fourscreen/fourscreen_trends/ausgabe_112012/paralleln utzung.cfm(查询日期:2016年1月8日)。

三、公民信息消费

我们虽然可以认为,大部分公民是从大众媒体中获得有关政治议题、政治问题、政客和政治机构的信息的。① 但他们有时同时消费多种媒介,有时还伴随着非媒介行为。另外,娱乐与信息互相掺杂,难以区分。要确定媒体是否真的是人们的政治信息来源,其实非常困难。

从人们看电视的具体内容来看,3 岁以上的德国观众日均收看 1 小时左右的信息节目(Gerhards,2013)。这里的"信息"包括**娱乐化信息**,即娱乐性的信息节目、非政治的纪实片和谈话节目。不过,娱乐节目也能提供政治信息。美国电视观众多少已经习惯在脱口秀节目中看到政客们的身影,这种节目也能传递政治见解(例如某个政客的政治立场)(Baum,Jamison,2006;Delli Carpini,2012)。德国也一样,我们能从德国的电视节目中观察到**流行**与政治的融合以及政治娱乐化的趋势(Dörner,2001;Saxer,2007;Nieland,2009)。②

如果把"信息"概念严格限定于新闻节目或以"政治、经济和历史"为重点的节目,那么德国人每天观看这些节目的时长大约为 13 分钟,还不到电视收视总量的 6%(Gerhards,2013)。③ 这些信息在广播中所占的比重更少,但在纸媒和互联网中的比重更高。网民搜索最频繁的就是新闻信息(Eimeren,2015)。据保守估计,人们接收政治信息的比重接近于其媒体消费总量的 10%,也就是每天平均不到 1 小时。

需要注意的是,这个数字是一个均值,所表现的是所有公民的媒体消费情况,其中也包括儿童和青少年,但这些人群显然对政治没有太多兴趣。因此,信息消费,特别是政治信息的消费,与使用者的年龄、政治兴趣,特别是与其正规教育背景之间存在极强的关联。④

如果研究调查了特定的政治性媒体及政治内容的**覆盖率**,就可以得到更准确的数据。例如,每天平均大约有 1000 万观众收看德国电视一台的晚间新闻

---

① 达勒姆尝试鉴定不同信息来源与某些政治具体问题和政治行动者的相关性,并得出了同样的结论(Dahlem,2001:245-247)。
② 下文将从媒介化的角度更详细地解释这一点,参见第二章第二节。
③ 如果把地区性信息节目和晨间杂志节目都考虑进去(除了体育之外),总时长是 21 分钟。
④ 参见图 2-2,第五章将具体解释这一差异。

节目——《**每日新闻**》。① 在黄金时段,总有 300 万—400 万的观众会收看德国电视一台和二台的政治杂志节目和谈话节目(Zubayr, Haddad, Hartmann, 2020)。更值得一提的是一些特别重要的政治节目,例如德国联邦选举期间的电视辩论,这种节目能够吸引 1500 万—2000 万的观众,公营电视台和私营电视台所有的选举节目甚至能够覆盖 2/3 的德国选民(Gscheidle, Geese, Gerhard, 2017)。

有些研究询问了人们"昨天"使用媒体的情况,这种调查能更精确地比较特定媒体的重要性。研究者可以在调查中向受访者提出有关时事的问题,而且不用问得特别具体。在 10 个被访者中,有 8 个人回答在接受调查的前一天"获知时事信息"。多年来,这个数值一直较为稳定。紧接着这个问题,研究者会继续问:"您从哪里获得信息?"许多人提到电视(60%),接着是报纸(36%)和广播(32%),互联网的比例虽然只有 30%,但已经是年轻人最重要的信息来源(参见图 2-2)。

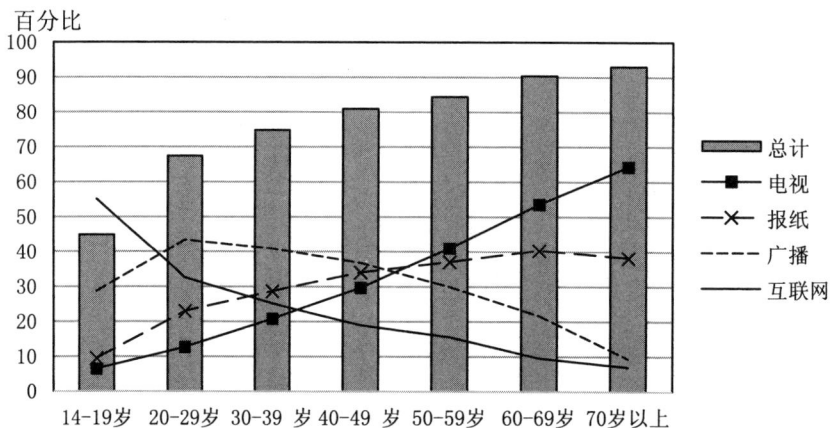

问题:"您昨天有没有了解时事,您有没有看过、听过或读过新闻?"如果是的话,"您从什么渠道获知新闻,报纸、电视、广播,还是互联网?"
资料来源:阿伦巴赫市场与广告分析 2019。

图 2-2　人们在"昨天"获知新闻的情况

电视仍然是大多数德国人主要的信息来源,不过互联网在近年来越来越重

---

① 这一数值包含 3sat、凤凰台和德国电视一台三套的转播收视情况。

要,并成为年轻群体所青睐的信息来源。① 电视观众主要的政治信息来源是公营广播电视节目,而且主要是晚间新闻。私营电视台在提供政治信息方面的作用很小(Maurer,2009)。一些国际比较研究也发现,公营广播电视在这方面具有重要的意义(Curran et al. 2009;Iyengar et al. 2009)。②

有些调查采取另一种方式来调查人们使用媒体的情况。表2-1中的数据表明,电视在德国人生活中的主导地位有所变化,仅在一个比较类别中更能满足人的需求。互联网在其他方面已经越来越重要。另外,德国人近几年来的读报比例急速下降,尤其是年轻人群体。

表2-1 媒介信息消费的直接比较③

	最满足什么情况			
	电视(%)	日报(%)	广播(%)	互联网(%)
参与谈话	34	24	15	26
启发思维	30	20	16	33
获知日常有用信息	26	22	16	35
获知信息	25	26	14	34

资料来源:2015年德国电视一台/二台的大众传播纵向研究(Breunig,2015)。

有些研究还比较了媒体之外的信息来源,并证明了大众媒体在帮助人们获得政治信息方面具有突出的作用。被访者认为,相比大众媒体,人际传播(与朋友、熟人和同事的谈话)对于获得政治信息方面的意义更小(Semetko,Schönbach,1994:73,78;Schulz,Blumler,1994:212;Kepplinger,Maurer,2005:58-60)。

大众传播常常能为人际交流带来契机与话题。如表2-1所示,参与谈话是一个极为重要的使用媒体的动机。约有9/10的德国受访者表示,他们在接受访问的前一周中和其他人谈到了媒体中的信息(Gehrau,Goertz,2010)。在另一个研究中,研究者参与并观察了大量人际谈话,并指出,人际交流可能是人们使用媒体的一个原因(Kepplinger,Martin,1986)。人们在人际谈话中提及媒体的目的主要有3个:1. 对话的契机;2. 事实的信息来源;3. 捍卫所表达的观点。

---

① 参见:Schmidt,Holger,2015《最为重要的新闻媒体:互联网不断超越报纸和电视》https://netzoekonom.de/category/medien/ (查询日期:2016年1月12日)。
② 第五章第二节将讨论媒体如何处理政治信息及媒体对人们获知信息的作用。
③ 表2-1展示的只是信息消费的情况。该调查还包括其他5种娱乐类别的消费情况,电视和广播在其他5个方面都居于领先地位。

这些研究结果支持传播学的二级传播命题。不过,这个二级传播并不是伊里调查中的原始版本。在伊里调查中,二级传播指的是大众媒体的信息首先到达意见领袖,然后再由意见领袖通过人际传播传递给"跟随者",也就是大多数人(Katz,Lazarsfeld,1955)。其实,大多数人既能直接从媒介,也可以通过人际交往来获得信息。有鉴于此,最近的意见领袖研究对原来的概念进行了修正(参见:Maurer,2008a;Schenk,2009a)。

四、政客的信息使用

大众媒体是政客及其他社会领域"决策者"的重要信息来源。和大多数公民相比,这类人群使用政治性媒体内容的范围更广。普通公众每天的读报时间不到半小时,而议员则高出2—3倍。德国联邦议员与州议会代表最关注的读物是全国性的"高质量报纸"。其中,《法兰克福汇报》位列第一,然后依次是《南德意志报》《法兰克福评论报》《世界报》和《商业日报》。多数代表至少订阅一份重要的当地报纸。众议员平均要读3份报纸。政客只是选择性地收听或观看广播电视节目(Puhe,Würzberg,1989)。

德国的联邦议员认为,《法兰克福汇报》和《明镜》周刊对他们的"影响极大",其次是公营电视台的新闻节目(Kepplinger,2007)。

一项对瑞士国会两院议员的调查也得出了类似的结果。大多数瑞士议员经常阅读《新苏黎世报》,另外还至少要读一份家乡报纸。相比德国议员,更多的瑞士议员把广播电视作为信息来源(Slembeck,1988)。

德国的政党成员以及政府要员主要是从大众媒体来获得内部的党务信息(Wiesendahl,1998,2002)。一些研究在调查地区媒体与政治之间的关系时发现,大众媒体是本地精英的重要信息来源和决策参考。另外,媒体人能够在信息层面对政治产生强大的影响,因为很多记者与政客都交往甚密(Saxer,1992;Kurp,1994:48-50;Kepplinger,2009c:141)。有时,他们甚至会成为朋友,这种情况并不罕见。但媒体具有监督政治的职能,应该与政客保持一定的距离。所以,政客与记者之间的这种友谊也值得商榷。[①]

行政官员通常只能通过大众媒体来获得事实信息。自1962年以来,德国

---

① 参见第七章第三节。

联邦新闻与信息部的日常工作就包括提供时事要闻(Reumann,2006),而且还要为所有政府机构准备好每日的内部新闻摘要,内容包括新闻概览、广电媒体对国内外政治事件的评论(Kordes,Pollmann,1989:39-41;Morcinek,2006)。因此,大众媒体中的信息往往与政策决定直接相关,许多经验研究也能佐证这一点(参见:Bybee,Comadema,1984;Wittkämper,1986;Kepplinger,1985b:249)。

一些研究对德国国会议员与联邦州议员开展了调查,并得出结论:在政治意志形成的过程中,国会议员受影响的程度往往要比他们施加影响的程度更高(Puhe,Würzberg,1989;同时参见:Harmgarth,1997:114-116;Kepplinger,2009d)。研究者进一步认为,媒体对政客的影响力或许远远超过公民或工会的影响力,而且跨地区媒体和地方报纸是最强大的影响因子。有一个调查要求政客回答每天早上起来的第一个信息来源,大多数人首先回答地方日报,其次是全国性的新闻媒体。回答这些媒体的政客比例超过那些回答公营电视早间新闻、德国电台与德国广播的比例(Emnid,2004)。

立法行政官员本身就是媒体报道的对象,媒体与这类人之间也存在"互惠"的关系,"互惠"这个概念由开普林格根据朗与朗的研究(Lang,Lang,1968)提出。当然,有些媒体的报道(主要是丑闻)会对涉事官员带来严重的影响。政治媒体对公民的影响往往是"累积式的、和音性的",也就是说,多个媒体当中频繁出现了导向相同的报道(Kepplinger,2009b:51-66,117-128)。

随着大众媒体越来越重要,许多组织也更加积极地通过新闻发言人和公关部门来引导政治传播的走向。政府、政党、企业、工会、协会和非政府组织都是如此。策略传播是他们的核心任务,能积极地影响政策及其准备工作。于是,公共传播变得越来越工具化,公共传播的概念也出现在最近的公共关系理论当中(Dyllick,1989;Zerfaß,2010)。① 政治公共领域当中也掺杂了越来越多的不同社会群体的特殊利益。

虽然我们无法对大众媒体在政治传播过程当中所占的比重进行量化,但根据经验研究的结果,我们可以认为,这个比例正在提升,而且还会更高。这种趋势与"媒体民主"以及"政治媒介化"的现象有所关联。

---

① 参见第七章。

第二节　政治媒介化

"媒介化"这个概念指的是由媒体变迁而引发的一系列社会变迁。我们可以从技术和内容这两个层面来考察这个概念。① 随着社会当中的媒介技术网络更加密集,媒体效能(mediale Leistung)的社会意义也越来越凸显,社会对媒体的依赖程度也提高了。而今,所有的社会领域都充斥着媒体的内容。"**媒介社会**"或"**媒体民主**"等概念(以及饱受争议的"**媒主**"),恰恰是在描述这一空前的变革。媒介社会的特征表现为:媒体不断扩张,新闻传播的速度大幅提升,新兴媒介的类型也在不断出现,并且渗透到整个社会之中;媒体因为覆盖了广泛的受众而获得了整个社会的关注与认可(Jarren,2001;Donges,2008:19-24)。

技术、经济的变化以及社会变迁的一般过程,与社会媒介化之间存在着相互影响。在相互作用下,有些方面被强化,有些则被削弱。社会变迁的特征是不同领域的分化过程;而媒体系统被分出则有其自身逻辑(Imhof,2006)。媒介化过程之所以不断强化,一方面是因为数字化进程的强力推动以及媒介技术的融合,另一方面则是因为媒体市场的自由化导致媒体竞争日趋激烈,内容不断商业化。于是,媒体的生产条件和媒体产品的内容与形式也随之发生了变化。

大众传播是引导和创造意义的来源,其重要性也在不断提升(Sarcinelli,1991)。这体现了个人化与世俗化的趋势,因为教会、政党与工会的教化力量显然在不断地弱化,传统的社会环境和政治**阵营**也正在解体。媒体的重要性越来越高,这也有利于并能加快社会变迁的过程;社会变迁又反过来强化媒介化的过程。

---

① 施泰因毛尔认为,要理解媒介化的变迁过程应该从技术取向的媒介化(Mediatisierung)和内容取向的媒介化(Medialisierung)这两方面出发。技术取向的媒介化推动了内容取向的媒介化,并带来了"媒体内容传染社会"的后果(Steinmaurer,2003:107)。虽然可以理解这种区分,但这两个概念太相似,对其进行严格的划分其实并非完全有益。这两个概念的确是同义词,学界也在同时使用这两个词(英语中常常是 Mediation,有时也用 Mediatization,参见:Mazzoleni,2008b)。本书更倾向于用"媒介化"(Medialisierung)这个词,虽然这种做法偏离了施泰因毛尔的建议,因为他同时考虑到了媒介化的技术层面。"媒介化"概念并不是从一开始就有"传染"的负面含义。而作为专业术语,"Medialisierung"要比"Mediatisierung"这一表达更加合适。第一,"Medialisierung"这个词没有那么多其他的含义,因为其他的专业或学术领域没有使用过这种表达,而"Mediatisierung"这个词早就被其他学科用过了,它指的是 19 世纪初期,德意志帝国直隶通过帝国委员会主要决议之后,形成了大量的次级领域。第二,"Mediatisierung"的发音与斡旋(Mediation)极为相近,后者指由一个中立的调解员解决冲突。第三,研究者倾向于在民主系统理论当中区分其中的传达系统,这针对的是政党、利益集团,但在很多时候也包含大众媒体。有时学者也会考虑到这个情况,但也导致概念变得更加模糊。

阿斯普与俄塞亚森将政治媒介化的过程描述为一个(历史性)过程,并用三个阶段来描述(Asp, Esaiasson, 1996;类似的做法还有：Blumler, Kavanagh, 1999)。申巴克在此基础上提出了四个阶段(Strömbäck, 2008)：第一阶段,大众媒体成为公民、政治机构和政治行动者之间最重要的传达机构;第二阶段,媒体从政治控制中得到解放,同时变得越来越商业化,记者越来越专业化;第三阶段,政治适应了媒介逻辑、媒体呈现及其塑造真相的需要;媒体在第四阶段中超越了政治,媒体"殖民"了政治(Meyer, 2002)。

在21世纪的第一个十年,学界热衷于用"媒介化"概念来描述上述的变化。这些变化不仅仅出现在政治领域,还包括社会与文化的其他领域(主要参见：Krotz, 2001; Bösch, Frei, 2006; Imhof, 2006; Mazzoleni, 2008c; Peters et al. 2008; Lundby, 2009; Meyen, 2009)。2008年,国际传播学会的主席索尼娅·利文斯通把媒介化概念纳入其发言主题,并讽刺地将题目取为《**关于一切的媒介化**》(Livingstone, 2009)。

不过,学者并不总特别斟酌概念界定。因此,在这里我们有必要强调"媒介化"和"媒体效果"之间的区别(Kepplinger, 2008)。这两个概念关系到学界对媒体—社会这对关系的不同认知。效果论假定大众媒体是社会变化的原因,而媒介化理论较之更为广泛,并且更关注复杂的变化;一般的因果解释无法做到这一点。

马奇科维斯基与斯坦纳在著作中明确采用了媒介化的理论,并根据系统理论,把媒介化同其他的社会变化(如法制化、科学化和金融化)进行了比较。这些趋势有一个共性,指的是社会次级系统(例如：法律、科学与经济)的特殊效能为其他的次级系统所需要。这些变化过程不仅涉及社会整体,同时也发生于社会**之中**,例如科学的经济化或政治的媒介化。

其他的社会次级系统也需要媒体系统的特殊效能,主要包括以下几个方面：

- 公共领域的构建;
- 选择议题、发布时事;
- 确定话题的议程;
- 媒体根据社会和政治的价值或目标,对事件或议题进行解释。

其他的社会次级系统既不能随便利用媒体,也无法完全拒绝媒体。当然,大部分社会次级系统都高度依赖媒体的效能,政治尤其如此。如果政治行动者不依靠媒体构建的公共领域,而且不去建构事件供媒体选择及公布,或者如果媒体不通过议程和解释来减少政治的复杂性的话,那么政治行动者就会受到很大的限制,他们常常别无选择。媒体能公开政治操作,即便有时并非涉事群体所愿。媒体根据事件的新闻价值选择并发布政治事件信息,也根据媒体的标准来定义、解释政治话题,而这种标准并不一定符合相关的政治标准。因此,有时媒体建构政治的逻辑会与政治逻辑本身大相径庭。

马奇科维斯基与斯坦纳没有考虑到这一方面。他们把媒介化描述为"主动获取"媒体效能的过程,而排除了"被动服从"的情况。其实,媒介化不仅需要,而且依赖媒体效能。①

我们还有必要补充马奇科维斯基与斯坦纳在概念上所做的区分。他们提出,媒介化的过程(原文是**"纯粹的媒介化"**)有别于媒介化的结果(Folge)。**媒介化的结果**是指:媒体所处的社会环境中的系统(例如政治)依赖并且需要媒体来发挥效能,于是,在媒介化的过程中便出现了结构性的、过程性的**效果**(Auswirkung)。我们完全可以用因果分析的方式开展经验研究并描述这种结果。最后还要提到**反身性的媒介化**这个概念(reflexiver Medialisierung),它指的是人们对媒体效能的期待,或者(通过战略传播的方式)让媒体效能产生某种结果。

媒介化是一个多层次的过程。我们可以将之划分为**扩张**、**替代**、**合并**与**适应**四个阶段。这是用于研究分析的划分,但它对应的是现实的、整体的、高度复杂的变化过程。第四章第二节会进一步讨论有关这些阶段的媒介理论。②

一、传播能力的拓展

媒介的变迁也推动着人类与社会传播能力的拓展和提升,这也是媒介发展的一个最突出的表征。即使是最简单的媒介(例如早期的文字或图像媒介),也为人类的传播服务。小到一种新媒介,大到媒介发展整体,都提升了人类的传输范围、存储能力、信息编码或其他媒介效能,并改善了媒介生产的技术和经济

---

① 这些学者在使用术语时不太严谨。他们有时不用"获取"或"需要"这些词,而用"共鸣"或"反应"的表达。他们还认为,"政治在很大程度上依赖媒体生产、分配特定话题的效能"。

② 这一章节中的部分内容将进一步解释本人已发表论文中的某些思考,参见:Schulz,2004。

条件。

拉顿斯基是德国基民盟的一位长期选战顾问。他举过一个例子：就算一个政府官员在整个职业生涯中都不曾错过任何一场集会、家访、会议，他在这些场合所遇到的所有选民，也不如上一次电视那样来得多（Radunski, 1980:82）。政客的亮相是一种媒体事件，所有媒体都会跟进报道，随之一股传播的浪潮被掀起。现代大众媒体的这种功能在选举期间还会进一步强化，例如德国联邦选举日前要举行电视论战，这种节目就更能体现媒体的效能。电视、互联网和社交媒体已经是政党最重要的传播媒介。互联网也已经具有党内传播的重要作用。此外，媒体能够显著地提升一个组织的传播能力（Donges, 2008），特别是社会运动组织和抗议群体，这些人一般无法进入政治决策过程（Kriesi, 2007），所以他们往往需要用特别具有冲突性、甚至极度暴力的反抗行动来吸引媒体的注意力，然后再引发公众的共鸣，以产生政治影响。

媒介的发展拓展了所有政治行动者的行动范围和政治视野。政客、公民都是如此，他们能从不同的渠道获知大量的、可比较的信息。媒体对某些特殊事件的密集报道（例如竞选或危机事件），往往能发挥动员功能，让更多的人参与进来。特别是互联网，它催生了多样的**电子民主**形式，带来了全新的政治参与机会，例如博客、公民记者、在线请愿、颠覆性的反抗行动（比如快闪族, Flash-mobs）以及具有政治目的的虚拟破坏行为（如"黑客"，参见：Coleman, Blumler, 2009）。

随着媒介的功能越来越多，媒体所能发挥的效能也在扩大。媒介对政治传播结构带来的影响加深，导致媒介政治无所不在，同时也让人们越来越依赖媒介呈现出来的失真的政治。

二、媒介替代政治

媒介变迁的另一个特征是媒介行动对政治行动的替代。长久以来，政治论述已经从集会、政党委员会议和议会扩展到新闻发布会、媒体采访、电视脱口秀和电视辩论。特别值得注意的是选战。在选民动员和民意形成的过程中，越来越多的政党功能转移到媒体身上。政党不仅能通过媒体来增强与选民的直接沟通，而且中介性传播在有些情况下还取代了直接沟通。一个鲜活的案例是

2008年的美国总统选举,巴拉克·奥巴马就是通过互联网而取胜的。①

媒介传播在公民政治传播中的比重也在上升。电视成为选战中越来越重要的政治信息来源,其重要性远高于个体交流和竞选集会(Kepplinger, Maurer, 2005:58-60)。互联网与社交媒体也与之类似,这些传播方式在美国的发展已经远远超前于其他国家。

达严和卡茨提出的**媒介事件**概念(Dayan, Katz, 1992),以及由布尔斯廷提出的**伪事件**概念(Boorstin, 1973),正是对这种替代过程的深刻解读。相关的例证不胜枚举:媒体导演的国家仪式、首脑会议和纪念活动。媒介事件指的是为广泛公众开展的现场直播。例如鲍勃·格尔多夫曾经发起一场关于非洲饥饿问题的公益演出——"现场八方",呼吁各国在发展援助计划中免除非洲国家的债务。这场活动通过电视转播,进入全球数十亿观众的视野。媒介事件具有高度的中介性**反身指涉**特征(Scherer, Schlütz, 2002:19),也就是媒体先自己(直接或间接地)确定事件发生过程中的内容、结构和顺序,然后再报道它们。

替代与**延伸**相伴相随:媒介事件替代了非媒介事件,但只是替代了某些方面。媒介事件提高了事件的传播范围,而且增强了其符号意义。数字传播替代了人际沟通,但也加速了人际沟通。电视替代了家庭交流,但也在某种程度上促进了家庭交流,因为它为人际交往提供了话题和契机。

三、媒介与政治的交错

媒介不仅扩展、补充了非媒介的能力与行为,同时还引起了**并和**现象。正如克洛茨指出,媒介行为与非媒介行为之间的边界日益模糊,相互缠绕(Krotz, 2001)。媒介已经是人类日常活动的一部分,也是政治活动的一部分。媒介已经悄无声息地渗透到政治组织和政治公共领域之中。

伴随着媒介被不断地整合到私人与公共生活当中,其传播特征也与日常生活、工作娱乐、社会关系和政治过程中的认知与行动发生混合。如今,人们要认识政治话题和事件,越来越依赖媒介的建构,媒介的选择与编码方式也随之被反映于他们的政治想象之中。知名政客(以及不同利益集团的代表)的媒介形

---

① 参见第六章第一节第三点。

象与其本身的政治角色混淆不清。那些著名的例子实在具有双关意义:像罗纳德·里根(Ronald Reagan)和阿诺德·施瓦茨纳格(Arnold Schwarzenegger)或者特朗普那样的昔日影星,可以利用过去的知名度作为吸引选民的政治筹码。再如意大利总理西尔维奥·贝卢斯科尼(Silvio Berlusconi)过去做过演员,也经营过传媒集团,他借助这些经验而获得了政治上的成功,然后又用政治权力来帮助自己的传媒公司。

资料 2-1:媒体战争的舞台

美国总司令托米·弗兰克斯将军快到新闻中心了。这里述说死亡,死者被授予荣誉;这里宣告进步与胜利,掩盖退步与失败;这里的影像用各种视频格式来展现战略规划和战术解析;这里解释战争,日日如此。

谁都不知道是谁想出了这种办法,但这有它的道理。在黄金时段,战争就得引人入胜。五角大楼花了20万美元聘请电影布景师乔治·艾利森来设计托米·弗兰克斯的新闻舞台。这位43岁的电影布景师在好莱坞和迪士尼工作,他还与迈克尔·道格拉斯一起制作了电影《三代同堂》。

这里再也不会出现诺尔曼·施瓦茨科普夫将军时代的动图翻转,再也没有闪烁的屏幕。乔治·艾利森设计的新闻大厅彰显了权力、战争的合法性与联盟军队的绝对优势。在两个略显模糊的大尺寸世界地图前,耸立着两个讲台。它们看起来就像机场海关检查的硬壳箱。

[资料来源:亚历山大·斯莫尔茨克(Alexander Smoltczyk),《明镜》网站,2003年3月20日①]

各种媒体内容和媒介样式都在侵入外部的世界。大型的党代表大会完全是由广告机构策划的。那些饱含作秀色彩的荧幕画面是为了达到视觉效果。在这种活动中,媒体更多的是接收者,而不是公民的代表(Müller,2002b),一如在2003年伊拉克战争期间,美国陆军司令部聘请了一位好莱坞导演帮忙布置卡塔尔新闻中心(参见资料2-1)。这场战争当中出现的"嵌入式记者",也是媒体与政治发生交错的另一个例子,以至于战争行动与战地报

---

① 参见:www.spiegel.de/politik/ausland/0,1518,241293,00.html(查询日期:2010年11月23日)。

道之间的边界消失殆尽(Mosdell,2008)。一个与之类似的现象是记者在国际冲突当中既有新闻任务,又要充当调停者的角色。吉尔博亚(Gilboa,2008)将之称为"**媒体代理外交**"。他还举了一个例子:美国广播公司的驻外记者约翰·斯卡利(John Scali)曾在1962年古巴导弹危机期间与苏联高级代表密谈化解危机。

从系统层面来看,这种变化也叫作**相互渗透**(Münch,1991),或媒体与政治之间的**共生关系**(参见:Saxer,1981;Nimmo,Combs,1983:94)。其实,媒体本来就与政治存在战略性的联系,过去大多是通过党报、政府电视台、宣传片等形式关联起来。本内特用**索引**这个术语来指称媒体更倾向于建制派精英的观点(Bennett,1990)。但从另一个角度来看,政府要发挥政治效能,很大程度上需要对媒体进行投资,从而达成利益汇聚、政治动员以及政策贯彻的目的。媒体要发挥其信息功能,也需要政治性的信息供应,需要政府通过新闻公关、积极的事件与话题管理来提供信息,这些活动已经是传播政治利益的重要策略。[①] 有些学者认为,媒体与政治之间的相互依赖与"功能交错"是一种"新型的上层结构"(Plasser,1989;Blumler,1990;Swanson,1992)。

四、适应媒介逻辑

伴随着媒体的发展,社会必然要适应特定的媒体功能以及媒介化过程中的拓展、替代与合并过程。研究者可以从使用媒体行为的变化来感知这个过程。尤其需要关注的是人们的日常媒介消费范围正在扩张,这也恰恰是对不断增多、变得广泛而且越来越有吸引力的信息供应的一种反应(参见图2-1)。

从另一个角度来看,在媒介、人口群体以及社会环境的内部也存在一些区别。特别是对年轻人而言,日报已经越来越不重要,他们更喜欢娱乐信息,而不是政治性内容(Reitze,Ridder,2006;Köcher,2009)。

由于政治行政系统会根据媒体的变迁而不断地**调整**,政治的组织与政治过程出现了深远的变化;政治行动者越来越迎合媒介逻辑(参见:Nimmo,Combs,1983;Mazzoleni,1987;Plasser,1989)。在短短数十年间,电视凭借着其注意力规则和呈现方式,展现出塑造政治的能力,互联网也是如此。在政治"电视化"之

---

① 参见下文第七章。

后,"互联网化"接踵而至。为了应对媒体的变化,政治机构努力改变组织结构和经济人力资源的分配(Donges,2008),一如议会改变了议事规则,就是为了向媒体敞开大门(Marschall,2001)。再如社会运动和抗议团体熟练地应对着媒体的注意力规则和媒体间议程设置的规则,他们组织的媒介事件往往能产生强大的政治效应(Schulz,Berens,Zeh,1998b;van de Donk et al. 2004)。有些行动者这么做只是为了提高知名度或改善形象,但还有大部分是为了政治目的,例如罪犯或恐怖分子会通过扣押人质等可怕而具有画面感的方式来达成目的(Mazzoleni,2008a,参见资料2-2)。

正如不同的人群和社会地位内部存在区分,不同的媒介样式内部也有较多的差异。随着日报的重要性越来越小(尤其是对年轻人),其政治性内容的比重也在下降,娱乐性内容则有所提升(Reitze,Ridder,2006;Köcher,2009)。

政治也在根据媒体的变迁而进行调整。不仅政治行动的模式发生了变化,政治性的媒体内容也与过去不同。政治行动者为了吸引媒体的关注而迎合媒体的规则,而媒体的新闻价值判断往往倾向于负面信息,于是,政治互动与媒体内容中的冲突性都在不断提升。

虽然媒体看上去只是在单纯地报道事件,但其实是通过这种间接的反馈方式来影响政治事件。

资料2-2:劫持人质的媒介逻辑

12月,苏珊·奥斯特霍夫遭到劫持,许多人为她请命,德国前总统也要求劫匪释放人质。苏珊的母亲和姐姐还围着头巾,出现在阿拉伯电视节目里,好几次泣不成声。最后,连前总理施罗德都不得不用他在威尔士所学的英语,在德国电视上呼吁伊拉克释放这位德国考古学家。在这次劫持之后,奥斯特霍夫也对施罗德所做的努力表示了感谢。

不过,他的做法是否能够帮到奥斯特霍夫,却值得商榷。根据内部人士的说法,公众舆论非但没有促进人质释放,反而让谈判更加困难。"伊拉克也有市场规律,而且适用于劫持事件",一位安全专家说道,"媒体对人质的报道越多,那救出他们就要付出更高的代价。"

(资料来源:《南德意志报》,2006年2月2日)

五、媒介化的后果

相较于媒介化本身,媒介化的结果与政治和学术领域更加相关,这是因为政治不仅需要而且依赖媒体的效能。媒介化会产生很多结果,并且可以分为以下几个方面:

- 政治行动者之间的互动(政治);
- 政治话题和政治问题的定义(政策);
- 政治规范和政治机构的秩序(政体)(参见:Kaase,1998b)。

政客之间的大部分互动都在媒体中发生,例如电视脱口秀、圆桌讨论、声明或采访,或是推特、脸书和 Instagram 等社交媒体上的活动。这些媒体为他们提供了批评或表达赞同的契机。普通人如果要了解政治议题和难题,最方便的方法就是看媒体怎么说。媒体对某个议题的关注,也往往成为政党、议会和政府认识、处理政治问题的动力,因此,媒体在民主体制当中具有核心作用。德国《基本法》的第 5 条以及德国高等法院的多个判例都在保护个人言论与信息自由之余,赋予媒体以高度自由与独立的**机构**的地位。

我们可能会问:媒介化对民主到底是利是弊?在传播研究当中,这个问题虽然不会总是直接出现,但却是一种传统,隐藏在政治参与、获取信息的平等、制度信任、监督权威等概念当中(同时参见:Schulz:2009c)。这些研究会采用其他更加具体的提问方式,例如:

- 媒介化能否帮助公民获取政治信息、获得政治能力?这个问题主要涉及本书第二、四、五章中关于媒体信息加工、媒体使用和政治信息获取方面的研究;
- 媒介化是否有利于公民的政治参与?本书第五和第六章中介绍了大量探索政治传播与公民参政之间关系的研究(特别是在竞选背景下开展的研究),它们会为这个问题提供一个答案;
- 媒介化究竟促进还是降低了公民对民主和民主机构的信心?许多研究讨论了这个问题,而且除了关注信任之外,还涉及视频麻醉、政治疲劳和政治犬儒主义的概念(参见:第五章);
- 媒介化是否能够提升政治行政系统的响应度以及政治权力监督?这一

问题主要涉及政治报道的多样性和报道质量,以及议程建构与议程设置的相关研究,本书第四章和第七章将讨论这个问题。
- 媒介化对政治公共领域的结构与功能产生了何种影响?这是第四章和第八章要讨论的核心问题之一。相关经验研究的主要研究方法是分析公共辩论的架框过程,研析不同类型的行动者的论述实践,以及分析其传播风格和论证水平。

下面将针对这些问题和其他相关问题,介绍大量政治传播的理论和经验研究成果。最后一章将从更广阔的视野出发,再次探讨媒介化对民主质量的影响。

第三章 政治传播过程的模型

在西方民主国家的基本制度下,媒体与政治之间存在紧张关系,而且人们也希望如此。而如果政治传播学者认为这有问题,甚至将之视为一种危机表征的话,这或许会让人诧异。尽管如此,政治传播学界的相关研究已经持续数十年。一方面,研究者们扩充了上述的观点,并提出了关于媒体的政治功能与角色的核心问题。另一方面,这些研究又从某种程度上压缩了媒体与政治之间关系的某些维度,例如政治公共关系。我们可以先来讨论何种理论框架适用于政治传播学分析,再来理解这对关系。

本章主要围绕有关媒体—政治关系的研究,介绍其中的一些比较重要的观点与解释,重点介绍那些已经在经验研究中发挥作用、并具有国际影响力的模式与概念。

第一节 媒体与政治:系统论的观点

传统上来看,媒体与政治之间的关系一直很紧张。随着大众媒体的重要性与日俱增,相应的学术旨趣应运而生。这既是一种政治任务,也催生出一系列约束性的媒体政策,包括传媒法以及其他领域针对媒体机构形成的一些决策,例如经济政策和金融政策。此外,相关研究还运用传媒政策的方案、概念与论证来准备对策,并监督传媒法规的执行情况。这是为了在某些情况下依法保护其他更高的权利,例如公民的人身权利和隐私权等。为了保护这些权利,法律必须明确媒体自由的边界。

一、输入—输出模型

我们可以借助系统论来更好地理解媒体与政治之间的关系。政治与传播经验研究大多数参考了伊斯顿(Easton,1965)与阿尔芒德(Almond,1966)提出的理论模型。这些模型为许多理论框架与经验研究奠定了基石,而且对相关学理概念产生了极大的影响,有鉴于此,本节将简要地介绍这些理论。

所有的系统模型都有一个最简单的基本观点,就是从一个环境中界定出一系列具有相互关系的元素。伊斯顿把一个政治系统中的元素相对抽象地表述为互动关系(Easton,1965:21)。政治系统由这些互动关系建构而来,而且每个政治系统中的互动关系都各有特征,因为它们都受到系统中的价值判断的制约。这样一来,政治系统就有别于其他的社会系统(如:经济系统或媒体系统)。鲁曼也提出过类似的观点,他认为,在政治功能系统中,具有约束性的决定通过**沟通**(Kommunikation)而产生。

与伊斯顿的模型相比,阿尔芒德与鲍威尔的表述更加具象(Almond,Powell,1966:21)。他们认为,政治系统中的元素是一些**角色**,政治行动者在其角色当中行事。一种角色的内涵取决于社会对其行为的期待,而且这些期待多多少少会以正式或非正式的形式而确定下来。在**狭义政治层面**,对政治角色的期待包括统治,在**广义政治层面**,这些角色可以与统治相关。如果有某种特定的角色存在于社会关系当中,就形成了一种**结构**。只要这种结构建立在正式的关系与互动的基础上,那么也可以被称作职位、机构或组织。

这个系统理论的一个核心概念是**政治文化**。在经验研究当中,政治结构与政治文化相互区分,这种区分也引起了激烈的讨论。因为,诸如角色或组织的概念涉及政治行动可观察的部分,属于政治的**结构性**维度。与之相反,政治文化是一个不可以直接观察的"心理"维度。一个系统的政治文化包含个体的政治观念以及成员的政治取向,其中涵盖多个要素:(1)政治知识和政治信念;(2)与政治行动者(如政党和政客)的亲近关系;(3)评价与意见。

二、系统中的过程与功能

伊斯顿为了让系统论更加直观,便画了一个改良的流程图,而且此图受到了广泛认可。这个示意图包含一个简化版本和几个更为复杂的版本,图 3-1 参考的是简化版本,它展现了所有系统的基本过程(Easton,1965:32)。

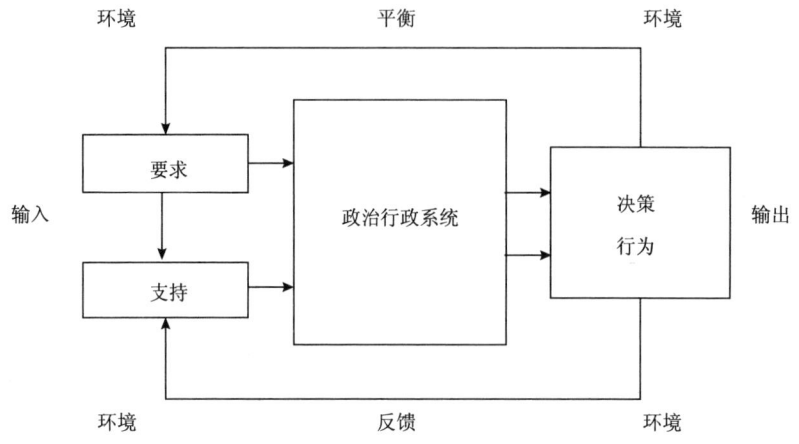

图 3-1 政治系统的输入—输出模型①

该图有助于分析系统的过程与功能。功能可以被看作系统结构之于整体的意义。这句话表现了某些系统论隐含的观点——系统具有"功能性的需求",例如系统为了成功运转,以及为了调整与其所在环境之间的关系,需要依赖特定结构发挥作用;这些功能性的需求对应于不同的政治过程。

政治社会化对维持与调适系统非常重要。政治系统中的成员从儿童时代和青少年时期就开始学习政治文化的核心要素,例如政治制度、政治信念和政治行为方式。②

另一种非常重要的系统需求是在系统内部把**输入**转化为**输出**。系统的输入来自系统成员的需求,可以分为**"诉求"**和**"支持"**两类。诉求主要包括**政治参与**(如投票与政治联合)、获得政治信息、进行沟通。与这些诉求对应的是特定的支持形式,例如承认国家权威、**信任**政治机构,以及通过参与投票来表达支持。

成员的支持能够向政治系统提供资源,从而帮助系统实现**输出**,即达成决定、执行措施。在转化过程中,系统的输入侧进行利益表达与利益聚合,前者即表达要求,后者指捆绑那些政治方案上相近的要求。系统输出的结果在多大程度上符合输入系统的要求,就是这个政治系统的**响应度**。

---

① 根据 Easton,1965:32;Maurer,2003:22。
② 参见第五章第一节。

三、大众媒体作为传达机构

在把诉求转换为政治效能方面,政党、协会与利益集团等都具有中介性的作用,而大众媒体也承担着重要的职责。因为在表达公民诉求、并将之传达到政治行政系统的过程当中,媒体具有决定性的作用。有些政治支持也能以类似的方式被传达,例如通过民意来表达对政治机构或政治行动者的支持或反对。同样,媒体在输出侧也承担重任,既要宣扬并执行政治决策,也要反馈人们对政策的接受度以及决策的结果。此外,在公民诉求与政策措施(输出)之间,大众媒体也发挥着重要的平衡作用,因为评估政策输出对公民诉求的响应度是媒体最重要的任务之一。

这个流程图中的反馈通路(反馈环)具象地表现了政治传播的意义。除了图中已经标出的反馈之外,还存在大量其他的反馈,因为在系统内部的某些行动者或组织之间,以及政治系统与其他社会系统之间也存在反馈。反馈需要传播的助力,因此在所有政治过程中,传播无所不在("……传播遍及整个政治过程……"Almond,Powell,1966:80,165,169)。

这个输入-输出模型并不旨在呈现系统的结构,而更重分析政治的过程。它着眼于动态政治,能够表现政治的持续变化。借助该模型,研究者还能把微观层面与宏观层面结合起来,也就是在公民个体与政治系统整体之间建立关联。这种做法符合经验研究的要求,因为经验研究往往是从微观层面出发(个体层面),经过累积后再达到宏观层面。例如研究者可以根据问卷调查的结果,来比较不同政治文化的异同(参见:Almond,Powell,1963:焦点小组访谈研究)。与之同理,政治传播文化的比较研究也可以采用这种方法(参见 Blumler,1983;Pfetsch,2003)。

系统理论及其学理概念对政治传播的经验研究具有重大的影响,以上这些要点就是其优势所在(参见:Rühl,1969;Chaffee,S. H.,1975;Kraus,Davis,1976:191-193;Meadow,1980:39-41;Saxer 1998;Maurer,2003:17-19;Esser,2003a)。[1]

---

[1] 后来的研究者也像伊斯顿那样改良了系统理论的研究路径,并尝试通过图像的方式来展现政治系统内部以及政治系统与其他系统(尤其是媒体系统)之间的关系与反馈。但单单观察这些示意图不足以完全理解这种系统理论的路径。

第二节　政治传播系统中的关系

上一节介绍了系统理论。如果将之作为研究的出发点,就会意识到政治与媒体既是一种目的-方式的关系,也具有统领-隶属的关系。基于不同的前提与观察方式,我们可以相应地推导出两个命题,并得出不同的结论。

一、政治依赖媒体

第一个命题是**政治依赖媒体**,也就是说,媒介化会导致政治过度依赖大众媒体。这种观点的出发点是政治的优先性,其支持者主要是政客与政治学者(例如:Oberreuter,1997;Müller,1999;Meyer,2001)。他们认为,政治制度的自主和安全运转具有更高的优先性。大众媒体应该扮演一种服务于议会、政府与国家机关的角色。

根据这种观点,政治传播主要服务于传达公民的要求与支持,也是政治展示和政治调控的手段。持有这种立场的政治机构及行动者会认为大众媒体主要是一种**政治传达**机构(例如:Sarcinelli,1987a:21,2009)。(例如:Sarcinelli,1987a:21,2009)。① 将媒体看作"信息渠道"、政治"论坛"或公共舆论的"镜子"之类的比喻,就隐含这种观点。

在开普林格看来,上述观点其实倒置了政治相对于媒体的关系(Kepplinger,1985b)。政治机构已经越来越依赖媒体,而媒体也已经得到解放,成为一种独立的政治机构,并且还具有自身的政治利益(Patterson,Donsbach,1996;Cook,2005)。这种变化明显地体现在历史进程当中:过去,专制政体基于秘而不宣的原则,不需要大众媒体的传播;到了19世纪,公共性的原则日益重要,但当时的政府、议会及政党仍然拥有与人民群体直接沟通的渠道,那时的新闻媒体只是纯粹的传达机关;但在20世纪的议会民主政体中,政治机构需要大众媒体传达,随之,政治与大众媒体之间的权力也发生了位移,这种变化也影响了记者的自我认知(参见资料3-1)。

---

① 参见第七章。

资料 3-1：《明镜》周刊记者眼中的记者权力

施罗德们、费舍尔们和施托伊贝尔们①以为，在媒体中亮相完全是个权力问题。甚至一些身居高位的记者比以往更加无所顾忌地展示自己与政治家平起平坐的权利，尽管他们没有民选而来的合法性。一家柏林报纸的主管告诉他持有异议的同事：这些记者觉得自己已经处在"权力的中心"，而且他们还据此制定了狩猎法则：曾经有一个有经验的驻外记者向领导申请做一个政治人物报道，后者不屑一顾地说，让记者跟在政治家屁股后面，观察、了解并报道他们的时代已经成为过去时。那位柏林报界的新人问道，那我们现在要干什么呢？回答是，我们追猎他们。

[资料来源：尤尔根·莱尼曼（Jürgen Leinemann）在 2005 年德国记者协会网络研究年会的讲话②]

二、媒体依赖政治

政治依赖媒体的反命题也叫**依赖命题**。与前者相反，依赖命题认为媒体太过依赖政治。学者沙茨就指出，政治机构（包括政府、行政机构、议会和政党）用工具化的策略来利用媒体，导致大众媒体的自治程度不断下降（Schatz, 1978, 1982）。这些机构为了弥补政绩上的赤字而尝试控制大众媒体，往往通过不起眼的、间接的传播管理与政治公关手段来达到他们的目的。传播管理与政治公关行业中的所有政治顾问和公关人士都精通此道（Langenbucher, 1983）。③ 但媒体也经常自愿地信任"官方"信源，会采用官方的观点与论据，特别是在报道那些已经在政治精英层面达成共识的议题时，就更是如此了。本内特把媒体和政治之间的这种关系叫作"**索引**"（Bennett, 1990），也就是"媒体的辩论结构同步于政治精英的论述"（Pohr, 2005: 262）。

依赖命题的支持者认为，大众媒体的自主性具有崇高的意义。他们期待媒体不仅要主动表达公民利益、监督批评权威人士，而且还应该告知公民广泛的信息，

---

① 这些都是曾活跃于德国政治舞台的知名政客，此处作者用复数形式，指的是此类人群。——译者注
② Zitiert in der Süddeutschen Zeitung vom ll. Juni 2005, s. 22.
③ 同时参见第七章。

因为信息是公民形成理性政见与意志的前提。但巴恩斯通过个案研究发现,媒体的自主程度其实很低,因为政治公关控制了媒体报道的议题与时间,导致"记者失去调查能力,新闻业丧失积极性"(Baerns,1985:99)。

如果考虑到德国公营广播电视的垄断地位,那么依赖命题就更有依据了。德国政党和各级政府在公营广播电视的监督委员会都有代表,再加上这类媒体已经形成垄断,因此从某种程度上而言,政治对媒体的影响之深可能更甚于从前。即便德国的私营广播电视在1984年之后就已经出现,这种情况也没有发生根本的改变。[①]

德国媒体系统具有典型的"政治平行主义"特征(Hallin,Mancini,2004;参见图3-2,以及:Donsbach,Wolling,Blomberg,1996:348;Berens,2001:101)。一些中欧及北欧的民主"法团"国家也有类似的情况,其媒体在传统上会导向政治系统中的政党派系,政治(特别是行政官员)则能以正式或非正式的方式来影响媒体系统。

三、政治与媒体的相互依赖

上述两种观点对所谓的"强势媒体"或"弱势媒体"(Sarcinelli,1991)的理解都过于简单化了。无论是政治依赖媒体,还是媒体依赖政治,都各有道理,也都有经验研究的依据,但这也恰恰体现出两种观点都存在片面性,因为其立论的前提都比较极端。为了弥补这些缺憾,有些研究开始关注政治与媒体之间的相互依赖关系,也有人称之为"相互依附""相互渗透""相互感应"。

学界已有不少针对这一对关系的理论建设尝试。例如萨克瑟用示意图的方式表现了政治与媒体的"相互依赖体系"(Saxer,1981,1998)。其中,政治向媒体提供有关事件或决策的"原始材料",有时采用新闻通稿的形式在新闻发布会或公关工作当中将之公布出去。而媒体则可以提高政客的知名度,助力公开政治决策,促使公众接受这些政策。这种交换关系正如布尔斯廷所言,是一种"愉悦的共生关系"(Boorstin,1973:41)。还有学者采用其他概念来描绘媒体与

[①] 公营广播电视或多或少地屈从于政治控制,而政府则能通过州立媒体监管机构来影响私营广播电视。间接的控制方式包括所有权和人事任命政策等。私营广播电视机构因而与政党之间产生了某种亲缘关系,会在一些具有争议的政治话题中保持一定的立场。研究者可以通过专家访谈以及对新闻报道进行内容分析的方式来验证。

政治之间的关系。例如，萨奇内利强调了这对关系中存在共同取向的特点，揭示了"二者预知对方感觉与期待"的面向（Sarcinelli，1987b：220）。本特勒以行为理论为导向，提出了"相互感应"的概念，认为公关活动与新闻之间存在相互的**感应**与**适应**（Bentele，Liebert，Seeling，1997；Bentele，2005）。① 罗非霍尔茨基与铭熙（Münch，1991）提出的"相互渗透"概念，认为二者之间相互浸透（Löffelholz，2004b）。总而言之，公共关系与新闻紧密相连，谁也离不开谁。

其实，自治与依赖完全可以协调一致，这是马奇考维斯基在借鉴鲁曼的社会系统理论的基础上所强调的观点（Marcinkowski，2004）。他还区分了下面两对概念之间的差异，一是自治和依赖，二是自生性和结构性耦合。**自生性**是一个系统的特征，也可以被视作社会"功能系统"的特性（例如政治系统与大众媒体系统）。鲁曼（Luhman，1984）则用"自组织""自参照""运行完整性"等术语来表示"自生性"的含义，他认为，系统的构成元素不仅彼此相关，而且也能自我构建和自我再生产。

结构性耦合的概念涉及系统与环境之间的关联。具体而言，系统在功能上具有完整性，同时它也是开放的，能与环境相互联通。正如政治决策往往能引起媒体的回音，媒体报道也能"激发"政治反应，然后在政治中产生和音。政治与媒体对环境所作出反应的形式与方式总是合乎各自系统的规则，而且它们在结构耦合的层面上也同样是自治的（Marcinkowski，1993）。

四、政治传播系统中的互动

布鲁姆勒与古雷维奇提出了一种结合政治系统论的研究视角，并且承袭了上文提到的输入—输出模型（Blumler，Gurevitch，1995；第二章）。有些研究认为，媒体与政治之间存在着简单的相互依赖或共生的关系。而这种视角能够超越这种单纯的认知，并更加精确地研究两者之间的关系，探索媒体行动者与政治行动者在"政治传播系统"中究竟如何相互作用。这种研究路径是：
- 政客与媒体行动者相对于公民如何作为；
- 政治组织和媒体组织的规范与结构如何约束其成员之间的关系；
- 一个国家的政治文化如何决定政客行为与媒体行为。

---

① 参考第七章第三节第一点。

普非驰借鉴了上述思考，并通过经验比较研究，完成了布鲁姆勒与古雷维奇没有完成的工作（Pfetsch，2003）。根据普非驰的定义，政治传播系统规范着政治与媒体之间的跨界传播。其中，次级系统之间相互渗透，而且随着"边界角色"的形成，这种情况会更加明显：一边是"政治表达者"，如政治公关专家，另一边则是政治记者。这与阿尔芒德及维尔巴的政治文化研究中所提出的概念有相似之处，不过后者关注的是政治传播系统的**输出侧**（Almond，Verba，1963）。

输入侧针对的是民调体现出来的公共舆论。民调能够表现媒体使用者的信息需求以及公民或选民的政治诉求，是政客、记者采取行动与施加影响的参考。在这一研究路径中，行动者的主观取向非常重要，尤其是其行为期待与规范，因为这会约束政治表达者与记者的互动。

雅亨与多涅斯提出了类似的观点，他们也认为，政治行动者与媒体行动者的行动在一个"生产联盟"的体系当中展开，这个体系的目标是通过政治议题与政治解释来引发政治过程。因此，政客与记者的行动需要讲究策略，如此才能达到双赢（Jarren，Donges，2006：第十三章）。

除此以外，媒体规制也能巩固媒体与政治的关系。媒体政策规定，媒体要成为政治决策沟通的论坛，这也能保证政治对媒体产生影响。但另一方面，媒体规制也限制了政治对媒体的影响（Vowe，2003a）。

五、竞争与战略同盟

与政治依赖媒体和媒体依赖政治这两个命题不同，"政治传播系统"的理论不提倡把大众传播和政治这两个次级系统严格地对立起来，而是把两者视作政治核心过程中的竞争者。政治与媒体虽然存在战略同盟与合作关系，但也有其不同的利益与目标（但从**政治平行**的角度观之，媒体的利益与目标在一定程度上与特定的政治行动者相一致）。

正因为此，大众媒体不可能圆满、平衡地反映政治。媒体有其自身的编辑方针，对自己的角色认知也各不相同。在政治意志形成的过程中，有些媒体代表某一党派的立场，有些认为自己代表公民，还有一些没有任何政治立场。

在某些情况下（例如监督行政官员的情形），有些媒体会基于自身的政治意识形态立场,与政党或利益集团形成多个联盟。有时,媒体与立法机构也是竞争关系。媒体在传播政治决策的时候,有时是传话筒,有时也可能是反对者。在选战期间的意志形成过程中,媒体与政党绝对是竞争关系。此外,有些媒体或传媒集团会与其他的非媒体行动者(例如企业雇主、工会和宗教组织)结成联盟,还会形成不同的战略布局。

有些机关媒体是彻头彻尾的"政党行动者"和"表达者",例如《法兰克福汇报》、《法兰克福评论报》、《焦点》周刊、《明镜》周刊、《图片报》以及某些电视杂志节目(参见:Patterson,Donsbach,1996;Eilders,2004)。[1] 有些报纸、杂志、广播电视台的**内部**还存在极为不同的政治主张。因此,如果只是把媒体当成某种功能机构,或者认为媒体只会单纯地对抗政治,那就太过简单了。

第三节 功能解释与因果解释

关于大众媒体与政治之间的关系,学界存在两种不同的、相互竞争的阐释逻辑。我们可以将之简称为功能解释路径和因果解释路径。两者的区别体现在研究的语境及学理概念上。

一、功能解释路径

"**功能**"这个概念的意义非常含混。有人单纯地用它来指代任务或效能。例如,像"大众媒体具有一种政治功能",这种表达都包含了这层含义。有人把"民主政体中大众媒体的政治功能"区分为三类,分别是传递信息、影响舆论、监督与批评(Meyn,2004:23)。**公共使命**是一个法学术语,也是上述三种媒体功能的上位概念。有些学者还认为,媒体具有政治整合、社会整合与社会化功能(参见:Ronneberger,1964)。还有人指出,大众媒体能构建公共领域,具有公开功能。媒体还有表达功能,例如为政治论述提供空间,替公众表达意见、利益和诉求(参见:Bergsdorf,1992,以及下文第四章第四节)。

学界对"功能"这个概念的使用比较简单,而且还会在不同的理论背景下来

---

[1] 参见第四章第三节第二点。

使用。"功能"是许多不同的系统理论的参考框架,其中包括早期的生物系统论(Lasswell,1948)和控制论(Deutsch,1963;Reimann1968);它还是帕尔森与默顿发展的结构-功能系统理论(例如:Wright,1960;Saxer,1998)和鲁曼的功能-结构系统理论中的社会学变量(例如:Marcinkowski,1993)。

学界对媒体功能的解析都直接或间接地遵循一个终极逻辑:"功能分析是去发现已经解决问题的工具"(Luhmann,1975)。因此,媒体功能研究要解决的问题是:如何解决一个社会系统中的根本问题,以及特定的社会结构与次级系统在解决问题方面发挥了什么作用。这种研究路径主要用于探索社会如何保持内部团结、如何适应环境、如何自我调节以及如何降低复杂性之类的问题。据此,我们还能区分系统整体及某些次级系统的问题或需求(例如权利、经济、教育和宗教)。为了让概念更加细化,我们或许可以用"效能"概念来替代"功能"概念,以表现某些功能与系统整体的关系或相对于次级系统的关系(Marcinkowski,Steiner,2010)。

研究者如果按照功能路径来理解媒体和政治之间的关系,那么其研究旨趣便是揭示媒体和传播能为政治系统提供何种效能。

系统论从宏观而高度抽象的视角去观察政治与大众媒体,因此,经验研究远远无法检验系统论。唯有借助行为理论或认知心理学等其他学科的理论或概念,才能弥补这一缺憾(Jarren,Donges,2006)。可是,系统论对理论的要求很高。学界已经对功能概念做出了大量的解释,但它的含义反而更加模糊,例如,功能有时还被理解为规范性的任务。因此,功能概念除了可以用来描述以外,还具有一种假定的规范性意义(参见:Rhomberg,2009:21-28)。

尽管如此,系统论式的研究路径还是吸引了许多研究者,他们有时还会将功能的思考方式和归类方式纳入研究之中,但却不明确承认他们的理论其实是功能论或系统论的变体。这种情况在德国的政治传播学界非常常见。

二、因果解释路径

经验研究深受美国学界的影响,其主导的研究路径是因果关系,目的是找出原因与效果之间的关系,会以"如果……那么……"的形式提出假设检验。如果用这种路径来探究媒体与政治之间的关系,那么在大多数情况下,大众媒体就是研究的出发点。从原则上来看,这么做其实已经隐含了关于原因的猜测,而且这也会在研究假设中体现出来。研究者会认为,大众传播改变了政治,或大众传播引起了特定的政治现象。有些研究一眼看去好像仅仅是在描述,例如研究传播者如何理解自己的角色,或探索媒体报道的政治形象,但这些问题背后都存在因果逻辑。这类研究往往在暗示,无论是媒体对自身的角色理解,还是媒体报道本身,都会带来政治影响或引发政治后果。

研究者原则上可以从不同的层面来形成关于媒体影响的假设。例如在微观层面,研究者可以关注某些公民的认知(例如知识、想法与动机)或行为;在中观层面,可以研究某些政治组织(如议会、政党、利益集团);在宏观层面,可以针对整个政治系统。有关媒体效果的研究假设具有两面性,它既可以是积极的,也可以是消极的。如果研究指出某种媒体效果是积极的,也意味着媒体具有某种正面的、为人所期待的效能或功能(参见:第八章中的表8.1)。

这个研究领域存在大量的微观研究,其中大多数都探索了某些个体特征(变量)之间的关系,例如公民使用媒介的行为与参与政治的行为之间的关系。研究者一般可以从大范围的社会调查来获得人口的特征,然后用统计方法来检测变量之间的相关关系是否显著。严格来看,研究者就算通过多变量分析控制了可能的干扰变量,但两个具有相关关系的变量之间也不一定具有因果关系,例如在测量媒介使用与政治参与之间的关系时,就可以发现这种情况。因此,如果要把一对相关关系**解释**为因果关系,还需要附加的效度检验。在这方面,纵向调查得出的数据情况要更好,因为研究者能据此来考察变量关系的前后发展情况。最合适的研究设计是焦点小组访谈[①],第五章第五节第二点将列举一些相关的经验研究案例。

早期的经验研究根据简单的刺激—反应模型(**S-R 模型**),把传播作为自变

[①] 焦点小组调查指用同一个问卷对同一测试人群进行重复的调查(在调查实践中,必须确保至少部分问卷内容是一致的)。这种研究设计的首创是拉扎斯菲尔德等人对选战中媒体影响的研究(Lazarsfeld, Berelson, Gaudet, 1944),焦点小组调查能用来准确地理解知识、观念与行为的变化,并且有助于分析效果产生的原因。研究者往往需要在一段时间内对个体进行调查。趋势研究也是重复测量,但其与焦点小组调查之间的区别在于抽样方式。趋势研究的抽样是为了得到积累的结果,也就是出于统计的需要而把受访者的数据集中起来。因此研究者只能在累积层面上解释变化的特征及原因,而无法在统计层面上证明因果关系。第五章第五节第二点将介绍焦点小组访谈的解释力,并举例说明。

量,并把诸如政治知识、观念与行为之类的要素作为因变量。① 新近的研究越来越倾向于采用 O-S-O-R 模型(McLeod, Kosicky, Pan, 1991; McLeod, Kosicky, McLeod, 1994)。这两个"O"分别代表干预变量与条件变量。**干预变量**能够调整在媒介刺激过程当中以及之后的人类反应。例如观众在收看电视辩论期间或者之后与他人进行了交流,或者他们在观看之后又看到了后续报道,这些情况都有可能强化或者弱化其观点。**条件变量**指媒体产生效果的不同条件,这些条件在传播开始之前就已经存在,例如公众的既有认知及其对信息的重要性判断标准,这些特征在不同的人群当中有所不同。

与功能解释路径一样,因果关系的研究思维也很常见,尤其是在政治实践领域。专业的传播管理(如选战活动或政治公关)越来越重视那些探索因果关系的经验研究成果。政治实践领域也产生了大量富有启迪的实例;一些政治竞选管理者的实践报告也很有意义(Radunski, 1980, 2003; Ristau, 2000)。

第四节　政治传播的研究角度

政治传播领域有大量的理论和研究方法,这一点从相关的概述文献中就能够体现出来。例如约翰斯顿在其选集中提到,在 1982—1988 年间出版了 600 多部关于政治传播的英语论著,其中大部分都直接或间接地涉及媒体效果,而且几乎所有研究都在探索媒体与政治的关系(Johnston, 1990)。

一、拉斯韦尔的 5W 模型

传播研究的分类常常以**拉斯韦尔提出的 5W 模型**为依据。但这个模型只简要地罗列了参与传播过程的"因子"。哈罗德·拉斯韦尔原本是一位政治学者,他的研究重点是政治传播。② 1948 年,他在《社会中的传播结构与传播功能》一文的

---

① 在 20 世纪 30 年代和 40 年代初,部分研究受到了行为心理学及自然科学实验的影响。至今,科学社会学仍未能澄清这一点,这导致很多人还是认为探索因果关系的研究具有行为主义的色彩。其实这些研究当中只有一小部分采用了实验法,而且也没有认同行为主义的立场。

② 政治传播研究的开拓者不只有拉斯韦尔。传播经验研究的创始人保罗·拉扎斯菲尔德、卡尔·霍夫兰和威尔伯·施拉姆都做出了极大的贡献。传播经验研究诞生于第二次世界大战期间,处于一个划时代的政治变革年代,具有很强的时代因素。

开篇写道:"对一种传播行为的描述常常要回答以下问题:谁,说了什么,通过什么渠道,对谁,产生什么影响?"(Lasswell,1948)

这个简单的 5W 模型促进了传播研究的系统化。例如,格雷伯在一篇概述文章的开篇就写道:"什么是'政治'传播?它指的是信息的建构、传递、接收与过程;这些信息很有可能对政治产生巨大的影响。"(Graber,1993)

拉斯韦尔本身也把 5W 模型理解为一种研究体系,能够将各种研究问题归入确定的研究领域当中:

- **控制研究**关注政治传播过程中的"表达者"或在这一过程中出现的(广义上的)行动者;
- **内容分析**探索传播者表达的内容与形式;
- **媒体分析**关注政治讯息的发布、扩散以及接收的"渠道";
- **受众研究**着眼于受众及其对政治讯息的使用与认知;
- **效果研究**探索政治传播引起的变化。

5W 模型能帮助学者将政治传播研究的问题提出与研究发现进行归类(Nimmo,1977;Mansfield,Weaver,1982;Donsbach,1993a;Graber,1993)。

不过,5W 模型也受到了广泛的批评:拉斯韦尔实际上是按照自己的理解肢解了传播的过程,而没有观照传播整体。但这种划分有利于规划研究经费,通过划分整体、放大局部,研究者就能更精确地研究特定的现象,而且能把研究经费控制在一定范围以内。因此,大部分研究,尤其是早期的政治传播研究,都是在 5W 模型提到的领域中开展的。

二、传播者视角与受众视角

5W 模型从传播者的角度出发,强调传播的效果,这便将传播过程理解成一种**传递**,也就是传播者发出讯息,通过传输并在受众层面产生效果。这种看法比较符合人们熟悉的物质—能量的思维方式,而且也契合政治实践以传播效果为导向的事实。因为政客与政治传播的实践者总对以下问题很感兴趣:我想说的能否如我所愿地传达?我能否传递我的"信息"?我如何取信并影响他人?劝服研究、竞选传播研究以及政治公关评估研究考虑的就是这些问题。

从传播者视角开展的研究还关注信息过滤和信息选择的过程:什么会阻碍

自由的信息流动？谁拥有进入传播媒体的渠道？媒体会过滤哪些信息和观点？信息在传输过程中如何变化？学界已经围绕这些问题形成了一些影响深远的关于政治传播的概念与理论，例如把关理论、创新扩散理论和新闻选择理论。①

在20世纪70年代以后，政治传播领域还出现了从受众出发的研究视角。这类研究的核心问题是：受众会使用什么媒介？他们从中提取什么信息，又如何处理这些信息？信息能否传递以及能被传递多少，往往更取决于接收者，而不是传播者。讯息能否产生政治影响，也取决于受众处理信息的方式，亦即受众接收信息的行为、可信度评价及其观点的形成过程。

信息的选择性暴露（selective exposure）和选择性处理的原则是这种研究的核心概念。抵达受众的讯息以及媒体的效果，不（仅仅）是信息传输的结果，而（也）是受者积极参与解释与建构的结果。舒尔茨·冯·图恩曾一语中的地指出：新闻在抵达接收者的那一刻就成了他们的"拙劣之作"（Schulz von Thun, 2008）。

后续的研究受到了心理学认知转向的影响，并发展了上述观点。研究者指出，接收者的信息处理过程在传播的过程中具有关键作用。**图式**这个概念最适合用来解释这个论点。图式是人类认知机制的构成要素，是组织过了的知识基础，不仅能控制选择和处理新信息，还能组织常识性信息，并把新知识整合到已有的知识体系，重构不完整、不明确的信息，帮助人们预判适合特定场合的行为方式（Schenk, 2002: 269-271）。

图式概念主要是从关于政治传播接收过程的研究中发展起来的（参见：McGraw, Lodge, 1996）。在研究人类对政治讯息的认知、处理方面，这个概念已经带来了丰富的成果。②

三、媒介视角

传播研究的一个分支改变了学界对媒介的看法。传统意义上，传播过程中的重要元素包括传播者、讯息、接收者及接收者的反应，而媒介则只有**传递功能**，是信息传送的技术渠道。在政治传播领域，媒介长久以来只不过是一种中

---

① 参见第四章第三节。
② 参见第五章第二节。

性的传输工具,是用来向公民传递政治讯息的"渠道"。因此,政治传播学界过去主要关注媒介的覆盖范围和目标受众,因为媒介能够让信息的传递超越时空的距离,大幅提升其影响范围。

但麦克卢汉尖锐地指出,媒介不仅仅是技术传输手段。每种媒介都具有独特的编码、呈现与格式形式,塑造了传输的讯息,使得受众用特定的认知理解方式来处理信息,甚至还会对人类的认知与人类社会带来深远的影响(McLuhan,1967)。

麦克卢汉用下面这个简单的例子解释了他的观点:一条有"美国国旗"字样的布条与一面美国星条旗表达的意思相同,但对解码的要求却完全不同,而且也会对受众带来不同的印象(McLuhan,1968)。麦克卢汉提出的命题"媒介即讯息",以及他从媒介角度开展的经验调查,都强调媒介对传播的意义。再如,库尔特与格拉迪丝(Kurt, Gladys,1953)在其开创性研究中,分析了美国电视关于麦克阿瑟将军的芝加哥游行的直播,他们发现,电视观众看到的游行画面与目击者所看到的完全不同。[1]

传播研究中的媒介视角越来越有意义,有的研究用"媒介化"作为关键词。那些针对个体的研究着眼于媒介的特殊编码及呈现方式对人类认知、处理和理解信息的影响。宏观研究的核心问题是某一特定媒介的存在、扩散与使用会引起何种长远的、潜移默化的结果(参见:Meyrowitz,2008)。[2]

第五节　共同取向与交互

新近的研究发生了更为深远的转向,主要涉及传播过程的结构与动力。5W 模型、效果模型,包括一些考察受众的研究,都把传播理解为一个线性过程,也就是说,传播的开端与结束是确定的。这种研究之所以会出现,部分也是因为经验研究方法有一定的局限。也有一些理论把传播看作一个动态的过程,其中包含多个层级、阶段、反馈以及互动和交互关系。根据这些模型进行经验研究操作会更加困难,因为这往往需要较长的研究时间,并且需要结合多种研究方法。

---

[1] 参见第四章第三节第三点。
[2] 参见第四章第二节。

一、共同取向模型

传播学的动态研究路径的原型是共同取向模型(Koorientierungsmodell)。这个模型最早是为了分析某个具有共同导向的场景中的人际关系(Newcomb, 1953; McLeod, Chaffee, 1972; Früh, 1991: 180-182)。在这种场景中,人们直接交流、相互感知,能够观察他人的行为、了解他人的期待,并在此基础上形成自己的期待。符号互动论已经探讨过这种情形(Mead, 1934),并将之称为"**反身性**",鲁曼也谈到过(Luhmann, 1984)。在每种传播形式当中,反身性都是一个典型的特征(Merten, 1977)。

我们至少可以从两个层面去观察"反身性"的特征。第一个层面是可观测的行为,例如说话。第二个层面上出现了潜在的关系,例如形成对他人的看法,猜测他人具有的知识与想法,接受对方的角色,期待对方的动机与行为,以及对对方期待的期待。

图3-2展现了共同取向关系的一种可能情况。其中,某A与某B都与对象X有关,例如都谈到了X事件(也可以是一个话题或一个人)。假设他们在讨论一个政党在选举中的胜算,而且各自对此有一个确定的观点,那么两人观点之间的**一致性**就会影响他们的行为,并且会决定两人对话的过程和结果。

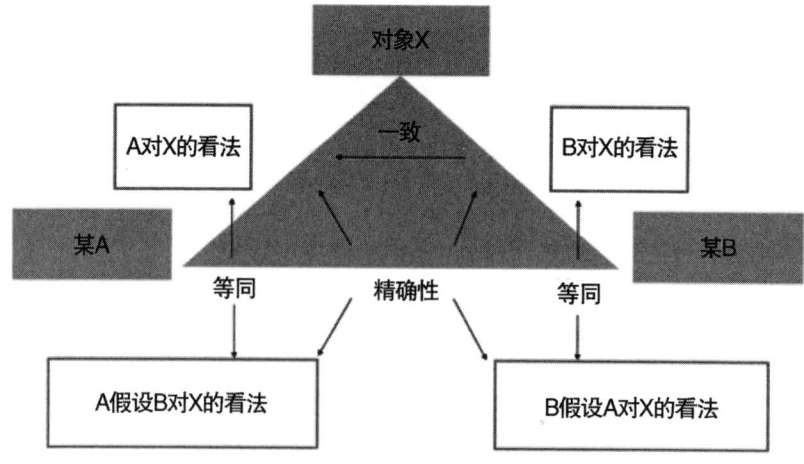

图3-2 共向模型(McLeod, Chaffee, 1972)

在这一场景中,两个人对事件 X 都有某种观点,而且还会猜测对方对 X 有何种态度。A 对 X 的观点和他对 B 观点的假设,或多或少可以视为**等同**。例如 A 认为一个政党的胜算很高,而且同时假设 B 的观点相同,那么就可以认为,A 的观点与 A 对 B 观点的假设相同。

然后,我们可以比较 A 的假设与 B 实际上的观点,在这里就是比较 A 对 B 观点的假设与 B 对竞选胜算的实际观点。比较的结果可以展现出人们对他人观点的假设有多**准确**。这些假设的准确程度,以及观点与假设之间的等同程度,决定了沟通的过程以及在这种情境下的人的行为。

二、共同取向模型的变化与应用

共同取向模型起源于个体互动的研究,但群体和集体也可以存在共同取向的场景。一个具体的个体与抽象的**一般他者**("其他人"或"大部分人")之间也可以出现这种情况。这种视角在符号互动论中占据着核心(Mead,1934)。图 3-2 表现的模型只适用于某些情况。根据这一模型,研究者通过调查得出集体的主导假设与主流观点,这些是集体的特征。

这种处理在社会学领域中比较常见,也是"集体无知"和"自证预言"这类概念的内在要素。"**集体无知**"这个概念指的是多数人误判多数意见的情形(O'Gorman,1975;Scherer,1990)。"**自证预言**"指的是因误判而导致出现某种行为,最后导致误判成真(Merton,1957)。默顿举了一个例子:两个国家互为敌人,并且都认为战争不可避免,人们对战争的预判最后导致战争爆发。

这两种现象的第一种共性是对情境作出了错误的定义。误判的形成原因是假设不准确或不等同,也就是说,虽然假设是错的,但在某些情况下,多数人作出的错误假设完全一致。这些假设包括对多数意见的假设,或对他人意图的假设。两种现象的第二种共性是,人们的假设与真实不符,但却能在现实中反作用于集体和个体的行为。正如默顿(Merton,1957)提出的**托马斯定理**:"如果人们认为某个情境为真,那么这个情境就会带来真实的后果"(Thomas,Thomas,1928:572)。

政治传播分析在很多方面都涉及上述思想。其中,共同取向模型涉及大众媒体及传播效果的核心要素——塑造假设、影响舆论、传递关于他人观点的观点(例如多数意见),这些都是在定义情境,**沉默的螺旋**和**第三人效果理论**是相关的典型案例。

沉默的螺旋由诺艾尔-诺依曼提出,重点强调了大众媒体能传递不切实际的主流观点(Noelle-Neumann,1980a)。根据自证预言的概念,对情境的错误定义可能会扭转民意的走向,有时甚至会对竞选与权力分配带来深远的影响;而且这些错误的情境定义可能是因为政治因素而有意为之的。"螺旋"这个比喻反映了这个过程动态变化的特点,而且存在反作用,也就是说,个体层面的(微观)影响能通过反作用而形成宏观效果,并引发长期的政治后果(参见:Slater,2007;Scheufele,B. 2008)。

戴维森率先提出了**第三人效果理论**(Davison,1983)。他发现,人们往往倾向于假设大众媒体对他人的影响要比对自己的影响更强,这种假设也可以联系到政治新闻或竞选宣传。如果有人认为,媒体对其他人的影响更深,那么不管这种假设是否正确,都会反作用于这个人的行为(Perloff,1993;Huck,Brosius,2007;Sun,Pan,Shen,2008)。

共同取向模型也有助于分析不同的冲突情境。开普林格用这种方法描绘了大众媒体的报道如何彻底改变一个冲突的质量(Kepplingers,1994)。如果一个冲突在不公开,而且没有媒体报道的情况下爆发,这时,涉事主体会更加注重捍卫自己的立场,并会反驳对方的立场。但如果一个冲突被媒体的报道,或者已经公开,那么涉事主体还必须考虑其论据会对媒体和公众带来何种影响。媒体对某一个冲突方的论证过程报道得越多、越准确,那么这一方也就越成功。因此,一旦一个冲突事件被媒体报道,行动者就会更倾向于根据媒体来调整自己的行为,而不是摆事实、讲道理。开普林格及其合作者以 20 世纪 80 年代的尼加拉瓜冲突为例,展现了共同取向模型对经验研究的意义。①

传播过程当中不仅有信息的传递,也有反馈;不仅有传播效果,还有反效果;不仅有期望,也有对期望的期望。有鉴于此,一些学者提出了 5W 模型的替代方案。福律与申巴赫受到符号互动论的启发,提出了传播效果的动态交互模型(dynamisch-transaktionales Modell),这也是一个富有成效的综合性理论(Früh,Schönbach,1982,2005;Schönbach,Früh,1984)。

早期的传播研究建立在 5W 模型基础之上,可以被视为一种传输模型。这个模型以传播者为起点,效果是传播的目的与结果,传播者的意图在接收者那

---

① 贝伦斯在分析卡斯托与布伦特-斯帕的冲突中也采用了这个分析模型(Berens,2001)。

得到贯彻。

而在交互模型当中,传播效果是传播者意图及接收者的意图共同影响的结果,不仅包括可观察的层面,也包括虚拟层面。情境与社会语境在这一模型中也发挥着作用,包括社会环境、相关群体、公共性与公共舆论等。研究者需要运用动态的视角,结合时间上的延迟、累积和反馈通路去观察这些内容。[①]

动态视角的研究已经在政治传播理论与实践当中生根发芽,它不仅要解释时间的变化以及复杂的多阶段发展,同时也要考虑反馈、反身关系、自我增强等方面。动态研究不仅提供了一个思考方式,而且具有可操作性,例如针对不断扩大的知识鸿沟、良性循环、沉默的螺旋、议程建构与议程设置的经验研究。值得一提的还有复杂的结构方程模型(统计工具),以及焦点小组访谈的因果分析模型。[②] 以下章节将陆续介绍相关的重要研究及其成果。

三、重新理解传播效果与媒体权力

在交互模型中,传播效果并非只意味着接收者观点的改变,也不是**单一传播因素发挥作用的结果**。传播效果一直存在于传播过程的每个阶段。随着传播行为的展开,接收者、传播者、讯息与媒介也在发生变化(从公众的角度来说,这些变化至少是潜在的)。传播还能通过反馈效应以及人们对效果的期待而改变现实,这也恰恰是传播研究的对象。效果概念也随之丧失了本意,有时则被更具体的术语所取代。因此,在保证没有任何学术损失的前提下,我们或许可以放弃效果的概念。当然,它于启发思维而言似乎还有一定裨益。

效果研究整体也与效果这个概念的情况类似。纵观其发展,这个领域已经不断地去边界化,拉斯韦尔和后来几代传播学者描画的传播效果研究的整体轮廓,如今已经慢慢消退。[③] 当然,现在用传统的控制研究、内容分析和媒介分析的方式来处理传统的效果研究问题的做法并不罕见。而另一些研究则开始同时观照传播过程中的多个要素,并把传播视为一个整体的过程。这种研究的发展引发了对效果概念的诸多争论,并在效果研究领域催生出新的视角(参见:Schenk,

---

① 这种复杂的观点很难理解。福律与申巴赫(Früh, Schönbach, 1982)已经尝试用图像来描述这种观点。
② **二阶段最小方程法**可以通过 LISREL 或 AMOS 软件来完成,它有别于一般的回归方程,可以用来分析相互关系(非递归的)和反馈模型。
③ 参见第八章第一节。

2007;Kepplinger,2009e;Schulz,2009c)。

其实真正起作用的并非媒体带来的实际政治影响,因为不管媒体的影响是否重大,个人,如记者、媒体使用者、政治家或选民的行为都受影响。实际上发生作用的是坚持认为大众媒体作用存在的这一假设观念,而不管这一作用是否真的出现。

由此审视政客对大众媒体政治权力的抱怨,我们就可以如此反驳:如果大家都认为大众媒体有权力,那么大家的行为举止就会让人们感觉媒体真的有政治权力那般,而不管这种感觉是否适当。不管怎么说,这样认为的效果与大众媒体的实际权力是一样的。①

---

① 根据作者的观点,统治精英往往强调大众媒体具有强大的政治权力。如果这种猜想被人所认同,那么媒体就真的有至高权力那样,人们就会去制定一些限制性的措施,例如规制或媒体审查。——译者注

第四章 政治的媒介真实

大众媒体呈现的政治并非是现实的真实反映。本章第一节将介绍一些经验研究成果，它们描绘了典型的政治媒介真实，证明媒体的呈现存在失真。第二节介绍媒介信息处理法则，可以用来对媒介真实进行一般的理论阐释。第三节着眼于政治媒介真实的影响因子，例如专业的新闻惯例与媒体组织的生产条件。第四部分将视角延伸至政治传播系统的整体，特别是处理媒介信息对政治公共领域带来的作用与后果。

第一节 大众媒体与真实

目前已经有大量研究论述了媒体与真实之间的关系。一言以蔽之，大众媒体没有呈现，也没有完全反映真实。媒体的报道往往是片面的、不准确的、扭曲的，有时会呈现一个特别狭隘的世界观。政治新闻呈现的则是一种政治幻象，因为媒体总是关注知名官员、负面事件、戏剧化事件、琐碎之事以及西方世界的观点（参见：Schulz, 1989; Kepplinger, 1998b; Kamps, 1998; Bennett, 2001）。因此，用客观、真实等原则去衡量新闻或许是徒劳的。

关于政治新闻报道背离客观性与真实性原则的现象，学界有两种解释。第一种解释认为，媒体因政治意识形态而具有片面性，这种现象被描述为**偏差**，是美国新闻学研究的传统（参见：Staab, 1990: 27-29）。**偏差**是记者（以及出版商、项目负责人）因自己的政治偏见或政治意图而产生的一种不当行为，其政治观念有意无意地为媒体内容染上主观色彩。德国学界将之称作**倾向性**报道或**偏见**报道。

第二种观点认为,媒体之所以会偏离真实性与客观性的原则,是因为媒体具有**结构性**缺陷导致媒体只会根据自己的想法来描画事实。新闻在编码政治现实的程式化过程中,必须进行必要的缩减、强调和解释,使真实在经过媒介的信息处理之后转变为一种**媒介真实**。

本章将解析、区分上述两种解释。需要注意,描述、理解媒体对客观性原则的偏离,并不意味着这些原则是有问题的。客观、真实的新闻报道是一种标准,是新闻实践力求达到的**目标**。正因为新闻媒体偏离了这一目标,客观性标准才更加重要。下文将进一步解释。①

一、媒体的狭隘视野:关于政治行动者

媒体关注的主要是政治舞台上的主角。较高的地位、权力和知名度是媒体关注的风向标。即便是那些政府要员、议会领导,抑或是政党主席或协会领导,也只有少数才能在报纸、杂志、电台、电视台的新闻节目中露脸。一项研究在2008年分析了德国政客在电视上的出镜频率,发现媒体最关注德国联邦总理,其电视曝光率远远超过其他政客(参见图4-1)。

电视的视野非常狭隘,而二线政客和后座议员也很少有机会能见诸报端,除非卷入丑闻或私情。媒体对负面信息的偏爱不仅助长了令人怀疑的炒作,而且导致政客的形象更加负面,使得人们出现了政治疲劳。②

媒体究竟如何创建、展现政客与名人的形象呢?学界已经对这方面展开了广泛的经验研究(参见:Kepplinger,2001b),其中,朗与朗的研究具有指导性的意义,他们认为,电视有特殊的方式来建构政客的形象,这也是"电视的个性"(Lang,Lang,1968)。新近的一些实验研究专门分析了视听元素对个体感知的影响(Frey,1999;Kepplinger,2009a)。

---

① 参见下文第八章。
② 政客在澄清丑闻的时候也能提高知名度,虽然这可能会改善政客个人的形象,但却会给人们对政治整体的印象带来负面影响。

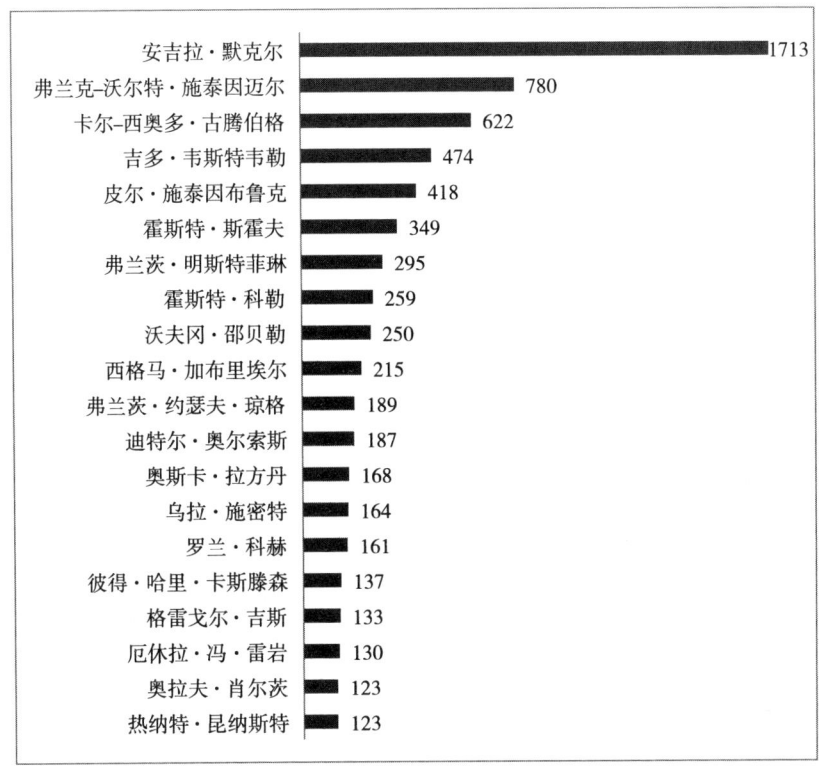

图 4-1　2009 年德国政客在电视新闻中的亮相频率（前 20）①

媒体分配地位与知名度，而知名度与声望相辅相成（Lazarsfeld, Merton, 1948; Neidhardt, 1995）。名人的媒介形象与其所希望建构的形象之间具有共生的转换关系（Nimmo, Combs, 1983:94），比较典型的例子是选战中候选人形象的建构。② 媒体在提升政治明星及其他名人的知名度方面具有关键作用，名人也会凭借较高的新闻价值而兼顾受众注意力，助力媒体实现商业上的成功。

在媒体当中，政治主角往往作为个体和行为主体出现，但公民通常不是作为个体，而更多的是作为一种社会类别。他们有时是相关人群，甚至是政治行为的牺牲者，例如选民、纳税人、退休人员、失业者或移民。媒体如果要报道公

---

① 榜单的样本来源：德国电视一台 20 点档的《每日观察》和《每日话题》节目、德国电视二台 19 点档的《今日》与《今日新闻》节目、卢森堡广播电视台的《时事新闻》节目和德国卫星一台的《新闻》节目。每个政客后面的数字指的是他们在节目中的出镜率和被提到的次数。数据采集时间为 2009 年 1 月 1 日至 2009 年 12 月 31 日（来源：Krüger, 2010）。

② 参见第六章第二节第二点。

民个体,往往需要一些特别轰动的契机,例如被报道对象是有政治动机的罪犯,或是人质绑架事件中的相关者或受害者。公民还会以"街头人物"的方式出现在电视荧幕,媒体这么做是为了让他们来代表其所设想的"有代表性的"意见。

不同的社会群体在媒体中的曝光机会有许多差异。许多研究发现,媒体对少数人群的呈现不仅几乎没有代表性,而且带有强烈的偏见(参见:Ruhrmann, Demren, 2000; Bonfadelli, 2007b; Trebbe, 2009)。由于德国社会需要接纳外国人与移民群体,这类人群的媒介呈现就成为融合政治的重要研究主题之一,其他国家也是如此。媒体对外国人的关注程度远远超过这类人占总人口的比例。德国媒体关注的主要是那些为人所"不期待的"群体,其中包括土耳其人以及来自阿拉伯和非洲国家的群体。媒体往往把外国人和移民与违规、犯罪、冲突以及一般的负面事件联系在一起,特别是阿拉伯人和穆斯林群体,总被媒体描绘成特别不友好的、充满威胁的群体(Weimann, 2000: 222-224)。

根据大量媒体分析的研究结果,媒体对不同性别、年龄群体、社会阶层的成员或职业群体的关注比重也明显地偏离真实的人口分布(参见:Shanahan, Morgan, 1999: 57)。媒介真实与人口现实之间存在巨大的差异,而且媒体对某些群体的形象构建往往是走样的,并带有歧视性(Weimann, 2000: 第六章),例如媒介中的女性及女性政客的形象(Klaus, 2005: 215-217; Holtz-Bacha, König-Reiling, 2007; Poindexter, 2008)。

二、媒体对负面新闻的偏好

媒体最受批评的地方就是对负面事件的偏好,例如报道暴力、犯罪、恐怖主义、危机及战争。特别是战争报道,媒体对战争的归责总是高度失真,充满了有意为之的失实信息(参见:Löffelholz, 2004a; Esser, Schwabe, Wilke, 2005)。西方民主政府在危机与战争时期也会用特殊的方式和途径来影响战争报道,例如1990—1991年与2003年的伊拉克战争。[①] 在19世纪末,已经有学者通过内容分析法对媒体中的负面新闻进行经验研究。一项研究分析了《纽约时报》在1881—1893年间的报道,发现有关**犯罪和罪犯**的新闻数量显著上升(Speed, 1893)。媒体为了制造轰动效应而扭曲地呈现真实,让当时的**便士报**获得了商业成功。

---

① 参见第四章第三节第三点。

二战以后,德国《图片报》引入了美国便士报的商业模式。大量的负面信息与低廉的卖价大大提升了这份小报的发行量(在圣诞期间,《图片报》为读者准备了一个只有好新闻的版本,参见图4-2)。不少媒介分析研究发现,德国的私营电视台也复制了这份小报的新闻选择机制,大量的报道都是暴力、冲突和违规的内容(参见:Winterhoff-Spurk,Unz,Schwab,2005;Windzio,Kleimann,2006)。

图4-2　2009年12月24日《图片报》封面

多个经验研究证实,媒体对负面事件的关注远远超出此类事件在现实生活中发生的概率(参见:Kepplinger,Weissbecker,1991;Graber,2002:108),例如,犯罪报道的数量明显偏离了现实的犯罪率(Weimann,2000:84-86;Windzio,Kleimann,2006)。大多数犯罪事件发生在私人场所,而且在熟人之间,并且不会出现武器,而媒体中的犯罪行为常常发生于陌生人之间和公共场所,并且会出现武器。媒体对暴力和犯罪的扭曲呈现显然会使人产生误读,会让人以为各类犯罪和风险都在扩散,担心自己可能成为受害者。① 媒体的渲染自然也会影

---

① 民意调查结果显示,人们对媒体呈现犯罪的认同度要远远超过对犯罪率的认同度,即便这些犯罪率是经过统计方法确认过的(Gerbner et al. 1986;McCombs,2004:25-27;Windzio,Kleimann,2006)。

响刑事政策。

娱乐节目中高频出现的暴力与犯罪也会影响人们的感知。以乔治·格伯纳为代表人物的涵化研究指出，电视会影响观众的世界观（Gerbner, Gross, 1976; Gerbner et al. 1984）。重度电视观众会觉得这个世界更有威胁，更需要**法律和秩序**的保护。在格伯纳看来，（美国）电视台是维持社会现状与进行政治压制的机构。除了美国之外，包括德国在内的其他国家也会出现类似的情况。随着私营电视台被德国引入，娱乐节目中的暴力和犯罪内容的比重也有明显提高。①

系统理论不同于格伯纳及其他学者的社会批判视角（例如：Altheide, 2002）。从系统理论来看，媒体对负面新闻的偏好是一种调节机制，有助于社会的整合、适应和维持。例如鲁曼指出，危机、丑闻以及恫吓具有"警示关注"的功能（Luhmann, 1970）。休梅克则用生物进化论来解释，并得出了类似的结论。他认为，媒体对负面信息的偏好是一种社会与文化自我维护的机制（Shoemaker, 1996; Shoemaker, Cohen, 2006）。诸如价值偏差、冲突与危机之类的威胁还是尽早发现为好，这样才能减少它们对社会带来的危害。

三、扭曲的外国

许多研究都关注媒体对外国的报道，因为这种报道会作用于国际关系、国际公共领域以及人们对外国的刻板印象（Wilke, 1993; Wanta, Golan, Lee, 2004）。因此，研究分析本国媒体关注哪些国家，如何描画这些国家，以及外国媒体如何描绘本国等问题，都有其重要的意义。

格伯纳与玛万依指出，大众媒体与新闻通讯社报道的世界，与现实的地理之间存在严重的不对称（Gerbner, Marvanyi, 1977）。一些研究对不同国家的媒体新闻报道进行了比较，也得出了同样的结论，而且还证明在大西洋—欧洲之外的国家，其媒体也存在特定的种族中心主义（Schulz, 1983; Mowlana, 1995）。全球国际新闻报道的结构类似于金字塔（Kamps, 1998; Rössler, 2003）。金字塔的顶端为美国与西欧的新闻所占据，这些是最受媒体关注的地区。金字塔的底端是非

---

① 也有研究发现，涵化的情况在美国以外的国家中并不明显（参见：Gerbner, 2000; McQuail, 2005: 498; Rossmann, Brosius, 2006）。

洲、亚洲与拉丁美洲的发展中国家,这些国家很少受到媒体的关注,除非涉入危机、战争与灾难之后才有机会受到关注。这也解释了为何这些年来媒体越来越关注中东地区。总而言之,地区、异国情调和负面信息共同决定了德国媒体的国际新闻基调,即便在1990年以后,这种情况也没有显著改观(Stevenson,2003)。

媒体上的外国形象,一方面由把关人决定,另一方面则是逻辑因素使然(Ahern,1984;Wu,1998)。在国际新闻的流动过程中,最重要的把关人是早在19世纪就开始运转的世界新闻通讯社——**美联社**、**路透社和法新社**。此外,视频通讯社和电视网——如美联社电视新闻署(APTV)、全球电视新闻(WTN)、有线电视新闻网(CNN)和**欧洲新闻视角**(Eurovision News Exchange),对国际新闻流动也具有重要的作用(参见:Schulz,2009b;Clausen,2010)。这些媒体在多个国家和城市都有办事处和驻外记者,最容易在国际新闻场域中脱颖而出。距离(或接近性)是非常重要的一个因素,媒体报道周边国家的频率要高于外围国家;政治和文化的距离也会产生类似的效果。

这些因素不仅普遍地制约着通讯社的行为,也引导着新闻的逻辑,例如国家的(政治、经济)系统特征、时事以及媒体特征(参见:Wilke,1998)。相关研究探索了影响国际新闻报道的因子,并发现经济特征(例如经济表现、交易量)是极强的预测指标(Hagen,1998;Wu,2003;Scherer et al. 2006)。那些对媒体所在国具有经济意义的国家,也会在该国的媒体报道中占据主导。

电视新闻报道的局限视野正是媒介本身的一种特征。坎普斯把电视里的外国形象比作"一块比例失调的瑞士奶酪:奶酪洞比奶酪多得多"(Kamps,1998:293)。

四、检验新闻真实性

检验新闻真实性的研究常常采用个案研究法解析媒体对特定事件的呈现情况。郎和郎的个案研究是一项开创之作(Lang,Lang,1953)。该研究以1951年4月26日麦克阿瑟将军的芝加哥纪念游行活动为例,比较了电视直播报道与游行旁观者的直观印象。研究发现,电视画面与目击者看到的现实情况之间存在显著的差异,导致电视观众对该事件的认知也有别于现场旁观者。①

朗与朗列举了一系列其他的案例,并指出,媒介真实永远只是对现实的一种特殊反映(Lang, Lang, 1968)。尤其是电视这种媒介,它能把事件转换为一种**自成一格**的真实。尼莫和库姆斯基于另一些案例,例如1979—1980年间发生的伊朗人质劫持、1979年3月28日的三里岛核泄漏事故,以及1979年5月25日芝加哥飞机坠毁事件,补充了朗与朗提出的观点(Nimmo, Combs, 1983)。

凯德、科尔干与克兰皮特根据朗与朗的研究,选择美国俄克拉何马城的选战过程中时任总统的讲话,比较了目击者与电视观众对这一讲话的印象(Kaid, Corgan, Clampitt, 1976)。东斯巴赫、布罗休斯与马腾克罗特对其研究方法进行了修正,从而更加精确地分析了电视拍摄视角的特点。他们让一个小组现场旁观了1990年11月17日德国总理科尔在美因茨的40分钟竞选演讲,另一个小组观看了整个讲话的电视录像,另外还有三组成员则观看了三个不同的电视剪辑版本(剪辑是电视新闻的惯常操作)的视频,这三个视频对科尔的呈现角度分别是正面的、负面的与中性的。调查结果表明,收看电视影像的观众要比现场观众产生更多的情感(无论是亲近感还是负面情绪),而且观看剪辑视频的观众的反应更为强烈。因此,采用具有一定倾向性的蒙太奇剪辑手法能够影响观众的情绪(Donsbach, Brosius, Mattenklott, 1993,同时参见:Mattenklott, Donsbach, Brosius, 1995)。

哈洛兰、埃利奥特和默多克的个案研究聚焦1968年10月27日的越南人伦敦示威活动(Halloran, Elliott, Murdock, 1970)。他们发现,媒体有时在事情发生以前就已经对报道进行了预设,相当于提前设定好新闻报道,以至于真实事件无法充分地为人感知(同时参见:Noelle-Neumann, Mathes, 1987)。可见,真实与媒介真实之间往往具有动态的相互作用,这会使事件按照媒体既定的方向发展。

例如,开普林格与罗斯分析了1973年赎罪日战争后爆发的石油危机事件。他们发现,德国媒体对此次事件的实况报道非常具有煽动性,并且导致汽油和取暖油的需求急剧上升。但根据德国进口贸易统计数据,石油供应并没有受到战争的影响,但加油站却出现了供应短缺的现象。由于炼油能力有限,要在短期内满足突然上涨的需求是不可能的,于是,周日的驾驶禁令也随之出现。

---

① 参见第四章第三节第三点。

(Kepplinger,Roth,1978)。媒体对现实的解读与实际的数据和事实不符,根据**自证预言模型**,这种操作会反作用于现实。

研究者除了采用观察法之外,还能借助政治、社会或经济的统计数据,来比较新闻报道和现实指标之间的差异。在罗森格伦看来,这种研究方法是揭示新闻报道偏差的一个特别有力的工具(Rosengren,1970)。他在研究中引用了联邦州议会的选举数据和人口及经济统计数据,并且将新闻报道和这些"媒介外部数据"进行了比较(Rosengren,1977,1979)。此外,还有大量研究把现实的指标作为检测新闻报道的指标,例如事故和灾难数据、技术及环境发展数据、经济和劳动力市场,以及警察提供的犯罪数据或其他数据(参见:Funkhouser,1973;Kepplinger,1989a;Best,2000;Hocke,2002;Quiring,2004;Hagen,2005)。

但严格来看,这类外部数据也不是反映真实的客观指标,因为它们也经过了处理,经过了人类的选择、解释与评价,即便是"官方"的定义、案件的计数方法也是同样的道理(Früh,1994:28)。不过,它们是独立于媒体的信息,因此也能作为一个检测指标。在这方面,统计局的数据最合适。

第二节 媒体的信息处理

有些人把大众媒体当作现实的镜子,这是一个天真的想法;当然,我们在日常生活当中也需要这种天真。在很多现实生活中,我们除了大众媒体以外并没有其他接近真实的渠道,因此也就不得不相信媒体能客观而真实地提供信息。但如果通过仔细的检验(如采用科学方法)就能够揭示这个"镜子"比喻并不切实际。从已有的一些相关研究来看,把媒体理解为信息处理系统的话或许更为妥当。媒体筛滤、选择信息,解释、评价信息,并且勾画一种世界观,以迎合媒体使用者的社会、政治需要。这种观点由李普曼提出(Lippmann,1922),而且自20世纪70年代开始,就已经占据了传播研究的主导地位,我们也完全可以将之视为一场"哥白尼式的革命"(Schulz,1989)。

李普曼在其《公众舆论》著作当中,借鉴了心理学的个体环境感知理论来解释媒介新闻选择的特点。[①] 这种研究路径的一个前提是,假设组织能像人一样

---

① 参见第四章第三节第一点。

处理信息,因此人类信息处理的法则也适用于大众媒体乃至整个媒体系统的信息处理。①

认知心理学者已经从多方面证明,信息处理是一种高度活跃、充满创造力的过程(参见:Wirth,1997)。我们的日常经验往往认为,人类的信息处理系统会描摹环境,而事实上并非如此,人类往往需要借助记忆存储的经验来选择有意义的刺激,然后再建构其对现实的主观态度。李普曼把记忆存储的高度简化的经验叫作**刻板印象**,当今的心理学、政治学与传播学则用**图式**这个概念代称。

信息处理的主体不是从环境刺激中直接萃取信息,而是将认知图式中的信息带入认知过程。内瑟把这个过程与古生物学进行了类比:古生物学家会从无数的垃圾中找出几块小骨头碎片,然后把它们拼成一只恐龙(Neisser,1974:124)。与之类似,人类从所处环境中无数的刺激信息中选择少许信息,再辅以大量的记忆信息,然后建构一个有意义的观念。为了体现认知主体的积极性,孔拉德·洛伦兹把人类的信息处理系统比作一个"**认知世界的机器**"(Lorenz,1973)。

一、媒体——社会认知世界的机器

洛伦茨和李普曼都将微观个体层面的情况模拟到中观、宏观层面的社会系统。如果认为媒体的核心能力是传达真实,那就可以用认知心理学的知识来认识大众媒体的操作。洛伦茨把媒体比作社会"认知世界的机器"也完全妥当,因为媒体正是从世界上发生的大量政治事件、话题与难题当中选择,再对这些信息进行处理,然后描画出世界的政治景观。资料4-1呈现了媒体传达政治事务过程中的最重要的步骤。

媒体的信息处理类似于个体的信息处理,因为绝大部分媒体的处理过程都由人来完成(记者、编辑)。媒体的认知机制也遵循记者个体认识世界的操作原理,而记者和媒体人则类似于内瑟描述的古生物学家。

通过媒体的报道,我们只能以高度受限的视角片面地接近其所报道的事件和问题,因为新闻建构出来的真实大多自成一体、富有意义。观众从媒体中了解的事件,常常要比现场发生的事件更清晰、更重要,有时也显得更有趣、令人不安。

---

① 李普曼主要考虑新闻,也即政治时事,但这条原则可以适用于所有媒介。

媒介真实近似于眼见为实(Früh,1994:56):我们都相信自己的眼睛,也相信媒体的报道,有些时候甚至更加相信媒体,因为媒体的报道经过视听渠道传递到我们眼前,所有画面都那么生动、真实。正因为此,德国公民认为电视是最客观、最可信的大众媒体。

在一些我们无法直接亲临现场的事件中,媒体会对我们的观念产生巨大的影响。大多数政治事件和政治决策就属于这种情况,我们因而需要媒体来传播政治事务。在这层意义上,人们对媒体的依赖成为传播领域当中不同依赖理论的一个核心论点。[①]

> **资料 4-1:媒体传达政治事务的过程**
> - 媒体基于特有的关注规则来收集、选择政治信息,并将之扩散给广泛而无限的公众;
> - 媒体用特殊的方式解释、评估政治事件,并以这种方式使得政治系统的输入-输出环节结构化。媒体报道的内容不仅包括事件、议题与行动者,也包括公民的诉求和政治决策;
> - 媒体整合报道与所报道事件,通过激发后续事件或刺激"媒介事件",媒体与政治之间形成双向的反馈;
> - 媒体根据特殊的相关性标准来决定是否公开报道政治行动者,而且能够限定行动者的行为及其施加影响的可能性;
> - 媒体常常为公民和政治精英设置单一的行动模式,这是行动者出现在政治公共领域中的前提。

二、媒体的解放效能

媒体虽然会像个体那样处理信息,但其信息处理的过程还有赖于其他的建构原则。这些原则不仅塑造了媒体呈现世界的内容和结构,还使之带有鲜明的媒介特征。这些原则包括复制与扩散技术、特定媒介的设计要求以及媒体组织的经济目标与约束性要求。

---

① 参见第四章第二节第五点。

人类传播在很多方面都受到时间、空间、表述的可能性、编码的有效性、表达及生产的诸多限制。媒体能够在信息处理的过程中克服人类传播的天然限制。

媒介能够拓展人类的传播能力，因此可以将媒介视为一种**人类学意义上的技术**。桑巴尔特指出，媒介同其他技术一样，"解放了有机生命的限制"（Sombart, 1927:116）；或者一如麦克卢汉的表述：媒介是人体的延伸（McLuhan, 1967）。媒介解放了人类的传播力，补偿了人类的"官能缺陷"，弥补了个体认知机制的不足。媒介还能克服时空距离，采用最佳的方式来编码讯息，使之契合传播目的，从而提高传播的有效性。下文将从大众媒体的角度进一步解释媒介的这种功能。

如果媒介能够在传播者与接收者之间形成某种同一性，那么媒介传播就成功了（此处要特别注意，"传播"这个词的词源是拉丁语 communis）。人与人之间的同一性与相互理解有赖于符号的传输，这些符号被嵌入复杂的讯息之中。在大众传播的过程中，讯息往往形成于"大型"的劳动组织生产过程。这也是媒介发挥效能的前提，唯有如此，特定的媒介才能通过信息的存储与承递来克服时空的距离，并形成公共领域。

三、媒介化——克服传播距离

媒介能够连接时空分离的传播主体，这也是媒介最突出的能力。诸如电话或广播之类的媒介能通过电力、电磁和光电子技术来跨越空间的距离，把传播者的讯息传递给远在千里之外的接收者。而书本、报纸、CD 或 DVD 之类的存储媒介则能克服时空的限制，使传播得以持续，知识得以积累传承。

媒介的这种能力大大提升了传播的范围，人类在地理、社会和历史方面的经验视野也随之拓展。这也是关于媒介化的多个隐喻的内涵所在（McQuail, 2005:83）：如果媒体是"世界之窗"或"现实的镜子"，那么这也意味着它要与社会真正建立关联，为接收者提供了解事件的渠道，使之不需要自己的眼睛就可以去感知。

信息的传输和存储必然涉及选择，因为媒介的传输、存储能力远远无法与现实的复杂性相媲美。因而经过媒介过滤的现实也被称作**媒介真实**。这个术语透露着几许批判的意味,因为媒介传递的是"二手"现实;现实经过媒介特殊的处理之后就已经失真,有时甚至严重扭曲。

但媒介的选择有其必要性,因为其传输和存储能力与现实的复杂之间存在巨大的不对称,这导致媒介传播总是意味着信息过滤。但问题的关键在于媒体的选择规则,在大多数情况下,媒体的选择标准有片面性,因为这些标准的形成过程受到社会或政治的相关性标准的引导。媒体内在的相关性标准也具有重要作用,而这些标准来自其生产过程中的约束和常规、新闻的专业规范与传统以及**把关人**的主观好恶。①

媒体也经常被比作**论坛**,这个比喻侧重媒介传播的另一些方面。媒体公布信息,使得所有人都能使用信息,但并非所有媒体都是如此。能够做到这一点的往往是书本、新闻、广播和互联网之类的大众媒体。上述媒介能够公布讯息,为社会和政治的论述建立论坛。由于媒介不仅能克服空间距离,还能克服社会距离和文化距离,所有公民都能参与到政治公共领域中去。②

与媒介真实的情况类似,媒体公共领域也有特定的结构,而且其中存在失衡的情况。大量的内容分析研究已经发现了这种情况。③ 媒体公共领域的结构化特征及失衡的情况,主要与其传达政策的两种效能有关,其中包含了现代民主国家对媒体的期待。

媒体的第一种效能是平衡不同的、时有对立的社会与政治利益。媒体公开表达这些利益,就能(或至少有希望)让立法和行政官员在决策过程中考虑可接受的妥协方案。要达成这个目标,还需要保证不同的利益方能够被公开表达、不同利益方进入媒体公共领域的机会平等。但由于媒体公共领域具有结构性的特征,因此上述要求并没有实现,或者只有部分实现。因此,媒介化会导致传达政治利益的失衡。

媒体的第二种效能是提供有关时事政治话题、舆论与决策的信息,从而帮助公民以及多样的组织来观察社会事件、参与政治进程。这是政治传达的另一个面向,主要是为了促进政治参与。而如果其中也需要对信息进行媒介式的选择与塑造,那么也可以将这种现象看作**政治参与的媒介化**。

---

① 参见第四章第四节。
② 参见第四章第四节。
③ 参见第四章第一节。

媒体信息供应的渠道分配并不均衡，不仅因为媒体有特殊的选择机制，而且还受到其他因素的制约。由于媒介传播需要特定的扩散技术，因此大多数情况下都需要特定的物质支出，例如人们需要购买印刷媒介或声像终端。除此之外，还有所谓的机会成本，因为用户可能会放弃使用某种媒介，或是去做别的事情。另外，并非所有人都具备同等的条件来应对媒介技术的发展，也并非所有人都能使用所有媒体服务，例如人们需要购买报纸、支付网费，或花时间去看大选期间的电视辩论。这个问题和**数字鸿沟**有关。数字鸿沟假说认为，与媒介捆绑在一起的费用可能是政治参与机会不平等的一个原因。知识鸿沟假说与之类似，指的是普通人的认知能力和**媒介素养**存在差异，而且这些能力是充分利用媒介的关键。[①]

四、媒介化——媒介的编码与格式化

媒介的另一个特殊效能是进行信息编码，编码能够帮助讯息的传输和认知，因为能够让讯息转变为一种**特定样式**，使之适应人类的认知。讯息必须转化成视听的形式才能为人所感知。讯息编码既取决于接收者的认知可能性，也依赖于传播者表达的可能性，亦即把信息编码为可听、可见的符号与讯息。

另一方面，信息经过媒介编码之后，便具有了一种特定的格式。为了便于分析，研究者可以把媒介格式化的过程划分为不同的层级或来源。媒介格式一方面来自特定的符号系统，例如字母、文字的选择和关联性，这主要由语言系统决定。另外也要看传播者的能力和风格偏好。其他的符号系统也是一个道理。研究者可以用信息理论来准确地描述、鉴定格式化后的讯息结构，例如借助熵、冗余之类的参数。只有结构化了的讯息才能携带信息和意义（参见：Garner, 1962）。

除此以外，其他的规则也会影响讯息的结构与格式，例如文体、体裁的规则，新闻、美学设计的规则，以及媒介的技术格式要求。正如在口语和书面语之间，戏剧和小说之间，都存在形式上的区别；在广播报道与电视辩论之间、新闻与评论之间也有显著的差异。因此，用新闻形式来"客观"地呈现政治事件需要遵循特定的论述方式、规则、规范标准和惯例（参见：Hagen, 1995: 79-81; Weisch-

---

[①] 参见第五章第三节第一点。

enberg,1995:165-167)。

编码的规则系统一般有多个层级,结合了不同的样式、符号系统和呈现形式。当代的声像媒介是一个典型的例子。媒介编码技术的进步也提高了信息的真实度、生动性、感觉的复杂性和美学要求。

由于媒介的编码效能具有多个维度,因此在研究中,我们只能用分析法来分解其组成部分。不过,编码的结果存在一些共性:媒介在编码信息的过程中,不仅对传播者有约束性的规定,还塑造了讯息的内容与解释,同时也决定了接收效果。无论媒介中的内容是否虚构,都是一个道理,媒介对政治的呈现也同样如此。

媒体内容的编码并非中性,因为其被嵌入了解释的规则。这是英尼斯(Innis,1951)、麦克卢汉(McLuhan,1967)以及梅罗维茨(Meyrowitz,1985)的媒介理论的核心命题。他们提出了一个共同的假设:每种媒介都具有特定的**偏差**,不仅能决定人们对讯息的认知,也会影响接收者的观念乃至社会和文化整体的发展。最为知名的是麦克卢汉关于古登堡印刷术的论述(参见:资料4-2)。不过,最近的脑科学研究却发现,阅读只能激励大脑中的词汇处理区,也就是一般的横向视觉刺激(Dehaene et al. 2010)。因此,麦克卢汉提到的影响虽然存在,但却不一定会形成那么深远的后果。

资料:4-2 麦克卢汉对印刷术发明的理解

从心理学角度来看,印刷这种视觉的延伸强化了透视法及固定的透视点。视觉上强化透视点和消失点会使人产生错觉,人们会觉得空间是视觉性的、均匀的和连续的。活字印刷的特点是线性、精确性和统一性,这些与文艺复兴来之不易的大众文化形态、成就不可割裂。自印刷术发明后的第一个一百年间,视觉和固定点的强化带来了新的社会张力,促进了人们的自我表达;同时也恰是印刷术对人体的延伸才使之成为可能。

从社会学角度来看,人类印刷术的扩张带来了国家主义、工业化、大众市场和普及识字的共同福祉。

(资料来源:McLuhan,1968:188)

其他学者也对**媒介格式**产生了强烈的研究兴趣,并进一步拓展了上述观点(Altheide,Snow,1988;Gumpert,Cathcart,1990;Meyer,1988)。他们强调,所有媒介的共性是讯息经过了格式化过程,导致媒体内容都遵循一种特定**媒介逻辑**(参见:Mazzoleni,1987)。媒介的生产程序和展示风格也相应地塑造了现代新闻媒体的政治内容。

政治内容的塑造过程分为两个方面。首先,媒体在生产过程中要让真实的呈现契合特定的媒介格式。其次,政治行为者按照媒介逻辑的要求来调整行动、策划事件或设计**媒介事件**。因此,媒体中的政治现实看起来往往更符合媒介逻辑的要求,而不是契合相对媒体独立的信息来源和可观测的事物。

五、媒介化——提升传播效率

大众媒体的传输、存储和编码能力建立在经济原则之上。约翰纳斯·古登堡本人也深谙此道,他正是利用技术实现了文本的标准化生产和复制技术的创新(参见:Kapr,1986)。此后,人类对设备的生产、扩散和使用的投入不断增加。可以认为,所有媒介技术的共性在于都利用了大规模工业生产的经济优势(Turow,1992)。

进一步来看,这种增加投入是为了提高**生产效率**。媒体通过过程创新和持续的运营重组,尽可能地实现了有利的成本—收益关系。这是信息生产**经济化**的核心,而且不断促进着产品质量的提升和**分配效率**的提高(Heinrich,2001)。媒介技术的发展也能优化信息供应的传输、存储和解码能力,从而降低价格。这对媒体扩张具有决定性的意义,而且带来了替代、兼并和调适的过程。这些也契合本书第二章中对媒介化概念的论述。

为了提升传输、存储和编码的效率,媒体发展的最初阶段必须遵守三个原则:第一是产品的**标准化**,第二是**生产分工**,第三是生产流程的**专业化**。这不仅涉及媒体内容,还涉及从信息发送到接收之间所有必要的硬件和软件,例如广播设备、电视机、移动电话、CD/DVD 播放器、计算机以及互联网运行所必需的硬件和软件。

在这方面,印刷术是一个简明、生动的案例。印刷工艺一方面需要根据一个印版来制作一模一样的样版;另一方面则需要在形状剪裁、排字、校对、印刷等流程进行专业的分工。印刷实践早在古登堡时期就具备了后来的标准规范,这也是印刷工业专业化的雏形。①

标准化、劳动分工和专业化会带来**规模效应**,使得单位成本下降,产品输出上升。随着信息能够被批量生产,普通人也开始负担得起获得信息的成本,这也体现了"大众媒体"的双重意义。

经济规模效应对古登堡印刷工业以及之后出现的所有新媒介而言都是一个重要的成功要素和发展动力。值得注意的是,媒体领域的规模效应往往会超越其他经济领域,这是因为复制、传播媒介信息的边际成本相对较低。得益于数字技术与互联网传播,现代媒体的边际成本已经接近于零。媒体的另一个经济优势是其价值链会不断延伸,因为媒体生产出来的内容可以在不同的平台、渠道循环利用、加工,其分销成本非常之低。

媒介信息不仅无处不在,而且成本很低。自19世纪中叶开始,一种更加巧妙的融资模式出现了。克莱恩斯托贝尔略有挑衅地提出了"广告控制"这个概念,指的是媒体为商品和服务做广告,从而将生产成本转嫁到货物与服务之中(Kleinsteuber,1997)。

资料4-3 媒体内部的无限循环

报纸为了不开天窗,有时也会刊登还没有发生的事情,或者永远都不会发生的事情,可能还会让记者提前准备好这种稿件。

有时,碰巧一个激进的政客说了什么话,接着打电话让大家不要发表。虽然知道那不对,但有人却会这么做。

媒体会"翻炒"故事,这是一个专业术语。这种行为当然和揭示真相没什么关系,也不会带来任何新的认知。

人人明白这些道理。就算媒体一直疯狂地重复那些事情,情况也不会有任何改观。因此,社会上关于某个问题的讨论有时就像陷入了媒体中连篇累牍的无限循环,它也会变得重要,尽管它在现实生活中并不重要。

[资料来源:弗朗茨·明特费林(Franz Müntefering)在盖尔森基兴大学的演讲,2006年6月14日。②]

---

① 古登堡从信息生产中获得了巨大的利润,这是媒体企业的一个早期成功典范(参见:Stöber,2000:19-21)。经济化过程能够让利润最大化,这在现代的经济化概念界定中也属首要。
② 参见:www.bmas.b&.de/BMAS/Navigation/Presse/reden-&-statements,did=142096.html(abgerafen9.2.2007)。

最后，媒体最重要的生产资源是广义上的信息。信息在生产与消费之间不会减损（"消费而不损耗"，参见：Heinrich, 1999:26），有时甚至会在消费时发生**增殖**。媒体传播的信息经常引发连锁传播，因为媒体还要报道公众反响、评论和涉事者的声明，此外还有**媒体自我指涉**的情形，亦即媒体传播其他媒体的信息。① 媒体自己确保生产循环、连锁传播和消费的运转。因此，在媒体与相关方的相互博弈之间，政治传播的"无限循环"往往会持续数天甚至数周（参见：资料4-3）。

媒体信息的自发增殖加速了政治传播，也持续地扩大着信息资源，继而又促进了媒体的传播。特别是媒体在报道政治危机、丑闻和重大活动之时，这能大大提升信息接收者的政治兴趣及其对后续讯息的需求，在这种情况下，信息的自发性增殖效应也就更加凸显。

有学者将这些趋势批判为媒体的**经济化**，也有人更加批判地称之为**"商业化"**，因为"新闻标准正在不断让位于经济标准"（参见：Meier, Jarren, 2001）。② 但信息生产的经济化能推动媒体信息的规模化生产，方便人们随时随地地使用媒体信息，因此这也一直是大众媒体发展的重要前提。只不过，最近这种发展实在过快，并且带来了深远的影响。如今，媒体信息已经渗透到社会的各个领域，形成了普遍的象征环境，而且公民、经济组织、文化组织以及政治组织乃至政治、社会整体系统，都越来越依赖媒体。这也是媒介化的另一个面向（Strömbäck, 2008）。

第三节 政治报道的影响因素

媒体主要通过新闻来呈现政治。广义的**新闻**指的是**注重真实性**的新闻形式（例如通讯、报道、采访），与新近发生的事情相关，而且恪守客观性、相关性和真实

---

① 在媒体集中化和集团化的过程中，跨媒体的自我指涉不断显著，因为传媒企业下属的媒体也会倾向于提到集团旗下其他媒体的内容或产品（Weinacht, 2009）。因此，媒体常常自己生成信息，然后提高人们对信息的需求。公关活动、推广以及广告或自我营销等市场行为也助长了这种趋势。因为大众媒体投入最多的领域就是广告。

② 从社会整体的语境来看，这种发展涉及去规制化、私有化、国际化和全球化这些关键词。随着媒体信息生产的经济化程度快速加深，媒体发展的一些后果已经显现，并且成为争议的焦点。

性的专业规范。① 狭义的新闻指的是大众媒体发布的新闻,是依据某些特定规则来组织有关事件、事实和论点的时事信息("他人的表述",参见:Reumann,2009:131)。下文主要关注有关**政治的**事件、话题和论点的新闻。

目前,学界对新闻生产前提条件的探索已有大量的成果(参见:Weischenberg,1995;Shoemaker,Reese,1996;Reinemann,2003;Donsbach,2004,2008)。这些研究的主要焦点是记者的自主程度以及新闻工作的影响因子。这些影响因子可以被划分为几个层级(参见表4-1)。一项研究调查了17个国家的记者,发现专业因素与程序因素对记者工作的影响力最强(Hanitzsch,2009)。也就是说,记者受到的影响主要来自工作惯例与媒体组织,例如专业惯例和编辑惯例、时间压力、新闻生产的标准与程序。

表 4-1:新闻生产的影响因子②

影响层面	影响因素
个体	个体的特征、观念与经验
工作流程	专业标准、新闻价值
媒体组织	协调与决策的结构;经济、技术要求
文化语境、社会语境和政治语境	价值、传统、规制和意识形态

下文关于新闻生产影响因素的讨论分为两个方面,一是政治真实与政治的媒体呈现之间的关系,二是真实的事件与相关新闻报道之间的关系,或者简单来说,事件与新闻之间的关系。学界经常将这些作为新闻的**偏差**,认为这是客观新闻报道的障碍。③ 例如奥斯特加德在其著名的研究当中尝试判断影响新闻自由流动的因子,也就是那些"**导致新闻媒体呈现的事件不同于真实事件**"的因子(Östgaard,1965:39)。

奥斯特加德认为,新闻失真的一个原因是记者总想要赋予事件以**新闻价值**,使之变得饶有趣味。他区分了**内源**因素("新闻过程中出现的因素")和**外生因素**(政治与经济因素,直接来自信息来源、政治机构或出版商的因素)。开普林格提出了类似的两种影响因子,他参考了弗莱格尔和查菲(Flegel,Chaffee,

---

① 不同媒体的侧重点可以是真相、观点或者娱乐,但这些区别并不十分明显。有些媒体往往故意模糊其中的边界,而且最近这种做法越来越明显。此处是一种理想的区分。
② 借鉴 Hanitsch,2009。
③ 参见第四章第一节。

1971)的著作,将之称为内部因素和外部因素(Kepplinger,1989b)。**内部**因素指新闻生产过程中的必要环节,包括新闻媒体对事件的选择与加工,涉及传播学领域的**把关人研究与新闻价值研究**。**外部**因素与之相反,指那些对新闻生产并非必需的因素,这些因素会让新闻选择显得较为主观,例如记者的主观信念、意图以及社会环境的影响。这些因素涉及**新闻偏差研究**。

下文将首先讨论新闻选择与加工过程中的内部因素及其对媒体报道政治的意义。接着,本人将更为详尽地介绍重要的外部因素,一是记者的政治、专业取向,二是新闻生产的组织条件。

一、新闻的选择和处理

媒体呈现的世界**必然**不同于"真实世界"。李普曼一针见血地指出:"**新闻与真相不是同一回事,一定要明确地区分它们。**"(Lippmann,1922:358)他借助认知心理学,指出造成这二者差异的原因是人类认知能力的局限以及媒体对认知经济的追求。① 他指出,人们身处的环境中有大量的刺激,为了处理这些刺激,"我们并不是先看、再定义;而是先定义、再看"。个体对世界的认知与其解释世界的文化模式之间存在一种关联,他采用了报纸技术的"刻板印象"概念来形容这种形塑认知的文化模式。② "在纷纷扰扰的花花世界中,我们会选择文化已经为我们定义好了的事物,而且我们往往只会认识那些文化已经印刻在我们固定认知当中的事物。"③

李普曼提出的个体认知法则也适用于新闻的选择。认知与文化预制了人们对现实的定义,也影响着其对新闻的选择,使其受到刻板印象或先入之见的影响。李普曼提出了一系列决定事件**新闻价值**的刻板印象,亦即那些决定事件能否成为新闻的因子,包括事件的惊人度、冲突性、与政治精英的联系以及是否涉及公众。

新闻因素和新闻价值

李普曼的思考一开始没有受到新闻学领域的太多重视,但教科书却列有新

---

① 李普曼参考了心理学家威廉·詹姆斯和约翰·戴维的著作。
② 在铅板的制作过程中,需要用一个布满文字或字母的机械模版来做一个印模和金属版。
③ 引自李普曼的德文译著(Lippmann,1964:63)。

闻价值的标准,而且这些标准明显契合在美国盛行的新闻选择实践(参见:Warren,1934;Staab,1990:42-44,查看文献概述部分)。① 20世纪60年代,挪威和平研究所对这个领域产生了持续的影响,他们的研究既与李普曼无关,也没有借鉴美国学者的观点,例如奥斯特加德(Östgaard,1965)和加尔通与卢格(Galtung,Ruge,1965)的研究,他们把选择新闻的标准称作新闻因素,认为这表现的是事件的特征,是决定事件是否具有新闻价值的标准。他们的研究假设采用了条件句式"如果,那么"的结构,以表现新闻因素与新闻价值之间的相关关系,这样研究者就能对这些假设进行经验性的检验。最早开展这类研究的是桑德(Sande,1971)。表4-2展示了一系列新闻因素及其对事件新闻价值的影响。

表 4-2　新闻因素②

如果……那么一个事件的新闻价值就越高	因素
参与的国家越强大 参与的机构或组织越强大 参与的行动者越强大、越有影响力、越有声望	**地位** 精英国家 精英机构 精英个体
公开的冲突或暴力越多 事件或话题越有分歧 普遍接受的价值观越受到威胁 成功或进步越突出	**侧重** 攻击 分歧 价值 成功
事件的影响范围越大 事件越涉及日常生活或个人需求	**相关性** 影响范围 重大性
事件在地理、政治与文化方面越接近 所在国成员的参与度越高或某事越关涉所在国成员 事件中的情感因素越多	**身份** 接近性 人种中心主义 情绪化
事件越契合媒体当下发布的议题 事件的发展越明晰 某事越符合预期	**共鸣** 议题化 刻板印象 预见性

---

① 维纳·弗里德曼研究所(德国慕尼黑新闻学院的前身)出版了1959年版的沃伦斯的教科书《记者入门》。
② 关于新闻因素的经验研究常常把这些因素的强弱分为几个等级(如四个层级),然后进行检验(Schulz,1976:130-132)。

续表

如果……那么一个事件的新闻价值就越高	因素
事件过程越契合媒体的发布规律 事件过程越不明确、越没有把握 事件的发生或发展越耸人听闻	**动态性** 频率 不确定性 惊人度

加尔通与卢格的研究路径的核心是区分新闻因素和新闻价值。之所以要区分这两个概念，是因为事件与新闻有概念上的区别。**新闻因素**是事件的特征，它决定了事件的**新闻价值**。

一个事件的新闻因素越显著、越多，就越有可能受到媒体的关注。因此，媒体的报道反映了事件的新闻因素，这句话具有两个方面的含义：首先，具有较高新闻价值的事件主导了媒体的报道；其次，媒体报道的事件是失真的，因为媒体会强调、突出事件的新闻价值。因此，媒介真实并非"现实世界"的真实写照。

经验研究往往只能近似地检验这些研究假设，因为需要比较新闻报道和所报道的事件，但理论和实践的条件非常有限（下文会再次论及这方面的问题）。因此桑德提出，经验研究可以借助辅助措施，她比较了"小新闻"和"大新闻"的差异，也就是比较新闻报道对不同事件的重视程度（Sande, 1971）。

这种研究方法有一个前提假设：新闻因素不仅能决定事件能否吸引媒体，还能直接体现媒体报道对事件的重视程度；媒体的重视程度可以从新闻报道的一系列特征当中表现出来，例如报道的范围和渲染程度（如标题大小）、位置以及视觉化程度（是否有图像、画面）。研究者可以把这些报道特征操作为测量事件新闻价值的指标。需要注意的是，经验研究中的所有指标都旨在建构，而之所以要用到这些指标，是因为我们无法直接观察事件特征。

大量的经验研究已经证明了新闻因素和新闻价值之间存在相关（研究概述请参见：Eilders, 1997, 2006; Maier, 2003; Maier, Stengel, Marschall, 2010; Fretwurst, 2008）。具体而言，新闻因素对新闻生产具有显著的影响，而且塑造了报道的内容结构。特别是负面性（如冲突、对抗）以及社会名流（例如精英）这样的新闻因素，在所有的研究中都表现出极强的影响力（Fretwurst, 2008: 220-224）。记者的新闻价值取向则可以用来解释为何冲突和争议会在媒体中大行其道，以及为何报道中出现的大部分都是权力行动者的行为。

与新闻因素研究相比，传播研究聚焦新闻因素在记者意识及其行动中所发挥的作用(参见 Staab,1990:49页之后的概述)。艾默里奇对德国萨尔州的报纸与广电记者开展了一项问卷调查,并模拟了新闻选择的过程,以此来评估影响记者认知的因素(Emmerich,1984)。迪尔曼采访了电视编辑,并得出结论:事件的视觉表现力或图像材料的可用程度是电视特有的、极为有效的新闻选择标准(Diehlmann,2003)。

新闻因素理论

大多数研究都需要采用已经发布的新闻来检测新闻因素。这一方面是出于研究实践的考虑,另外也是因为分析新闻远远比观察事件本身要容易得多。我们可以从理论上来理解这种研究现象。

早期的新闻研究类似于记者的日常实践,会把新闻因素当作**事件的特征**。在"事件-新闻"的因果关系中,如果新闻因素被看作新闻选择的决定要素,那么研究假设的前提就是:新闻因素是事件的元素。例如加尔通和鲁格从新闻因素当中看到了调控媒体关注的**刺激性要素**。对此,他们采用了心理学的相关理论解释(Galtung,Ruge,1965)。

罗森格伦反对这种关于新闻因素的理解。他认为,新闻因素有"心理性"的一面,但也有"客观"因素在起作用,特别是经济因素。因而他建议借助媒体外部的现实指标,并与新闻报道进行比较(Rosengren,1977)。一些研究已经采用了这种路径,并发现经济指标能良好地预测国际新闻报道对不同国家的关注程度。①

罗森格伦的研究类似于加尔通和鲁格的观点,其出发点也是相对简单的"刺激-反应"模型。新近的研究则从建构主义的视角来理解新闻与事件之间的关系,并参考了李普曼的认知心理学式的解释(Lippmann,1922)。根据李普曼的观点,新闻因素可以被视为对现实的解释,是记者对"真实"事件的猜测(Schulz,1976;Gans,1979:39),他还提出了"真实性判断"的概念(Kleinnijenhuis,1989)。② 吉伯(Gieber,1964)指出,"**新闻是媒体使其然**"(News is what newspapermen make it),这一简单明了的表述正中要害。

新闻因素有助于记者从极为复杂的环境当中提取有意义的新闻图景,是一种**自上而下与自下而上的**中间调控枢纽。记者在观察事件及其特征的过程中,

---

① 同时比较第四章第一节第三点。
② 开普林格把这一观点称作"表现主义"(Kepplinger,1992:57)。

其观念、动机、预判与刻板印象也在起作用,但我们不能因此而责怪记者,因为这些因素根植于记者的专业标准和社会文化习俗,并且能降低政治事件的复杂性,为其提供安全的行为标准。如果没有这种惯例、判断与刻板印象,那么"编辑早就死于过度兴奋了"(Lippmann,1922:352)。

埃尔德斯根据新近的认知心理学的学理认知,将这种论点向前推进了一步。从认知心理学角度来看,新闻因素可以被视为集体**相关性指标**,这种指标根植于心理法则、社会价值观与社会规范。新闻因素作为"重要"事件的**相关性认知图式**,能指导人们在现有的知识框架内处理、整合信息(Eilders,1997)。

埃尔德斯把研究视线拓展到受众对新闻的接收环节,其研究基础也已经被桑德应用到经验研究(Sande,1971;参见:图 4-3)。① 桑德认为,既然新闻因素遵循认知规律,那么也能以类似的方式决定大众媒体的**集体**信息处理方式,并影响**个体**如何接收新闻。其他的经验研究已经证明了这一点(Ruhrmann et al. 2003;Fretwurst,2008)。②

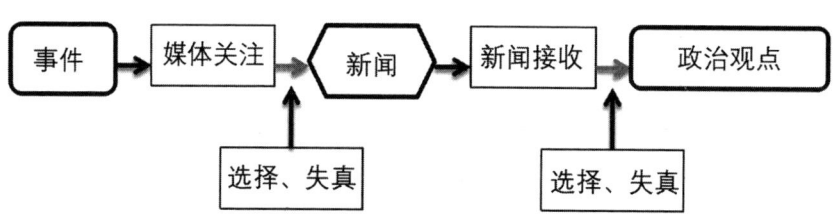

图 4-3 新闻传播的过程

开普林格(Kepplinger,1989b)与施塔布(Staab,1990)提出了一种完全不同的理论来表现事件与新闻的关系。他们认为,新闻因素在选择和处理新闻的过程中具有一定的**目的性**。记者如何选择新闻,首先取决于其设定的政治目标。因此,新闻因素只是有助于把一个具有政治动机的决定合理化而已。这种视角与建构主义的理解类似,也把大部分新闻因素**归因于**事件与对事件的解释。

检验这种目的性的解释,需要验证因果关系。只有当新闻因素能在实际上

---

① 参见第五章第四节第一点。
② 舒马克与里斯的研究不同于欧洲的主流研究(欧洲学界显然不知道他们的研究)。他们从市场营销的角度,并专门从受众角度出发,对新闻因素作出了如下定义:"新闻价值以某种方式提炼出人们感兴趣和觉得重要的东西,它们包括重要性、兴趣、冲突、不寻常、及时性和贴近性。"(Shoemaker, Reese,1996:111)

决定新闻选择,并且为相应的新闻工作惯例提供依据,那些受到政治驱动的选择决定才可以正当化。此外,这种解释针对的只是政治新闻。

开普林格指出,有些新闻因素在经验研究中的解释力度都各不相同,这是因为各研究关注的事件类型、议题以及语境不同。为了解决这个问题,他提出了新闻选择的**双成分模型**(Kepplinger,1998a;Kepplinger,Bastian,2000)。第一个成分是新闻因素,即事件(讯息)的特征。第二个成分是记者不同的选择标准,开普林格提出了一种不同的解释,他认为记者的标准指的是"新闻因素的新闻价值",它不仅能决定新闻因素,还能决定报道的选择、位置和范围。

需要注意的是,即便事件没有变化,相关的报道也有可能在时间的推移过程中发生改变,这是因为选择新闻的标准发生了变化。例如:随着编辑部政治观点的变化,报道也发生变化。开普林格因此还建议,要把选择新闻的内源性标准与外部标准整合到一个选择模型中去,其中一方面是新闻因素,另一方面是"非专业的、与事件不相关的个体原因"(Kepplinger,1998b:107)。

上述理论既把新闻因素概念化为独立于媒体的事件特征,又将之看作"事件-新闻"这对因果关系中的原因。不过,如果只是把新闻因素归结于记者个体因素,并将之看作记者在建构真实过程中对事件的解释的话,那么这些理论就没有意义了。

事件和新闻

研究者如果用新闻价值理论去解释媒体为何会失真地选择、呈现事件,那么就必须比较新闻与被报道的事件。不过,这种研究方式在概念以及研究实践方面都存在问题。只要理解了事件与新闻之间的关系,就可以明白这个道理。[①]

人们的日常观念总是局限于简单的二元论。比方说,这里有一个"客观真实",那里有一个被记者处理过的新闻,这个新闻被认为等同于那个真实,反过来看,现实事件经过处理就会成为一条新闻,而且多少都符合事实。

值得怀疑的是,这种"事件本身"真的存在吗?或者说,事件实际上只能通过新闻观察者(或其他观察者)才能被定义为事件。与此相应,如果要用科学方法去分析原始事件,并且将之与媒体报道进行比较的话,那我们还必须解决效度问题,也就是证明相对媒体独立的事件数据是否是有效反映现实的指标。

---

① 参见第四章第一节第四点。

在研究的实际操作过程中,事件与新闻这两个概念完全可以相互区分。罗森格伦在早期的新闻学研究中就已经提出,研究者可以从《当代基辛档案》中找出有关议会选举的"媒体外部数据",然后来和相关报道进行比较(Rosengren,1970,1974)。① 另一些研究也是用独立于媒体的数据来检验媒体的报道,常见的研究数据如社会与经济统计数据(例如:Funkhouser,1973;Kepplinger,1989a;Best,2000;Hagen,2005)。另外,研究者也可以把目击者——要么是研究助理,要么是研究者自己选的实验对象——对某一特定事件的印象作为与媒体报道比较的对象(Lang,Lang,1953;Halloran,Elliott,Murdock,1970;Kaid,Corgan,Clampitt,1976;Donsbach,Brosius,Mattenklott,1993)。

在所有相关研究中,事件与新闻的关系都可以被看作是一个方法论的问题,或者说研究所选指标的效度问题。不过,我们没有针对效度问题的一般解决方案,只能依据各相关研究的研究目的,具体问题,具体分析,例如,研究者需要仔细检验外部数据在多大程度上能反映现实,这些数据是否与研究中的理论概念相关,以及它们是否与所研究的新闻之间存在可比性。现有的一些文献已经开始考虑效度的问题(例如:Donsbach,Brosius,Mattenklott,1993;Best,2000;Hocke,2002)。

就算研究者引用了外部的数据,但事件的定义最后仍然取决于人类观察者的认识与感知能力。那些参考目击者或新闻媒体对事件定义的研究也能体现这一点。施塔布基于不同的认知理论,详细地分析了不同的事件理论对事件概念的论述,他认为:"事件并不产生于本身。唯有当主体认识到这个事件,它才被定义为这样的事件。"(Staab,1990:102;同时参见:Sande,1971)埃尔德斯从哲学及社会学的角度出发,也对事件概念得出了同样的结论:根据不同的认知旨趣和研究目的,通过区分或多或少、或大或小的单元,可以把一个事件的发生、发展过程分成不同的事件(Eilders,1997:133)。

新闻媒体对事件的定义往往遵循"W 问题"的惯例,即**什么**、**谁**、**何时**、**何地**。也就是说,媒体根据参与的行动者、行为、发生地以及发生时间来定义事件,并据此把事件与其他事件以及背景信息区分开来。"W 问题"是记者的经验法则,能

---

① 《基辛当代档案》(*Keesings Archiv der Gegenwart*)由伊萨亚克·基辛创办,后改名为《当代档案:全球政治经济事件记录》。这是一份定期出版物(1931 年 6 月—2004 年 12 月之间出版)。它根据报纸和通讯社的报道,汇集整理世界各国的重要政治事件。——译者注

帮助他们知道必须披露事件的哪些方面才能让公众形成观念。

有些研究者采用了上面这种方法,他们首先把新闻视为一种叙事类型,然后通过话语分析法来确定事件。这种研究把"W 问题"看作一种典型的新闻叙事模式,"W 问题"的元素在**命题**中出现,命题则构成新闻。**命题**是表述现实的最小的语言单位(参见:Hagen,1995,尤其是第 60 页和 79 页)。话语分析研究把一个事件看作新闻的一种宏观命题,是由单个命题整合而成的超结构(参见:van Dijk,1988:13)。从另一个角度来看,我们也可以把命题看作微事件,微事件由事件整体分解而来(Eilders,1997:19-21)。

事件类型

图式组织起人类有关世界的知识以及与之相关的语言结构,我们可以用层次性的、网状的、连续性的以及其他的"逻辑"去表述图式,所有这些描述都涉及对真实的假设。因果逻辑在我们的思维中占据核心。基于因果逻辑,我们认为一种元素如果催生出了另一种元素,那么这两种元素之间就存在因果关联。根据我们的日常经验,事件与新闻之间存在因果关系。而且我们一般认为,新闻产生于"真实的"事件;也就是说,一个真实的事件是新闻的原因(同时参见:Früh,1994:58-60)。

布尔斯廷(Boorstin,1973)提出的**伪事件**的概念暗示了事件与新闻之间的复杂关联,意味着真实与媒体对真实的描述之间的关系并不简单。[①] 如果我们可以把这种思考再向前推进一步,就能更好地明白这个道理。例如,开普林格划分了三种事件类型:一是**真真切切的事件**,这类事件独立于大众媒体的报道而发生;二是**策划的事件**,目的是吸引媒体的报道;三是**媒介化的事件**,这种事件虽然独立于媒体发生,但是会迎合媒体的选择与呈现要求(Kepplinger:1989b,2001a:126)。[②]

达扬和卡茨把**媒介事件**看作一种特殊的策划事件(Dayan,Katz,1992)。媒介事件具有仪式性,能通过现场直播的方式让所有公民乃至全球公众都参与"电视盛宴"。一个特别生动的案例是媒体策划的迈克尔·杰克逊的葬礼(参见资料 4-4)。另一些案例是政治峰会、国葬、纪念日军队游行以及国际盛大体育赛事,这些事件常常具有政治意义,能够投射民族自豪感。峰会这种媒介事件

---

① 同时参见第四章第三节第三点。
② 开普林格更倾向于使用"mediatisierte"这个德语词汇来表示"媒介化的"。

具有建设性的政治意义,有助于化解外交壁垒,或呼吁国际社会支持峰会的决议(Gilboa,2008)。同时,政治破坏和创伤性的媒介事件也层出不穷,例如枪击事件、恐怖袭击或军事行动(Katz,Liebes,2007)。

谢勒与施吕茨根据媒介事件的概念以及开普林格的划分,进一步拓展了事件的类型(Scherer,Schlütz,2002:19)。他们提出,除了策划事件与媒介化事件以外,研究者还要考虑到媒体对事件的**报道本身**也可能成为报道对象。例如,在轰动的恐怖行动报道当中就可以明显地观察到媒体的**自我指涉**现象。恐怖行动只有在获得媒体关注以后才能充分发挥政治影响,媒体也常常讨论恐怖事件的媒介呈现。

另一个例子是在1991年和2003年发生的伊拉克战争,媒体将这两场战争都操作成一种报道议题,艾瑟称之为**元报道**(Esser,2005)。媒介化的或策划的选战事件(例如:党代表大会或候选人的电视辩论)也往往成为媒体的话题(Esser,Reinemann,Fan,2000;Esser,D'Angelo,2003)。而且,媒体经常在事件发生之前就开启议题化的过程;媒介事件有时在真实事件之前发生,有时甚至在真实事件结束之后还会延续。

资料4-4 堪比登月事件的祭奠活动

没人说过迈克尔·杰克逊比耶稣还伟大。不过这很可能是因为说了这话的人有不太愉快的经历。周二上午,当地时间将近10点钟,美国电视策划了有史以来最大的媒介事件。这和登月、总统就职典礼、教皇或公主葬礼相差无几。据称,它吸引了超过20亿的女观众。此外,还有数以百万计的人在网上观看现场直播。现场,约有17 000位宾客抢到了梦寐以求的邀请卡,能在洛杉矶的斯台普斯中心与玛丽亚·凯莉、莱昂内尔·里奇、史提夫·汪达和麦吉克·约翰逊一起,向这位流行天王道别。

媒体,特别是电视,并没有把此场活动看作它本身的样子,而是将之看作一种绝望:这是一场真正的全球事件,也是把集体媒介祭奠仪式植入最广泛的大众脑袋的最后时机。葬礼固然忧伤,但其背后却潜藏着最为崇高的美国价值观,而且当然采用了美国的官方定义:信仰、精神,几乎贯穿始终……最后,它也是爱国主义。

得克萨斯州民主党众议员——希拉·杰克逊·李为杰克逊颁发证书,追授他为"美国传奇和音乐圣人",并在赞扬声中结束了发言。

[资料来源:珍妮·兹尔卡(Jenny Zylka),《日报》2009年7月8日①]

为了吸引媒体的关注,政治事件的媒介化或策划性操作已经是惯常的策略。越能巧妙地迎合媒介逻辑,让事件的发生、发展契合媒体的选择规律与呈现要求,这种策略也就越成功。② 在新闻报道与政治真实之间形成了一条反馈路径:看似真实的事件其实是为了媒体的呈现,又或,这种事件是从之前的报道中形成的。伴随着媒体的自我指涉,反馈效应随之高涨,政治传播成为一种"动态的生活"(Kepplinger,1998b:222)。

媒体与现实的相互反馈妨碍了事件与新闻在概念上的区分。要经验性地比较现实与媒介呈现的现实,但由于二者之间存在反馈,研究者会更加难以把那些能够表现事件指标的媒介外部数据操作化。如果事件与新闻之间真的存在相互的反馈,那么研究者就几乎无法在理论上判断,新闻因素到底是事件特征还是新闻特征了。

二、记者的政治信念

外部因素强烈地影响着新闻选择,使新闻报道显得比较主观。在**新闻偏差**研究当中,外部因素指的是记者的政治意识形态偏见或动机(包括发行商或项目经理的偏见)。这些因素会导致新闻报道有失偏颇。

把关研究的基本假设是,记者的主观态度与既有观念决定了新闻编辑部对新闻的选择。大卫·曼宁·怀特的研究是把关研究的奠基之作(White,1950)。他将研究对象叫作"盖茨先生",这位编辑为美国中西部的一家小型报社工作,其工作职责是选择新闻。盖茨先生在采访过程中坦言,个人偏见影响了他的新闻选择。这与怀特的预料如出一辙。

新近的研究显示,新闻工作者的政治观念在某些方面明显不同于大多数人。记者与专家看问题的视角也有明显的区别。但我们一般可以认为,对于存

---

① 参考:http://www.taz.de/1/leben/medien/artikel/1/trauer-so-gross-wie-die-mondlandung。
② 参见第二章第二节第四点。

在政治争议的问题,专家的专业知识积累相对较多(例如基因工程、癌症研究或环境保护)(Piel,1992;Rothman,1992)。

记者的政治取向

许多研究还发现,相比普通人,有更多的记者的政治立场中间偏左。一些抽样调查发现,德国记者对中间偏左的政党(即德国社会民主党和联盟 90/绿党)更有好感(Schneider, Schönbach, Stürzebecher, 1993; Weischenberg, Löffelholz, Scholl, 1994; Weischenberg, Malik, Scholl, 2006a:70)。① 一项关于德国**政治**记者的调查结果也发现,超过一半的政治记者(53%)的政治立场偏左,28%的人认为自己是中间派,只有14%的人是中间偏右,5%的受访者没有回答该问题(参见:Reinemann,2003:136)。

德国记者的一个特点是政治立场偏左,特别是在政客眼里。其他国家的记者和民众之间也有类似的区别。一项国际比较研究发现,美国、英国、意大利、瑞典等国的记者和德国记者一样,其政治立场也是中间偏左(见图 4-4)。而且,上述国家的记者对自身政治立场的评估,要比他们对其所在媒体、读者、听众和观众的政治立场评估更左(同时参见:Shoemaker, Reese, 1996:83-85)。萨克瑟曾调查了瑞士首都的记者,也得出了类似的结论(Saxer, 1992:93)。"全球记者调查"这一国际比较研究发现,记者(澳大利亚、匈牙利、英国、法国、西班牙和美国)多多少少更倾向于中间偏左的政治立场(Weaver, 1998:96,151,196,266,302,401)。

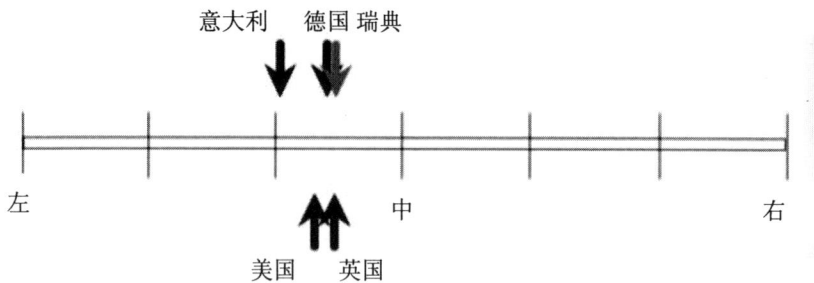

图4-4 不同国家记者对自我政治立场的评估(Patterson, Donsbach 1996)

---

① 20世纪60年代末期和70年代早期的研究结果也较为相似(参见 Noelle-Neumann, 1980b:69)。

记者政治立场偏左的一个可能的原因是他们的职业角色认知。在德国和其他一些国家,大多数的记者对其角色的描述是"针砭时弊""监督经济与社会""**监督政府**"(Donsbach,1982:180;Weaver,1998:466;Weischenberg,Malik,Scholl,2006a:106)。①

记者秉持对其监督职责的认知(英语地区将之叫作 watchdog role),把大众媒体的公共使命——批评和监督——内化于身。媒体对政治权力的批评和监督职责,以及致力于揭露政治弊端与社会不公的调查新闻实践,自然会让记者更接近于左倾自由主义的意识形态,而非保守立场。这或许能够解释为何这么多的记者更接近中间偏左的政治立场。

新闻的影响因子

根据记者政治倾向的研究结果,把关研究在传统上往往认为个人信念会影响新闻的生产,会导致媒体政治现实出现失真(Shoemaker,Reese,1996:87-89)。在这方面,经验研究已经发现一系列证据。

东斯巴赫与帕特森在一项国际比较研究中模拟了新闻选择的决定过程,发现个人的政治信念的确可能影响新闻生产(Patterson,Donsbach,1996;Donsbach,Patterson,2003)。内容分析研究也在媒体中找到了政治性偏倚的证据(这些研究包括 Hackett,1984;Kepplinger;Brosius et al. 1989;Staab,1990:27-29;D'Alessio,Allen,2000)。②

研究发现,报纸评论与新闻之间存在"同步现象",这也是编辑方针层面出现偏颇的一个有力证据。申巴赫为这种分析建立了一个模型(Schönbach,1977)。哈根用这个模型分析了 1987 年初关于德国人口普查话题的报道(Hagen,1992,参见图 4-5)。

在该研究中,申巴赫把记者明确表达的论据,与报道中相关的或引用的其他行动者的论据进行了比较。如图 4-5 所示,两者存在显著的相关关系。图中

---

① 同时参见:Schönbach,Stürzebecher,Schneider(1994),此文对这一调查结果给出了极为不同的解释。
② 达列西欧与阿兰的元分析研究统计了 59 个有关美国选举的调查,没有发现新闻报道中存在显著偏差(D'Alessio,Allen,2000)。

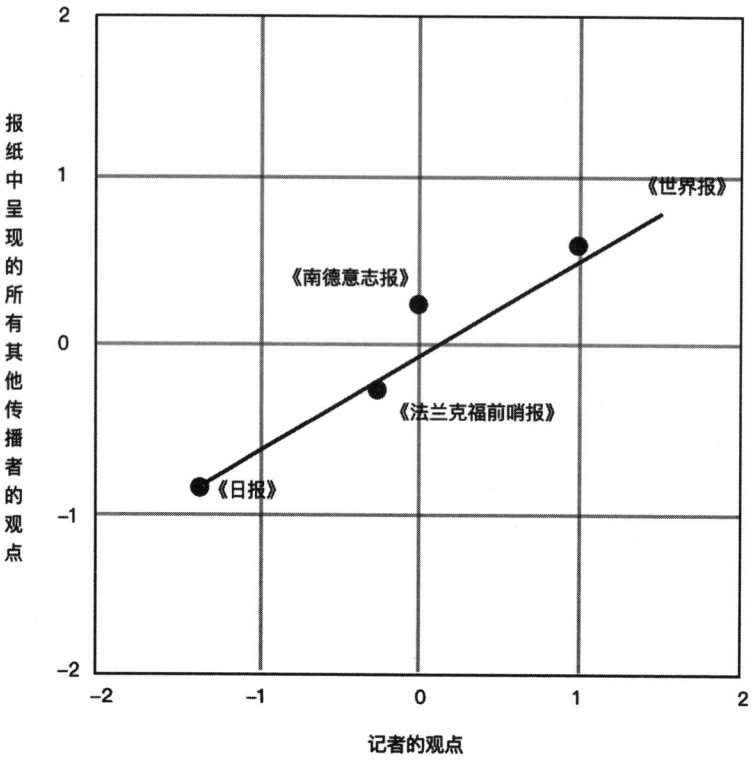

图 4-5 德国记者和报纸中呈现的所有其他传播者对 1987 年人口普查论据的同步情况（Hagen, 1992）①

数据表现报纸记者以及报纸呈现的其他传播者对议题的支持或反对，然后按照报纸的政治倾向（从左到右）依次排列（同时参见：Kepplinger, 1985a: 28; Eilders, 2004: 145）。另一项研究分析了德国电视新闻节目关于 1997 年核废料转移的相关报道，结论与该图展现的结果类似（Berens, 2001: 101）。

雷尼曼对所有德国媒体的政治记者进行了调查，结果发现记者的观念与所在媒体的政治路线并不总是一致（Reinemann, 2003: 136）。在持中右政治立场的记者群体中，仅有 53% 的人与其所在媒体的政治立场相符；而在"左倾"的记

---

① 由该图可知，《世界报》的记者在报道中对 1987 年的人口普查表示支持，评价均值为 +0.8。该报引用报道对象的评价也同样持积极态度，包括政府官员或专家。与之相较，《日报》记者对人口普查持批判态度（均值为 -0.7），该报引用的观点甚至更具批判性。记者与其报道对象的论据之间的相关关系极高（r=0.96）。

者中,相应比例仅有42%。维申伯格、马利克等人的研究也发现了类似的差异(Weischenberg, Malik, Scholl, 2006b)。可见,不少德国记者在意识形态离散的状态下工作,有时甚至会表达与自身信念完全相反的观点。

开普林格把新闻报道中的政治性偏差称作"工具性实现"(Kepplinger, 1989b; Kepplinger et al. 1989)。我们可以通过一个公开的冲突语境来更好地理解这一概念。在一个关于争议问题的论战当中,如果媒体在某个对立方的阵营,这时"工具性实现"就会成为这一阵营的一种论战工具,他们可以片面地突出有关核心冲突的事实、话题或论点,并通过媒体报道来刻意地强化或弱化某些事实,这样就能削弱对方的观点,在舆论战中获得优势。

记者和媒体也经常卷入公开的冲突当中(例如选战),尤其是如果他们认为自己是影响舆论的机构,其政治信念会有意无意地影响其调查行为、对政治事件的认知以及新闻的选择与呈现。

研究者不仅可以根据媒体报道的事实与论点来证明这一点,还可以通过分析报道中引用的用来支撑记者自身信念的论点,例如用"恰到好处的目击"(Hagen, 1992)来证明。研究者还可以观察媒体在某些特定争议场合中(例如选战)在事件或话题上的和音度,这往往会因媒体政治倾向的不同而不同。

根据哈林和曼奇尼的比较研究,如果从国际的、历史的视角来看,就能发现记者的政治信念对报道的影响方式和影响程度也存在显著差异(Hallin, Mancini, 2004)。哈林与曼奇尼把媒体与某些政党之间的亲密关系称为"政治平行"。这种现象是民主法团国家的典型表征,例如中欧、西欧以及斯堪的纳维亚半岛国家。这种现象的表现是,媒体的新闻报道看上去是中性的,但其新闻评论体现了某些机关的特定立场。此外,新闻的选择与呈现也会暴露其政治立场,这也是"**工具性实现**"这个概念所描绘的情形。

但从历史角度来看,媒体的政治平行性正在不断消退。在20世纪初,纯粹的党报还是一种常见的报纸类型,但现在在大部分国家已经基本消失。而且,随着媒体系统日益商业化,媒体的政治意识形态也在不断让位于受众需求和市场条件(Hallin, Mancini, 2004: 178-180)。

三、新闻生产的条件

如今的新闻生产一般要经过一个复杂的分工过程,而且常常需要在大型组织中开展（如通讯社、报纸、广播、或广播电视公司）。经济化的新闻生产模式塑造了新闻报道的内容及媒体的逻辑。在很大程度上，报纸编辑部的新闻选择也取决于媒介形式、程序和经济的条件，包括广告收入、可用的空间、定稿时间、通讯社提供的讯息、发布时间以及新闻与其他讯息的关系。广播、电视、网络报纸和新闻门户网站的新闻生产也是如此。

电视新闻报道受这些因素的影响最深。视听媒介有自身的新闻逻辑，并且有特殊的呈现要求，例如视觉化、注重表面事件以及"头部特写"，这些要素塑造了电视中的政治真实（参见：Nimmo，Combs，1983；Tenscher，1998）。

相互作用效应

媒体与事件之间的互动在媒体报道之前就已经开始。在"媒体-事件"**相互作用效应**的影响下，只要记者、麦克风与相机在场，事件、行动者与现场就会发生变化。库尔特和格拉迪斯·朗率先描述了这种情形（Kurt，Lang，1953）。他们的研究对象是1951年麦克阿瑟将军的芝加哥纪念游行活动。当时，麦克阿瑟因为一些政治表述而被当时的美国总统杜鲁门从朝鲜战场中召回。研究者比较了游行现场和电视画面后发现，现场发生的某些事件是因为电视转播才发生的。例如，观众以为，电视画面中热烈欢呼、舞动双臂的人群都是麦克阿瑟的拥护者，但那些人这么做只是为了让自己在电视中更加显眼。

有些事件常常是按照媒体的逻辑进行了事先策划，也就是根据新闻报道的要求进行规划。现在的德国大型政治活动（如党代会）已经很擅长按照电视的逻辑来安排事件过程，而且还会为了营造舞台效果而邀请影视导演。一个典型的案例是1998年4月在莱比锡举行的德国社民党大会，施罗德在当日当选为德国联邦选举的候选人（参见：资料4-5，以及Kepplinger，Maurer，1999）。[①]

电视能组合时空分离的不同事件的元素，甚至彻底或部分地调整事件，例如在时事报道中剪入档案材料，或在不告知观众的情况下，把不同事件、虚构元素和策划元素混合在一起（同时参见：Neuberger，1993）。数字化与现代电子成像技术把新闻异化为合成报道与虚假信息。有些出现于报刊或电视上的图像看上去很假，有时也会遭到质疑，但实际上它们却是真实的。这种让人误解的情况越来越多了。

---

① 另一个案例是电影人乔治·阿里尔森在2003年伊战期间为美国卡塔尔新闻中心设计电视场景。

媒体建构着虚拟的世界,同时又标榜着"真实",这种情况在小报与真人秀节目当中最为常见。不过,严肃的电视新闻节目也会出现此类情形,它们一般是从过去或其他语境中筛选一些图像,然后再将其剪辑插入最新的图像素材中去。

贝伦斯和哈根分析了关于1995年初绿色和平组织占领Brent Spar海上钻井平台的电视新闻报道。此报道中有些"实况"播出的场景其实是过时的或不真实的画面,以至于电视新闻采用的图像与文字并不配套,而且报道也没有提醒观众。在私营的卢森堡电视台、卫星一台和PRO7的晚间新闻节目中出现的画面,都平均采集于2—11天以前(Berens,Hagen,1997)。

资料4-5:普莱塞河畔的好莱坞

未来的赢家徘徊在大厅入口。照明灯光慢慢地从Ⅱa号灯切换到Ⅳ号灯。这场电视盛宴如同过圣诞一般,将在莱比锡的第二展厅进行。远处的吉拉德·施罗德睁开双眼,而奥斯卡·拉丰丹纳几乎求救般地看向渐渐变暗的坐台上方:那儿有他认识的人吗?

这两个人都显得有些惊慌。他们陷入了什么境地?这是莱比锡的党代表大会吗?不,这是普莱塞河畔的好莱坞。亨利·马斯克①会到场吗?

音乐声隆隆响起,扬声器中传来凯旋进行曲,同时传来"Ready to go"的声音,意思是"准备好了";这应该是在给社民党总理候选人打气。他们的同事从座位上站起来,既感到怀疑,也觉得高兴,还有人为此而感到自豪。

上周五,社民党的明星们姗姗莅临莱比锡的特别党代会。紧跟着两位头号候选人的是三位前锋,分别是萨克森-安哈尔特州的莱哈德·赫普纳,梅克伦堡-前波美拉尼亚的哈拉尔德·林斯托尔夫和巴伐利亚州的雷娜特·施密特。所有人看上去既害羞又愉快。施罗德征服了全场,成为笑到最后的人。

与舞台附近的小分队距离越近,这位下萨克森州的候选人(施罗德)就越笃定;他的同志要在这里推选他为总理候选人。他拥抱着党

---

① Henry Maske,德国著名的拳击手。——译者注

内友人,伸出手把人们拉向自己。房子里闪光灯频闪,凤凰台与 n-tv 电视台转播了这一政治盛况。那恰恰是为媒体量身定做的——既来之则安之吧!

委员会成员约翰内斯·劳和鲁道夫·沙尔平感到意外,他们在看到握手场景时有些愕然;社民党的 480 位代表不重要,上百名记者不重要,看台上的外交人员和嘉宾都不重要。"我们都不过是群众演员,"社民党副主席沃尔夫冈·蒂尔泽嘲笑道,"不,这是为了征服'1500 万电视观众',是政党新闻发言人迈克尔·多纳迈耶所说的那样——选民!选民!选民!施罗德把他们叫作'新的中心'。"

[资料来源:尤尔根·莱纳曼(Jürgen Leinemann)《明镜》周刊 1998 年 4 月 20 日第 17 版。]

事件管理

大部分政治事件完全是为新闻报道而策划出来的。这种**伪事件**对很多政治组织和行动者而言是一种常态,有时甚至只有这样做才能被媒体注意到,并为人知晓。新闻发布会、公关活动、采访和申明都是专门为吸引媒体而开展的事件。

许多政治活动和国家行为,如首脑会议、研讨会和会议、就职典礼、庆典、仪式或出国访问,其主要目的是宣传发起人。游行事件以及一些声势浩大而不合常理的抗议活动也有明显的策划特征,例如占领、封锁、绑架以及恐怖活动,其目的是争取媒体的关注,并借此来达到政治目的。

"伪事件"的概念由丹尼尔·布尔斯廷提出(Boorstin,1973)。这些事件不同于"自发的"事件,而是由相关方发起或策划产生,而且从一开始就针对媒体,并且具有引起关注的特质。这种事件在媒介真实中占主导地位,并会如布尔斯廷所说的那样"隐藏"其特质(Boorstin,1973:39)。

策划事件会提供新闻材料,以迎合大众媒体的生产需求,而且这么做也能帮助行动者利用媒体,从而达到自己的政治目的。但这些事件构成了一种媒介化了的,而且常常是异化了的政治景观;媒体的自主性也遭受侵蚀。上文提到的工具化的命题,在这里便有了另一层深意。① 权力带来的压力与影响控制着媒体,使之依赖于政治(或经济)利益集团。事件发起人开展的事件管理与策划手段也更加常见而且更加成功。

学界已经对事件管理进行了各种量化研究。例如,施密特-贝克与普非驰根据1990年德国联邦选举的报道发现,其中有将近一半的报道都是媒介事件,包括新闻发布会、官员的声明或"公开集会",例如竞选集会(Schmitt-Beck, Pfetsch,1994)。在1994年的德国联邦选举时期,在德国总理科尔出现的所有电视画面中,至少有1/5为其竞选选战管理团队策划,而其竞争者沙尔平的相应比例甚至高达50%(Schulz,Berens,Zeh,1998a)。开普林格对三份高质量报纸进行长期分析后发现,自20世纪60年代中期开始,有关媒介化事件的报道显著上升,并在20世纪80年代出现了小的跌幅,这可能是因为记者群体出现了逆反的行为(Kepplinger,2001a:136)。

媒体和音与跟风新闻

在地区层面,政治对媒体的影响比较明显。记者与官员在城市和社区中的互动非常紧密,这也是媒体依赖政治的表征。一些针对欧美国家地方新闻的研究指出,"政治问题的议程设置往往掌握在地方精英的手里"(Lang,2003:184)。本土媒体嵌入当地社会环境的程度非常深,因为记者本身也是当地精英网络中的一员。精英的利益往往未经过滤就能进入报道(同时参见:Wilking,1990:135;Kurp,1994:218-220)。

例如,赫尔曼研究了北法地区的报纸后发现,当地组织能通过独立代表团成员来自行决定报道的内容,而且这也符合报纸出版与编辑标准的期待。媒体与政治都趋向当地的价值与准则,于是在地域空间当中形成了非正式的信息交往通路(Herrmann,1993)。

其实,整个媒体系统都会参照公认的社会价值和规范,并在一定程度上遵从类似的基本政治信念。共同的信念与价值取向,以及与之配套的记者职业取向,导致整个媒体系统当中的内容相对同质。至少,具有不同政治取向的媒体对处理某一话题或某人时有时可能极为一致。诺艾尔-诺依曼在其影响深远的论文中证明了这个现象,并提出了**和音**这个概念。媒体和音是强效果发生的一

---

① 参见第三章第二节第二点。

个前提,会引起如**沉默的螺旋理论**中所描述的动态性的相互影响,最终导致民意发生根本的转向(Noelle-Neumann,1973a)。①

媒体的新闻价值也有共同的标准,这也能解释媒体反响的现象。这些新闻价值判断是新闻的专业标准,而且也符合人类认知的前提或社会文化的一致取向。② 同样,记者统一的**新闻意识形态**也会导致报道同质化。负面新闻在德国和瑞典媒体大行其道,反映了新闻意识形态以及记者对自身职业理解的变化(Westerståhl,Johansson,1986,1994;Kepplinger,Weissbecker,1991)。

不同学科对意识形态概念及其对新闻工作的作用有着极为不同的理解(参见:Shoemaker,Reese,1996:221-223)。传播政治经济学的立场会强调大众媒体对资本利益,尤其是对其所有者利益或股份持有人的依赖。媒体要寻求销量和收视率的最大化,就要迎合多数人的口味。媒体遵从市场规律会导致媒体内容的**主流化**(Gerbner et al. 1982)。这种效果会因媒体系统**商业化**程度的不同而发生变化。

最后,媒体系统内部的共同取向、**同事间的相互引导**以及对主流媒体的参考,都会形成统一的新闻视角以及报道的"标准化"。沃伦·布里德在其开创性研究中将这种情况称为**舆论引导媒体**(Warren Breed,1955),美国学界则称为**媒介间的议程设置**,并将之作为议程设置的一个特例(Shoemaker,1989:第五章与第六章)。根据鲁曼的系统论观点,我们可以将之视为**递归**或**自我指涉**的一个案例(参见:Weber,2000)。

主流媒体主要指跨地区的高质量报纸和新闻杂志(Noelle-Neumann,Mathes,1987)。大部分德国记者频繁使用的最重要的德国媒体有《明镜》周刊、《南德意志报》和德国电视一台的新闻节目(参见表格 4-3)。③ 在美国,最重要的主流媒体是《**纽约时报**》和《**华盛顿邮报**》。

美国新闻界有另一种特殊的同质化现象,并被批判为**跟风新闻**④(Nimmo,Combs,1983:162-164;Shoemaker,Reese,1996:122-124)。例如,电视里每天都会出现好几个麦克风与摄像头一齐对准一个知名政客的画面,这就是跟风新闻。

---

① 参见第四章第四节第一点。
② 参见第四章第三节第一点。
③ 一项对德国记者的抽样调查也问到了这个问题,并得出了类似的排序,该调查将这个问题设计为开放性问题(参见:Weischenberg,Malik,Scholl,2006b:359)。
④ "pack"表示"数量、包、群",也有扎捆、束带的含义。

还有一种比较流行的做法,例如一大群记者在公交车或火车上报道选战活动,或是在飞机上报道国事访问。这些实践在几十年前的美国就已经非常普遍,但没有那么显眼,而且有时是政客有意要求的(Crouse,1972)。《明镜》周刊曾统计过:在德国总理科尔执政的两年多时间,有921位记者免费乘坐飞机陪同政客出访。① 在这种情况下,不同媒体实际上只有一个信源,而且记者同行之间会相互引导,最后就形成了**卡米诺雷亚式**的报道。这个概念特指圣萨尔瓦多内战时期的报道,当时外国记者的唯一信源就是萨尔瓦多的临时总部——卡米诺雷亚酒店(Kepplinger,1983:61)。

表 4-3 政治记者最常使用的媒体②

媒体	%
《明镜》周刊	82
《南德意志报》	73
德国电视一台《每日观察》	66
《图片报》	59
《法兰克福汇报》	59
德国电视一台《每日话题》	59
德国电视二台《今日新闻》	43
n-tv《新闻》	42
德国电视二台《今日》	40
《世界报》	41
《时报》	37
德国电视一台《杂志观察》	37
《柏林日报》	33

在危机和战争冲突当中,记者的报道活动受到战事与军队(审查)规章的高度限制,这使卡米诺雷亚式的报道非常常见。1990—1991年与2003年的伊拉克战争的新闻报道是典型的例证。在1990—1991年伊拉克战争期间,美国政府采用随军"记者团"的方式,严格控制媒体的战争报道。在2003年的伊拉克

---

① 《明镜》周刊,第13号,1993年第17期。
② 摘自莱纳曼的研究(Reinemann,2003:186)。百分比指每天阅读日报、收看电视新闻节目的受访者比例,以及每周收看电视脱口秀或电视杂志节目的受访者比例。

战争期间,美国政府采用了**嵌入控制策略**,并通过位于卡塔尔的美国新闻中心集中发布新闻(MacArthur,1993),在联军占领巴格达之后,超过100位新闻记者驻扎在**巴勒斯坦酒店**。

虽然记者受专业规范的指引而力求客观,但由于工作条件的限制,媒体只能预先确定好观察视角以及事件的新闻**架框**(Framing)。新闻从哪个交战方的角度报道战事,会呈现哪方的军事胜利,是否展现平民牺牲者,谁应该承担战争责任……不同的操作都会呈现大不相同的战争(参见: Weischenberg,1993; Ohde,1994;Aday,Livingston,Hebert,2005;Ravi,2005)。

第四节　构建公共领域

到目前为止,本章都在探讨媒介真实与政治事件之间的关系,主要聚焦媒介处理信息的条件。下文将讨论媒介处理信息的结果及对政治公共领域的意义。这一研究视角的重点是大众媒体的特殊效能——公开信息以及建构公共领域。这涉及同一现象的两个不同方面:媒介处理信息之后已经意味着信息的公开,公开则着眼于推而广之,这便需要媒介的传输和存储能力。①

公共领域的学理概念需要多种语义上的限定(参见: Beilmhof,2003; Wimmer,2007:关于公共领域理论的概述)。因此,有必要先澄清一些概念,并展现该研究主题中的一些有趣的方面,例如大众媒体对公共领域的建构以及媒体公共领域的特征。

一、公共传播

公共性(Öffentlichkeit)是传播的一种特性,可以指一种传播场景的特征、一个传播过程的特性以及在传播过程中交换讯息的特性。公共传播在原则上对所有人开放,面对的往往是广泛的公众。公共传播的原型是大众传播,因此,公共性也是大众传播的一个特征(Burkart,2001:167-169;也可以参考 Peters,1994 和 Depenheuer,2001 的概念定义)。

---

① 参见第四章第二节第三点。

公共传播一方面有别于私人传播,另一方面则区别于机密传播或秘密传播。设想一个通往信息或传播场景(如竞选集会)的通路完全开放,且不受控制,那么其覆盖范围也无限广泛。公共领域中的信息流动"开放"而自由,其中起决定作用的不是传播参与者或信息接收者的素质,而是他们对公共传播的参与以及由其自行决定、且不受传播者控制的信息行为。

这种传播方式影响所有参与者的行为及其所在的公共传播环境。讯息一经公开,其传播范围便无法估算。因此,参与者要确保所有的潜在接收者都可以了解这些信息。人们通常认为,大众媒体传播的话题与观点"一般"都能为人所知。在鲁曼看来,**议题化(议题的"制度化")** 是公共传播的一个重要结果,能让人理解讯息(Luhmann,1970)。在这个过程中出现了**对知识的反思**:公共传播的参与者(哪怕只是信息接收者)知道其他人能知道什么,而且其他人也能知道他知道别人知道什么(Merten,1977:147)。因此,公共传播因其公开的特性而具有高度的约束性,谁也无法回避(Marcinkowski,1993:58)。

公共传播意味着讯息的传播范围不受控制,而且传播者也无法预测接收者会如何处理讯息以及作出何种反应。因此,公共传播的民主潜力就在于无法预知讯息的覆盖范围、接收及其效果,而这些都会对政治统治带来威胁。此外,政见和意志的形成过程在最大限度上的公开,确保了政治统治的民主性与合法性;公共传播发挥出积极效果是民主制度成功的一个前提。

作为政治要求的公共领域

公共领域是欧洲启蒙运动的成就之一。在18世纪,政治公共领域就已经成为贯彻公民自由原则的**政治要求**,它也因此被"强调"(Luhmann,1996:186)。公共领域并不只是一种经验现象,更是一种愿景,是政治传播的一种理想特质。

学界与政治实践经常描绘理想的类型、规范模型和乌托邦的愿景,目的是为了衡量这些模型与现实之间的关系。这些构想的背后存在不同的动机,是具有启迪意义的、以科学认知为指导的过程,是关于社会与政治关系的批判性修辞,抑或是以渐近真实的方式来实现预期目标的一种行为指导规范,或者至少防止现实行为远离预期的目标。

公共领域的概念之所以落足到规范层面,是因为公共性在民主理论和政治系统理论当中具有核心的意义。① 根据这些理论,公共领域应该形成一种**中介系统**(intermediäre System),既能向政治机构表达公民诉求,又能把政治机构的决策传达给公民。公共领域应该是一种互动的空间,不同的社会利益在其中被明示、观察,并转化到政治决策之中。意见与意志的形成过程如果建立于理想的民主规则基础之上,那么公共领域就能赋予政治决策以民主的合法性。这个过程应该尽可能地覆盖一个共同体中的所有公民,或者至少要让所有人的利益尽可能地得到考量。

公共领域的上述要求主要由哈贝马斯(Habermas,1962)及其解释者提出(参见:Calhoun,1992)。彼得斯在论述公共领域的规范理论时,首先指出公共领域的**对象**是"有关集体利益的事项,是涉及所有人或所有人都关心的问题"(Peters,1994:45-47)。此处的"**所有人**"主要指国家公民。现在,学界已经把视线拓展到跨国公共领域甚至整个欧洲的公共领域(参见:Langenbucher,Latzer,2006;Castells,2008;Wessler et al. 2008)。

公共领域还有其他的基本要素。首先是参与行为的**平等**与**互惠**,亦即每个人都有平等的机会来表达、倾听和被倾听。因此,公共领域的参与者同时担任公众的角色和表达者的角色。其次,公共领域不仅要向所有议题和行动开放,还要客观、合理地处理它们。彼得斯将这些要求总结为**公开和足够的能力**。最后,公共传播应该具有理想的**论述结构**。这就要求政治辩论应该**有理有据**,做出政治论断时应该同时给出理性的、可理解的原因,而且需要参考其他的论点。辩论能够帮助形成更加完善的论据,以达成共识,或者至少在明确的论述基础上形成一个多数意见。

格哈德把**基层民主的**公共领域与**自由主义的**公共领域进行了比较(Gerhards,1997a,b)。前者被哈贝马斯叫作"原生性"公共领域;后者以**代议**民主制度为基础,因此也可以叫作**代议模型**,哈贝马斯还常常称之为**论述型模型**(Diskursmodell),因为他特别注重公共领域中的传播风格。② 基层民主与自由主义两个公共领域模型之间的主要区别还在于行动者在公共领域中所扮演的角色及其传播的影响。

---

① 参见第三章第二节。
② 格哈德用"共和论述"来指称哈贝马斯提出的概念,他在著作的其他地方还提出了"参与模型"以及"议政式公共领域"的表达,这是英语中的一个常用表达(参见:Gerhards,Neidhardt,Rucht,1998:31-33)。雅仁与东厄斯用"系统论模型"一词来代称格哈德提出的概念(Jarren,Donges,2006:102)。

在这两个模型中都存在两类行动者：一类是政治系统的**中心**，另一类是政治系统的**外围**。位于中心的是政治力量的支配者和政党。处于外围的行动者被哈贝马斯分为三类，一是公民；二是公民行动者，例如自发形成的公民协会，或以开放、平等形式组织起来的社会运动；三是"被赋权的"行动者，即具有专业组织方式的利益群体与协会，他们代表着局部利益。根据哈贝马斯关于"原生性"公共领域的构想，意志的形成应该从外围出发，并由中心处理，再转变为决策，因此，外围**没有**权力的行动者应该主导公共领域。

代议模型与之不同。其支持者认为，如果位于中心的行动者由自由、平等的民主选举而来，并具有合法性，那么他们**代表**的就是公民的利益。在公开的舞台上，处于不同位置的行动者都应该拥有表达的机会。该模型的出发点也是公民的利益，但强调利益集团与政党在意志形成过程中也具有同样重要的作用，因为公民的利益能通过他们传达到政治中心。集体行动者在公共舞台上具有各自的优势，而且能够反映公民的利益分配格局。这个观点认为，公共领域"应该是一面镜子，能反映多元社会中传播开来的言论，而且不同利益都能够得到表达"（Gerhards，1997b：32）。深受鲁曼影响的系统论常常把公共领域看作**镜子**，认为社会能够从这个镜子当中进行自我观察（Marcinkowski，1993：121）。

在论述型公共领域模型中，传播风格具有核心的意义。代议模型对传播风格的期待比较适中，其支持者认为，现代社会存在多元利益，因此达成共识的可能性不大，因此，多数意见即便无法满足论述上的苛求，但也可以让一个有理有据的论述性共识具有合法性。多数意见由个体意见聚合而成，但有些人有"自我限制交际"的情况，这在当今仍然是个根本问题，因为这种人会被排除在公共传播之外，这样便没有达成共识的可能。

作为传播系统的公共领域

上述两个理论模型的共性在于都把公共领域理解为一种**中介系统**，是一种介于中心与外围之间的交互场域，在这个场域中，不同社会利益行动者进行表达，相互观望；问题得以解决，政治决策得以形成。这个视角可以联系到政治过程的"输入-输出"模型。① 与之相应，格哈德与奈哈特为"定义政治系统的议题与意见"而区分了三个过程：信息汇聚（输入）、信息处理（贯通）以及信息应用（输

---

① 参见第三章第一节。

出)(Gerhards,Neidhardt,1991:50)。①

公共领域作为一种中介系统,首先要保证**透明**(Neidhardt,1994b)。在理想的状态下,如果要让利益透明,则需要所有相关方互动,而且最好是在一个对所有人都开放的场合中互动。古代民主城邦国家是公共领域的历史典范。这种公开场所在希腊叫作**集市**,在罗马叫作**论坛**。这些表达和"竞技场"或"市场"之类的描述一样,直到今天还常被用来比作公共领域:"公共领域形成了一个广场,被广场包围着的市政厅是一个政治决策中心。"(Gerhards,1993:29)②

把公共领域比喻为空间、领域和竞技场的做法,只不过抽象地勾勒了一个框架,其实没有太多的学理洞见。不过,这些比喻是理解公共领域的出发点,有助于更准确地分析公共领域的**内部结构**,我们可以借此来分析参与公共传播的行动者角色以及公共领域的不同层次、次级系统和论坛。

奈哈特依据传播的过程,将公共领域中的基本**行动者角色**分为三类:(1)**表达者**:在政治事件中公开表达的人,例如政客、利益集团的代表、专家、学者或者公关专家;(2)**公众**:信息接收者和"组成公共领域的相关群体";(3)**大众媒体**及其新闻工作者:当表达者无法直接接触公众时,媒体与记者成为两者的中介(Neidhardt,1993,1994c,1995:238)。

人与人之间在公共场合的偶遇也可以形成一种公共领域。这种场景的两个特征是直接接触与互动,例如在火车、办公地点或酒吧,"出身不同的人偶然相遇,彼此沟通"(Gerhards,Neidhardt,1991:50)。偶遇这种情况是公共领域结构中最低的层次,再往上是**公开集会**,也就是公开的活动或集会,例如有针对性的选举造势、音乐会或教堂活动等。这些活动大多是为了展示,或是为了某个话题而发起。在公开集会当中,指挥角色与公众角色相互区别。**抗议**是一种特殊的具有互动性质的公开活动,往往会引发集体行动。

偶遇或**集会**需要人亲临现场,因此范围有限(前者较之后者更为有限),只不过是公共领域的一个部分。③ 在当代的领土国家中,人们亲身参与公开政治活

---

① 英语术语"public sphere"明确地把公共领域比喻为空间或领域,是德语"Öffentlichkeit"在英语中常用的对应词汇(参见:Calhoun,1992,Dahlgren,1995)。1989年,哈贝马斯1962年发表的教授资格论文《公共领域的结构转变》被翻译成英语,根据卡尔霍恩(Calhoun)主编的丛书记载,盎格鲁-撒克逊与斯堪的纳维亚学界直到20世纪90年代才突然对公共领域概念产生了研究兴趣。
② 在法律文献中,"舆论市场"是一个常用的比喻(参见:Schneider,1968:94)。
③ **组织型公共领域**不只具有时空性,而且还受到成员地位的强烈制约。格哈德及众多后来的学者把"抗议"看作次级公共领域的另一种类型(Gerhards,1993)。

动的情况越来越少见。一项在西德开展的抽样民调显示,在该调查之前两年中,大约六分之一的公民至少参加了一次公开政治集会(Gerhards,1992)。而在2002年德国联邦选举后进行的一项调查显示,只有8%的选民参加了"竞选集会"(回答"频繁"或"经常"的甚至只有2%;回答"有时"的为6%)。①

媒体公共领域是一种典型的现代社会的公共领域。它不同于早先的公共领域,也区别于其他层面的公共领域。媒体公共领域需要发达的技术与组织基础设施,特点是更广泛的参与人群和覆盖范围。较之偶遇和集会,媒体公共领域中的公众也更抽象,其行动空间更小。

另一种研究视角尝试区分**功能性的次级公共领域**。在复杂的现代社会中,公共领域不仅介于政治中心与外围之间,也介于不同的社会次级系统之间,例如经济、法律、科学、艺术或宗教系统。在这些系统之中,还存在着多样的次级公共领域。正如哈贝马斯所言,这些公共领域"彼此联通"(Habermas,1992:452)。

格哈德与奈哈特强调,相对于功能性的次级公共领域,**政治**公共领域有特殊的地位,因为政治是核心问题的来源,在社会中具有特殊意义;而且政治拥有更特殊的资源,能够形成并执行具有约束性效力的决策(Gerhards,Neidhardt,1991)。政治公共领域的传播系统把整个社会以及存在于次级系统之中的话题与问题导向政治中心,因为"政治公共领域同样处于政治决策系统的输入位置,以便形成公共舆论"(Gerhards,1993:28)。其他机构的讨论舞台并存于政治中心的舞台之侧,因此可以被描述为"多个论坛"(参见:Ferree et al. 2002:11)。②

公共舆论

所谓的公共舆论常常被理解为不同机构公开表达的意见或在媒体上发表的意见。但媒体首先注意的是知名的政治行动者及专业发言人的意见,在这层意义上,公共舆论应该更确切地对应着政客、官员、专家、名人和记者表达或发布的意见。正因为大众媒体赋予这类人以更高的曝光率,让他们为公众所熟知,因此,这些人是政治公共领域中极富影响力的构成元素。

另一种观点受到社会心理学的影响,对此有着不同的见解。这种观点从个体出发,强调公共舆论基于公民个体意见的累积,这些个体意见可以从具有统

---

① 参见第六章第三节第三点。
② 政治的"论坛"并不单一,其他的"论坛"也在参与舆论的形成。——译者注

计意义的抽样调查中得知。因此,舆论研究是采用普遍接受的方式和测量公共舆论的工具,这样得到的公共舆论也可以被看作是公民整体的意见。

公共舆论概念历来是公共社会学的研究对象之一。公共社会学的观点与上述两种观点都有区别,它对公共舆论的定义比较抽象,会将之看作"政治公共领域的输出"(Gerhards,1993:24),同时还提出了公共舆论的实现条件及其所需要的论述水平(Habermas,1992:438)。在德国联邦宪法法院关于《明镜》周刊的判决解释备忘录当中也存在这种观点(参见:资料4-6)。

资料4-6:德国联邦宪法法院对公共舆论的解释

公民要做出政治决定之前不仅需要了解全面的信息,同时也要知晓舆论、平衡他人的观点。新闻界能保证讨论一直进行:新闻界处理信息,并有自己的立场,再去引导公共论辩。公共舆论得以在媒体中体现;论点在探讨与反驳之间不断明确、清晰,从而有利于公民做出判断与决定。

(资料来源:德国联邦宪法法院,第20卷,第174页。)

联邦宪法法院对公共舆论的表述,与把公共领域看作沟通系统的观点具有可比性。因为论点形成于"观点交锋"之中,并在公共论辩中得到"明确";这两个过程分别对应着公共领域的信息处理功能与呈现功能。当然,公共舆论是公共传播中的"主导"意见,因此异见也可能存在(Gerhards,Neidhardt,1991:42)。

我们也能从德国联邦宪法法院的判词中看出公共领域具有规范性的意义,公共舆论这个概念同公共领域一样,也被法律"强调"。严格来说,公共舆论是在公民之间进行平等、开放的论述性沟通的结果。因此也有人把公共领域与公共舆论看作同义词,认为它们具有类似的政治功能,例如监督政权。

公共舆论是单数形式,意指一种**集体**的现象。公共舆论来自个体意见的总和。正如诺艾尔-诺依曼指出的,公共舆论的"威力"不仅仅在于其监督政府的行为,还在于其监督每个公民的行为(Noelle-Neumann,1966)。她区分了公共舆论的显性功能与潜在功能。**显性**功能是有意的、可感知的功能,指公民在参与形成政治意志的过程中实现与权力的"关联"(同时参见:Schmidtchen,1959:323)。公共舆论的**潜在**功能应该更确切地被称为个体对意见气候的认知。公共舆论的潜在功能来自个体对社会的把握,以促进妥协、共识与社会整合(Noelle-Neumann,1992b,1998)。

公共舆论也可以被看作一种**社会真实**,成为人们行动的依据,因此,公共舆论也具有社会效果和政治效果。由于个体会假设他人(或多数)的意见,公共舆论便能以这种形式进入个体以及政治行动者对场景的定义。个体对多数意见的假设越一致、把握越大,那么这种假设的社会与政治效力就越大。

在日常生活中,人们在社会互动过程中通过"准统计器官"形成对多数意见的假设;诺艾尔-诺依曼提出的"准统计器官"概念就是连接个人与集体的纽带(Noelle-Neumann,1980a:165)。政客也能通过这种方式,根据党内讨论,与选民的对话,与熟人、专业顾问以及记者的讨论(例如幕后谈话)得来的经验,形成自己的判断。政客还可以根据民调意见来判断。通过统计方式累积起来的个体意见,也能帮助人们形成对公共舆论的假设。

最后,大众媒体传播的意见也会进入公众和其他媒体观察者对场景的定义。政治行动者"发表的意见"和媒体意见(主要是评论)是人们评估主流观点的一个重要依据。媒体的意见越一致,意味着媒体的**和音度**越高,其影响力就越大。

上述思考是**沉默的螺旋**理论的核心(Noelle-Neumann,1980a)。这个理论在媒体报道与公共舆论之间建立起了一种关联。在调查中,研究者可以询问个体对社会主流舆论或多数意见的认识,以了解他们对意见气候的感知。研究者还可以询问受访者的个人意见。这样就可以将个体对多数意见的假设与现实的多数意见进行比较。这种研究方式也沿用了上文介绍的共同取向模型。①

例如,图4-6展现了1987年开展的一项趋势性的抽样调查结果,主题是当时极具争议的人口普查。从图中可以看到持积极或负面意见的群体在整体人口中的分布趋势,以及个体对"多数"意见假设的变化。起初,人们的假设与真实的舆论分布之间存在很大的差异,到了普查快要结束之时,二者趋于一致,整体舆论也发生了更加积极的转向,更多的人开始支持人口普查。

---

① 参见第三章第五节第一点。

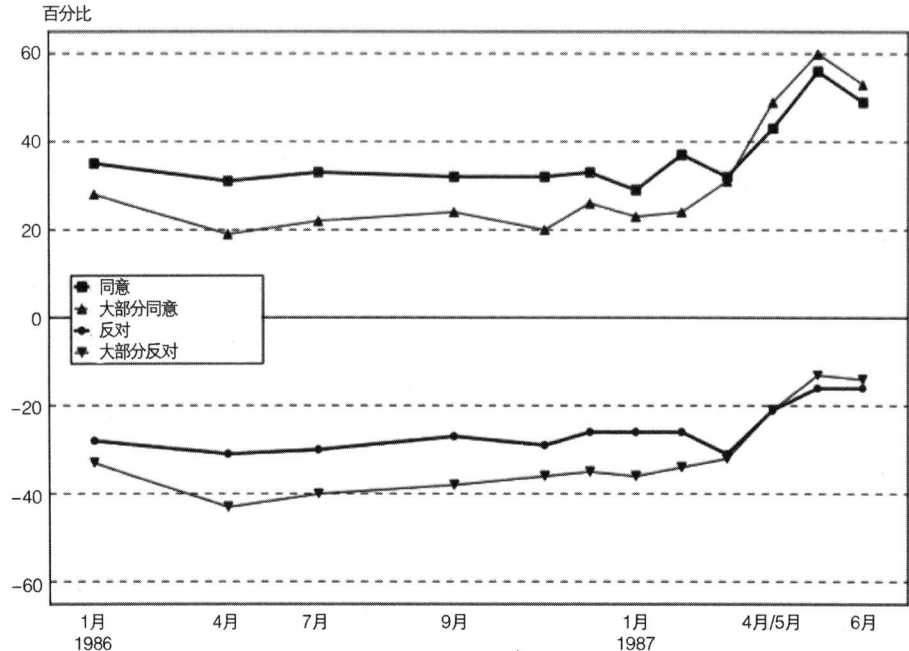

问题:"您赞成还是反对人口普查?""您认为其他大多数人是怎么想的,他们赞成还是反对人口调查?"
图 4-6　德国人对 1987 年人口普查的意见及对多数意见的猜测

沉默的螺旋理论之所以引起了广泛的关注,是因为它指明了一条研究方法的道路。据此,研究者可以在问卷调查中操作公共舆论这种集体现象。此外,沉默的螺旋理论还提供了一种**动态**的研究路径,能从理论上解释公共舆论在时间推移中可能出现的变化(同时参见:Scheufele, B. 2008)。

学界对于图 4-6 所展现的舆论态势转变有两种解释。根据沉默的螺旋理论,人们的意见会逐渐与其对意见气候的感知趋同,这种感知(至少有时)受到大众媒体的影响。

另一种解释认为,个体对多数意见的假设也是个体自身意见的参考,这是**一种观察视角**。也就是说,个体需要鉴别自己的意见在多大程度上符合其所处环境的主流意见,或者,个体是否需要根据这些主流意见来修正自己的意见。在这一视角中,舆论的转变并不重要,重要的是**多元无知**的情形,亦即个体对主流意见的集体误判(参见:O'Gorman, 1975; Fields, Schuman, 1976; Scherer, 1990)。

二、媒体公共领域

媒体公共领域也被比作**论坛**或**舞台**。媒体公共领域是一种普遍开放的政治论坛,能让公民形成自己的政见与政治意志。罗纳贝尔格在媒体公共领域这种形态当中看到了现代"直接民主"的典型特征(Ronneberger,1978:119-121)。在现代的大众社会,公民无法在集会中实现的事务,应该从媒体公共领域当中得到补偿。

公共领域的概念被重视,同时也是一种政治需要,因为它与西方的启蒙运动理念与民主理论思想紧密相连,这些理念是 18 世纪理解现代国家概念的基础。但作为一种经验性的现象,媒体公共领域其实早在 18 世纪以前就已经出现。15 世纪书报印刷发明之后,机制性的审查随之出现,例如在 1486 年法兰克福书展之际,美因茨大主教设置了一个长期的审查委员会(Koszyk,1972:20;Wilke,2000:35)。这些审查机制恰恰表明了媒体公共领域的存在及其所发挥的功能。

审查制度的实质是管控、限制出版的风险。在早期的统治阶层眼中,宣传小册子就是风险所在。这些小册子起初具有宗教性质,后来加入了越来越多的世俗内容。审查的第一个高潮以 1564 年特伦托会议(The Council of Trent)引入教会《禁书目录》为标志,这个《禁书目录》主要是为了保护天主教教义,"但书中很快加入了道德教育方面的内容"(Wilke,2000:36)。新媒介先被用来广泛地传播路德及其追随者的理念,之后小册子上还出现了人文主义思想。用 1521 年康斯坦茨副主教的话来说,"因为图书印刷商的罪孽,每个文盲都知晓了路德的勾当,甚而所有老妇都在光天化日之下对之议论纷纷"(Koszyk,1972:21)。由此观之,媒体公共领域为人际交流以及偶遇时的闲谈提供了话题。

随着小册子不断扩散,媒介式的公共领域在 15 世纪末和 16 世纪初就出现了。施托贝尔认为,早期媒体公共领域的政治效果或者可以体现在 16 和 17 世纪政治与宗教的论辩当中(Stöbers,2000:286)。如果印刷品不曾公开论战文章,那么这些论辩也就不会如此发展。神学论争曾是一个"自由论述的实验室",为出现于 18 世纪的典型的市民公共领域打好了基础,这也被哈贝马斯称为"私人聚集形成的公众空间"(Habermas,1962:42)。

媒体公共领域的互动结构

媒体公共领域当中的互动结构特点体现于大众媒体及其受众参与到那些政治行动者的互动。相比**公开在场的情形**,媒体公共领域中的行动者之间的关系更加复杂,也有更多层次。

参与者在公开在场的情形中集合到一处,时间是连续的,人们彼此之间可以直接交谈,并能亲身感知对方,因此这是一种**单层的**结构。但媒体公共领域并不具备上述特征,即便有,也非常有限,它更多的是一种**多层**结构。媒体公共领域当中发生的互动并不需要空间在场或时间连续,参与者彼此之间没有直接联系,也无须亲身感知对方。

几个世纪以来,随着社会变迁和媒体发展,媒体公共领域也在不断发生变化,而且这种变化最明显的标志也契合媒体发展的趋势。[①] 具体而言,随着媒体的覆盖范围持续扩张以及人类的媒体使用量不断增长,媒体公共领域的范围不断拓展,并渗透到不同的社会领域,同时将之纳入公共领域之中。(多)媒体**编码**与**格式化**的扩张,导致媒体公共领域不断碎片化、差异化。在几个世纪之间,信息生产的**经济化**推动了媒体公共领域的扩张与分化。

下文将讨论媒体公共领域的形成过程,我们可以从五个维度来认识其特点:

- 公共领域的互动结构;
- 公共领域的覆盖范围;
- 公共领域的内部结构;
- 行动者的位置与角色;
- 通向公共领域的渠道。

公共领域的这些维度能够帮助我们更加明确地区分其中存在的不同层面与不同形式。罗列这些维度主要是为了凸显媒体公共领域的特征,而且能够将之与公开在场这种形式的公共领域进行比较。表4-4展现了两者之间的重要区别,下面将解释其中的细节。

---

① 参见第四章第二节。

表 4-4　公共领域的类型

	公开在场	媒体公共领域
互动结构	单层的	多层的
范围	紧密的、空间在场、偶发性	庞大、时空分散
内部差异	较小	复杂网络
参与者的位置与角色	区别很小	区别很大
通路	直接的、个人的、部分极为活跃	中介化的、部分是被动接收者

媒体公共领域存在两个不同的互动层面，一是**媒体呈现的**互动，二是**借助媒体呈现**的活动。具体而言，首先，媒体展现政治行动者之间的互动，他们有时是政治事件的当事人，有时是处理者或相关方，有时是政治演说者或时事的报告者、解释者或批判者。只要政治行动者亲临现场（例如出席议会全体会议、新闻发布会或电视脱口秀），就能直接交流。其次，这些行动者有时也常常借助媒体来进行非直接的互动，例如在陈述或访谈中提到彼此，或者表达同意或批评。这种互动具有中介性，他们虽然只是被描述的客体，但行动者依然可以意识到彼此的存在，因为他们可以据此来联想真实的个体或组织。

这些互动通过媒体的呈现而成为一种"社会事实"（Rucht，1994：346），对那些虽然没有直接参与互动、但有时却可能与之相关的其他政治行动者而言，尤其是在那些正在观察的公众眼里，情况便是如此。面向公众的互动是媒体公共领域的一个重要特征（Neidhardt，1994a）。

媒体中的行动者知道观众正在观察他们，所以经常与公众进行**模拟的社会互动**，例如政客或记者有时会在媒体上面向公众说话，与受众形成一种模拟的社会关系，以此来弥补非直接互动的不足（Gleich，1999；Maier，2005）。然后，公众的反应通过媒体的**"民意调查"**而传导到政治行动者，政治行动者不仅能观察公众的反应，还会留意媒体如何呈现自己的互动行为，公众也是如此（参见：Marcinkowski，1993：118-120）。多层次的共同取向模型可以用来分析这种情形。[①]

表面上来看，媒体公共领域中的公众只是被动的观察者，但他们也能通过"制裁"的方式来间接地影响互动结构。这是因为政治行动者需要媒体的关注（Gerhards，Neidhardt，Rucht，1998：44），而公众则能决定是否使用媒体，这会直

---

① 参见第三章第五节第一点。

接影响媒体的发行量甚至是商业上的成绩。因此,媒体会将新闻因素作为其选择信息的标准,努力地通过政治话题与呈现行动者来迎合公众。

行动者进行政治论辩的目的不仅仅是为了竞争博弈,还是为了多方面地调节媒体的互动结构,因为其信息的接收者也是正在观察的公众。他们成功与否,取决于公众是否认同,而且在某些特定场合中(例如选战),还有赖于能否动员追随者。因此,政治表达者不会与对手争论不休,而是"对着镜头说话",从而争取公众的支持。但这会影响政治论述的结构,因为所有竞争者都更倾向于采取宣告或鼓动的方式,而不是以理服人。而理性的论辩却恰恰是论述性公共领域的前提(Gerhards,Neidhardt,Rucht,1998:45)。

媒体处理信息的法则也会影响媒体公共领域的政治论述。政治论辩中的对抗者如果要让公众知晓自己,就必须先吸引媒体的注意力。因此行动者的行为往往更合乎媒介逻辑,而非现实逻辑(Kepplinger,Brosius et al. 1989)。换而言之,政治行动者必须根据媒介逻辑来调整其行为和论点,使之契合媒体的选择与呈现要求,或者通过事件、话题管理或政治公关策略来利用媒体的选择标准。

公共领域的覆盖范围

公共领域的覆盖范围并非一成不变,其范围的大小,首先取决于参与者是**在场**还是时空**离散**。人身在场是偶遇及公开集会的典型特征,与之相反,媒体公共领域的参与者常常时空**分散**,其所处的地理位置不同,有时甚至天各一方,而且其互动不一定同时发生。在传播学中,离散性是一种极为常见的性质,常常用来区分大众传播与人际传播(Maletzke,1963:28-30)。

在场与离散之间还存在另一些差异。如果人们亲临某个公开情境,就可以直接进行互动,及时建立联系,也能及时得到反馈。而在媒体当中,人们只能通过间接的模拟或虚拟的方式来互动,而且大多数时候都存在时移的问题。电信传播的发展能跨越这些障碍(例如通过视频会议)。最后,(即时的、同时的)互动性是互联网的一个特性,与偶遇或公开在场的情境比较类似。

媒体公共领域的发展并没有代替而是延展了公开在场的情境。媒体公共领域中的层级不断网络化,不仅使公共领域的能力不断提升(参见:Gerhards,Neidhardt,1991:55),也促使(模拟)社会互动以及真实或虚拟的互动不断网络化,互动结构的复杂性随之大大提高。一个例证是错落于媒体公共领域**内部**的地方性的公开活动,例如一起观看议员辩论节目,或去观看电影展映、参加**公映活动**(在公共场所或酒吧一起看电视)。

公开在场的公共领域具有一定的**偶然**性,它的持续时间一般很短,而且有较多的限制。与之相较,媒体构建的公共领域的持续时间比较开放,而且大多情况下甚至没有限制,因为媒体对一个政治话题的关注通常要持续几天、几周甚至几个月。不过,在一个争议性话题的生命周期之中,论点的格局往往会在不同阶段发生多次变化,参与其中的行动者构成也会改变(请参见经验研究依据:Dyllick,1989;Hagen,1992;Gerhards,1997a)。于是,参与者的信息水平就会参差不一,有些论点也可能不再合时宜。在此情况下,附属阵地会随之出现,有时有些人还会故意转移话题,或制造混乱。

媒体公共领域的**时间限制**多出现于广播电视直播以及互联网的互动传播等情境。如果讯息能被记录、存储下来,也就不存在时间限制了。例如,印刷媒介的传播没有时限,电子媒介也可以如此。随着媒介存储技术越来越完美,公共领域的时间范围不断拓宽,其结果也越来越无法预测、越来越开放。如今,新闻通讯社与媒体推出的数字新闻、图片与视频档案,也能够打破时间的限制(参见:Kepplinger,1985b:255)。随着互联网搜索引擎技术的发展,这种效果还会更加明显。

在这种情况下,无论谁在媒体中抒发政见、提出论点,都根本无法预估言论的影响范围及可能的后果。言论一旦公开,在很大程度上便脱离了提出者的控制。例如,政客之间的言论对抗可能在当时的语境中非常得体,但回头再看却可能显得格格不入,甚而假话连篇。如果他们在另一个场合再次表达过去的观点,可能会发现自己根本无法预见这些言论在这个场合的效果。

媒介构建的传播空间在时间以及覆盖的地理范围与人口方面,都要比公开在场的情况更广阔、开放。随着媒介编码、传输、分发的能力不断提升,媒体公共领域也早已不再受到民族、国家与语言的制约。得益于电缆与卫星技术的发展以及全球互联网的助力,**跨国公共领域**在原则上也可以是媒介式的。全球层面的公共传播参与已经在某些情况下出现,而且在一些特殊情况下,例如轰动的政治事件、灾难、体育赛事,跨国的公共领域也更加频繁地显现。

公共领域的内部分化

在当代社会,无论是国家、国际层面的公共领域,还是地方性的或地区层面的公共领域,都只能通过媒体才能形成。这意味着媒体公共领域存在内部的分化,因此是可以研究的一个面向。另一种分类方式基于现代社会在经济、科技、体育、文化等领域的功能划分。最后,研究者还能根据大众媒体的受众来划分媒体公共领域。

如果从受众出发来研究媒体公共领域,由于人们对话题或传播方式有不同的偏好,因此媒体受众是基于人们自己的选择而形成的。正因为人们的偏好不同,媒体公共领域多少会持续、频繁地出现分化。核心用户指的是那些订阅报刊、并且规律性地使用媒体的群体。[①] 人们的偏好往往体现于年龄、性别、教育程度、婚姻状况、社会阶层与生活方式等个体特征,用这些特征来描绘媒体的受众群体是经验研究的一种常见的处理方式。

随着媒体系统的不断扩张、分化,不仅媒体越来越多样,而且不同的媒体次级公共领域也慢慢形成,例如地方媒体或社区媒体、特殊兴趣杂志、专门电台、专门电视频道、互联网中的专门信息以及线上服务。伴随着媒体经济化进程不断推进,媒体越来越擅长精准地瞄准特定的分播领域和目标受众,以期提高传播的效果。尤其是广告投放需要精准的目标群体,这样才能尽可能地减少因校准而造成的损失。媒体次级公共领域基于兴趣、人口分布、社会状况等方面的差异而分化,其内部越来越同质化,而次级公共领域本身的特征也会越来越清晰。

受众市场不断细化,现代社会的机构分化以及多元的生活方式之间存在着相互影响。人们在社会层级、生活方式与政治兴趣和取向以及媒体使用方面存在差异,因而在社会和媒介的不同领域也相应地形成了众多的次级公共领域,恰如哈贝马斯对公共领域结构变迁的描述。如此形成的公共领域类似于一个"高度复杂的网络"(Habermas,1992,2006;参见:资料4-7)。

资料4-7:公共领域:一个高度复杂的网络

公共领域在复杂的社会中形成了一种中介结构,它的一边是政治系统,另一边是私人生活以及具有特定功能的行动系统。它如同一个高度复杂的网络结构,在空间上衍生出多个彼此交叠的国际的、国家的、地区的、社区的以及亚文化的舞台。公共领域基于功能性的观点、话题要点、政治领域等方面而形成,因此都具有一定专业性,但是外行的公众仍然可以进入(例如科普、文学、宗教、艺术、女性主义、"另类"

[①] 根据德国媒体分析协会对核心用户的定义,这类用户在最长的使用周期内的媒体使用概率应该介于 0.83 与 1.00 之间。

主题、健康、社会或科学政治的公共领域)。这些公共领域在传播密度、组织复杂性、范围、层级上相互区别——从酒吧、咖啡馆或道路,到现场的戏剧演出、家长会、摇滚音乐会、党代会或教堂礼拜日,再到大众媒体建构的、离散于全球的读者、听众和观众的公共领域。虽然它们有诸多差异,但是所有次级公共领域之间彼此相通。

(资料来源:Habermas,1992:451。)

随着媒体市场不断分化、细分,普遍的公共领域也不断瓦解、**碎片化**(参见:Jarren,1996;Swanson,Mancini,1996a:8)。① 不同的经验与话题议程穿梭于多样的次级公共领域之间,社会随之丧失了共同的政治论述立场,以至于达成集体性的意见和意志变得更为困难。受众经验研究观察到了碎片化趋势的起点,认为自20世纪80年代初开始,大众已经瓦解为不同的目标群体(参见:Kiefer,1982:131)。用于描述广播市场变化的英语文字游戏——**从广播到窄播**——恰如其分地描绘了这一情形。因此,如果希望大众媒体——特别是德国,而且尤其是广播电视领域——能够实现社会整合的话,这种碎片化的趋势就更具有政治内涵了(Holtz-Bacha,1998)。

受众研究借助市场模型去理解公共领域的概念,这种做法其实很容易被曲解。因为受众市场的分割是基于累积层面的诊断,由此得出的结论只能是次级公共领域之间是孤立的、并且彼此隔离,那么按照这个逻辑,不同媒体的受众之间就没有交叠,这意味着人们只能**排他**地参与某一个次级公共领域(Schulz,W. 2001a)。然而,目前我们还没有经验依据来证明这个假设,也无法断言碎片化命题具有这样的政治后果(参见:Hasebrink,1997;Holtz-Bacha,Peiser,1999;Rössler,2000)。

我们通过观察就能发现,媒体的次级公共领域之间实际上存在着多种交叉。除此之外还有其他反对碎片化命题的论点。哈贝马斯也提出,次级公共领域之间"彼此相通"。另外,媒体中的话题与意见会扩散到人际传播,反之亦然,这就完全可以克服次级公共领域之间的障碍。何况,记者对同行的参考以及媒体系统中其他相互影响的因子(特别是舆论引导媒体的影响)也能确保媒体次级公共领域之间的交流。

---

① 同时参见竞选传播变化部分对碎片化命题与政治脱钩命题的讨论(参见第六章第二节)。

参与者的角色与位置

媒体公共领域与公开在场之间的主要区别是参与者的角色。相对而言,在公开场合中互动的角色没有区别(偶遇情况中的互动角色要比公开集会更加同质),换而言之,听者与说者的角色在最理想的情况下可以互换(Peters,1994:46)。每个参与者既是接收者,又是(潜在的)传播者,同时也是政治行动者。每个人都可以参与政见或意志的形成过程,而且如果有必要的话,每个人也能将其政治意志转化为相应的参与形式。传统的参与形式有投票,非传统的参与形式则有抗议。① 与之相对,在传统媒体的公共领域中,角色彼此分化,而且不同的行动者都能辨识出这些角色(Gerhards,Neidhardt,1991)。这种情况只在一定程度上适用于互联网公共领域。

公共社会学把公共领域的参与者叫作**说话者**。这个术语注重**说话**的行为,它受到哈贝马斯的论述模型的影响。② 但在媒体公共领域中,这个前提没有全部实现。在大部分情况下,出现在媒体中的政治行动者并不是自己在**说话**,因为媒体可以通过直接或间接的引用,或用原声来表现其言论。事实上,行动者的表述更多的是媒体报道、解释或评价的对象,其**非语言**行为也是被展现或被描绘的客体。记者、主持人、评论员以及媒体组织才是"代理"发言人。

达伦多尔夫对位置与角色进行了区分,这种区分有助于更精准地观察行动者的整体(Dahrendorf,1958)。他认为,位置确定了社会关系的场所,角色则是对居于某个位置的行动者的行为期待。在政治性的媒体公共领域中,存在着三种彼此区分的行动者,他们是媒体行动者、公众受众和被媒介展示的、并能为公众所识别的政治行动者。对于处在某个位置的行动者来说,其他类别的行动者以及他所在群体和组织的行动者,总是对他的行为有所期待。而对政治行动者而言,选民以及他所在的政治组织会对他有期待,此外,媒体对他也有期待,需要他协助媒体进行报道。对媒体行动者来说,一方面要考虑受众以及(要报道的)政治行动者的期望,另一部分还要考虑所在媒体组织和同事(编辑或专业)的期待。

---

① 参见第五章第六节中的参与形式。
② 格哈德与奈哈特也采用了这个观点,他们指出:"公共领域的主要基础是语言传播。"他们在一个脚注中又指出这"不一定适用于所有情况",并且提到公共领域中的一些非语言的互动行为(Gerhards,Neidhardt,1991:45)。

媒体从业者要扮演不同的**传播者角色**，包括记者、编辑、资深记者、评论员、主持人。这些角色一部分来自媒体生产过程的专业分工，另一部分则是一些称号，例如记录者、把关人、批评者、监督者和辩护者。这些角色体现了别人对记者的政治表现及其专业角色的期待（参见：Donsbach，1982：163-165）

在政治传播当中，报道者与评论员这两种角色的区分非常重要。与之对应的是德国媒体政策规范对新闻与观点的区分。在**报道者**角色中，媒体和记者要遵守客观性、中立性、事实性以及公平的原则，要尽可能地传达政治现实的真实写照。这一角色也叫**记录者**或**传达者**。

而对**评论员**角色来说，人们不仅允许，而且期待他们有自己的立场，希望他们能针砭时事、评论政治行动者（参见：Eilders，Neidhardt，Pfetsch，2004）。评论员会把自己的立场融入政治论述之中，而且还常常被其他媒体呈现为**政治表达者**，例如记者参与电视脱口秀，或者报纸的"社论"。但有时，媒体行动者不仅会以评论者角色，还以报道者的角色为特定的利益集团或所在媒体发声（主要以媒体的"**工具性实现**"的形式），这种现象也受到了广泛的批评（Patterson，Donsbach，1996）。①

普赖斯与罗伯茨指出，媒体能够呈现公民的政治情绪，因此还扮演着**民意体现者**的角色（Price，Roberts，1987：806）。媒体不仅能够报道民意调查（常常由媒体发起），而且还会在报道、评论当中解释民调结果，有时也会呈现公民个体的陈述。

媒体公共领域中的公众角色往往局限于"画廊"中的看客。有时，虽然公众集体能以主动的政治参与者的形象呈现于媒体之中（例如示威者），但一般而言，媒体中的公众看上去像是一个抽象的社会类别（例如，选民、示威者、失业者、移民）。媒体只会偶尔把聚光灯集中到公民个体，例如在所谓的"街采"中，将他们的声音作为**国民之声**。

天真的观察者以及那些受到大众心理学影响的早期传播研究会以为大众媒体的受众毫无影响力，而且杂乱无章，其实并非如此。经验性的受众研究为了细分市场，会采用社会心理人口分类，借助这些类别，研究者就能够发现次级公共领域中的受众特征其实非常不同，因为这些公共领域主要根据媒体议题或意见划分。例如，图4-7展示了德国跨地区日报的读者群体及其政党偏好。读

---

① "代表我们"（in eigener Sache）常指媒体的实际立场或其所声称的立场。

者的偏好反映了不同报纸的政治立场(Eilders,2004)。美国的电视观众之间已经出现了明显的意识形态区隔,因为有些人喜欢看保守的**福克斯新闻(Fox)**,有些人更青睐自由主义的美国有线电视新闻网(CNN)与全国广播公司(MSNBC)的新闻节目(Coe et al. 2008)。

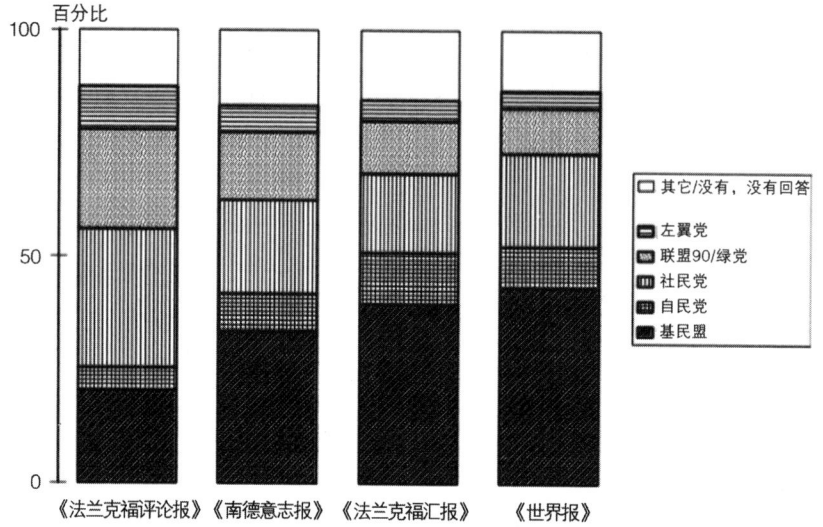

问题:"目前,您最喜欢哪一个德国政党?"(单选题)
资料来源:阿兰斯巴赫市场分析/广告分析 2008。

图 4-7 德国跨地区报纸读者青睐的政党

除此之外,媒体受众还有许多其他的特征,例如社会环境与生活方式(特别体现于电子媒介使用方面),以及受众每日、每周和季节性的生活时间。媒体的市场战略需要通过这些人口特征来制定市场战略,针对目标受众进行精准的广告投放。

另一种刻画受众的方法是了解其问题的倾向性及积极性水平。这种研究路径在美国的社会学研究当中具有悠久的传统(特别参见:Dewey,1927),主要出现在格鲁尼克的公共关系研究当中。研究者通过询问公众受某个问题影响的程度、对某个问题的认识程度,以及公众认为自己有多大的行动空间,然后把他们划分为非活跃的、潜在的、有意识的或积极的群体(Grunig, Hunt,1984:143-145;van Leuwen, Slater,1991)。尼莫(Nimmo,1978)和祖金(Zukin,1981:377)在研究中提出了一种类似的区分方法,他们的研究主要关于政治。

媒体中出现的**集体行动者**都有高度的组织性。哈贝马斯根据这些行动者在政治系统中所处的位置，将之划分为中心行动者与边缘行动者。① 其他学者也采用了这种划分方式，例如韦斯勒(Weßler, 1999: 72)。政治中心的行动者主要有政府、议会、政党、法院、行政机关及其各自的代表。外围行动者有利益集团(企业、行业协会、工会、教会等)以及社会运动组织。一般来说，政治中心行动者除了是表达者以外，还是**活动家**、政治行动者，因为他们能准备、取消或贯彻决策。

媒体聚光灯下的主角们都多少拥有一些"**幕后**"资源，例如专业的团队和经验知识(Gerhards, Neidhardt, 1991: 58)。此外他们还有特殊的表达者，例如政府、政党以及不同组织的新闻发言人，还有专业的职业公关、媒体顾问、**政治化妆师**、民意研究员和其他专家。美国总统克林顿的**公关机器**是一个富有传奇色彩的案例，是熟练调度幕后资源的典范。相关的资料可以查阅其幕僚及观察员的文献(参见: Kurtz, 1998; Morris, 1999; 资料4-8)。

资料4-8: 白宫的幕后推手

一般而言，白宫中的顶级人士要么在和媒体打交道、密谋媒体战略，要么就是回顾最近一次和媒体周旋的情形。如果没有充足的准备，哪怕是最简短的信息，他们也绝不会让克林顿到记者面前公布，以免他的某段脱稿的原声有可能毁掉一整天的故事情节。现代的总统主要是媒体总统。

[资料来源: 库尔茨(Kurtz, 1998: xxiv)]

媒体公共领域的通路

公开是公共领域的核心要求，也就是让所有的公民、团体和组织以及话题和意见都有平等的机会进入公共领域。公开是一种政治规范，其中包括两种基本的传播自由。德意志联邦共和国《基本法》第五条将之表述为两种个体权利：个人有权公开表达其所关切之事("用语言、文字或图像自由地表达和传播其观点")，并有权使用所有公开可用的信息("畅通无阻地获知公开的资料")。

---

① 参见第四章第四节第一点。

要理解所谓的准入自由,首先要明确**积极**准入与**消极**准入之间的区别,或者也可以说**意见自由**与**信息自由**之间的区别。这意味着**行动者**不仅拥有公开权利,而且也拥有知晓**话题**与**意见**的权利。

不过,公开原则并不完全契合政治传播的基本条件,因为政治传播总需要**选择**,媒体公共领域能够承载话题或意见的能力有限,而且媒体对潜在表达者的关注也有限(顺便提及:这些问题也会出现在公开在场的公共领域当中)。技术的发展使互联网能够容纳越来越多的行动者、话题与意见,但其中也有注意力和选择的问题,尤其是对网民群体来说。

其次,媒体公共领域中特定的位置与角色的分化也限制了公开原则。正如行动者的意见自由与信息自由并不均等,行动者公开表达话题、意见的机会也不平衡。政治中心的行动者以及组织化了的利益集团拥有通向公共领域的优先渠道,也有足够的资源在媒体公共领域中设置议题、表达意见。相反,公众即便在信息使用方面也受到限制。

由于记者能够控制、过滤媒体公共领域的通路,因此,德国《基本法》通过保护媒体自由(新闻自由、广播自由和禁止审查)对个体的传播自由进行了双重的保护。这涉及政治传播研究的一个核心问题:德国《基本法》预设的规范在多大程度上契合公共领域理论的公开原则。在经验研究当中,这个问题对应着媒体公共领域的选择机制。

分析媒体处理信息的方式能够帮助解答这个问题;研究者可以根据媒体关于事件、议题、意见与行动者的新闻选择标准来进行判断(如前文所示)。相关经验研究发现,媒体公共领域中的**积极**准入(即在媒体中表达的机会)主要取决于**地位**。行动者的地位多来自权力或知名度,地位越高、权力越大,进入媒体公共领域的机会也就越大。这里的媒体主要指传统媒体,地位是传统媒体的一个重要选择标准。[①]

位于政治中心的行动者拥有最优的准入机会。这些行动者也在决定政治行动的规则,而且这些规则能够确保媒体对政治行政机构的高度关注。[②] 大众媒体必须协助公开政府的行动,这样才可以履行其记录时事的职责,即便是政府的策划事件或战略性的事件管理,媒体也要报道。对于议会与政党领导人的行动也是

---

① 参见第四章第三节第一点。
② 参见第四章第一节第一点中的图 4-1。

如此,有时也包括其他诸如经济、科学、艺术、媒体和大众文化等领域的**知名人士**。①

不过,一旦政治系统的外围成员有机会成为政治冲突的核心,也有机会被媒体报道。不过他们最多会引起专门报道小报话题或冲突性话题的媒体的关注,例如德国的《图片报》以及私营的卢森堡电视台。表 4-5 以核能与原子能废料运往戈尔勒本储藏的冲突事件为例,展现了媒体对不同行动者的呈现情况。

表 4-5 媒体公共领域中的行动者(%)(核能与卡斯托运输报道,1997 年)

	德新社	《法兰克福汇报》	《日报》	《图片报》	德国电视一台	RTL
政治系统中心的行动者	59	57	49	33	50	44
全国、联邦州以及社区层面的政治行政机构	21	25	16	7	20	15
安全部门(警察、联邦警备队)	25	18	22	24	24	25
立法部门(所有议会层级和议员)	2	5	3	0	3	1
司法部门(所有法院层级)	1	1	1	0	0	0
政党、党代表	10	8	7	2	3	3
政治系统外围行动者	41	43	51	67	50	56
工会	1	0	1	0	1	0
企业	5	6	6	4	8	1
非政府组织、公民请愿、抗议集团	6	6	12	2	5	5
游行者	24	24	22	46	28	42
公民、国民群体	5	7	10	15	8	8
样本量	100	100	100	100	100	100
	(804)	(117)	(174)	(54)	(90)	(65)

资料来源:本人调查。②

普通公民最有可能在负面事件中被媒体报道,例如作为罪犯、受害者、事故与灾难中的伤员。根据加尔通和鲁格在其新闻因素理论中提出的**补偿假说**,负面因素可以弥补新闻因素的缺失(Galtung,Ruge,1965)。由于地位较低的群体一般无

---

① 格哈德与奈哈特把"知名度"定义为政治以及非政治行动者"寻求公共注意力的一般能力"(Gerhards,Neidhardt,1991:67,同时参见:Neidhardt,1995)。
② 研究方法请参见:Schulz,Berens,Zeh(1998b)。

法被媒体关注,例如少数群体或新型社会运动组织、非法群体或受政治迫害的联合会,因此这些群体会借助负面事件来策略性地进入公共领域,例如策划冲突性、并具有伤害性的行动以及暴力的媒介事件等,在极端情况下就是恐怖行动。

公共关系是社会接受的唯一合法的调控媒体注意力的策略。① 但公关工作需要人力与资金,所以主要是那些拥有丰厚资源的行动者——例如政府、政党、公司和协会——才能负担得起这种专业服务。因此,媒体公共领域的准入与地位相关。这些行动者能强烈地影响议程设置,并与大众媒体一起决定政治系统中的议程与问题。②

新闻因素规范着通向政治性媒体公共领域的渠道,这种政治公共领域由大量的日报、周报、政治杂志、广播电视节目的内容构成。次级公共领域由地区和社区层面的报纸、特殊兴趣杂志、专业与会员期刊以及互联网构成,新闻因素只能有限地影响这类媒体的选择,因为次级公共领域有准入规则。这也提升了行动者与话题的多样性,尤其是这些媒体也能形成新话题,并将之扩散到主流媒体中去(Mathes, Pfetsch, 1991)。

媒体次级公共领域的主要作用是监督政治权力,特别是揭露政治丑闻。此外,它还为政治团体的关切者提供通往公共领域的渠道。这些群体往往在政党系统,而且特别是在政治系统中心处于弱势,或根本不被代表。从环保运动与反核能运动这些案例中就能观察到这种情况(参见:Berens, 2001)。社会运动组织与边缘群体借助次级公共领域可以在政治系统中形成新话题与新团体,德国**绿党**的发展便是一例。

随着媒体公共领域的不断分化,不同的次级公共领域产生了不同的选择规则,这不仅拓宽了进入媒体公共领域的通道,也提高了被动接收者参与政治论述的机会。

但有人可能认为,媒体多样化和内容多样化并不一定能够促进人们被动地参与公共领域,也无从保证主动式的参与。因为如果内容的多样性只体现于娱乐信息或琐碎之事,就根本无助于政治论述。这个问题属于信息与公共领域的**质量**问题,下文还会讨论这一点。③ 与之相关的另一个问题是,人们在多大程度

---

① 参见第七章。
② 参见第四章第四节第三点。
③ 参见第八章。

上(能)切实地参与政治(无论被动或主动);媒体(特别是互联网)又为之提供了什么便利。第五章将详细地讨论这些问题。

互联网公共领域

传统媒体公共领域的特征也可以出现在互联网公共领域,而且互联网公共领域更加符合这些特征(参考表4-3中列举的媒体公共领域与公开在场的公共领域之间的区别)。互联网公共领域的互动结构更多层,覆盖范围更广,内部分化更为复杂,其传播参与者的位置与角色也更加细化。另外,上一节已经讨论过,媒体公共领域的准入存在限制,而互联网几乎不存在这一问题(或者只是部分涉及)。

互联网公共领域与传统媒体公共领域之间的最大区别在于直接、主动(不只是被动的)准入的可能性。当然,人们大多只是被动地上网。一方面,互联网是出版类媒体扩散信息的渠道,它们根据报纸、杂志、广播电视节目的内容来选择性地发布信息,这种互联网信息服务在选择和限制方面也类似于传统媒体。而另一方面,政治行动者能主动地在互联网上发布未经中介过滤的信息。不仅高度组织化、拥有强大资源的行动者能做到,政治外围的弱组织行动者以及公民个体也能做到。

相比传统媒体建构的公共领域,互联网公共领域更接近高级的政治公共领域,因为互联网还能满足公开、透明、平等以及互惠和论述性的要求。也正因为此,互联网的引入与扩张往往伴随着乐观主义和乌托邦色彩(参见:Rheingold,1993;Negroponte,1995),以激励公民积极参与政治论述,甚至促进跨国公共领域的形成。[①]

不过,一些更为冷静的质疑逐渐取代了早先盛行一时的乌托邦构想。从经验研究的结果也能够看出这一转向(参见:Papacharissi,2002;Welz,2002;Dahlgren,2005;Gerhards,Schäfer,2007)。尽管如此,不容忽视的是,媒体发展的确能够对政治公共领域带来益处(参见:Neuberger,2004;Coleman,Blumler,2009;Münker,2009)。尤其是发展到 Web 2.0 时代,个体生产与扩散信息更加容易,也更加广泛。

● 互联网的容量大,有利于信息的存储和搜索,而且人们使用互联网信息

---

① 参见第五章第五节第三点,特别是资料5-3。

也不受区域的限制。上述因素都大大提高了政治信息的扩散速度及其可用性。另外,互联网的接入成本正在下降,这提升了公民的传播能力,并改善了公民参与政治公共领域的机会。

- 政治行动者(包括组织、组织代表以及私人个体)能通过网络成为信息的提供者,例如成为博主、开设网站、或使用脸书、优兔、推特等平台,从而绕过传统媒体的**把关人**进入互联网公共领域之中,彼此能直接进行交流(参见:Neuberger,Christian,Rischke,2007)。
- 互联网的覆盖范围广泛,使得众多空间分离的行动者能够彼此互动。根据长尾理论,即便是那些特殊话题和特定兴趣的信息也能抵达可观的受众,促使他们参与论坛、**社群**及其所支持的团体等的活动(Garcia,2008)。①
- 自由准入和远距离联网为民间的行动者和新型社会运动组织带来了新的可能。他们能在网上组织"对立的公共领域"以及新型的政治抗议(Baringhorst,2009,并参见资料4-9)。
- 网络能够助力政治传播及政治行动获得国际社会的关注。互联网由于能够形成全球公共领域,因此比传统媒体更能引发国际层面的关注、批评以及对极权的监督,而传统媒体一般会让国家公共领域更加封闭。
- 不过,互联网也是国际恐怖主义的平台(特别是基地组织)。恐怖组织可以通过互联网进行宣传、威胁,并施加政治影响(Weimann,2006)。

资料4-9:意大利的无贝卢斯科尼日

成千上万的意大利人在罗马举起"无贝卢斯科尼日"这一示威口号,抗议保守的国家总理西尔维奥·贝卢斯科尼。据发起人称,示威活动从一开始就聚集了35万人。周六,700辆公交车和4辆专列专门从意大利各地把示威者运到罗马。这是意大利首个几乎完全通过网络组织的抗议集会。

---

① 长尾理论原本涉及互联网的市场规则。互联网的全球扩散使利基产品销路大增,这些产品在传统市场与地区市场中往往无人问津。小众的政治话题与观点也是如此,得益于全球互联网的扩张,这些话题与观点能引起极大的反响。互联网也能通过其他方式来成就政治层面的成功(竞选),例如争取选民个体或采取众筹的方式。2008年奥巴马的选战活动便是一个例证(参见:http://techpresident.com/blog-entry/barack-obama-and-long-tail-politics)。

两个月前,一个对抗组织的博主在脸书上发起活动,动员人们参与"无贝卢斯科尼日"。这些人穿着紫色的围巾、T恤或针织衫。根据博主的解释,"这是传统政党唯一没有用过的颜色"。

(资料来源:www.focus.de/politik/ausland/rom-350-000-demonstrieren-gegen-berlusconi_aid_460590.html。)

已有的经验研究不仅证明了有关互联网公共领域的乐观假设,也证明了相应的怀疑假设。例如,随着互联网的不断扩散,"数字鸿沟"的情况虽然已经显著好转,但相关的研究仍然证实了"数字鸿沟"的命题。[1] 可见,把公民全面纳入政治公共领域仍是未竟之功,因为主要还是那些具有媒介素养或对政治感兴趣的人在关注互联网中的政治内容,这些人对包括传统媒体在内的其他媒体中的政治内容也感兴趣(Wagner, 2004; Emmer, 2005: 123-125; Marr, 2005: 182-184),而大多数人只是被动地参与媒体公共领域。一项关于瑞士公民上网行为的调查发现,有针对性的政治信息搜索以及特殊的网络参与并非网民的主要活动(Marr, 2005: 194)。

其他针对互动参与以及政治论述质量的研究对现状的认识也更为清醒(参见:Jankowski, van Selm, 2000; Hagemann, 2002; Döring, 2003)。不过,这也是因为人们起初对互联网的期待过高(Tsaliki, 2002)。下文将继续讨论有关新兴媒体的研究现状。[2]

三、议题化过程

学界把抽象的公共领域比作"论坛"或"竞技场",是为了生动地表现出其范围和结构的物理特征,也为了能体现其中的互动主体。但与任何模型一样,这些比喻并不完整,特别是公共领域还隐含着媒体建构的能力。媒体不仅仅只是政治行动者交流的论坛,还控制了行动者通向媒体竞技场的渠道,并能影响公共领域中传播的议题与问题的定义。

从系统论的角度观之,政治议题指的是那些为达成政治决策而表达出来的

---

[1] 参见第五章第三节第四点。
[2] 参见第五章第三节至第六节的内容。

要求,亦即公民的难题、担忧、诉求与需求。议题能降低政治的不确定性,并让意见和意志的形成过程结构化(Luhmann,1970);议题化的过程伴随着议题的选择与制度化,政治决策的预判与权力的分配围绕着议题化而展开(Easton,1965:140-142)。

所有公民的诉求只有在少数情况下才会指向一个议题,大多数时候,公民在议题的优先处理顺序上往往存在分歧。大部分政治议题都指向某些特定的利益,这意味着这些议题都能引发争议,因为不同人会给出不同的视角和解决问题的方案。可见,英语术语"issue"恰如其分地表达了这层意思。①

什么样的难题和要求会成为议题?什么事情亟须解决,并能被纳入政治处理过程当中?这些问题的答案并不是"想当然"的。议题与议题议程是社会性的建构,它们不仅与政治议题的选择或定位相关,还涉及议题的解释(**架框**,Framing)以及认知和处理议题的角度。不同的政治语境或历史语境对具有可比性的议题的定义可以千差万别;有些议题被看作不太相关,有些被认为十分紧急;有些被小事化大,有些被大事化小;有些被相对化处理,有些则被弃之不顾。例如美国和欧洲对气候变化、恐怖主义威胁、伊拉克战争以及阿富汗战争的看法非常不同。另一个生动的案例是德国的失业议题:20世纪90年代初,德国出现了高失业率,但它在当时对德国公民的意义不大。直到1993年,失业率达到了魔性的10%,这个问题才受到公众和媒体的广泛关注。在一项追踪式的全国普查中,提到"失业议题是重要问题"的人数飞速上涨,而人们对自己工作的担心只是稍有增加而已(参见图4-8)。

因此,只有天真的人才会认为,政治议题之所以相关或紧迫只是因为实际情况或问题的现实发展,即便是有关生存的议题也是如此,例如自然灾害、恐怖主义、战争、政治弊病或政治丑闻(如错误的经济政策、供给不足、腐败)。但即使存在这些情况,问题的定义仍是一种社会建构的产物,因为议题化的过程有赖于媒体如何报道损失范围与威胁程度,而议题的原因以及弊端和丑闻每每只有通过调查报道才能为人所知。

---

① 相比英语表达"issue",德语"议题"(Thema)还常常被用作技术性术语,但意义并不确切。另一些例子是"问题"(Frage)与"有争议的问题"(strittige Frage)以及"争议问题"(Streitfrage)的翻译。

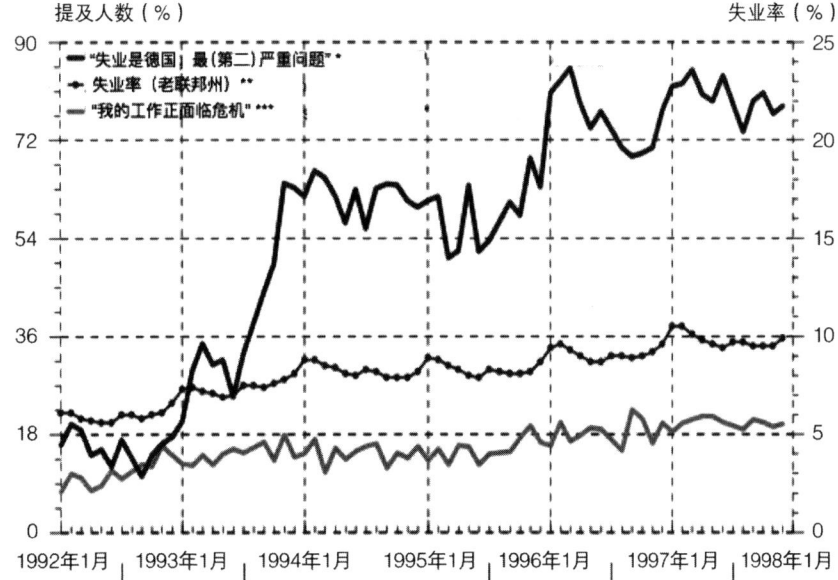

* 调查问题:"您认为目前最重要的问题是什么,第二重要的问题是什么?"德国老联邦州①选民主动提到"失业"的比重。

** 失业人数占老联邦州有收入公民的比例。

*** 问题:"您认为您的工作是稳定的还是有危险的?"在老联邦州有选举权的工作者提到"有危险"的比例。

图 4-8　失业议题:话题、经济问题与个人问题(Hagen,2005:366)

议程设置

直到 20 世纪 70 年代初,大众媒体在议题化过程中的作用才开始受到学界的广泛关注。一个决定性的契机是麦库姆斯和肖针对 1968 年美国总统选举开展的一项小型研究(McCombs,Shaw,1972)。两位研究者发现,媒体对议题的关注与选民对重要议题的认知之间具有相关关系,他们将之解释为媒体对人的影响,并称之为**议程设置**。在此之前其他学者已经提出过类似的观点,例如拉扎斯菲尔德和默顿(Lazarsfeld,Merton,1948)、特里纳曼和麦奎尔(Trenaman, McQuail,1961)。但只有在麦库姆斯与肖的研究之后,这个概念才获得了学术地位。

---

① 德国的老联邦州指的是巴登-符腾堡州、拜仁州、不莱梅、汉堡、黑森州、下萨克森州、北莱茵-威斯特法伦州、莱茵兰-普法尔茨州、萨尔州、石勒苏益格-荷尔斯泰因州。——译者注

议程设置的核心观点是大众媒体决定了:(1)什么议题需要公众的关注;(2)各个议题拥有何种政治优先性。其假设是媒体会影响社会对议题的认知。

由于公民对某些事件没有直接经验,在这种情况下,媒体往往是他们认识(政治)事件的唯一信息来源,这便解释了媒体为何有影响力。媒体对不同事件的报道频率不同,并会对事件进行编辑和渲染,从而让议题(以及与之相关的事件)具有不同的重要性,这些报道的特征体现了新闻价值。因此,媒体通过对事件的特定呈现影响人们对事件优先性的排序。① "议程"随之形成,也就是媒体用户形成了对议题优先次序的猜想,人们基于相关性的标准来对当前的紧迫问题进行排序(参见图4-9)。

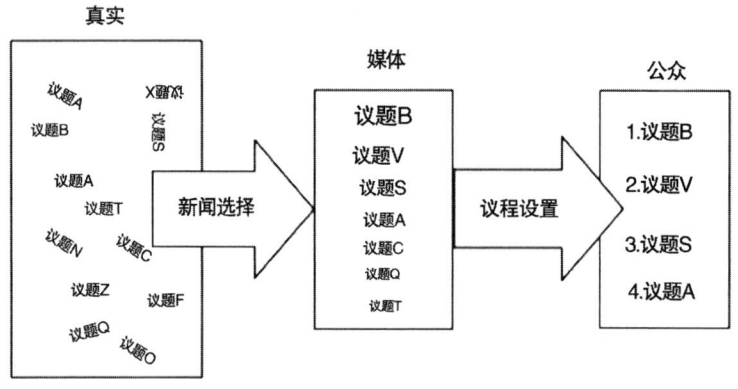

图 4-9 议程设置

自麦库姆斯和肖提出议程设置以来,不少研究者通过经验研究的方式来检验媒体对议题的选择与议题所占比重是否以及在多大程度上能影响公民的意识。② 典型的议程设置研究的操作包括,首先通过调查访谈来得知人们随机提到的议题,以此来检测人们所认知的议题是否基本符合大众媒体报道的议题(即**认知模型**);其次,研究者要检测受众对各个议题的相关性排序是否符合大众媒体的议题相关性排序(即**优先模型**)。在研究中,议题的相关性不仅指于人们在访谈中提及话题的频率,还需要累计受访者的回答;另外,议题相关性也体现于媒体上议题的醒目程度(**显著性**),因此需要测量媒体报道各个议题要点的频率、范围与渲染程度等方面。

---

① 参见第四章第三节第一点。
② 参见麦库姆斯、肖与韦弗(McCombs,Shaw,Weaver,1997)的概述部分,以及 Brosius(1994);Eichhorn(1996);Rössler(1997);McCombs(2004);Weaver,McCombs,Shaw(2004);Weaver(2008)。

早期的议程设置研究常常会采用简单的相关性排序来检测媒体议程与公众议程之间的关系,但这无法确证媒体的影响。此外,这些研究的备择假设也并未显示显著的相关性,也就是说,媒体议程与公众议程虽然相关,但前者并没有影响后者。如果要检验两者的因果关系,还需要考虑时间的变化,例如采用焦点小组访谈或时间序列分析的研究设计。目前学界已经出现了一些令人信服的研究案例(见:Fan,1988;Kepplinger,Gotto et al. 1989;Hagen,2005;同时参见第四章第八节)。

在议程设置研究的发展过程中,各种新的理论不断涌现,议程设置的模型也不断得以修正。除了区分媒介议程与公众议程,研究者(特别是进行经验研究的研究者)还要解释能否从微观或宏观层面来定义、操作公众议程。微观层面的研究着眼于单个公民或接收者对议题的优先性排序。宏观层面的研究操作要么累计个体的议题优先性排序,要么参考政治系统的议程(**政策议程**),前者一般可以通过调查来获得,后者需要查阅政治决策机构的议事日程,例如分析议会或内阁会议的档案。

媒体的议程设置不仅涉及各个层面的(包括个体的、集体的或机构的)语义复杂的议题排序(例如经济局势、国家安全、环境状态等),还能影响一个议题中构成要素的相对重要性或优先性,这也叫**二级议程设置**。例如,对"经济形势"这个议题而言,既可以强调宏观经济的各个方面(例如经济增长、企业生产力),也可以强调经济形式对个体层面的影响(例如生活成本增加、失业等)。另一种议程设置影响涉及人们评估政治的预设标准(如对某一政治行动者的评估),这种效果被称为**铺垫**。[①] 议程设置、架框与铺垫是近来极受关注的传播效果理论(Scheufele,Tewksbury,2007)。

议题架框

仔细观察媒体公共领域中的政治议题,就能发现其内容往往各不相同,而且极为复杂。这是因为不同的参与者会采用不同的视角,抓住事件的不同方面,强调不同的论点。选择架框、强调话题某一方面以及采用特定的阐释,大多是为了强调一个问题的确切定义、一个事件的归因、一种道德评价或是一种解决之道(Entman,1993)。其实,在定义政治事实或事件的过程中,架框往往就已

---

① 参见第六章第三节第三点。

经出现(Simon, Jerit, 2007)。一种常用的策略是用美化或委婉语来遮掩那些具有争议的事实。例如德国媒体中出现的**不当词汇**都会遭到学界的谴责(资料4-10中有一系列不当词汇的例子)。

资料4-10　使用"不当词汇"的政治架框

软目标	指称"人类"的军事委婉语
社会可接受的裁员	解雇的委婉语
附带损伤	把谋杀无辜者大事化小的说法
圣战者	塔利班与基地组织恐怖分子的自称与外界指称
偏离分子	对出于良心投票的议员的蔑称
人力资本	把人压缩为只有经济意义的数字
炉灶津贴	诋毁那些不把孩子送托儿所、在家里教育孩子的父母,特别是母亲
智能武器系统	技术先进的弹药类型

资料来源:www.unwortdesjahres.org/。

在公开、长期的讨论过程中,一个议题的主要角度与突出的论点会随着时间的推移而发生变化,例如2005年德国联邦选举期间,税收话题就发生了变化。该议题的切入点起初是经济政治,后来越来越转向社会公平。① 一些关键事件也能改变一个议题的解释框架。例如1986年的切尔诺贝利核反应堆灾难导致核能话题的飞快转向。还有1991—1993年在德国霍耶斯韦达、罗斯托克、莫林以及索林根爆发的排外骚乱和纵火袭击事件,也扭转了当时有关外国人和难民问题的讨论(Scheufele, Brosius, 1999)。

架框研究的发展非常迅速,但其中大部分集中于分析媒体报道的框架。在1990—2005年间,重要的专业期刊至少发表了131个有关媒体架框的研究(Matthes, 2009)。

架框在整个政治传播的过程中都发挥着作用(Pan, 2008; Scheufele, 2008)。讯息的架框有别于**认知的**架框,前者除了出现在媒体报道之外,还会出现于报道对象的论述当中(如政治行动者)。认知架框是对某一议题的设想,不仅体现

---

① 参见第六章第三节第三点中的资料6-4。

舆论,最后再到达政治决策过程。此外,政治行动者也是媒体的受众,也会像公民一样暴露在媒体的影响之中。因此研究者可以另外假设,媒体架框或许能影响政治决策者对事件的认知,并使决策者据此来形成决策。①

朗和朗以"**水门事件**"为例,追踪了事件、媒体与政治决策之间的关系(Lang Lang, 1983)。整个议题的触发事件是1972年6月,时任美国总统共和党人理查德·尼克松的选举委员会成员潜入了民主党的华盛顿水门综合大厦总部。《**华盛顿邮报**》的记者鲍勃·伍德沃德和卡尔·伯恩斯坦揭露了这一丑闻,在后续的议程建构过程中,媒体也发挥了核心作用。朗和朗分析了媒体、公民与政治精英之间错综复杂的互动与反馈关系——这也最终导致总统弹劾和尼克松辞职。

另一项研究分析了德国新闻媒体对1970年德波谈判的影响,以及政客与记者之间的互动的意义(Bellers, Wehmeier, 1980; Wittkämper et al. 1992)。研究发现,政治行动者一方面会策略性地利用新闻媒体,并且会斟酌媒体对其目标的描述。有时,政客会提出有利于谈判进展的话题,为这种反馈报道创造契机。

这些案例研究能够帮助我们更加准确地理解事件、媒体与政治决策之间的复杂博弈。在大多数情况下,其他行动者,特别是利益集团与不同领域的专家也会参与其中。此外,一般的政治事件、社会与经济趋势以及文化与意识形态的边界条件也同样具有一定的作用(Page, Shapiro, 1992:353; Walgrave, Van Aelste, 2006; Sheafer, Gabay, 2009)。

公民利益是否能够实现,主要取决于政党、工会、协会、公民倡议或社会运动组织这类行动者能否把公民诉求纳入自己的诉求之中。当然,其中还有其他因素。一方面是公民是否具备动员专业议题管理的资源,②另一方面则在于公民关切是否被认为具有社会与政治合法性,以及这些关切能否与记者的信念和价值观相容。这些是媒体与利益相关者之间发生交易关系的一些有利条件,亦即以媒体的公开发表来换取利益相关者的爆料(Graber, 2002:183)。

因此,媒体不仅是政治行动者的平台和传声筒,也是把关人,是具有自身利益的参与者,因为媒体决定了通往公共领域的渠道,而且常常会主动地强

---

① 参见第二章第一节第四点。

② 参见第七章。

调或定义话题,这方面做得最突出的是调查新闻,尤其是新闻中针砭时弊的内容(Kepplinger,2001b)。大部分弊端与丑闻既会损害一些利益,也会促进另一些利益;会让涉事者获得公共关注,也会令其遭受鄙夷;会为一些人带来害处,也为另一些人带来好处。水门事件的败露(1972),巴舍尔丑闻(1987)①或德国基民盟的献金丑闻(1999)②是媒体议程建构带来深远政治后果的典型案例。

---

① 巴舍尔丑闻指联邦德国石勒苏益格-荷尔斯泰因州前总理乌韦·巴舍尔竞选州总理舞弊事件,这被誉为西德版的水门事件。1987年,在西德联邦州议会选举日前,巴舍尔的新闻副官普法伊费尔在《明镜》周刊上揭露,巴舍尔采用了种种卑鄙手段对付反对党。之后,报纸、电视、电台等新闻媒介推波助澜,最后巴舍尔被迫辞职,并在酒店内自杀。其竞争对手毕约恩·恩格霍尔姆当选州长。之后的调查发现,恩格霍尔姆在该事件中也发挥了一定的作用。——译者注
② 基民盟献金丑闻始于1999年11月。德国奥格斯堡法院对科尔时期基民盟财务主管基普发出拘捕令,怀疑他在1991年收到100万马克巨款而未纳税,基民盟秘密捐款的丑闻随之暴露。科尔卷入献金丑闻后,不少人对科尔和基民盟另眼相看。当时基民盟的民调结果节节败退,而社民盟的支持率显著上升。——译者注

第五章　传播与参政[①]

民主社会的运转需要公民参政。媒体应该促进公民参政，或至少要为之创造参与的条件。这涉及传媒法中正式确立下来的一系列规定，包括大众媒体的公共使命及其三种政治功能——信息、批评和监督——以及影响舆论的功能。媒体通过报道有关政治的时事、知识和观点，为公众提供资源。但媒体对信息的选择、加工也形塑了公民对政治世界的观念。媒体能成就政治信任，也能让人厌恶政治，还能影响人们支持政治机构的形式和强度。作为政治社会化的核心机构，媒体与传统的社会化机构——例如父母、学校——之间存在着竞争。本章讨论的就是上述假设在多大程度上能够成立。

第一节　政治参与的形式

针对公民的政治参与、参与条件及参与的结果，许多民主理论的解释都各不相同，但参与仍是民主理论的核心要素。传统观点认为，政治**参与**指公民个体开展的有针对性的行动方式，旨在直接或间接地影响政治系统中的不同决策。这是政治参与的一个"标准定义"，提出者是卡瑟和马尔什（Kaase, Marsh, 1979: 42），这两位研究者根据维尔巴与聂的**《美国的参与》**研究而总结出了这个定义（Verba, Nie, 1972）。**《美国的参与》**这个研究为参与概念的经验分析指明了道路。根据该调查的数据，研究不同维度与不同形式的参与很有意义。研究

[①] 此处"参政"的德文原文为"poliitisches Engagement"。德语"Engagement"有约束性含义，属于一个上位概念。本书的语境为政治传播，因此原文中的 Engagement 被翻译为"参政"，以与其他表示参与的词语相区别。——译者注

者区分了选举语境与非选举语境下的参与形式,最后得出四种参与类型,分别是(1)投票,(2)竞选活动(如参加一个竞选造势活动),(3)社区政治活动,(4)与政治责任方建立联系。

我们不仅能从经验上归纳出不同的参与类型,也能基于公民个体的特殊性,将之归类为一种或多种行为模式,这样就可以区分不同的参与类型(Verba, Nie,1972:116-118)。根据加布里埃尔的观点,从调查数据得出的美国人的行为模式,也大致适用于欧洲公民(Gabriel,2004)。公民的参与在某种程度上可以理解为对政治的支持,例如投票率能作为衡量人们对政治体制的接受度及其对政府决策满意度的指标,是一种**表达性**参与。与之相较,**工具性**的参与主要是为了直接影响政治决策。另一种分类是制度性参与(**传统**参与)与非制度性参与(**非传统**参与)(Kaase,2000)。前者包括维尔巴与聂这两位研究者区分的参与形式,即所有与选举相关的行为(包括直接相关和间接相关),此外还包括积极入党、参与选战、政治性的社区工作以及与政治行动者直接接触的行为。

非传统的合法参与形式包括参与合法的示威活动和公民倡议,徘徊在法律红线附近或非法的参与则包括抵制、占领和损坏财物等。乌尔林格提出了五种政治参与形式:(1)行使国家公民角色;(2)参与针对具体问题的活动;(3)有具体政党取向的参与;(4)公民抗命;(5)政治暴力(Uehlinger,1988)。这些参与是一系列攻击性不断上升的政治影响措施,体现了公民个体的投入程度及强度。

参与研究的一个要旨在于公民行为的区分和类型。区分是研究分析的基础,研究者要么把政治参与作为因变量,探索其前提和决定因素(参见:Gabriel,2004),要么探索参与对政治决策的影响,在这种情况下,公民的行为便是一个自变量(Fuchs,1995)。

在早期的政治学研究中,传播(如果真的存在的话)不过是个边缘角色,被看作一种"弱"参与形式。例如,米尔布拉斯(Milbrath,1965)把政治传播放在积极参与序列的末端(这也叫作"政治涉入",politischen Involvement)(参见:Uehlinger,1988:7页及之后的研究概述)。

近几十年来,政治与非政治之间的边界不断消解,公民参与的空间也得以扩大(van Deth,2009)。诸如生态运动、妇女运动或和平运动的**新型社会运动**首当其冲。新式的非传统抗议包括抵制某个产品或品牌(**消费主义政治**),以及互联网行动或借助互联网展开的活动(例如:网站攻击、**快闪**)。于是,参政与公民参与之间、政治参与和社会参与之间的界限日渐模糊。罗斯托切(Roßteutscher,2009:163)把**社会**参与定义为公共的集体行动,认为其从私人领域延伸而来,并且没有直接政治动机的行动(另见:van Deth,2001),包括自愿加入工会、协会及公民倡议。

在国际学术界,参与(Engagement)是一个上位概念,例如一系列组合词:参政、民主参与和公民参与(参见:Bennett,2000;Delli Carpini,2004;Dahlgren,2009)。

一、大众传播与参与

政治传播研究的一个主要旨趣在于探索大众传播与政治(或社会)参与之间的关联。研究的角度不同,就会得出不同的解释。在不同的研究途径中,政治传播——尤其是大众传播——会被处理为公民行动的条件因子、中介因子或决定因子:

- 除了政党和利益集团以外,媒体也是一种**中介系统**:它既要处理、聚合公民诉求,又要将之传递到政治决策过程的**输入侧**(Jarren,1996;Sarcinelli,2009;特别是第 185-187 页)。媒体充当着公共舆论的**镜子**、公民利益的**代言人**、公民的**信息资源**以及政治意志形成过程中的中介(Mittler)的角色。一些学者特别强调,公民唯有借助大众媒体才能有效地认识其参与的可能性(参见:Fuchs,1995:141)。这个观点也是德国《基本法》依据的民主模式以及媒体公共使命概念的基础。

- 媒体是有自身利益和要求的**政治行动者**(Pfetsch,Adam,2008),主要是通过明确或含蓄地评价政治事件、议题、行动者、决策以及行动(主要是评论形式,或在选择新闻时出现"**工具性实现**"的情况)。媒体既可迎合公民参与的需求,亦可与之背道而驰。在最好的情况下,媒体能发挥**辩护**的作用,能领会公民的需求与难题,反映公民利益,并将之转换为政治性的表达。在最坏的情况下,媒体会无视甚至破坏公民利益。

- 为了达成共同福祉,实现政府、政党、利益集团以及社会运动组织的目的,媒体也是一种**动员**手段(Rucht,1994)。恰如参与程度有强弱之分,动员亦然,囊括了从单纯的认知动员(例如引起关注和兴趣)到传统及非传统、合法及非法形式的政治行动。**场景式动员**与**一般动员**不同。后者指的是政治系统或某一政治团体的一般的目的性投入;前者要么涉及特定**行动**,例如参加投票或表决、示威、罢工,要么与特定**议题**相关,例如环保、增加工资的示威行动或救灾行动。

基于民主理论的思想,公民投票和表决具有核心意义。以此为出发点,研究者会频繁地提出一个问题:媒体是否会影响选民的投票意愿。对此,一系列经验研究已经证明人们使用媒体与政治参与之间存在正相关关系(参见:Schulz, Blumler, 1994; Schmitt-Beck, 2000; Schmitt-Beck, Voltmer, 2007; Norris, 2001b; Maier, 2007)。①

经验研究还能够证明媒体使用与其他参政形式之间的关联。表 5-1 呈现的是一个德国人口抽样调查的结果(同时参见:Schulz, 2001b)。值得注意的是,**深度电视消费**与所有参与形式之间都呈负相关关系。② 深度电视消费,也即高于平均水平的电视消费,是收看娱乐节目的代名词。可想而知,深度电视观众对私人领域以外的政治事务的兴趣不大。与之相对,规律性的读报与一些诸如投票或参会讨论的参与形式——特别是传统的参与形式——之间具有正相关关系。

表 5-1 传播与参政

过去两年内参加的活动(1)	与以下使用媒体行为之间的关系(2)			
	%	电视	报纸	互联网
向熟人或同事表达观点	73	-.08**	.02	.15**
参与投票	66	-.10**	.15**	.05**
参加签名集会	30	-.11**	.02	.23**
出于政治、伦理或环境原因而抵制或购买商品	22	-.15**	.01	.21**
参与集会中的公开讨论	15	-.13**	.10**	.18**
参加合法游行	6	-.06**	-.02	.12**
参与网络抗议	6	-.12**	-.05**	.25**

---

① 参见第六章第四节。
② 收看电视与拒绝投票的行为之间是一对较弱的正相关关系。

续表

过去两年内参加的活动(1)	与以下使用媒体行为之间的关系(2)			
	%	电视	报纸	互联网
为表示抗议选择另一个政党,而非与自己立场相近的政党	6	-.02	.04*	.05**
参加公民倡议	5	-.06**	.06**	.10**
因抗议而不参与投票	3	.03*	-.06**	.00
在政党中积极地工作	2	-.05**	.07**	.05**
参加未授权的游行	1	-.02	-.02	.03
样本量	3469			

(1)问卷问题:"如果某事在政治上对您**来说**很重要,而且您愿意施加影响、表达立场,那么您可能会采取这张问题卡上的哪些行动,哪些行动对您而言是有问题的? 请您告诉我相应的字母。""您已经采取了其中哪些行动,**或**曾经参与过哪些行动? 请您告诉我相应的字母。""在过去两年内,也即 2006 年至今的任何时候,您参与过哪些活动?"(该表格只显示了三个问题中的最后一个问题的数据情况)

(2)参与活动的二分变量与媒介使用的三倍数值间的双变量相关性(Kendall's tau-b 等级相关系数),**使用的媒介**包括电视(每天持续时间),报纸(每周阅读天数)和互联网(使用:每天都用、难得使用、从来不用);

显著性水平: * $P \leq 0.05$, ** $P \leq 0.01$

资料来源:作者根据 Allbus 数据分析的结果,2008 年。

定期上网的人显示出更高的参与意愿,而且其参与方式也明显倾向于非传统的参与形式,特别是倾向于参与政治抗议活动。互联网不仅为公民提供了有用的信息资源,同时还是公民进行政治互动与政治参与的手段;特别是**脸书**与**推特**之类的社交媒体,在这些平台中,人们不仅是接收者,也是传播者。① 尤其是对那些有组织的社会运动组织以及政治激进分子,例如环境保护组织、反核能运动、反全球化运动来说,互联网极为有效地拓展了其政治参与和施加影响的空间(van de Donk et al. 2004;Baringhorst,2009),因为**网络抗议**可以避开传统媒体和把关人。互联网还非常适合用来发起政治行动、组织大型的全球会议,例如世界贸易组织会议、世界银行会议和首脑峰会。

互联网也能成为政治或宗教组织以暴力方式实现其政治关切的工具。恐怖组织也能通过互联网进行政治抗议、施加政治影响,但媒介化的恐怖主义是一种让人无法接受的极端主义行为(Nacos,2002;Mazzoleni,2008a)。

---

① 互联网极大地扩展了政治参与的形式,同时也增加了选战中的利用互联网形式。参见第六章第一节第三点,特别是表6-1。

需要注意,表5-1中展现的研究数据来自静态的调查,其中存在多重的含义。① 根据表5-1数据,定期读报有助于政治参与,而且频繁上网的情况更好于读报。与之相反,深度电视消费会产生反效果。这意味着媒体使用可能是(更强或更弱)参与的一个原因。但还有第二种解释:经常读报或上网的人本身就对政治感兴趣,而且有更好的政治参与准备,而深度电视用户本来就对政事不感兴趣。这种解释把(更强或更弱的)参政意愿作为政治参与和媒体使用的原因。②

我们还可以对这些研究结果做出第三种解释:在媒体使用与政治参与之间存在着相互影响,也就是说,这两个因子之间产生了强化或弱化的作用,这意味着人们在读报和上网的过程中能够增强政治参与意愿,例如,他们使用媒体的目的是为了获取政治信息以及促进政见形成。与之相反,深度电视消费可能会进一步削弱用户本来就很低的参与意愿,或者至少没有其推动政治参与。

上述三种解释都各有道理。不过,许多研究者认同第三种解释,即在传播和参与之间存在动态的相互影响关系(参见:Schmitt-Beck,Voltmer,2007)。这种理解符合诺里斯提出的"**良性循环**"模型(Norris,2000)。**伊里调查**在分析1940年美国总统选战之时已经用"四阶段启动"的表达提出了类似的理解(Lazarsfeld,Berelson,Gaudet,1944:第八章)。这也是诺艾尔-诺依曼的沉默的螺旋理论(Noelle-Neumann,1974a)、斯莱特的研究(Slater,2007)以及福律与申巴赫的媒体效果动态交互理论(Früh,Schönbach,1982;Schönbach,Früh,1984)的核心思想。

根据这些理论,媒体首先要确保政治事件进入受众的视野,然后启发公众,并提高其政治兴趣及参与意愿。在政治上启动了的公众还需要后续的传播活动,会有选择性地寻找支持其政治信念的材料,或把这些信息作为形成特定政见或意志的资源,最终,其既有的信念得到增强。在选战的语境中,这就转变为投票决定的"结晶"。媒体使用与人际传播都能启动或推动这一动态过程。③

---

① 参见下文第五章第六节第二点对原因与效果的解释。
② 媒体使用研究在用户人口特征、兴趣与认知能力方面得出的统计结果,也能支持这种解释。深度报纸读者的正规教育背景与政治兴趣都高于平均水平。资深网民的这类特征比报纸读者更明显,其认知能力一直在平均水平以上;而深度电视观众的教育水平一般较低,而且更喜欢收看娱乐节目,而不是政治节目。
③ 本书第六章从参选意愿与投票决定的角度出发,进一步探讨传播与参与的联系。

二、参与和议政

根据政治参与的"标准定义",有目标地影响政治决策是政治参与的一个重要特征。这种"政治参与"的定义具有工具性的色彩,不包括人际传播。尽管如此,政治性的对话与讨论在民主国家中极为重要。因此,对参与的研究分析必须考虑人们的政治讨论和议政的情况(Delli Carpini, Cook, Jacobs, 2004)。特别是在程序民主或审议民主的代表者,例如尤尔根·哈贝马斯(Habermas, 1992, 2006)看来,人际传播恰恰是其政治参与的核心(同时参见:Ryfe, 2005)。近来,**议政(Deliberation)**[①]的概念极受学界,特别是盎格鲁-撒克逊的学者的关注(Gastil, 2008; Wessler, 2008; Jacobs, Cook, Delli Carpini, 2009)。

表 5-2 美国公众的论述参与 *

公众议政	
人际交流的议政	25%
互联网议政(论坛或讨论组)	4%
非正式对话	
一般交流(电话交流、私人交流)	68%
互联网交流(邮件、短信)	24%
政治劝服	
用自己的政治观点劝服其他人	47%
影响他人的投票决定	31%

* 该调查中的问题涉及一般的公共议题,例如犯罪、住房、学校、社会保障、选举改革、恐怖主义、全球变暖以及其他能够影响普通人的公共议题。
百分比指的是过去 12 个月以来进行该活动的人口占 18 岁以上美国人口的比例。
资料来源:Jacobs, Cook, Delli Carpini, 2009:37。

---

① 根据《杜登德语词典》的解释,议政是商讨的"雅语"。根据《英语词典》的释义,英语动词"deliberate"的意思是"三思与建议"。

议政指的是发生于政治公共领域"外围网络"中的高质量的政治论述,公民的政见及意志也正是在这一政治公共领域中形成的。议政需要较高的"论述水平"(Habermas,1992),这样才能带来高度理性的政治决定。论述水平的高低取决于论述结构、论据形式以及程序规则,程序规则决定了准入的机会和决定的标准(例如,少数服从多数的原则和保护少数人的原则)。①

这些思考具有规范性的维度,其侧重点在于政治论述的内容与结构,其中又以议事**质量**为首要(参见:Gerhards, Neidhardt, Rucht, 1998; Kim, Wyatt, Katz, 1999)。② 雅格布斯等人的研究路径与之稍有不同,他们对议政行为在(美国)人口中的扩散情况(Jacobs et al. 2009)进行了经验性描述。③ 研究者还区分了**"论述参与"**(参见表 5-2)的三种类型和六种形式,并探索了论述参与的决定因素及结果,特别是人们获取政治资本(例如知识、兴趣、信念)、公民参政以及政治参与(狭义)的结果。

研究发现,人们之间的政治交流(即"传统谈话" traditional talking),以及说服这两种行为在美国极为常见,这个发现有力地证明了美国民众当中存在广泛的议政行为。在德国,政治性的交流与讨论也越来越常见,表 5-1 中的"对熟人或同事表达观点"是所有参政形式中出现频次最高的活动。

其他研究更加准确地调查了人际政治传播的参与情况(见表 5-3)。大约 1/3 的 18 岁以上的德国人"经常或有时"参加政治讨论,并尝试说服别人。这类政治积极分子是社会环境中的**意见领袖**。④ 但有将近 1/3 的人是被动的,只常常或偶尔被动地参与讨论,很少或从不说服别人。其余 1/3 的人大多保持沉默,或者对政治不感兴趣(参见:Brettschneider, 1997, 2002a)。⑤

---

① 参见第四章第四节第一点。
② 参见第四章第四节第二点以及第八章。
③ 其研究基于一项于 2003 年 5 月开展的抽样调查。
④ 除了表 5-3 中出现的问题以外,一些民调也会采用其他的指标问题来认定意见领袖,参见第六章第四节第一点。
⑤ 这种类型划分(人群比例的分布以此为基础)有一定的任意性。布雷特施耐德采用另一种划分类型方法和其他的指标性问题开展研究,便得出了另一种结果。他的研究还发现了时间变量的重要性:如果研究选择在选战时期开启,大部分人都会参与其中;此时所得的参与比例就会高于政治冷寂时期。

中被公民习得,在德语国家中,这也叫作政治教育,主要包括掌握政治知识、信念和行为方式(Bonfadelli,1998;van Deth,2005)。① 有些学者特别强调社会化过程中的公民"政治化"的过程,也就是促进参与意愿、提升判断力与批判能力以及认可政治制度(Claußen,1996;Pöttker,1996;Watermann,2005)。

政治社会化是系统论输入—输出模型中的核心面向(Easton,Dennis,1969)。② 在系统论视角中,这是政治系统维护、改变以及适应环境的一个前提。公民通过政治社会化的过程,从童年和青春期开始就吸收政治文化的核心要素,例如有关政治制度、政治信念和行为模式的知识,而且在早年就建立起对政治制度以及政治机构的信任。这种信任是支持政治系统的基础,是政治系统输入环节的一个必要内容。

教学界,特别是政治教育界,总是期待媒体可以传播政治知识、动机、观念、行为模式、政治规范与价值取向,希望媒体能够促进人们对公民角色的习得。媒体究竟在何种程度上发挥作用,又会引发什么样的结果?这是社会化经验研究尝试解答的问题。

社会化研究之所以重视媒体,也是因为大众传播有机地融入了**社会化机构**的概念(agents 或 agencies of socialization)。自海曼的著名研究问世以来(Hyman,1959),社会化研究领域的重点转向了诸如家庭、父母和学校之类的机构。早期的研究(也包括海曼)并不认为人使用媒体对其政治行动有重要作用,但其实,除了家庭、学校和同伴以及职业培训之外,媒体已是政治社会化的"核心机构"(Neller,2002;Schorb,2003;Shah,2008)。③ 新近的研究还考虑到媒体与其他社会化机构之间的相互依赖关系,并且分析了政治参与在媒介传播与人际传播博弈背景下的发展过程(McLeod,Shah,2009)。

传播研究对因果关系的解释有明显的偏好,因此也对社会化产生了兴趣。④ 许多研究以"大众传播的社会化过程"来命名,或者用其他相近的表述,其实那不过就是关于大众媒体影响孩子和青少年的研究,近似于传播学在早期**佩恩基**

---

① 一些学者还考虑了可能影响政治行为的非政治性学习(参见:Greenstein,1968)。
② 参见第三章第一节。
③ 美国研究转向的标志是威斯康星州立大学史蒂芬·查菲和杰克·麦克劳德领导的研究(Chaffee,McLeod,Atkin,1971)。德国社会学协会的家庭与青年社会学专门小组的研究深受弗兰兹·罗纳贝尔格(Ronneberger,1971)的影响。
④ 参见第三章第三节第二点。

表 5-3　个人参与政治传播的情况

	经常或偶尔讨论	很少讨论或从不讨论	总计
经常或偶尔说服别人	34%	3%	37%
很少或从不说服别人	31%	32%	63%
总计	65%	35%	100%

调查问题:"当您与朋友、亲戚或同事在一起时,是否经常讨论政治?""如果您有确切的政治观点,您尝试以此来说服朋友、亲戚或同事的频率如何?"
样本量:1276;
资料来源:作者根据 Allbus 数据的分析,2004。

第二节　大众媒体的政治社会化过程

政治和社会参与是人在儿童和青少年时期学到的文化行为模式。媒体能否发挥作用,或以何种方式发挥作用,是传播研究常常需要验证的问题。这类研究具有社会心理学、教育社会化研究、认知心理学或政治参与研究的背景。由于各研究的理论依据极为不同,因此要先理清各个概念。

大多数政治参与研究都聚焦参政的原因、条件和情形。已经证明的复合因素主要有三个:(1)个人资源,如正规教育、社会经济地位,此外性别也有一定影响;(2)激励因素,如利益、意识形态倾向和**政治效能感**;(3)情境和语境因素,如时事与问题的走势、政治制度的基本前提(van Deth,2009)。

在这种研究视角下,政治传播往往缺位,但其在三个复合因素中都具有重要的作用。可用的媒介信息、技能和媒介素养是公民个体进行资源配置的重要组成。此外,媒介传播、人际传播与动机因素共同发挥作用,共同唤醒或激活个体的政治兴趣。[①] 最后,事件、问题局势的情境元素也往往通过媒体而传播开来。

一、社会化视角

政治参与是与公民角色紧密关联的一种行为预期,并在政治社会化的过程

---

① 参见第五章第一节第一点。

金研究之后的共同的原始议题。① 在这个研究视角中,媒体是自变量,而参政——如政治信息获得与政治参与——则是因变量。其研究问题是:媒体使用对政治习得带来何种影响。

另一个研究问题推动了早期的社会化研究,这个问题是:不同的社会化机构(如家庭,学校,同伴等)会对人的媒体使用习惯带来什么影响。这个问题至今仍与社会化研究有所关联,在这个视角中,媒体使用是因变量,其中隐含的意思是:使用媒体行为的发展是社会化过程的一个组成部分,换言之,媒体使用本身是(政治)习得的一部分。

这一研究视角不太强调行为的影响与教育目的,而更重视个人发展与自我取向,这体现了传播研究中的一个重要的范式——**使用与满足假设**(Rosengren, Windahl, 1989:169)。在效果研究视角中,接收者是受媒体影响的客体。而在使用与满足假设的视角中,媒体使用者是一个积极作为的主体,为了满足特定需要而选择性地使用媒体,换而言之,使用媒体是满足特定需求的手段,尤其是满足人的社会或政治取向、人类互动以及社会整合的需求的手段。

根据当下盛行的一种观点,政治社会化"原则上并不局限于特定的生命阶段,而是一种从童年到青春期,从成年到老年阶段的终身学习过程和个人习得过程"(Bock, Reinhardt, 2002:721; Shah, 2008)。政治公民的角色会在公民儿童、青少年阶段及其后来的生命阶段中不断地发展变化,因此,年龄是社会化研究的一个重要解释变量。这种研究一方面会比较不同年龄阶段的儿童和青少年(即生命**初级**阶段),另一方面还会考虑**二次**社会化,即成年人的政治习得。

下文介绍的相关研究不局限于儿童和青少年,而且也包括二级社会化过程,因为最广泛意义上的学习过程多多少少是不同研究路径及其核心概念的重点。

二、媒体作为政治社会化机构

媒体之所以能够成为社会化机构,在很大程度上是因为电视的扩张,在这方面,电视与诸如家庭、社会等之类的社会化机构之间一直处于竞争状态。早

---

① 关于潘恩基金研究在1929—1932年研究过程及结论,请参见:Lowery, DeFleur, 1983:31-33。

在20世纪50年代末,几乎所有的美国家庭都有了电视(Lowery, De Fleur, 1983:268)。同期,美国开展了首个针对儿童与青少年收看电视的大型研究,当时的美国青少年对电视主角的投入程度,已经和他们对学校教师的投入程度相当了(Schramm, Lyle, Parker, 1961)。约15年后,电视在美国生活当中已经司空见惯,格伯纳和格罗斯估计,一个孩子在学龄前投入电视的时间已经超过其在校上课的总时长(Gerbner, Gross, 1976)。① 新近的研究发现,2—7岁的美国儿童日均在媒体上花费3.5个小时,而且主要花费在视听媒体上。② 8—18岁年龄群体花费在媒体上的时间几乎翻了一倍(Delli Carpini, 2004)。与之相较,德国儿童的日均媒体使用时间仍低于3小时(6—13岁的儿童在学校及作业上花的时间将近7小时,看电视的时间远远低于7小时)。

对德国儿童与美国儿童而言,纸媒是次要的,因为儿童使用媒体主要是为了娱乐。尽管如此,儿童与成人一样,媒体(尤其是电视)也是他们主要的政治信源。一项抽样调查询问了12—19岁的德国儿童的日常媒体行为,受访者获取时事信息的最重要的媒体是电视,其次是日报,再次是互联网(JIM, 2009)。③

不少研究都比较了媒体社会化机构与非媒体的社会化机构的重要性,并发现媒体位于父母、学校和同龄人之前,是孩子们更重要的政治信息来源,(Patzelt, 1988; Graber, 2002:199; Schorb, 2003)。这与受访者的社会背景与经济地位也有关(Vollmar, 2007),也就是说,媒体、家庭和学校对孩子的影响之间存在相互影响(McLeod, Shah, 2009)。在政治性的使用媒体、掌握政治知识、形成政治观念方面,传统的社会化机构有时与大众媒体是竞争关系,有时则扮演着相对于大众媒体的中介角色。例如经验研究已经证明,家长使用媒体的行为常常会影响儿童和青少年获取政治信息的范围和方式(Chaffee, McLeod, Atkin, 1971; Rosengren, Windahl, 1989:191-193; Theunert, Schorb, 1995:212-214)。另外,家庭与朋友间的政治讨论会促进人们在媒体中寻找信息,然后使用媒体又能反过来引起家庭的讨论。可见,媒体中政治信息的使用与处理强烈依赖于家

---

① 米道在研究中计算得出,一个人从出生到18岁之间的收视总时长大约为18 000个小时(Meadow, 1980:114)。也有学者提出,在中学期间,一个人看电视的总量达到15 000小时(其中包括350 000条广告),而中学学习时间仅为11 000小时(Graber, 2002:227)。德国儿童和青少年看电视的平均时长大概是8000-10000小时(至18岁)。
② 美国学界计算使用媒体时间的精确度不如德国,而且和欧洲相比,美国电视媒体有更多的副业,因此这一数字所反映的情况或许要比真实状况更严重一些。
③ 参见第二章第一节。

庭的"激励环境"(Schorb,2003)。

学校中的政治议题化过程也会反向地影响家庭,这是美国的"**儿童抉择**"**研究**(Kids Voting)得出的一个令人惊讶的附加作用。具体而言,儿童在政治社会化过程中的缺憾可以因为学校而得到平衡,而且这还有利于父母的二次社会化。(McDevitt,Chaffee,2002;Kiousis,McDevitt,Wu,2005)。

许多政治社会化研究隐含一个假设:随着年龄的增长,人们的公民角色也会更为成熟。这一假设受到了皮亚杰的认知发展阶段理论的影响(参见:Sturm,1991)。根据该理论,我们也能推导出,随着年龄增长,媒体使用的社会化效果也会增强(Eveland,McLeod,Horovitz,1998)。

图2-2(第二章第一节)表明,使用时事信息与年龄之间具有强相关关系。而且随着公民年龄的增长,电视与日报的意义持续上升,而广播与互联网在公民老年、有时甚至在中年时期意义就已经下降。可见,电视仍然是儿童与青少年的主要政治信源,而且互联网正变得更加重要,但报纸的作用正不断降低。通过长期的比较分析和同辈群组分析就可以发现,相比中老年人,年轻人极少看报纸,而且其读报比例仍在持续下降。不仅如此,就算长大以后,他们对报纸的兴趣也不会提高(Kiefer,1996:158-160;Peiser,1996:169-171;Schulz,2001;Köcher,2009)。这种发展趋势的确值得人们的重视,因为日报是人们获知本土(特别是地区)政治事件的主要信源,而且读报有利于(特别是当地的)社会融合和政治参与。①

然而,年轻人正在远离报纸,其中的一个主要原因是读报率普遍下降而引起的社会化条件的变化。自1980年以来,德国日报的全国日均覆盖率一直在下降(Köcher,2009)。而且由于读报的父母越来越少,家里的报纸也越来越少见,儿童和青少年也因此失去了读报的激励和榜样。长此以往,随着年轻一代的社会化条件不断变化,读报的情况还会更加惨淡。

第三节 政治知识的媒介传播

媒体社会化效能的一个核心内容是传播政治知识,这些知识包括政治机构、政治程序、时事、重要问题、公共领域中的政治论述以及政治行动者的行动。

---

① 参见本章以下的内容。

媒体的这种效能也契合德国宪法法院提出的媒体的政治功能,特别是媒体的信息功能,这一功能是公民信息自由的前提。那么,政治知识在什么程度,以及以何种方式来帮助人们成功行使公民角色?对此,政治理论已经提出不同的观点。无论如何,获得信息有助于参政,哪怕把信息视作参政的一个先决条件也不过分,对此,学界也已经提出了一些切实的论据和实证依据(Delli Carpini, Keeter, 1996; Popkin, Dimock, 1999)。与之相较,大部分传播学取向的研究着重探索媒体对公民获得政治信息方面的作用。

一、政治知识测试

1994年,《明镜》周刊委托民调机构 Emnid 调查了德国公民对不同领域的知识掌握情况,其中也包括政治知识。该杂志在一期封面故事《德国人有多聪明?》一文当中,对调查结果作出如下评论:"电视是否会让人愚蠢?《明镜》周刊调查给出了一个答案:看电视时间越久的人知识也越少;除了运动知识以外,他们对其他知识的掌握都不理想。"①

如果我们对深度电视观众和轻度电视观众的政治知识掌握情况进行比较,也能在某种程度上佐证《明镜》周刊调查的观点。的确,前者回答所有政治知识问题的情况都比后者要差,不过,这些测试结果也可能受到其他因素的影响。例如,深度电视观众与轻度电视观众之间的区别并不仅仅体现在电视消费行为,还存在年龄、正规教育等方面的差异。如果研究者用简单的双变量分析来探索使用媒体与获得政治信息之间的相关关系,就只能得出模糊的结论。

研究者如果采用多变量分析,就能发现决定获得知识程度的不同要素存在主次之分。表5-4展示了这种操作的结果。为了让结果更加清晰,表5-4呈现

---

① 《明镜》周刊1994年第51号,第97页。该杂志委托民调机构 Emnid 进行了一项抽样调查,对象是14岁以上的德国公民。由于问卷中的问题较多,因此被分为两个独立的调查,每个调查有大约1000个样本,大部分调查都在田野访问中进行。有关政治的问题出现在第一个调查(Feldzeit Oktober/November 1994)。调研者以开放式问题来提问,并尽可能地录入回答原文。在调查完成后,由调查机构决定答案是否正确,部分回答按照精确程度被划为几个正确等级。表5-3中的分析不仅包括精确的答案,还囊括了被认为是"正确"的模糊答案。

的是受访者对《明镜》周刊调查中12个问题的正确回答总数。①

《明镜》周刊调查的基础是简单的二元视角,因此,用多变量分析的方法无法证实其所提供的解释。其实,电视使用程度与政治知识之间没有显著的负相关,反而是较弱的正相关。② 特别要注意这对相关关系存在**曲线**特征:对于轻度电视观众而言(每日最多收看2小时电视),看电视似乎对政治知识有轻微的正效果,但如果受访者看电视的时间超过2小时,其政治知识得分就会变差。③

表5-4进一步展示了获得知识与年龄和教育之间的相关关系,同时也展现了不同性别之间的显著差异。《明镜》周刊调查是从量的层面揭示了"知识特权"和"知识贫民"之间的区别:60岁以上具有高中学历的男性得到8分(即在12个政治知识问题中,平均至少正确回答8个问题),而30岁以下具有小学学历的年轻女性只得了不足2分。

另外,不到1%的人正确回答所有12个问题。4成受访者无法正确回答任一问题。第五章第四节将进一步讨论造成这一巨大的知识鸿沟的原因及其后果。

表5-4 德国人政治知识的决定因素

		N	均值:5.63 偏差	回归系数(Beta)
性别	男	471	0.41	.13*
	女	530	-0.36	
年龄	14—29	246	-0.82	
	30—44	246	-0.32	.20*
	45—59	249	0.59	
	60岁及以上	259	0.51	

---

① 这些调查问题从原始调查中的24个问题中挑选而来,而且都可被当作衡量政治知识的指标。因子分析与信度分析的目的是明确初始量的维度,因此将之缩小到12个问题。其中5个问题关于政治公职人员,2个问题关于政治概念,2个问题关于机构和规制,3个问题关于最近的政治事件(Schulz, 2008b:166)。作者将二元编码形成的问题答案纳入这个量表,信度检验克隆巴赫系数为0.77,表明该表内部的统一性较高。

② 在电视使用程度方面,受访者根据其电视观看时长被归类。该调查问题是:"现在我们想知道,在一个正常的工作日中,即从星期一到星期五中的一天,您看电视的时长是多少?请您根据列表回答。"在列表中共有13个选择类别,从"完全不看""少于半小时""半小时"等,直到"5小时""更久"。

③ 这种区别或许是因为轻度电视用户与深度电视用户在兴趣及看电视的风格方面都有不同。但《明镜》周刊调查无法验证这一假设。

续表

		N	均值:5.63 偏差	回归系数(Beta)
教育	小学文凭以下	155	-0.74	.14*
	小学文凭	389	-0.15	
	更高学历而无高中文凭	294	0.24	
	高中学历	162	0.62	
政治兴趣	弱	201	-1.82	.36*
	中	424	-0.08	
	强	261	0.84	
	很强	114	1.59	
每日电视使用	0.5 小时及以下	115	-0.08	.09
	1 小时	123	0.04	
	1.5 小时	107	0.33	
	2 小时	199	0.34	
	2.5 小时	143	0.05	
	3 小时	153	-0.32	
	3.5 小时及以上	161	-0.56	

*)显著性:p<.001

该表展现了多组数据协方差分析的结果。倒数第二列的"偏差"根据总人口均值进行了多元调整。
资料来源:本人根据《明镜》周刊的调查问题"德国人知道什么?"(1994 年)。

二、政治兴趣和信息获得

政治兴趣对人们掌握政治知识至关重要。① 目前,大量的研究已经提供了经验研究依据(参见:Sotirovic,McLeod,2004;Maier,2009)。对政治有浓厚兴趣的人较之对政治不太感兴趣或完全没有兴趣的人,更能从媒体获益。这是因为前者要比后两者拥有更多的政治知识储备,经验研究也已经确证:谁更了解政治,谁也能学到更多(Zaller,1992;Price,Czilli,1996)。也就是说,兴趣和知识习得相互依存,人的动机与其掌握政治信息能力之间互为因果(Eveland,Shah,Kwak,2003)。

这对关系也受到高学历因素的持续影响。维尔特把影响政治知识最强的

---

① 《明镜》周刊调查中的相应问题是:"您对政治时事以及公共事务有多大的兴趣?您会认为,您的兴趣很强,强烈,一般,弱,还是完全没有兴趣?"

个体特征总结为**教育综合特征**(Wirth,1997:216-229,同时参见:Gabriel,1999)。所谓的教育综合特征指的是高学历、政治兴趣强烈、知识储备较多、专注使用媒体以及偏好纸媒。

教育综合特征这个指标也在暗示,初等教育是人们获得掌握政治信息能力的前提条件。接受教育能帮助人们形成更广泛的兴趣视野,并且能提高人们对政治的兴趣。而且,正规教育能使人打好政治知识的基础,这也是进一步学习的前提。最后,教育还有助于提升媒介素养,特别是处理印刷信息的能力。①

这些相关关系一方面说明了社会化对公民掌握政治信息以及参与政治具有重要的意义,而且也说明了促进政治知识基础教育的传播以及媒介素养(特别是阅读能力)是多么重要。另一方面,这也解释了为何大众媒体充其量只有短期的学习效果,而且几乎无法弥补政治教育的缺失。因为大众媒体提供的政治信息对于欠缺政治知识、对政治毫无兴趣、媒介素养不足的人而言,并无太多裨益。而已经拥有一定知识储备、对政治感兴趣、并且能处理纸媒信息的人更能得益于大众媒体提供的政治信息。

与之类似,动机可以用来解释为何看电视的学习效果不佳。收看电视,尤其是长时间收看电视,往往也是娱乐和政治冷感的同义词。那些只有简单的教育背景、并且缺乏政治常识的人就是深度电视观众的典型,看电视一般无法弥补其政治知识的匮乏。

但在某些条件下,人们单纯地接触媒介也能随机或"被动"地学习知识,例如在选战期间,媒体会对选战进行高密度的报道(参见:Blumler,McQuail,1968:161-163;Chaffee,Kanihan,1997;Schoenbach,Lauf,2004)。特别是电视政治节目也有娱乐元素,例如竞选电视辩论,而娱乐节目中也会出现政治内容,例如政治名人做客脱口秀节目,即便对政治无感的人也能从电视中学习(Baum,Jamison,2006;Maier,2007a)。不过,看娱乐节目的学习效果还是低于看新闻节目,因为观众会用不同方式来处理不同类型的节目(Kim,Vishak,2008)。

最后,媒体也能让人产生"获得知识的幻觉"。在有些情况下,人们即使完

---

① 处理政治性媒体内容的行为有赖于接收者的兴趣,亦即动机。因此,相关的分析可以用人们使用此类媒体的指标去解释其掌握政治知识的情况,因为政治知识的获得也包含动机因素(例如,评估媒体使用过程中人们的注意力,参见:Chaffee,Schleuder,1986)。在美国的研究中,人们的动机与兴趣对其知识习得也有作用,这也可以解释媒介传播和**人际传播**的不同效果(Scheufele,2002;Eveland,Thomson,2006),在人际传播方面,政治性的交流与讨论能增强使用媒体对知识习得的益处。

全不了解时事,却会感觉到已经获得了信息(Winterhoff-Spurk,2001:163)。一项研究测试对比了人们获得主观信息与获得客观信息的情况(Schulz,2008b:171)。根据测试结果,人们只有有针对性地观看电视新闻和政治节目,才能真正掌握信息,而人们观看大量电视就没有这种效果,阅读《图片报》的人也绝对无法在客观上获得信息,充其量只会产生已经了解时事的感觉(参见:Park,2001)。定期看电视新闻的人也会有这种感觉,而这种感觉是真实的。

三、使用媒体与获得信息

已有的研究已经开始分析使用政治性媒体的学习效果,但结论有时相互矛盾,有时还令人失望:政治报道对人的知识增长只有微弱的作用。在相关的测试中,被试需要复述一小部分已经看过的新闻报道和其中的细节信息,但最容易被记住的是新闻头条和负面信息。此外,适当的画面呈现方式也能改善人的获得知识的效果(虽然只是轻微的)。读报似乎最有可能产生积极效果,互联网亦然,特别是那些对政治感兴趣,而且已经了解信息的人。电视或许能让政治动机较弱的人或儿童获得信息(但不一定一直有这种效果)。①

信息从媒体传播到接收者要经历多个选择过程(参见:Donsbach,1991)。以电视新闻为例,鲁尔曼发现,如果将正确理解新闻内容作为一种衡量标准,那么电视信息的转化率其实非常之低(Ruhrmann,1989:92)。在其研究中,信息的"有效度"指的是观众正确复述、并且理解了的新闻节目内容与电视新闻供应内容之比,其值只有3%。需要注意,这种计算方法的确定性很小,而且结果很容易受到其他因素的影响(例如,观众的知识储备与兴趣),但3%的转化率也并非完全不可能。

根据长期调查得出的关于人们获得政治信息情况的趋势,其结果也令人失望。一项针对西德人的政治知识的抽样调查发现,虽然人们的初级教育水平已经大大改善,但其政治知识并没有什么值得一提的增长(Noelle-Neumann,1992a:230;Karp,2006)。美国的一项类似调查的时间跨度达40年之久,研究也

---

① 参见:Weaver(1996);Chaffee,Frank(1996);Chaffee,Kanihan(1997);Wirth(1997);Gleich(1998);Walma van der Molen(2001);Druckman(2003);Dalrymple,Scheufele(2007);Maurer(2008b);Maier(2009)。

得出零增长的结论。美国人的政治兴趣甚至还在不断下降（Bennett,1988,1989;Delli Carpini,Keeter,1996）。

这些调查结果也说明了一个问题：虽然随着大众媒体的急速扩张，政治性媒体信息也成倍增长，但人们的政治知识水平并未提高。事与愿违的是，人们掌握政治知识的情况与其使用媒体行为之间的相关性可能还在变弱，这种情况在美国已经出现（Sotirovic,McLeod,2004:370）。

选择性理论的解释

这些研究结果令人失望，归结个中原因，或许也是因为研究者总是把大众媒体看作社会化的机构，并且把媒体的信息传播看作一种学习过程，从而产生了失望的情绪。随着近几十年来的研究发展，这种观点已经太过局限。

早在20世纪40年代，就已经出现了首个针对公民政治知识的经验调查。调查发现，美国公民的政治知识水平较低（Delli Carpini,Keeter,1996）。颇为令人惊讶的是，海曼和谢茨利在其著作中也确证，信息传播无法消除个人知识缺陷，因为个人的动机存在差异，尤其是个体对政治的兴趣都各不相同（Hyman,Sheatsley,1947）。换言之，人们根据自己兴趣与知识储备而**选择性**地使用信息，而且能够发现哪些信息符合他们已有的认知与态度。因此，已经具有信息储备的人最能从媒体中获益，而那些被海曼和谢茨利称为"长期无知"的人，就无法从中学习，因为他们缺乏必要的先决条件。

随着电视的出现，这种情况似乎有所改变。特别是在20世纪70年代，大量研究开始分析政治社会化的问题，现今，学界已经可以证明使用媒体能促进人们掌握信息，无论是儿童、青少年，还是认知力较弱或缺乏知识的成年人，都能从中获益。① 有人认为，这可能是因为媒体扩张导致"电子环境"中的信息趋于饱和，导致人们无法回避政治讯息（Noelle-Neumann,1970;Gerbner et al.1982）。此外，电视媒介的吸引力规则及其线性的编辑规则限制了人的**选择性**行为，在电视**侵袭效应**的影响下，观众就"不得不学习了"（Zukin,Snyder,1984;Delli Carpini,Keeter,Kennamer,1994;Schoenbach,Lauf,2004）。

---

① 参见：Bonfadelli（1981:336-338）；Garramone,Atkin（1986）；Kepplinger,Mathes（1987）；Eveland et al.（1998）；传播学期刊《大众媒体的社会化过程》（Sozialisation durch Massenmedien），1988年第33期中也有一些零散的观点。

媒体信息传达的决定因素

媒体信息传达研究领域的后续发展有以下三个特点。第一,决定媒体使用结果的因素变得越来越精确;第二,媒体传输信息的结果及成功的标准发生变化;第三,盛极一时的传播效果研究范式已经不断被消解。过去,传播效果范式从讯息及传播者的意图出发,把政治信息传达定义为一种学习过程。现在,研究的重心转移到接收者及其积极的信息处理行为。

受众能否从媒体中吸收信息,首先取决于信息的内容(例如政治议题和政治事件)是否契合受众的兴趣,这决定了受众获得信息的动机、注意力以及接受度。此外,信息接收的条件也非常重要。印刷媒介、听觉媒介或视听媒介、线下或线上传播、流媒体或超文本服务的信息接收条件都有所不同,主要与讯息的形态、渲染与复杂度也有关。

另外,人们学习政治的情况也要看其条件,这些条件也是政治参与的一般条件(上文第五章第二节对此已有提及),主要包括公民个体的资源配置、激励因素以及场景和语境条件(参见:Delli Carpini, Keeter, 1996: 178-180; Maier, 2009)。

个体特征具有至关重要的作用,包括年龄、正规教育、**媒介素养**、政治知识、对政治和具体议题的兴趣、个人关切以及情境层面的注意力与影响能力。[①]

最后,一些重要的研究在设计过程中对信息传达的概念提出了一些要求,尤其是关于获得知识和信息的定义与操作都有不同。有些研究采用实验法,在实验室环境中进行;有些则采用"田野"问卷调查的方式开展调查;有些从传播者的角度来定义学习效果或媒介的信息传达;有些则从接收者的角度,将获取知识的行为分为主动获取和被动获取;有些研究着眼于纯粹的事实知识;有些则立足于结构性知识;有的关注事件知识;有的关注背景知识。这些研究都存在区别。

信息传达的标准

目前,研究者已经大大拓展了关于知识概念的研究操作和定义,而且还考虑了人们成功获取信息的标准、媒体内容的**处理**方式、政治观念的形成与变化

---

① 参见:Robinson, 1996; Gunter, 2001; Brosius, 1995; Price, 1996; Wirth, 1997; Gleich, 1998, 2000; Goertz, 1998; Kuhn, 2000; Graber, 2001; Sotirovic, 2004; Shah, 2008; Westle, 2005, 2009。

以及对相关关系的理解（参见：Schönbach，1983：26-28；Früh，1994；Scherer，1997；Wirth，1997；Eveland，Marton，Seo，2004；Sotirovic，McLeod，2004）。例如，在选战的语境中，信息传达既体现于选民对议题的认知，也体现于政党与候选人对议题维度的划分，及关于候选人个体特征的分类（参见：Weaver，1996；Holbrook，2002；Quiring，2004；Westle，2005，2009；Dalrymple，Scheufele，2007）。①包姆与贾米森的研究又向前推进了一步（Baum，Jamison，2006），他们参考了劳与瑞德劳思克（Lau，Redlawsk，1997）的研究，以行动为导向，将"正确的"（也即持续的）投票决定作为人们成功使用媒体的标准，并检测了选民的投票决定在多大程度上符合其政治偏好。

在早期的研究或者上文提到的**《明镜》周刊的**调查当中，研究者对媒体的信息传达都提出了政治性的要求，但诺里斯却认为这是**"公民教育的谬论"**（Norris，2000：209-211）。究竟用什么标准来测量获得政治知识的情况，以及应该如何在研究中操作这些标准，引起了学界对概念与方法的广泛讨论（主要参见：Zaller，1992：333-335；Graber，1994；Wirth，1997：第7章；Popkin，Dimock，1999；Maier，2009；Elff，2009）。

这场讨论在美国学界展开，并且出现了一个悖论：虽然民主制度在某些国家已经运行了数百年，但公民的政治知识和参与意愿仍然较低（Neuman，1986）。一种观点认为，这可能是因为人际传播与社会影响对政治行为都产生影响，这种观点与意见领袖概念和二级传播相关（Huckfeldt，Sprague，1995），也就是说，公民即便没有获知信息，或者他们对政治没有丝毫兴趣，还是可以参考社会环境中政治积极分子传播的知识及其行为（例如：Berelson，Lazarsfeld，McPhee，1954：109）。根据这种观点，社会网络、家庭、朋友圈以及工作中的人际讨论能够补充公民的信息，从而增加公民的政治动力，并能确保民主制度的运转（同时参见上文第五章第一节第二点）。

四、政治新闻的加工处理

针对上文最后一段提出的悖论，还存在第二种解释。这种解释认为，由于人类处理信息的能力极为有限，他们更多的是一个**"认知的吝啬鬼"**，与一些民

---

① 参见第六章第三节与第四节。

主理论学者所提出的**政治动物**毫无相似之处。**政治动物**这个比喻意味着人类拥有广泛的信息,并能科学、理性地权衡判断,但事实并非如此。一般情况下,人们只会从可用的信息当中汲取必要的信息,然后根据"日常的理性",尽可能不费精力地处理这些信息。因此,最有可能让人认识、记住的媒体信息,是那些能让接收者觉得有用、与其生活相关的内容(Scherer, 1997:294-296; Norris, 2000:213)。

人们并不会系统地处理媒介信息,而是依靠**推理捷径**来处理信息。"推理捷径可以被视为日常经验,能帮助人们缩短判断和决定的时间"(Brosius, 1995:131,参见资料5-1)。在人类的大多数政治判断和政治行动当中,推理捷径比政治知识更管用,公民参政的一个重要的推理捷径就是人们对政党的认同度。①

资料5-1:人们如何处理媒体信息

- 人们有选择地处理信息,其选择性行为既受制于信息,也有赖于接收者。
- 人们常常随意、心不在焉地认知媒体讯息,并可能会因为外界刺激而分心。
- 人们在接收讯息的时候就已经将之归入到一般的语义类别。
- 接收者根据经验规则和刻板印象来缩短、简化信息内容。
- 接收者在接收信息时已经形成了自己的判断,而不是在接收之后。
- 接收者在判断时会参考熟知的或便于理解的信息。

(资料来源:Brosius, 1995:99-101。)

人类往往在已经具备合适的知识储备和兼容的既有信念的情况下,才最有可能接收新信息。但只要是处理信息,便总伴随着选择,而且知识储备和先入之见从根本上决定了新信息是否以及如何被处理。因此,在经验研究中,知识储备往往是人们能否获得新知识的一个最好的预测指标,而且好于个人的特征及其使用媒体这些指标行为的预测效果(Zaller, 1992; Price, Zaller, 1993; Moy, Pfau, 2000:44; Schulz, 2009d)。

---

① 参见第六章第四节第二点。

在大多数情况下，人类"日常的"处理媒介信息行为非常肤浅，信息因而不会留下持久的痕迹。媒体用户的注意力往往集中于琐碎的事情，这符合佩蒂与卡乔波提出的**详尽可能性模型**（Petty，Cacioppo，1984），也就是说，人们了解"外围"信息的情况要好于对"核心"的信息的接收情况。① 因此，最有可能让人留下持久印象的往往是那些生动的讯息、粗俗的言论、富有情感的画面、戏剧性的场景和个人的故事（参见：Brosius，1995；Graber，2001；Winterhoff-Spurk，2004）。

相比了解人们能否通过媒体获得大量的客观知识，更重要的问题是媒体提供的信息为公民建构了一个什么样的政治观，或者说，公民究竟从新闻中提炼出了何种主观的意义。目前一些较为突出的研究已经回答了这个问题（参见：Graber，1984；Neuman，Just，Crigler，1992）。福律花了大量精力，在自然环境下通过控制手段进行了一项焦点小组调查，尝试探索人们如何处理政治性的媒体内容（Früh，1994）。研究的文本材料包括 57 个来自不同电视、广播与纸媒的报道，并涉及三个政治议题（安乐死，金属行业罢工和政党募捐案）。研究者精确地对比了这些报道内容与被试记得的议题信息。② 在接收报道一天之后，被试平均记得 15%的事实、行为、人物与属性，在一周以后仍记得足足 12%的内容。

根据该调查，在被试复述出来的议题信息中，仅有一半来自原始报道（图 5-1）。其余大部分内容都来自其他媒体、原本的知识储备或自己的推论（即补充知识）。

值得思考的是，人类的既有观念如果高度简化，那么他们如何应对媒体报道呢？人们记得的要素（如人、行为、地点、事物和属性）来自对新闻信息高度简化的处理，信息的语义结构在这个过程中也发生了变化（例如附加关系、因果关系、目的关联）。在现实中，接收者从媒体或其他来源的信息中选择元素，再将之重新组合，并用自己的知识去丰富这些信息，进而再形成对议题的看法。有些人类的既有知识也来自媒体（Früh，1994：400；同时参见：Kepplinger，Daschmann，1997）。

---

① 详尽可能性模型（ELM）理想地区分了强信息处理动机和弱信息处理动机。在第一种情况下，人们基于"中心路径"处理信息，会努力地认知、使用眼下的知识。第二种情况，人类对信息的处理基于"外围路径"，往往是肤浅的，总是倾向琐碎的信息，而不一定是相关的信息（参见 Schenk，2007：259-261）。
② 研究者在田野采访中用开放式问题及附有关键字（人物、地点、原因、事件结果或具体信息）的小卡片进行提问，被试可以借助非特殊的议题记忆工具回答还记得的信息（参见：Früh，1994：98）。

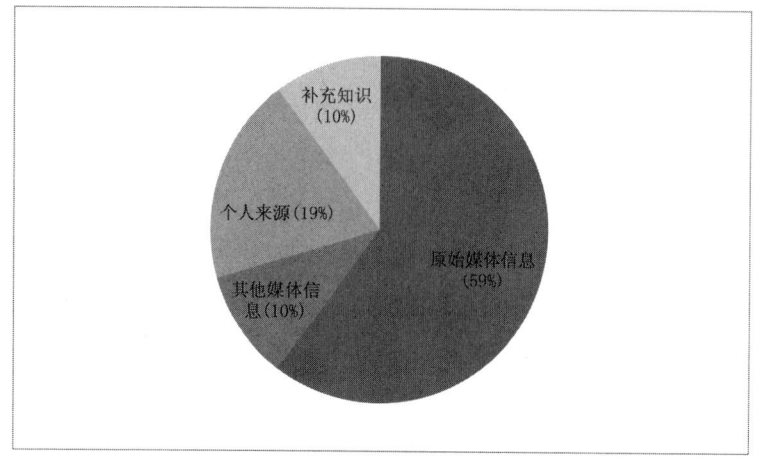

图 5-1　高度概括的媒体内容来源(Früh-1992:78)

如果经验调查只询问了人们预先定义的事实,那充其量只能测量知识习得的一个方面,而无法获知建构政治观念过程中更重要的方面。其实,公民并非出于学习的目的而去使用媒体(包括政治信息),他们更关心的是找出当前的重要问题,以及是否有必要"更新"自己的观念、认知图式和推理捷径(Lodge,Steenbergen,Brau,1995)。他们常常会简单地认定"地球还在旋转",发现没有什么戏剧性的事件会影响他们的生活。在这种情况下,他们马上就会忘记刚刚才看过的新闻。

第四节　媒体扩张与知识鸿沟

政治知识在人群中的分布极不均衡。根据表5-4展示的《**明镜**》调查,不同性别、年龄、学历以及具有不同政治兴趣的人之间有时存在极大的差异,这些差异在所有社会都存在,这一点在政治传播学界开始进行经验调查的时候已经广为人知。可见,通过大众传播来减小人口知识差异的难度非常之大,这也一直是学界关切的问题。但海曼与谢茨利无奈地指出:"长期无知是一种顽疾。"(Hyman,Sheatsley1947:413)

人们的知识差异对理解公民参与机会的平等来说非常重要。民主理论总是怀揣一种理想,认为公民是理性的。在民主理论当中,获得信息是政治参与的一个重要前提,因为公民只有了解时事,明白政治体制、政治议题、政治事件以及政治行动者之后,才能形成对公民角色的认知,并作出理性的投票决定。但社会中信息的分布并不均衡,需求与现实之间还有巨大的落差。

这个问题是讨论媒体发展机遇与风险的一个重要方面,也是媒体系统在扩张过程中一直备受关注的要点。乐观者希望新兴媒体和媒体服务的增长能够提升信息的总量和种类,并增加公民获得的信息,从而提升其政治能力。这些期望每每出现于媒体领域所有的重大突破,最近则出现在互联网领域。而在怀疑者眼中,每种新兴媒介(包括互联网在内)主要是由那些已经见多识广、拥有良好教育背景和对政治信息感兴趣的人在使用,因此,这会进一步扩大政治知识在社会结构中的分布差异。

一、知识鸿沟假说

一些持有怀疑意见的人总是质疑大众媒体能丝毫不差地满足民主理论提出的要求(Bonfadelli,2005),**知识鸿沟假说**,又称知沟假说,就是怀疑论的一个代表。知沟假说于1970年由明尼苏达大学的社会学者提出,指的是知识的分配之所以越来越不均衡,是因为知识特权群体能比知识弱势群体更受益于不断增加的媒体信息(参见资料5-2)。

> **资料5-2:知沟假说**
>
> 随着大众媒体输入社会系统的信息不断增加,具有较高社会经济地位的人比地位较低的人能更快地获得信息,于是在两者之间,知识鸿沟将继续扩大而不是缩小。
>
> (资料来源:Tichenor,Donohue,Olien,1970:159)

知沟假说之所以能引起广泛的关注,是因为它关注的是社会学及社会政策中的不平等问题。一眼看去,这个命题简洁有力,实际上却经不起推敲。因为提出者没有充分说明,知沟假说指向社会结构层面(宏观)还是认知层面(微观),也没有说明知沟究竟是暂时扩大,还是会永久地增长,同时也没有说明知沟假说涉及何种形式的信息或知识。明尼苏达大学的研究组和其他学者已经尝试在后续研究中弥补上述的不足。

早在知沟假说提出的100多年以前,学界已经开始解释知识的不公平分布以及知沟变化的原因。起初,学界认为"社会经济地位"是知沟出现的主要原因(参见:资料5-2),在经验研究中,地位概念大多用受教育程度来表示。有些学者则认为,动机(例如政治兴趣)才是决定因素。本法德利把第一种解释称作**赤字模型**,把第二种解释叫作**分化模型**(Bonfadelli,2005)。前者把知沟理解为某些人口群体的认知赤字,后者则认为,人们的不同动机才是知沟的根源。克瓦克在埃特码和克兰(Ettema,Kline,1977)研究的基础上,提出上面这些因素之间,以及这些因素与使用不同大众媒体的行为之间,其实都存在相互的影响(Kwak,1999)。[①]

在大部分经验研究中,研究者只调查在某一时间点上存在的知识分布不均衡的状况,而没有根据时间的推移来看待知识的变化,但时间恰恰是知沟假说需要检验的地方,因为此假说认为,知识鸿沟在不断扩大。本法德利的元分析研究发现,绝大多数的研究都证明了知识分布在社会上不平等(大部分研究针对的是政治知识)(Bonfadelli,1994:222-224)。本法德利参考的研究主要是20世纪七八十年代在美国开展的研究(以及一些"先驱性的研究"),其中大部分都只在一个时间点进行了测量。其中有几个纵向研究,至少一半的纵向研究证明了知沟在增长。但只要这些研究测试了媒介使用行为的影响,研究的结果就是"混杂的"(Bonfadelli;1994:224)。这种缺陷一方面是因为概念的界定过于模糊,另一方面是因为研究方法有欠妥之处。

二、媒体变迁与德国人的政治知识

研究者如果要严格地检验知沟假说,就需要开展纵向研究。纵向研究要持续很长的时间,而且在这段时间内,研究还需要观察到媒体系统变迁以及信息量的明显增长。自20世纪中期以来,这种情况在德国出现了4次:第一次是20

[①] 纵观这一理论40年的发展历程,相关研究已经在理论层面(部分亦有经验依据)确定了一系列边界条件和干预变量,这有助于明确媒体信息供给与知识分配之间的相关关系。例如议题与知识的复杂性、媒体对某一议题的处理强度、研究观察的时间跨度以及社会的、媒介的与政治的语境,此外还有个体兴趣、知识储备、人际传播以及其他个体特征(参见:Saxer,1985;Horstmann,1991;Viswanath,Finnegan,1996;Kwak,1999;Bonfadelli,2005;2007a;Gaziano,2008)。

世纪 50 年代,随着第二次世界大战结束,同盟军撤出占领区以后,德国的媒体系统显著扩大;第二次是 20 世纪 60 年代的电视崛起;第三次是 20 世纪 80 年代中期,随着私营广播电视的引入和技术的扩张,节目的供应量开始成倍增长;第四次是 90 年代中期迅速扩张的互联网。

在这些时间段中,德国人的知识面只有微弱的扩大。诺艾尔-诺依曼曾就政治时事知识对受访者进行了一次测试调查,发现在 1953—1979 年间,德国人的政治知识没有显著增长(Noelle-Neumann, 1992:230)。卡普的选举调查从 1980 年延续到 1998 年,他发现,德国人掌握选举制度知识的情况没有改善(Karp, 2006)。不过,从这些数据当中也无法看出知沟的起点或终点。

在德国引入有线宽带技术和私营广播电视之际,一个少见的研究直接检验了知沟假说(Bollinger, Brämer, 1987)。该调查开展了一次纯实验性的焦点小组访谈,并在 1985 年 2—5 月期间进行了三轮调查。其中一个测试组的被试能从路德维希港电缆试点项目中收看大量电视节目,控制组被试的社会特征类似于测试组,但没有连接电缆的电视节目可看。研究人员比较了两组被试的知识改变情况,测试内容是当时超级大国之间的裁军谈判和德国二战投降 40 周年。研究者同时期望媒体在测试期间会增加对这两个议题的报道比重。

研究结果证实了知识鸿沟假说,也就是说,在高、低学历人士之间出现越来越大的知识差距。但由于有线电视拥有者的知识没有显著增长,而且电视及其他媒介对人们的获得政治知识也没有任何值得一提的影响,因此,研究者无法在统计上用信息供给和使用的数据来解释这些变化。不过这一调查可以确认教育与政治兴趣直接影响了被试知识的变化,但不能证明使用媒体对被试政治知识变化存在影响。根据研究者的解释,这是因为研究没有对媒体使用进行区别性的操作,也就是说,该调查只局限于纯粹的量化层面。

后来的一些焦点小组访谈研究证实了上述解释。这些研究中既有关于 1979 年与 1984 年的欧洲议会选举的研究,也有关于 1984 年多特蒙德市选举的研究(Horstmann, 1991)。分析表明,在整个选战过程中,知识差异(根据各项指标测定)有 7 次保持不变,仅有 1 次增大,2 次减小。研究总结:政治兴趣是解释知识习得的一个重要因素,而且使用媒体的情况也能影响知识的变化。通过分别测量不同的使用媒体情况,研究者就能更加明确地发现媒体的影响力,也就是说,研究者要询问人们接收新闻、专门节目或选举广告等特定内容的情况,而不是询问一般的使用媒体情况或使用范围。

三、国际层面的知识鸿沟

与德国不同,美国的研究者可以借助可比较的指标在极长的时间范围内观察人们掌握政治知识情况的发展趋势。在 20 世纪四五十年代,美国的一项全国人口抽样调查已经包含了 14 个关于政治知识的指标性问题,1989 年,美国学者又以同样的 14 个问题进行了抽样调查(Delli Carpini,Keeter,1996:105-107)。这一比较跨越 40 载,结果显示,美国媒体虽然在此阶段有了快速发展,其政治信息提供量也大大增加,但美国人的政治知识没有显著增长。其他的研究没有持续那么长的时间,不过结论也与之类似(Neuman,1986:16;Bennett,1988,1989)。还有研究证明了美国人的使用媒体情况和政治知识之间的相关性变得更弱了(Sotirovic,McLeod,2004:370)。

这些调查并非旨在检验知沟假说,但得出了与之相关的间接结论。在美国的这两次调查之间的时间段里,美国和所有的工业国家一样,不仅媒体信息的供应总量在增长,其公民的教育水平也大幅提高,按理来说,人们的知识水平也应该有所提高,①由于高学历人群最能获益于不断增长的媒体信息,如果现在这类人群的比例更高了,那么公民整体的知识水平也应该有所提高。② 但整体知识水平实际上没有变化。这一结果既无法证明知识鸿沟的增长,也无法证明不平等状况的减轻。

这个纵向比较研究也得出了其他更悲观的结论。研究者根据教育水平将受访者分为不同类别。结果显示,高、低学历人群的知识差距在两个时间点上几乎没有变化。③ 基于不同的受教育程度进行测量,所有受教育人口的政治知识水平都在大幅下降。虽然人们对事实知识的掌握情况保持相对稳定,这些知识在初等教育中就能习得,但人们需要通过媒体而获得的时事知识水平却显著下降了。

---

① 1940 年,1/4 的美国人口拥有高中学历,1986 年,这一比例上升到 3/4(Delli Carpini,Keeter,1991:594)。
② 这个假设不太可能,因为不发达地区人口的知识下降程度比特权阶级的知识增长程度更大。
③ 这个结果并不能得出知沟没有变化的结论,因为不同受教育水平的人群构成以及初级教育的重要性在这段时期内都发生了变化。

也就是说,美国人的知识差距在过去几十年间虽然没有扩大,但其整体知识水平却在下降,其中不仅包括知识特权群体,也包括弱势群体。

调查的研究者指出,也许这是因为美国人的政治兴趣正在下降,而且获得时事信息的动机也随之下降。本内特的研究对这一解释提供了经验依据(Bennett,1989)。他认为,美国人的读报比例以及电视新闻收视率都在大幅下降,这些情况都会助推人们政治兴趣的下降。当然,读报比例下降和电视新闻收视率下降也可以被理解为人们政治兴趣降低的结果。

这些研究成果能否移植到其他国家(例如德国),学界对此仍然存有争议。例如,1994年的**《明镜》调查**比较了不同国家的人掌握国际政治知识的情况。一些研究者对该调查进行了二次分析,结果发现,各个国家的人在知识水平上都存在显著差异(Bennett et al. 1996;Dimock,Popkin,1997)。德国人掌握知识的情况遥遥领先于其他国家,最差的是美国公民,英国、加拿大和法国人依次位列其间。① 在另一项关于瑞士和美国加州公民的国际政治知识比较研究也发现了"跨大西洋的知识鸿沟"(Iyengar et al. 2009),这可能是因为两国媒体提供的国际政治信息有所差异,而且瑞士人和美国人的使用媒体行为也有不同。

另一项研究比较了美国人、英国人和芬兰人掌握知识的情况,结果更加明显(Curran et al. 2009)。该调查包含14个问题,其中既有国际政治问题("**硬新闻**"),也有体育、娱乐等非政治问题("**软新闻**")。美国人对这两个领域的回答都不如其他国家的人,而且在**硬新闻**知识上所表现出来的差异更为明显。此外,美国的不同人口群体之间的知识鸿沟也大于其他国家。通过多变量分析就能发现,其中的主要原因可能是政治兴趣。研究者还认为,美国商业电视台和欧洲公营电视台在供应新闻方面的差异也是一个原因。

美国公民并非在所有的知识领域都表现欠佳,有些时候也能和其他国家的公民持平。在回答有关政治领导人和地理知识的简单问题时,美国人的表现甚至更好(Delli Carpini,2005)。而且,美国和加拿大公民对生物技术问题的回答情况也明显好于欧洲的被访者(Bonfadelli,2005)。

本法德利还用生物技术议题检测了公民的知识水平差异与欧盟各国**内部的媒体报道**之间的因果关系。他通过内容分析发现,所有欧盟国的相关媒体报

---

① 该研究的知识指标是5个简单的事实问题,包括鲍里斯·叶利钦和布特罗斯-加利的职位、朝鲜和伊拉克的政策以及萨拉热窝局势。

道都在明显增加,但根据人们对几乎所有的相关试题的回答情况分析,其知识水平并没有什么变化。[1] 也就是说,媒体提供的信息量的增加没有改善知识水平。不过,在所有被测试的12个欧盟国中,有11个国家的高、低学历人群的知识差异却缩小了。这个结果不符合知沟假说,但却无法证明是否是媒体发挥了作用。在某些国家,知沟缩小程度与媒体信息的供应量呈反比。在德国,即使信息供应量大量增长,知沟也扩大了(Bonfadelli,2005)。

生物技术议题有一定的政治因素,但却不是一个典型的政治议题。而且人们对该议题的认知及相关知识的改变,都强烈依赖于个体的兴趣和受教育水平。不过,本法德利的分析指出了知识与兴趣指标,特别是与受教育水平之间具有较强的相关性。而且,这些特征在不同的欧洲国家之间的差异很大。

上述研究表明,社会、媒体与政治语境在知识鸿沟的国际比较研究当中非常重要。

四、数字鸿沟和互联网

随着知识鸿沟研究在不同国家推进,该研究领域开始涉及**数字鸿沟**的一个方面——网络接入(参见:Norris,2001a;Bonfadelli,2002;Saleh,2005:91-93;van Dijk,2005)。

正如媒体发展的社会影响有好有坏,关于数字鸿沟的影响也同样好坏参半。悲观者强调互联网接入存在不平等,并认为这会扩大全球及社会内部的现有差距,甚至会进一步加深政治能力特权化和社会经济地位的特权化。

而在乐观者看来,互联网的扩散与应用可以缩小公民政治能力的差异(包括政治知识)。持此观点的研究者主要关注社会阶层的差异,也关注不同年龄、性别之间的差异,以及发达与欠发达国家之间的差距。

学界已有的重要发现只能间接地证明互联网对**知识水平**变化的作用,但这些研究一般都着眼于互联网的**接入**及**使用**网络服务的层面。但在互联网发展之初,不同的人群在接入互联网方面已有明显的差距,尤其是在不同性别、不同教育水平和年龄的人群之间,差异特别明显。典型的网络先行者往往是受过良

---

[1] 在1996年和1999年这两个测试时间点,只有关于克隆问题的回答的正确率相对有所提高。本法德利认为,知识水平变化较小的原因或许是因为调查问题都只包含纯粹的事实知识。

好教育的年轻男性。

迄今为止,接入互联网对德国公民使用媒体与政治信息行为只带来微弱的影响。① 因为电视仍然是德国人最重要的媒介,互联网只是政治信息的次要来源。但对年轻人来说,互联网已经可以同电视媲美,而且越来越重要,而日报的重要性明显下降。但在科赫尔看来,与其说互联网替代了传统媒介,不如说这是一种不断凸显的"去习惯化"趋势(Köcher,2009)。换言之,连续的媒体使用习惯正在让位于个性化、需求导向和事件驱动的信息检索行为。互联网是一方沃土,特别能吸引年轻人。

与德国相比,美国的研究数据已经出现更明显的互联网替代电视的趋势。美国人读报和收看电视新闻的比例已经大幅下滑,但**福克斯新闻台**之类的有线电视频道的收视并没有出现相应的下滑。与此同时,美国人上网的比例明显提高,包括收听**广播谈话节目**(Pew Research Center,2010b)。这些调查还发现,互联网可以用来引导年轻人接触政治内容,并能促进政治传播的创新(Shah,2008)。

目前,一些比较研究在控制人口变量之后,还是发现网民在不同的知识领域都比非网民有更明显的优势,包括政治知识。但马尔在控制附加的干预变量之后,却发现所有差异都被抹平了(Marr,2005)。② 其研究结果显示,网民和非网民之间存在的知识鸿沟并非是因为上网,而是因为部分网民本身就对政治感兴趣,而且他们除了上网之外还能有效地利用其他媒体(同时参见:Schulz,2009a)。我们也可以认为:随着新兴媒体进一步蔓延,网民的特殊个人特征将被冲淡,网民从而越来越靠近公民的平均水平(Eimeren,Frees,2009),久而久之,网民与非网民之间的知识差距可能会消失。

从**全球**数字鸿沟来看,这种解释似乎也有道理。诺里斯(Norris,2001)进行了大量的国际比较分析后得出结论:能否使用新兴信息技术的差异并非是原因,而是人口社会经济差异带来的结果(参见:Marr,Zillien,2010)。正如**欧洲社会调查**的一项研究结果所示,人们能否接受和使用互联网,还要看文化差异和心态差异(Demoussis,Giannakopoulos,2006)。该研究证明,北欧与南欧国家之

---

① 参见第二章第一节第三点和第六章第一节第二点。
② 该项研究调查了瑞士网民,研究者在一个准实验环境中比较了网民与特征相近的非网民。2001年初,这些20—26岁的受访者分别在巴塞尔与苏黎世地区(城市和人口密集地区)接受调查。

间存在数字鸿沟,而且即便研究者控制了社会经济等人口变量之后,数字鸿沟依然存在。①

互联网接入分布的不平等也反映在全球层面,包括财富、教育、政治能力、文化价值和取向的差异。新兴传播技术几乎无法规避这些根本差异,因此,互联网接入对减小数字鸿沟而言只是个次要因素,而普及教育、提升人们的媒介素养以及发展经济和科学才是关键,尤其是国际层面的数字鸿沟。

第五节　人类认知政治过程的媒介化

公民对政治的认知,大多可以回溯到媒体。媒体是公民知晓时事、要闻、政党计划以及政治行动者特点的最重要的信息来源。一手的政治观念需要直接观察,但人们只能在极少情况下才可以直接观察,例如目睹政治示威、观看选战演说、在街区或选区与候选人谈话等。从联邦州府到德国首都柏林,从布鲁塞尔到华盛顿,从喀布尔到德黑兰,在这些地方发生的政治事件会成为二手的观念。人们往往以为能够通过"直接"谈话而获知信息,但多数谈话内容仍然可以回溯到媒体(Kepplinger,Daschmann,1997;Gehrau,Goertz,2010)。

根据经验研究的结果,媒体传播信息与知识的范围较为有限,但这与上述观点并没有冲突。即使媒体无法如人所愿地充当政治社会化的机构来教化民众,但媒体传播仍然富有成效,因为虽然公民没有任何专业知识(例如在研究中,被试无法复述知识),但他们至少能对当前的意见气候与政客形象形成模糊的观念(Schenk,2007:299-301)。

上文介绍的研究已经提到媒体的一些切实的职责。② 本节将进一步介绍其他的研究发现。这些研究较少涉及人们学习政治的质量,而更重知识传播的规模和范围,其重点在于媒介传播的政治观——或更确切地来说,是人们从媒体中获得的政治**认知**。

---

① 研究调查的南欧国家包括希腊、西班牙、意大利与葡萄牙。
② 参见第五章第二节。

一、新闻选择与政治认知

如上文所述,政治认知既可获得、又会改变;既受制于讯息,也受制于接收者。政治认知一面取决于接收者所在媒介环境里的可用政治讯息,另一面则需要人类的认知图式对信息进行处理,特别关系到信息接收者的知识储备和政治兴趣。这些前提条件意味着政治认知经由多层级的选择和加工而形成。上文图4-3展示了这一过程的主要阶段,展现了新闻的选择、使用与加工中的某些情况。① 下文将再次聚焦传播过程的最后一个阶段,主要探讨新闻报道对政治认知形成过程的影响。

桑德(Sande,1971)的经验研究参考了加尔通和卢格(Galtung, Ruge,1965)的新闻因素理论,将视线从媒体的新闻选择延伸到接收者的新闻选择。1964年秋季,他分析了挪威广播电视和报纸在15天中报道的国际事件,以及媒体报道与事件的新闻因素之间的关系,同时还通过抽样调查采访了受访者对新闻的认知。②

对特定的事件类别,人们的新闻认知会随着媒体报道的强度而发生变化。如果再考虑事件的新闻因素,这对相关关系就更加显著了,换而言之,一个事件的新闻因素越强,媒体就越关注该事件,受访者在访谈中提到该事件的频率也越高。③ 可见,新闻因素决定了媒体的选择机制,也决定了人们对新闻的选择性认知。

媒体的政治观及受众的政治观

后来的一些研究采用了桑德的研究路径,并且结合新闻分析与受众分析,探索媒体的政治观念如何被反映于受众的政治认知。

舒尔茨把媒体在3个月中发布的521个政治事件报道,与受访者的相关复述内容进行了比较(Schulz,1978,同时参见:Schulz,1982)。在其研究设计中,焦点小组访谈与内容分析同时进行,受访者要回答其所记得的受访前发生的事

---

① 参见第四章第二节和第四节,以及第五章第二节。
② 其采访问题为开放式问题,调查内容为调查日前一天的外国新闻,受访者需要指出最重要的新闻报道。
③ 无论考虑所有因素还是只考虑一个因素,结果都是如此。

件。① 研究者将受访者提及某事的频率与媒体的报道频率相比较,发现存在较高的一致性($r=0.78$)。也就是说,媒体报道某事的频率越高,被访者提及该事件的次数也就越多。政治事件的新闻价值体现于新闻报道之中,因此,分析新闻价值还有助于理清哪类政治事件会进入人们的认知,以及哪些事件会让受访者记住。同样,媒体的选择标准也高度契合接收者的选择标准。研究者可以通过比较以下两对相关关系来证明这一点:一是事件的新闻因素与其新闻价值之间的相关性,二是接收者对事件的认知与被认知事件的新闻因素之间的相关性。这两对相关关系都与一些新闻因素有关,意味着人类对事件的认知遵循着媒体选择新闻的标准。②

这一研究揭示了媒体的新闻选择对公民政治观的影响。如果政治事件的新闻价值能决定人们对该事件的认知,那么就可以认为,决定事件新闻价值的新闻因素也能影响人们对政治的认识,因为正如加尔通和鲁格的研究所展示的那样,新闻因素是具有高度新闻价值的事件的显著特征(同时参见:Eilders,1997:23)。

另一些采用不同方法的研究所得的结果也支持上述结论。默顿(Merten,1985)和鲁尔曼(Ruhrmann,1989)在1983和1984年围绕德国电视一台的新闻节目《今日观察》与德国电视二台的《今日》节目展开了7轮调查,以探索这些节目报道的事件的新闻因素与相关的报道渲染特征,然后将之与电视观众认知的新闻进行了比较。研究者让被试在田野访谈时直接观看节目,然后复述内容、回忆新闻内容的细节(Ruhrmann,1989:78)。③ 研究的主要发现是,电视观众接收新闻的情况主要决定于事件的相关性特征(可比较的因素是有效性、议题化和接近性),这些特征也是最能影响媒体关注的因子(研究可以通过测算报道长度和报道在节目中的位置,来分析电视节目对事件的关注程度)。除此之外,该研究还证明了接收者的个体特征对新闻的接收过程也有影响,例如年龄、社会阶层、背景知识和处理新闻的兴趣(Ruhrmann,1989:97-99)。东斯巴赫的研究路径与前面的研究不同(Donsbach,1991),他比较了报纸的内容、形式与读者的

---

① 查阅该研究的详细内容,请参见本书的第一版和第二版。
② 该研究采用相关系数测量相关关系。其中多对关系的相关性较低;主要原因是信息传播并不只取决于媒体,还取决于接收者。
③ 被试是221位德国比勒菲尔德市和吉森市18岁以上的居民。

阅读强度,研究材料是两份地区报纸和两份跨地区报纸。他根据每篇报道的原文,用**复述测试**(Copy-Tests)来测算人们阅读每篇文章的比例,以及读者阅读信息占全文的比重。分析表明,报道越醒目(位置)、渲染程度越高(如标题放大),读者就越关注,而且越会去阅读这些报道。惊奇度、事实性、议题化和负面性之类的新闻因素也会直接或间接地以不同的渲染程度(强调程度)来影响阅读(Donsbach,1991:138-140)。①

新闻因素对政治认知的塑造

埃尔德斯围绕人们选择与处理政治信息的行为进行了大量的分析。他也指出,新闻因素会间接地影响受众对新闻的接收(Eilders,1997)。由于新闻因素决定了新闻报道是否醒目、篇幅多大、位置在哪及其标题的大小,这些特征进而影响了受众对新闻的接收(Eilders,1997:181)。② 埃尔德斯在研究的第一阶段分析了接收者的新闻选择行为,第二阶段则分析其新闻记忆过程,并且在两个阶段中都测量了新闻因素的影响。第二阶段的"精细分析"显示,新闻因素不仅能决定接收者的新闻选择行为,还可以成为处理新闻的建构原则。接收者,尤其是没有多少政治信息储备的人,大多倾向于突出的新闻因素(Eilders,1997:214)。一项后续的实验研究再次佐证,无论报道如何醒目,新闻因素仍会发挥作用(Eilders,Wirth,1999)。

2001年,鲁尔曼领导的研究团队分析了8个德国电视台一周的晚间新闻,并在其后的田野访谈中比较了人们接收新闻的情况。③ 研究结果证明,人们会选择性地认识电视新闻,而且新闻因素对此具有决定性的意义(Woelke,2003b)。研究者在访谈中要求被试说明为何他们会认为自己记住的信息值得关注,以此来检测受众对讯息的理解情况(Woelke,2003b:183)。研究者发现,观众大多会接受电视头条新闻的相关性结构。弗雷特乌尔斯特的研究针对电视报道以及观众接收报道的情况,探索了新闻结构对观众认知的影响。他选取了2005年12月中的3天,分别开展了三轮网络调查,样本大约为500个。研究者还分析了德国电视一台、二台以及4个私营电视台在调查日的前一周以及调

---

① 新闻因素"事实性"(Faktizität)一方面指真实发生的可观察的事,另一方面则指口语引用、推测和解释(参见:Schulz,1976:126)。
② 上文关于事件与新闻之间关系的论述当中已经提到这项研究。参见第四章第三节第一点。
③ 该调查在全德范围内共抽出315个电视观众进行测试。

查周期的新闻节目。研究发现,电视报道与受访者提及新闻的次数之间存在关联,并再次证实了记者的选择与电视观众的选择比较一致(Fretwurst,2008)。

上述研究证明,新闻的选择与呈现决定了人们接收政治事件信息的行为。因此,媒体受众的政治认知当中总是充满了媒体高度关注并突出强调的事件,也就是电视和报纸的头条。这些被报道的事件具有一系列显著的新闻因素,并且媒体使用者的政治认识中也明显存在着这些事件的特征和新闻特征的痕迹,这也是该项研究中对新闻因素概念操作的结果。简而言之,接收者依据事件的新闻因素来关注、简化、解释和建构对政治的认识(同时参见:Woelke,2003a)。

新闻因素塑造了人类处理新闻的推理捷径和认知图式。但政治事件的新闻因素并非逐字逐句地印刻到人们的认识当中,接收者的特点——如政治能力、关于特定议题的知识储备、兴趣,以及新闻接收的环境——也会修正其认知。一些采用其他理论的研究也证实,媒体使用者通过认知图式来处理政治性的媒体内容。[1]

二、政治麻醉的涵化

使用媒体会影响人们的政治认知,这是乔治·格伯纳**涵化理论**的一个核心要点。涵化理论是传播研究最关注的理论之一,而且相关的研究路径也最多,它最早被用来分析美国娱乐电视节目中(高度)的暴力呈现(Gerbner,1970)。格伯纳及其他众多采用该理论的学者认为,电视暴力(以及其他媒体内容)具有深远的政治影响。

涵化是该研究领域的一个核心概念,并且与社会化概念高度相关。与社会化研究类似,涵化研究也认为大众媒体具有极强的政治影响,不仅涉及儿童和青少年,也关乎成人;不仅与人类的知识和行为模式习得有关,也与人的政治世界观和价值取向密不可分。两种研究路径都着眼于政治系统的维护与变迁,也都假设使用媒体会对这些方面带来深远的影响。

涵化研究的重点是分析电视的影响。由于电视在日常生活中普遍存在,人们收看电视的频率也很高,于是,电视营造了一种"电子环境",促使观众形成对社会真实与**生活真相**的认识。电视呈现的社会会让观众对性别、少数族裔和不

---

[1] 参见上文资料5-1。

同年龄群体形成刻板印象。"电视真实"中频繁出现的犯罪也会让观众(臆断地)担心自己可能会成为现实犯罪的受害者。同样,观众在电视台看到其他职业群体(例如警察),也会对这类群体在人口中所占比重产生类似的联想(Gerbner,Gross,1976;Gerbner,2000)。

电视把世界景观媒介化;收看大量的电视会影响人们的政治信念(或与政治相关的信念)及价值取向。美国电视中充满了暴力和犯罪,电视在人们心中"培植"恐惧与怀疑,导致人们期待**法律和秩序**的保护,这不仅促进了政治秩序的稳固,也是维持现状的保障。此外,电视的政治涵化也会带来**主流化**,让人们在政治分歧中倾向于采取中间道路和多数意见。已有研究发现,主流化与其他涵化效果多多少少都涉及电视,尤其是重度电视观众(Gerbner et al. 1984;Shanahan,Morgan,1999)。涵化命题由美国发展而来,而且在其他国家也得到了验证。自20世纪80年代德国广播电视市场放松管制之后,电视娱乐节目显著增长,涵化理论随之受到高度关注。但当时的研究没有确凿的证据证明电视在德国观众当中有显著的涵化效果(Schulz,1987;Holtz-Bacha,1990),新近的研究也证实了这一结论(Wolling,1999)。①

起初,格伯纳认为主要是电视中的**娱乐**内容具有涵化效果,但其他的研究者猜测,**政治**报道也许存在类似的效果。这一假设之后得到了验证:自20世纪60年代中期以来,美国人对美国政府(包括其他政治机构)的信任显著下降,同时,人们的政治兴趣和投票率也在下降,而政治无力感和疏离感却增加了(参见:Miller,1974;Nye,1997;Moy,Pfau,2000;Patterson,2002;Pew Research Center,2010a)。迈克尔·鲁滨逊(Michael J. Robinson)将这些现象称为**政治麻醉**,并指出这是因为美国人把电视作为唯一的或主要的政治信息来源(Robinson,1975,1976)。此外,他还提到了**视频麻醉**的概念。

"政治犬儒主义"指的是人们对政治丧失了信任。卡佩拉与贾米森通过一系列实验研究,证明媒体会导致"犬儒主义不断升级",使得人们的政治信任与参政意愿不断下降(Cappella,Jamieson,1997)。这是因为媒体往往倾向于负面报道,会把政治呈现为一种"策略性"的权力游戏,而不是呈现为努力解决紧急的问题。这些研究结果来自美国,部分结论在欧洲语境也得到印证,但另外一些结论则有差异(参见:Kleinnijenhuis,van Hoof,Oegema,2006;de Vreese,2005,

---

① 请参见以下研究:Schenk,2007:578-580;Winterhoff-Spurk,2005;Jäckel,2008:215-217。

2008;de Vreese,Elenbaas,2008)。开普林格(Kepplinger,1998b)、沃林(Wolling,1999)和莫勒(Maurer,2003)的研究根据广泛的长期调查数据得出结论(其中部分数据是短期数据),消极的政治新闻促进政治疲劳,让人对政治产生负面态度。

随着研究的不断发展,学界开始区分媒体给政治带来的不同影响。米勒、戈登堡与埃尔布林在20世纪70年代末发表的论文对此有巨大的贡献(Miller,Goldenberg,Erbring,1979)。他们认为,仅仅根据受访者提供的一般的使用媒体行为,是无法充分证明媒体的影响的。他们询问受访者阅读哪种报纸,并用内容分析法了解其政治倾向。研究者可以通过抽样调查分辨选民特殊的媒体行为和政治倾向,这样就不必测量受访者的主观认知与评价了。但出于节约研究经费的考虑,许多效果研究仍要依靠受访者提供的使用媒体的具体行为。不过,目前越来越多的研究把调查与内容分析结合起来,只不过调查的费用仍然非常高昂(例如:Wolling,1999;Maurer,2003;同时参见:Schulz,2007)。

另一种精细的研究方式着眼于媒体产生影响的因变量。具体研究路径可以参见麦克劳德(McLeod et al. 1977)以及米勒等人(Miller et al. 1979)的研究。研究者根据两个指标来分析政治疲劳,一是人们对政府的信任,二是人们对政治机构响应度的评价。随着该领域的进一步发展,研究中的因变量会越来越多,更多的关于媒体效果的新概念也会形成。

政治疲劳的维度

富克斯(Fuchs,2002)提出的政治疲劳(Politikverdrossenheit)概念是一个"新闻词汇",因此,要将之先翻译为学术用语。根据伊斯顿的系统理论,政治信任是**支持**政治系统的要素(Eastons,1965)。[①] 他在后续的著作中,还探讨了**特殊**支持和**广泛**支持的区别(Eastons,1975)。这种区分方式被许多学者采用,并得到了进一步发展(参见:Pickel,Walz,1997;Maier,2000)。其中,特殊支持指的是对统治者具体政绩的短期支持,广泛支持则可以理解为人们对政治共同体和政治秩序的基本的、相对稳定的观念(Westle,1999:91-93)。经验调查会询问人们对政治秩序与政治机构的信任程度,这种调查方式也与德国人口综合社会

---

① 参见第三章第一节。

调查(Allbus①)的方法类似(Schmitt-Beck,Rohrschneider,2004)。

另一种研究路径是经验性的参与研究。早在20世纪50年代，这个研究领域已经提出了**政治效能感**的概念，它指的是公民对自身发挥政治影响的主观信念。研究者会假设，公民的政治效能感是其参政的一个重要前提，这一点已经在经验研究中得到证明。另一些调查则将政治效能感分为两个要素，分别是**内在政治效能感和外在政治效能感**。前者指人们对自身政治影响能力的认知，即政治自信，后者指人们对政治机构响应公民需求的预测。研究者在调查中一般会用一个标准量表来测量两种信念(Vetter,1997)。表5-5展示的是一些具体的操作案例。

表5-5 政治信任与政治冷漠

维度	概念	操作案例
政治支持	满意政府和反对党的表现	"您满意……柏林政府的表现吗？"
	民主满意度，对政治制度的满意度	"您对德国民主有什么看法？您是否满意？"*
	对政府和诸如议会、法院、警察、军队等机构的信任	"我会列举一系列公共机构或组织。请告诉我，您对每个机构或组织有多信任？"*
影响力信念	内在政治效能感、政治自信	"我能充分理解、评估重要的政治问题。"** "我相信，我能在一个致力于解决政治问题的团体中扮演积极角色。" "政治太复杂，我无法理解。"***
	对政治机构响应度的评估（外在政治效能感）	"政客关心普通人在想什么。" "联邦议员会努力和群众保持紧密联系。" "政党只是想要选票，他们才不关心选民的看法。"***
社会资本	社会信任	"有些人认为可以相信大多数人；另一些人认为和其他人在一起时要非常小心。您怎么看？"**
	与社会网络的结合度	志愿组织的成员或积极分子、朋友关系、工作联系等

* 来源：*Politbarometer*。
** 来源：*Allbus* 调查。
*** 来源：Vetter,1997。

---

① 德国人口综合社会学调查(ALLBUS/GGSS-Die Allgemeine Bevölkerungsumfrage der Sozialwissenschaften)是一个德国全国性数据项目，类似于美国综合社会调查(GSS)。——译者注

20世纪70年代,随着越战溃败及水门事件的曝光,美国公民对其政府的信任度及政府响应度的评价不断下降,媒体的影响可见一斑(Robinson,1974,1977;McLeod et al. 1977)。研究者当时至少有理由假设,政治事件及其媒体呈现会引发暂时的政治疲劳。新近的研究证实,美国媒体(特别是娱乐节目)中的确存在极多的负面元素,而且媒体中的负面内容总量还在增长(Nye,1997;Lichter,Lichter,Amundson,2000)。

帕特森认为,美国新闻业的风格正在发生翻天覆地的持续性变化,这也是负面内容在媒体中大行其道的原因之一。他根据已有的经验数据,发现美国媒体中的解释性内容正在不断压缩中立的事实传播(Patterson,1993,2002)。瑞士学者威斯特施塔尔与约翰森(Westerståhl,Johannsson,1986)与德国学者开普林格(Kepplinger,1998b)也在本国的新闻媒体中观察到了长期的负面趋势。莫伊和普法奥认为,"媒介偏爱批判"并非这一趋势的主要原因,政治现实在其中也发挥了作用(Moy,Pfau,2000)。他们指出,负面事件(如丑闻、和政策失误)与偏好负面和"反政治"的新闻媒体之间存在相互作用。

本内特等人指出,人们对政府的信任及其对媒体(机构)的信任相辅相成(Bennett et al. 1999,同时参见:Pew Research Center,2010a)。而媒体与政治或许都在破坏彼此的声誉。一项纵向研究采用了复杂的时间序列分析方法,不仅证实了媒体报道与机构信任之间的相关性,还发现媒体本身也是负面报道的最大受害者:随着美国媒体当中的批判声音不断变多,媒体本身的形象大大受损(Fan,Wyatt,Keltner,2001)。

电视与社会资本

在美国,上述讨论还涉及社会资本的概念。例如罗伯特·帕特南认为,美国的社会资本正在广泛流失(Putnam,1995,2000,特别是第13—15章)。社会资本这一概念指的是有利于社会共存的共同价值观与信念,其中既包括社会互信,也包括政治信任、公民参政(例如参与协会和政治组织)以及人们对社会价值和规范的接受。拥有社会资本的人更容易实现自己的目标,这是一个公认的前提(参见:Roßteutscher,2009)。帕特南根据大量的数据,指出美国社会资本的流失是因为不同的社会变迁过程。他认为,电视(主要是娱乐节目)是一个主要原因,因为电视吞噬了私人的生活与时间,这些时间本来可以用于社会交往。帕特南还提出了更让人担忧的同辈效应:"电视一代"(指出生于20世纪60年代,与电视一同成长起来的群体)的社会资本流失情况极为严重。

帕特南对研究结果的解释以及他所展示的数据受到了大量批评,但也启发了一系列经验研究。学界主要怀疑他对电视的整体批判,而且指出他所提出的同辈效应也并非普遍存在。例如,其他相关研究发现,过度观看电视或网络中的**娱乐**内容与政治信任与参政之间最有可能是一对负相关关系;而另一些媒介行为,例如读报、观看电视、收听广播和接收网上的政治信息,与政治信任和参政之间完全是**正相关**关系(Norris,1996;Bennett,1998;Uslaner,1998;Shah,Kwak,Holbert,2001;Lee,Capella,Southwell,2003)。此外,电视市场的结构也有一定的影响,有些国家的公营电视的收视率较高,其公民的社会信任度明显高于私营媒体主导的国家(私营电视节目的娱乐内容通常较高)(Schmitt-Beck,Wolsing,2010)。

三、德国媒体变迁对政治带来的影响

在德国,把电视当作政治失败的替罪羊的观点也有市场。1969年美因茨举办电视批评日,诺艾尔-诺依曼在演讲中提出了"伪装的大象"的比喻,认为电视的政治影响被严重低估。她主要的批判对象是当时的主流学说有限效果论,有限效果论的理论基础是受众的选择性行为。而诺艾尔-诺依曼则认为,电视不受选择性行为的影响,她在后续研究中还提出了强效果回归的观点(Noelle-Neumann,1971,1973b,a),并指出电视比其他媒体的影响空间更大,因为电视的覆盖范围极广、收看频率极高,电视是许多人的主要信息来源;而且电视影像活灵活现,看起来特别真实,会让人觉得可信度较高;电视还能轻松地克服受众的选择性行为的影响,因为它是娱乐性的,而且总能带来令人震惊的观影体验。舍恩巴赫与劳夫将这些特点称为电视的"陷阱效应"(Schoenbach,Lauf,2002,2004;同时参见:Marcinkowski,2010)。

有鉴于此,学界的相关讨论与研究开始聚焦电视对受众的政党态度及投票行为的可能的影响(Noelle-Neumann,1980b;Buß,Ehlers,1982;Darkow,Zimmer,1982;Schönbach,1983)。在议程设置、涵化理论及沉默的螺旋理论的影响下,这种研究视角发生了变化。和早期的传播理论不同,这三种理论都先假设媒体会影响人们**对真实的认识**,接着再扩展到人们的政见与态度(参见:Weaver,1984)。

沉默的螺旋理论的核心在于把人们对真实的认知、意见与态度联系在一起（Noelle-Neumann,1980a），如果大众媒体反映的政治事务偏离实际，就会导致现实社会舆论的转变。① 诺艾尔-诺依曼用这个理论来解释媒体对舆论气候的影响（以及对投票决定的间接影响），并且指出媒体会影响集体的自信与人们的心态（Noelle-Neumann,1978）。

媒体内容的变化

在20世纪80年代中期，德国广播电视开始放松管制。但随着电视的不断扩张，担忧也越来越多。② 一些研究指出，随着德国广播电视的"美国化"，在德国也会有美国已经出现的问题，特别是美国研究中已经确证的一些结论，例如使用电视与政治认知之间的关联（参见：Kaase,1989；Schulz,1994；1998；Holtz-Bacha,Norris,2001）。大量的内容分析研究证明，德国媒体内容的变化，而且特别是电视节目内容的变化，至少部分是因为私营广播电视的出现以及日益激烈的媒体竞争（参见：Donsbach,Dupré,1994；Pfetsch,1996；Krüger,2001；Marcinkowski,Greger,Hüning,2001）。

现有的研究仍然无法完全证实这种变化会带来政治后果。不过有些研究已经发现，媒体使用的方式和强度与政治麻醉之间存在相关关系。此外，看电视与社会资本及公民参政之间是负相关关系，这与帕特南的假设相符，而且也在德国得到证实（Lüdemann,2001；Arnold,Schneider,2004）。不过，这些关联在控制多变量之后就有可能消失（参见：Kunz,2004:221）。③

从原则上来看，通过静态调查得到的数据的解释力往往有限，因为研究者往往无法从中辨别何为因，何为果。恰如沃林指出，几乎没有什么研究能够严格地检测出电视的负面效果（Wolling,1999:63-89），这里不仅是指美国的研究，德国的研究也是如此。

与此相比较，研究更能确证读报的积极效果，即便有时读报也会出现和收

---

① 参见第六章第一节第二点。
② 随着德国广播电视市场的放松管制以及有线及卫星接收技术的发展，广播电视频道在短时间内成倍增长。在20世纪80年代中期，大部分德国观众只能收看3-4个地面电视节目，在之后短短几年内，有线电视频道增加到30多个，卫星电视节目增加到50多个。随着电视节目供应量的增加，娱乐节目越来越多。而且在经济停滞时期以后，电视收看时长又再次提升。
③ 弗莱塔格与布尔曼（Freitag,Bühlmann,2005）根据世界价值观调查（World Value Survey,1995/97）在35个国家的调查数据，在多层次分析中采用了多变量控制，他指出，深度电视收看与社会信任之间具有显著的相关关系（其测量指标是表5-5中的指标）。

看电视娱乐节目一样的效果,因为阅读报纸上的娱乐内容也会对人类认知带来不利影响(特别参见:Holtz-Bacha,1990;Brettschneider,Vetter,1998)。莫勒的研究从另一种角度切入,也得出了类似的结论,他还发现,媒体对政治的负面呈现会影响受众对政治的评价(Maurer,2003)。

公众政治态度的发展趋势

研究媒体变迁与人的政治认识及态度之间的关系,往往旨在发现媒体的长期影响,因此只有通过纵向研究才能充分地检测相关关系,而且最好采用时间序列分析,或者结合焦点小组访谈和内容分析。① 最近,学界越来越注重调查的时间维度,德国也是如此;不过和美国相比,德国数据表现出来的情况很糟糕。例如,研究者根据**德国综合社会学调查**和**欧洲民意调查**(Eurobarometer-Umfragen)提供的规律性的数据进行了二次分析,发现西德人对德国政治机构的信任度和民主满意度都显著下降了(Schmitt-Beck,Rohrschneider,2004;Scheuer,2005)。② 这种情况可能与人们对经济形势的评估有所关联。但上述研究没有验证人们对民主制度的满意度下降趋势是否与使用媒体行为之间存在相关。

政治晴雨表调查(Politbarometer-Umfrage)长期提供定期的调查数据,其数据表现出了类似的趋势(参见图 5-2)。在 1980 年以前,80%(以上)的德国人对德国的民主状况满意,超过六成的人表示对政府满意。而在社民党-自民党联合执政的末期,人们的满意度暴跌。在 1982 年政府更迭之后,满意度再次上升,但再也没有达到 20 世纪 70 年代的水平。在德国统一以后(1990 年),公民的情绪再次高涨,接着满意度先出现了大幅下滑,在 1994 年选举之时又有所上升。此后,德国人的满意度一直低于 20 世纪 80 年代。目前,人们对政府绩效的满意度一直位于低谷,而且仍在下跌。

人们的满意度出现起伏,也暗示了人们的态度高度依赖于政治事件和时事问题。在很大程度上,人们总要通过媒体,而且更多时候需要媒体的解释才能

---

① 同时参见第三章第三节第二点,以及第五章第五节第二点中对因果检验的评价和焦点小组访谈的研究设计。
② 相比许多其他的欧洲国家,西德的下降趋势更加显著。必须注意的是,在 1990 年以前,德国人对民主的满意度还远远高于欧洲国家的均值,之后该值慢慢地向均值靠近,这种情况或许可以被理解为常态化。东德的民主满意度远远低于西德,并且在德国统一之后还有微弱下降,然后出现了一定波动。

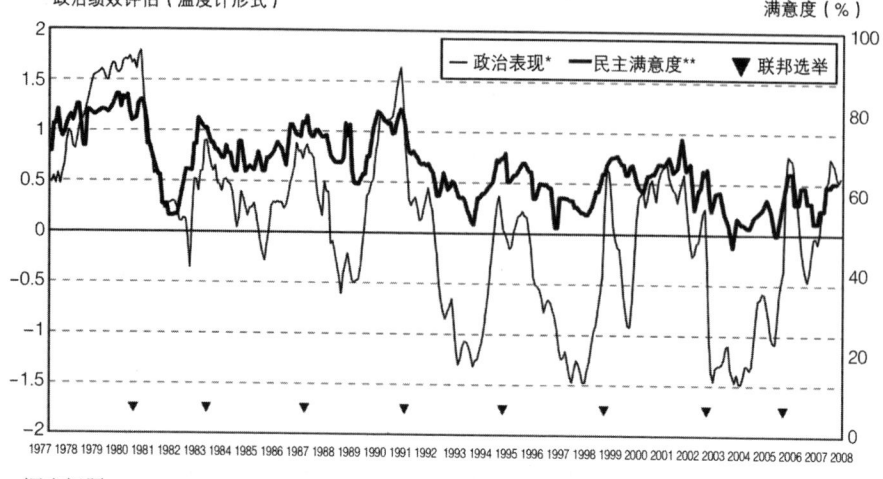

图 5-2 政治观念的趋势

调查问题：

* "您对波恩的(和柏林的)基民盟—基社盟—自民盟的联盟政府(1982年之前为社民盟—自民盟联盟政府)满不满意？请您用量表中的-5~5来描述您的满意度。"趋势线显示的是评估均值，1988年以后的调查采用另一种表述来提出这个问题。

** "您如何看待联邦德国的民主状况(1993年之后，问题表述为德国)？您对此满意吗？"该趋势线显示回答"较为满意"的受访者比例；在1988年以前，该问题的回答选项分为"非常满意"和"较为满意"。

以上所有数值都来自老联邦州(数据来源：Politbarometer West)。

知道这些事情。因此我们可以认为，公民的政治态度受到媒体对政治事件和问题的呈现的影响(例如失业和经济危机)。特别是当媒体把某个社会问题解释成一种政治行为的后果，并将之归咎于具体的责任人之时，就会出现这种情况。

开普林格对三份德国舆论引导日报进行了纵向分析(1951—1995年)，发现"弱化政治"的报道与公民的不满之间存在相关关系。在过去几十年间，有关政客的负面报道显著上升，而正面报道的总量几乎没有变化。正面报道与负面报道之间正在不断失衡(Kepplinger, 1998)。

其实，政客自己在新闻中的批判比记者还要激烈，这意味着政治论述变得更加激进。在开普林格看来，政客采用这种方式有其战略谋划的考虑，主要是因为媒体对负面内容感兴趣。政客之所以发表批判言论，是希望媒体有更多的回应。此外，媒体的选择行为也发生了变化，对政治冲突和争议的关注不断上升。显然，政客与媒体双方的相互参照使两者的负面内容都变多了，这也可以看作政治媒介化的一种形式(Kepplinger, 1999)。

莫勒在1998—2001年间采用焦点小组访谈法，从多个维度分析了媒体对政治疲劳的影响。调查发现，受访者如果在调查中接触到的负面政治报道越多,并且意识到这是负面的话,就会对政治表现越来越不满。与政治事件的发展一样,负面报道会影响政治系统的**特殊**支持。但从研究结果来看,人们的一**般**系统支持,也就是对民主制度的基本态度并没有受到影响。即使在经济局势低迷的时期,被访者的一般系统支持仍维持在相当高的水平。

第六节　政治麻醉或政治动力?

德国人、美国人和许多其他国家民众的政治信任感或许都在下降,而政治麻醉的程度在不断上升。但研究者无法证明媒体发展和政治报道与这些趋势之间是否存在因果关联。即便在美国,研究也只是部分证明了媒体对政治麻醉的影响,因为研究者往往要在分析中添加一些附加条件或分类类别,例如不同的**媒体类型**、**内容风格和政治呈现**的方式,才能证明这种假设(参见 Wolling, 1999;Maurer, 2003;Schmitt-Beck, Voltmer, 2007 的研究概要)。一些研究发现,长时间收看电视(人们在调查中选择"主要看电视"或"频繁看电视")会提高人们的政治麻醉程度,使用印刷媒介则有利于公民参政。通过比较不同媒体的内容,就会发现接触娱乐性的媒体内容有不利影响,而接触政治信息则产生比较有利的影响。

显然,附加的、修正的前提条件也会作用于媒体用户**已有的立场**,而且早期的传播经验研究已经发现这一点。这些条件包括个人特征,如公民的年龄、学历、兴趣、政治能力和政治价值取向。政治**语境因素**也非常重要,这指的是民主制度的类型(多数统治体制和共识体制,参见:Anderson, Guillory, 1997)、不同的**情境条件**(时事或问题)以及媒体和媒体使用者评估的政府绩效。

在大多数研究中,研究者都是针对使用媒体行为和媒体变迁可能带来的**负面**后果进行研究,然后再来处理政治疲劳和政治麻醉的概念。这种研究取向合情合理,因为如果媒体倾向于负面报道,或者这种趋势已经出现,就意味着大众媒体没有履行其公共使命——**促进**公民参政。长此以往,政治报道和媒体发展可能会导致民主的功能失调。

有些学者认为,这种担忧毫无根据。他们根据经验研究的证据,对媒体导致政治麻醉的这个研究假设的效度提出了质疑(例如:Holtz-Bacha, 1990;Uslaner, 1998;Newton, 1999;Schmitt-Beck, Voltmer, 2007)。有些学者完全支持政治疲劳的对立假设,认为大众传播媒体具有政治**动员**的效果;或如加布里埃尔所言,媒体是政治兴趣与政治参与的"催化剂"(Gabriel,1999);诺里斯则用富有深意的比喻——"**良性循环**"来驳斥**犬儒主义的螺旋**的假设(Norris,2000)。①从上文提到的一些经验研究结果来看,接触政治性的媒体内容完全可以对公民参政产生**正面影响**。

一、电视与政治兴趣

电视在一开始进入德国人的客厅时还被寄予厚望。在20世纪60年代,西德人的政治兴趣急剧上升(参见图5-3),这个趋势平行于(公营)电视的引入过程,这种现象支持了电视刺激政治兴趣的假设(Noelle-Neumann,1977b,1979;Schulz,1995)。派瑟用群组分析法证明了这一相关关系:在20世纪60年代,电视的确让德国人的政治兴趣和讨论政治的频率"明显地、持久地、在统计上显著地"增加了(Peiser,1999)。

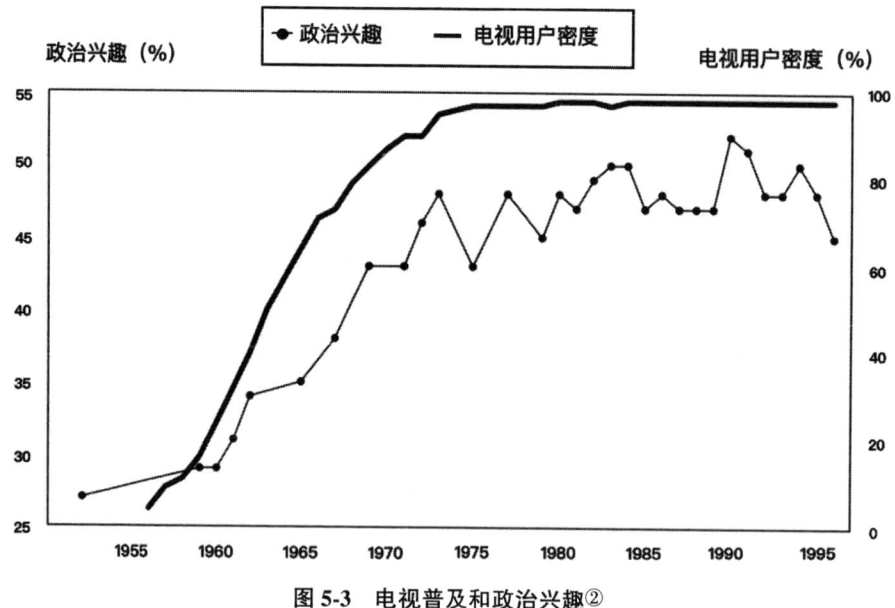

图 5-3　电视普及和政治兴趣②

---

① 良性循环在德文词典中的翻译是"Tugendkreis"。这种文字游戏或是为了与"恶性循环"(vicious circle)的表达关联。
② 调查问题:"您对政治感兴趣吗?"相关的趋势线代表的是回答"是"的比例(来源:Allensbacher Archiv,各年均值来自大量的多议题调查,仅在老联邦州中进行)。电视用户密度指的是家里有机器收看电视节目的人群占总人口的比例。

在当时的历史语境中,电视的确激发了人们的政治兴趣,但如果要将这个命题普遍化,还有待商榷。从媒体的发展以及西德人之后的政治兴趣趋势来看,情况并非如此(参见:Gabriel,1999;Hoffmann-Lange,2000;van Deth,2000,2004)。随着电视中的政治信息越来越多(还包括其他媒体),人们越来越频繁地接触这些信息,但是自20世纪80年代以来,人们的政治兴趣并没有明显提升,之后的确出现了一些暂时的增长,例如1990年政治僵局被打破之际。①

20世纪60年代见证了德国历史上唯一的政治兴趣显著增长趋势,一方面这是因为电视在当时还是新兴媒介,另一方面,这还得益于政治文化的变迁。在电视被引入之际,一些社会的、政治的条件也在发生变化,这些条件对人们政治兴趣的提升至关重要。在战后的第一个10年,得益于西方盟国**再教育**计划的支持,西德人见证了民主化的历程。在西德经历了纳粹的创伤以及1945年的政治崩溃之后,民主促进了政治关系的**正常化**。此外,社会经济转型也有一定作用(至少有间接作用),特别是经济繁荣和正规教育改善(Klages,1988)。最后,公民政治兴趣的提升或许也是总体价值观变化的一个缩影(Inglehart,1977;Meulemann,1985)。电视扩张的背景是社会的**世俗化**与**个人化**:诸如自决、平等和参与之类的后物质价值(Postmaterielle Werte)以及独立和自由意志的教育目的变得日益重要;而传统的美德——如顺从、秩序井然和勤奋却逐渐弱化。

要理解人们的政治兴趣及其变化发展过程,不仅要考察个体的特征,还要注意社会语境的特征。国际比较研究需要特别重视这一方面(参见:Schmitt-Beck,Voltmer,2007)。政治兴趣以及政治动员的其他方面取决于个体特征,例如性别、年龄和学历,而各国的社会经济发展和民主成熟度是语境特征,也是决定性的要素。这些特征能解释不同国家之间的许多差异,例如瑞士人、丹麦人、荷兰人和瑞典人的政治兴趣很高,而欧洲南部国家的人对政治的兴趣较低(参见图5-4)。

---

① 美国的情况与之类似,自20世纪70年代以来,其政治兴趣趋势几乎没有变化(Norris,2002)。

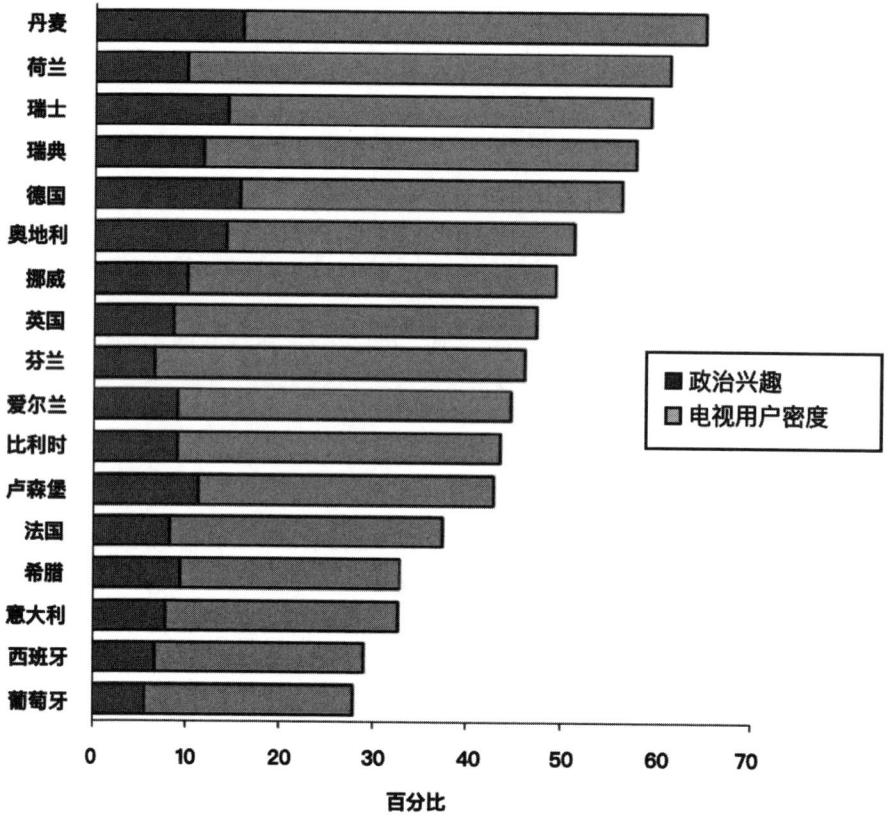

调研者念出问题:"您对政治有多大兴趣? 您是否对……非常感兴趣、比较感兴趣、不太感兴趣、不感兴趣?"

图 5-4 欧洲人的政治兴趣①

社会语境也是德国人政治兴趣水平相对较高的一个原因。德特猜测,另一个原因或许是 1933—1945 年之间纳粹执政时期以及东德非民主专政时期的集体历史记忆(Deth,2004)。但德国媒体的发展、媒体系统的结构,以及媒体提供的政治信息,包括人们使用媒体行为是否也发挥了作用,是尚未解答的问题。

二、解释因果关系的研究方法

对使用媒体行为和政治参与之间关系的解释,相关研究还存在一定的方法

---

① 数据来自第一轮欧洲社会调查(参见:R. Jowell and the Central Coordinating Team, European Social Survey 2002/2003:Technical Report, London:Centre for Comparative Social Surveys, City University,2003)。

论层面的问题。第一，**单个因素**似乎无法解释使用媒体行为和媒体变迁的结果：研究既没有证明可能的消极后果，如政治麻醉或政治疲劳，也没有证明积极效果，例如提升政治兴趣或促进参政。其中，个体特征、情境条件、媒体变量、体裁和内容往往被看作原因。第二，要探索媒体因素、体裁因素和内容因素的影响，只能在使用媒体行为这一维度分别测量效果，而且要用**内容分析法**甄别媒体因素的特征，例如媒体中有关政治的内容与重点（Schulz，2007）。第三，媒体变量的影响似乎受到历史和情景等**语境因素**的制约。第四，研究者不能简单地累积各个影响变量和条件变量，然后以此来解释媒体与参政之间的关系，还需要考虑互动效应，这在统计上叫作**因子互动**。第五，研究者只能通过纵向研究，而且最好用焦点小组访谈法才能解释因果关系。[①]

森美科和瓦尔肯伯格的研究是焦点小组访谈法的一个优秀案例（Setko，Valkenburg，1998）。研究者对民主德国和联邦德国的公民进行了三轮调查，分别是1992年春季、1993年秋季和1994年春季。德国公民的情绪在某一时间点出现了急剧恶化（如图5-2所示），这是因为当时的经济形式比较糟糕，失业率也很高。1994年1月，德国失业率猛增，首次超过10%。当时媒体不仅对此进行了高强度的报道，而且把失业当成一个问题来报道。这个研究发现，公民阅读报纸政治内容以及收看政治类电视节目，对其政治态度有显著的影响。研究者分别测量了两个代表**内在政治效能感**的标准指标（参见表5-5），然后通过多变量分析充分地证明了使用媒体这个因素导致态度变化这个结果（参见：Hagen，2005）。

这个研究没有考虑语境因素，也没有分析受访者使用的媒体内容，但从中也能间接地看出，公民对自身发挥政治影响的自信提升了，而且这是由使用媒体行为带来的一种积极效果，而不是对经济政治情况或其媒体呈现的一种反应。具体来说，在这段时间内，失业环境与媒体的失业报道都非常负面，但这个研究却发现，媒体在一个时间段中发挥了积极的影响。换而言之，媒体能在负面的语境条件下积极地作用于公民的政治观念。

莫勒指出，媒体效果研究存在着一个根本的短板，这个短板会长期限制研究的产量。这是因为受访者一般在调查开始时就已经有了观念，也就是说，如果研

---

① 焦点小组访谈研究指的是用一问卷（至少内容部分相同）来重复调查同一个样本（参见上文第三章第三节第二点）。

究者猜测的媒体效果在调查之前就已经出现,而且这种效果在调查过程中没有出现太显著的变化,那么就无法证明媒体的效果(Maurer,2003:235)。

德弗里斯在其焦点小组访谈研究中也发现,媒体的效果极其依赖于干预变量和语境条件(de Vreese,2005)。他的研究聚焦欧洲人的政治疲劳状况,调查时逢2002年12月哥本哈根的欧洲理事会会议。他开展的两轮调查访谈之间只相隔几个星期,但研究者还是能够证明政治疲劳状况的变化及原因。该项研究同时在荷兰与丹麦进行,因此还考虑了不同的语境条件。他们用内容分析法分析了两国最流行的媒体,并发现由于两国媒体报道的重点有所不同,对荷兰人使用媒体的行为产生了负面影响,而对丹麦人使用媒体的行为却产生了积极影响。此外,研究者还开展了因子互动分析,发现丹麦人的使用媒体行为虽然有积极效果,但并非所有人都是如此,其中,政治能力较低的人(即偏离主要影响的人)的政治疲劳程度反而有所上升。

美国学者格罗斯、阿代与布鲁尔的焦点小组访谈研究也极富启发意义(Gross,Aday,Brewer,2004)。该研究始于2001年深秋,结束于2002年夏末。研究者在纽约世界贸易中心遭受恐袭之后进行了三轮抽样调查,受访者是18岁及以上的美国人,需要回答有关政治信任和社会信任的不同指标问题。值得注意的是,在恐袭发生后不久,所有信任指标都呈现出较高水平,而在差不多短短的一年之后,这些指标(再次)下降。通过焦点小组访谈分析的方式,研究者发现总体变化能够下降到个体层面,并对社会互信和政治信任形成不同的解释。**政治**信任的变化——即对政府和不同政治机构的信任——并非源于媒体的影响,人们的**社会**信任——即对其他公民的信任度和帮助他人的意愿——的变化则可以在统计上归结于媒体的影响。不过,电视和报纸形成的效果相反:(更频繁地)收看电视新闻削弱了社会信任,读报则增强了社会信任。

特别值得注意的是,这个研究比较了**静止**测量值和**动态**测量值,并用焦点小组访谈法进行比较。在2001年深秋进行的那次访谈分析属于静止观测,结果显示,收看电视与政治信任指标之间具有部分的显著正相关关系(但社会信任则不是)。而用动态观察法得来的结果却是另一种情况:看电视与**政治**信任变化之间没有相关关系(但看电视与**社会**信任变化之间却存在关联)。

这种比较对研究有两种启示:其一,尽管研究者对大量可能的干扰变量进行了多变量控制,但我们无法将静止观测得来的显著相关关系直接视为媒体的动态效果;其二,即便静止观测显示使用媒体行为与因变量之间**没有**关联,但随着时间的推移,使用媒体行为也会产生影响。换言之,研究者就算通过静止观测得出了相关关系,但这不是在时间维度上证明相关关系的一个**必要**条件(经常有研究会错误地假设这种关联),也绝不是充分条件。

然而许多研究的结果仅仅参考了一个测试时间点得来的数据,其结论值得商榷。

三、互联网动员?

互联网的发展不同于电视:在互联网扩张之初,人们的期待就胜过恐惧,这主要是因为人人都只需要付出一点点时间和成本就能获得大量、及时的网络政治信息,而且这些信息还契合个体的兴趣。人们希望互联网改善公民的信息接收情况,发挥政治动员的效果。对互联网持有乐观态度的,莫过于前美国副总统阿尔·戈尔(Al Gore),他在1994年国际电信联盟会议上的著名讲话当中,提出了一个"全球信息基础设施"的愿景,认为这将改善公民参政的机会,并推动全球民主化进程(参见:资料5-3)。一些学术论著也表达了类似的期待(参见:Rheingold,1993;Negroponte,1995;Castells,1996)。**脸书**、**推特**等社交媒体的迅速普及,使社交媒体在2008年美国大选时期成功地发挥了动员作用,这些现象都促进了关于互联网的乐观态度的发展(参见:Bruns,2009)。

互联网不仅仅是信息的通道,也能促进人们的互动和参与。网民不再只是信息的接收者,还是传播者。[①] 尤其是社会性、政治性的**网络抗议**(例如环保、反核能、反全球化运动)可以绕过传统媒体及其把关人,互联网特别有效地拓展了政治影响的形式(van de Donk et al. 2004;Baringhorst,2009)。最后,互联网最适合用来组织全球范围内的政治行动,例如世界贸易组织会议、世界银行会议和政治首脑峰会。

资料5-3:阿尔·戈尔关于全球信息基础设施的愿景

代议制民主建立在一个愿景之上:一个国家最好的政治决策方式

---

① 互联网扩展了政治参与的形式,这一点也体现在选战中利用互联网的形式方面。参见:第六章第一节第三点。

就是让每个公民有权自行掌控他们的生活——这个处理器就像人类一样能独立自主地运行。

要做到这一点,人们必须获得所需的信息,自由地表达主张,并与数以百万计的人一同作出选择。这便是该系统的整体原则。

(资料来源:1994年布宜诺斯艾利斯世界电信发展大会,时任美国副总统阿尔·戈尔的讲话。)

同样,互联网也会成为政治或宗教团体通过武力实现其关切的帮凶。极端分子能通过互联网进行政治抗议、施加影响,媒介化的恐怖主义就是一个极端案例(Nacos,2002;Mazzoleni,2008a)。因此,互联网扩散所带来的影响及其动员效果也引起了怀疑和批判(参见:Putnam,2000;Hoecker,2002;van Dijk,2005)。

网络政治信息的供应在某些方面已经超出预期,人们使用这些信息的行为也日见成效。① 在私人领域,互联网主要还是信息的载体,引导着人们找到实用信息,而且大多数情况下也能提供政治教育,帮助人们形成政见(Eimeren,Frees,2009)。因此有学者认为,互联网的扩散与使用有利于公民参政和政治动员。表5-1中的经验依据也能够体现互联网的效果。② 同样,一些相关研究也隐隐约约地暗示了互联网的动员效果(Wagner,2004;Dutta-Bergman,2005;Emmer,2005:129;Marr,2005:166-168)。一项针对38项研究(大部分来自美国)的元分析结果表明,互联网对公民参政主要带来了积极影响,只不过其平均效果往往微不足道(Boulianne,2009)。

我们也能从上述分析中看出前人研究的不足之处。有些研究的数据基于自选样本:研究者要么采用网络调查,要么采用其他不符合抽样规则的调查方式。此外,这些研究的最大缺陷是其结果几乎全部是从静止调查推导出来的,但静止调查无法提供因果关系的充分证据。即便有些研究者会采用多变量分析来控制潜在的干扰因素,但这种操作仍然无法排除这种可能:政治参与没有促进互联网的使用。③

纵向研究或许更适合用来验证互联网扩散对政治参与的影响,并且能提供

---

① 参见第二章第一节。
② 参见第五章第一节第一点。
③ 关于检验原因与效果之间关系的研究方法与逻辑问题,请参见第五章第一节第一点、第六节第二点,以及第六章第一节第三点。

更多的证据。但这类研究非常罕见。埃默、沃威等人的纵向研究是一个案例（Emmer，2005；Vowe，Emmer，Seifert，2007；Emmer，Vowe，Wolling，2009）。其研究对象是互联网的动员效果。研究者自 2002 年起开展了一系列焦点小组访谈，分析德国网民（能接入互联网的人）的政治行为是否有所变化。在该研究中，互联网动员效果的指标有两个，只要满足其一便可认为互联网发挥了动员效果，它们是："相比某一确定调查时段初期，如果在调查阶段末期，上网行为导致具有政治积极性的公民数量有所提升；或者，在调查阶段末期，公民的数量不变，而其政治积极性有所增强。"（Vowe，Emmer，Seifert，2007：113）。随着时间的推移，互联网动员的某些效果的确出现了，尽管并不十分明显。这一方面是因为互联网扩大了人们接收信息的方式，使政治参与的成本下降，收益上升：即使是一般的上网行为，也会让人更加频繁地接触**政治性**的信息。与此同时，人们的线下政治参与程度降低了，而其线上参与程度却提高了。此外，人们使用传统媒体政治信息的频率似乎有所下降，不过，与其说是互联网压缩了传统媒体，不如说这是代际变迁的结果。网民（仍然）主要是年轻人，而传统媒体对年轻人而言已经不再重要。[①]

  一项纵向的国际比较研究对 152 个国家普及互联网的民主效果进行了综合分析（Groshek，2009，2010）。民主的一个标准是保证公民自由，这也是公民参政的一个先决条件。这项研究从 1994 年延续到 2003 年。研究的结论是，普及互联网对公民自由的影响很低，只有在那些已经拥有较高民主水平的国家，公民自由才会受到影响。这一发现也说明，普及互联网所带来的效果并不总是如人所愿。

[①] 参见第五章第二节第二点。

第六章　选战中的媒体

大部分民主国家的宪法中都有类似于德国《基本法》第 20 条第 2 款的表述："国家所有的权力来自人民。"德国《基本法》也规定，国家公民以选举或表决的方式来行使国家权力。选举和表决是公民政治参与的直接形式，议会和政府正是由此而获得合法性。对此，传播研究的旨趣在于公民参与选举和进行表决的前提。这些前提包括选战活动的过程、促使形成政见、决定投票的动力，以及大众媒体在这些过程中的作用。与之相关的研究重点有：政党与候选人的传播策略、选战的媒体呈现、候选人形象的媒体塑造，以及媒体效果和媒体对竞选的影响。

第一节　媒体变迁及其对选战的影响

媒体选战研究不同于其他的研究主题，其发展与政治传播学的发展紧密相关、相互促进。这类研究不仅促进了政治传播理论的发展，也带来了研究方法的创新。其中有许多原因：在西方民主国家，选举与选战活动通常会在政治系统当中引发重大的决断，因此具有非凡的意义和较高的关注度；另外，选战的媒介化、媒体变迁与政治变迁之间的相互影响也非常明显。正因为上述两个因素，学界高度重视这个研究领域。

选战是研究的实验场，比较适合基础研究，特别适合用来探索媒体在改变政治态度及政治决定方面的作用。伊里调查正是在 1940 年的美国总统竞选时期进行的，作者在文中强调："每隔四年，这个国家便会上演一场大型的政治宣传与公共舆论的实验。"（Lazarsfeld, Berelson, Gaudet, 1944：1）。除了总统选举以外，其他所有的竞选与表决活动都是研究的自然实验场。研究这个问题的德国学者比较幸运，因为德国每年在欧盟、国家、联邦州和地区层面都有多次选举。

一、传奇的伊里调查

伊里调查是早期传播经验研究与竞选研究的里程碑，也是研究方法上的开拓之作（Vowe, 2002）。其主持者——心理学家保罗·拉扎斯菲尔德从维也纳移居到美国。其研究时逢 1940 年美国总统大选，候选人是温德尔·威尔基和富兰克林·罗斯福，调查地点位于美国俄亥俄州北部、伊里湖南部的伊里县，此县拥有大约 43 000 位居民。调查组在 5—11 月之间对一个访谈组进行了 7 轮访谈，并另外进行了 3 轮控制调查来检验效度。这个研究设计在今天看来仍具有极高的表率意义。[①]

在此之后的至少 20 年的时间里，伊里调查的一些结论仍是关于大众媒体效果的可靠认知，其中包括：

- **传播的弱效果观**：大众媒体一般无法改变政治态度，只能增强既有态度；
- **二级传播命题**：**人际传播**比大众媒体更频繁地发挥政治影响；**意见领袖**比普通人更多地接触媒体，媒体信息通过意见领袖到达选民的过程是一种二级传播的过程。

查菲与霍赫海默批评指出，伊里调查其实并没有得出上述两个结论（Chaffee, Hochheimer, 1983）。但直到今天，不少伊里调查的解释者还认为，拉扎斯菲尔德及其合作者着重强调了这两个命题，他们实际上没有这么做。

学界选择性地接受了伊里调查的成果，也为该项调查蒙上了一层传奇色彩。最早进行解释的是克拉帕（Klapper, 1960）、贝雷尔森和斯坦纳（Berelson, Steiner, 1964）的知名研究。他们选择性地解释了伊里调查，并且影响了拉扎斯菲尔德及其合作者。拉氏起初把研究重点放在媒体影响层面，后来扩展到对选战中政见形成过程的全面分析。

---

① 请参见上文第三章第三节第二点中焦点小组调查的研究设计。拉扎斯菲尔德在俄亥俄州伊里县开展调查，这个县的居民并不能代表美国选民这个整体，但这并没有削弱研究结果的内部效度；选民意志的形成过程也据此推导而来。

拉扎斯菲尔德通过分析选民的**意向**,把关注重点从媒体影响转移到探索选举行为的决定因素。他们得到了极为惊人的发现:研究者只需要知道几个人口特征,就可以基本上确定选民的投票意向。在美国,绝大多数天主教徒、城市居民以及社会底层人士会选择民主党,而新教徒、农民以及具有较高社会经济地位的人会投票给共和党。

直到今天,在美国乃至所有的西方民主社会中,社会特征与选举行为之间的类似关联仍有迹可循。因为政党往往会依据其意识形态或纲领方针来考量**社会阵营**(social cleavages)和选民的不同政治诉求,这些阵营和诉求由选民的社会境况及其利益格局形成。另外,选民会从政治传播(特别是选战传播)来了解其诉求与不同政党之间的亲疏远近。但在这一方面,无论是拉扎斯菲尔德、其追随者,还是其他的政治竞选研究,都没有给予足够的重视(Chaffee,Hochheimer,1983:67,71)。

传播的弱效果观

学界在 20 世纪 30—40 年代形成的对传播效果的研究旨趣,受到了**伊里调查**的阻碍。这一点已经从**潘恩基金研究**和卡尔·霍夫兰的**耶鲁研究**中体现出来。这两个研究的方法在当时都很先进。在**伊里调查**以前,各类文献一直在兜售大众媒体摄人心魄的强大效果,但研究者却一直无法看到媒体在现实生活中的威力。可见,强大效果论的神话建构恰恰凸显了作为一种范式转变的弱效果论命题的深刻之处(Chaffee,Hochheimer,1983。同时参见:Brosius,Esser,1998;Esser,2008b)。①

拉扎斯菲尔德团队在后续的**埃尔米拉研究**中,对 1948 年杜鲁门与杜威的总统竞选期间的媒体进行了分析,但依然发现大众媒体的作用不大(参见:Berelson,Lazarsfeld,McPhee,1954)。值得注意的是,他们虽然发现选民在选战期间使用媒体的频率极高(Berelson,Lazarsfeld,McPhee,1954:240),但却没有仔细研究媒体对他们的影响,其分析仅仅局限于使用媒体行为与选民对竞选的投入程度及其知识之间的表面关联(Berelson,Lazarsfeld,McPhee,1954:246),媒体对态度的影响甚至根本没有在文中出现。

近来的一项研究对拉扎斯菲尔德研究的数据进行了二次分析,结果证实了

---

① 布斯梅尔斯曾指出,刺激-反应模型在早期的宣传研究中具有重要的意义,但这也只能说明当时某些学者的想法还是太过简单了(Bussemers,2003)。

当时的美国大选期间(1940—1948),媒体对选民存在极为显著的影响(Smith,2001)。这个分析同样揭示了人际传播、选民的兴趣及其接触媒体的重要性。这些研究的数据来自伊里调查,但修正了原始研究得出的有限效果论的结论。布雷特施耐德用另一种方式解读**伊里调查**,也得到了类似的结果(Brettschneider,2005b)。

有限效果论的要点在于其假设:选民正如一般意义上的信息接收者,总是根据其既有观念**选择性**地使用媒体的(选战)信息,他们只会增强既有观念,从而避免改变观点。但在20世纪60年代和70年代初期,随着科学精神的转变,学界对选择性使用假说产生了质疑。曾用于论证有限效果论的理论——例如小团体社会学、认知平衡和认知紊乱理论——逐渐丧失了魅力。

例如,希尔斯与弗雷德曼批评了相关的研究,他们认为,经验研究无法证明选择性使用假设普遍成立,因为在大部分情况下,研究者无法明确定义**现实的选择**行为(Sears,Freedman,1967)。他们还发现,人们在某些特定环境中完全有可能倾向于与自身观点背离的信息(同时参见:Donsbach,1991),用好奇心来解释这些行为也完全合理(Früh,1980:59-61)。

本内特与艾扬格基于新近媒体发展的影响,认为新的"弱效果时代"已经来临(Bennett,Iyengar,2008)。媒体服务的多样化与受众碎片化促进了选择性行为的发展。用户现在能从电视频道、广播电视节目、互联网平台以及博客中选择契合自身政治偏好和政治预设的信息,具有政党倾向的媒体产品也不断增多(Prior,2007;Baum,Groeling,2008)。这一命题(至少从现在看来)主要指的是美国的媒体市场,因为**福克斯新闻频道**、广播谈话节目以及互联网中出现了越来越多的片面的政治信息,而大型的电视新闻网的观众在不断流失。[①]

作为影响因子的信息传达

弱效果命题有一个前提:受众已经具有一定的政治偏好,而且这种偏好会操纵他们接受信息的行为。但这个前提并非普遍适用,例如,儿童与青少年有时完全没有政治观点或政治态度,即便有,他们的观点也比较模糊。再如,大众媒体报道有关新议题或新事件的第一手重要信息,人们对这些议题还没有形成自己的观点,那么成人也会受到影响。事实上,新议题与新问题一直在出现,大

---

① 在美国学界,这个命题也存在一定的争议(参见 Holbert,Garrett,Gleason,2010;Bennett,Iyengar,2010)。

多数人只能从媒体获知这些信息。在这种情况下，媒体就能影响人们的观念。

议程设置理论形成于竞选研究的语境，它把信息传达当作形成态度或影响态度的决定因子或前提。麦库姆斯和肖的研究的确具有指导意义，其核心结论是：媒体信息具有塑造人类认识的效果，因为大众媒体常常是人们最先或唯一的信源（McCombs, Shaw, 1972）。麦库姆斯和肖把议程设置作为弱效果观的对立命题，并引用政治学者科恩的观点：大众传播在影响人们该**怎样**想时可能并不成功；但它在告诉人们该想些**什么**时，却惊人得成功（Cohen, 1963: 13）。媒体能够赋予议题与问题以不同的政治相关性，从而间接地影响人们的政治态度。经验研究已从多方面证明了议程设置理论背后的这层深意（参见：Iyengar, 1991; Weaver, 1991; Iyengar, Simon, 2000）。①

二、电视——伪装的大象

1952 年美国大选之际，电视对竞选研究的影响已经初现端倪。电视改变了竞选传播以及人们对选战的认知。伊锡尔·索拉·普尔（Ithiel de Sola Pool, 1959）是首位展开相关调查的学者，他当时调查了加州的学生，并了解了电视传播对候选人形象（艾森豪威尔和史蒂文森）的影响。

约瑟夫·特里纳曼与丹尼斯·麦奎尔采用了更加精细的研究方法。他们对 1959 年英国议会选举时期的新现象——**电视竞选**——进行了调查，分析了电视对政党与候选人行为及选战活动内容的影响，同时，他们还开展了两轮追踪调查以分析电视对选民的影响。其研究的一个核心问题是，电视对政党及头号候选人形象有何影响。该研究无法证实电视影响了公众的形象认识，但却发现选民的知识在选举过程中发生了变化（Trenaman, McQuail, 1961）。

舍恩巴赫认为，虽然这个研究没有使用"议程设置"这个概念，但却为议程设置效果提供了第一个经验依据（Schönbach, 1983: 57）。特里纳曼与麦奎尔是典型的议程设置研究设计的"发明者"：研究者对报道中竞选议题的重要性与选民认知的议题重要性进行了比较，而且提到了被后来学者广泛引用的科恩的话："现有的证据强烈表明，人们会思考被告知的内容——即便是下意识的，但

---

① 参见第四章第三节第三点。

这并不意味着他们只会去想这些内容。"(Trenaman,McQuail,1961:178,原文强调)。① 后来,丹尼斯·麦奎尔与杰·布卢姆勒围绕1964年英国议会选举开展了调查,并采用了更好的统计方法证明电视媒介给候选人的形象带来了显著的影响(Blumler,McQuail,1968:251-253)。

美国总统候选人肯尼迪与尼克松进行了几次富有传奇色彩的**电视辩论**,这引起了学界对电视形象建构效果的关注,而且由此形成了竞选研究的一个分支。在1960年美国大选伊始,肯尼迪还不太为人所知,其胜算也很小。在他登上电视并获得成功之后,他这么说道:"**是电视扭转了局面**。"(引自White,1961:294)

在1960年9月26日—10月21日期间,肯尼迪与尼克松进行了四场辩论。在各场辩论的同时以及结束之后,至少有31个独立的研究进行了跟踪调查、评估以及效果的检测(Katz,Feldman,1962)。这些研究证明,看电视与建构形象之间具有相关关系,但只有很少证据能证明电视辩论对投票行为有直接的影响。② 研究结果发现,电视辩论只是社会解释成败的复杂过程中的一个元素,新闻界对电视辩论的回应也有作用(Lang,Lang,1962:322;Lang,Lang,1984:112),这一点也能从德国联邦选举的研究中得到印证(Scherer et al. 1996;Maier, M. 2007b)。

沉默的螺旋理论

德国学界对电视与选举这个研究议题的关注时间较晚,部分是因为德国的电视普及要比英国和美国慢得多。在20世纪70年代,德国才开始出现相关的讨论,之后,讨论又延伸到政治实践与媒体政策领域。伊丽莎白·诺艾尔-诺依曼对1972年与1976年德国联邦选举的研究是一个突破口。在1972年11月的德国联邦选举时期,社民党首次成为战后最强大的政党,可是在大选前几周,联盟党在民调结果中更具优势。

诺艾尔-诺依曼认为,这次选举结果之所以会出现扭转,是因为有利于社民党的意见气候在公众间形成了政治压力。她根据调查数据发现,舆论主要给那些对政治不太感兴趣、但却大量收看电视的民众带来了压力;电视对其投票决

---
① 塞弗林和坦卡德发现,在同一时期,其他学者的论著中也有类似的表述(Severin,Tankard,2001:221)。
② 几十年以后,杜鲁克曼通过实验法来调查学生,并更加严谨地证明了肯尼迪的电视形象更有利,而尼克松在广播中的形象更佳(Druckman,2003)。

定的确产生了影响(Noelle-Neumann,1974b)。在随后的1976年选举期间,诺艾尔-诺依曼采用焦点小组访谈法进行了更精确的分析,并为竞选期间的电视影响这个研究议题提供了更多的经验证据(Noelle-Neumann,1977a)。她的研究引发了公众与学界对几个问题的激烈讨论,学界的讨论主要集中在研究方法层面(参见:Atteslander,1980;Feist,Liepelt,1983)。

诺艾尔-诺伊曼在一篇更早的论文中已经提出了关于传播效果的几个基本观点。这篇论文的标题是《回归大众媒体的强效果观》(Noelle-Neumann,1973b),①其核心是沉默的螺旋理论(参见:Noelle-Neumann,1980a)。沉默的螺旋理论把公共舆论的变化看作一种过程,变化的动力来自个体对多数意见的假设。个体之所以形成对多数意见的假设,是因为其中的一个重要的信息来源就是大众媒体,也就是说,个体会根据媒体建构的多数意见来校准自己的观点。这些假设还会影响私人谈话,如果人们相信自己的观点与多数意见一致,就会更倾向于表达自己的意见,如果他们认为自己的观点是少数,就会有所保留或者选择沉默。这样一来,有利于多数意见的社会压力形成,而且这种压力有时是因为媒体对社会意见的扭曲呈现才产生的。

这个理论启发了大量的研究调查实践,有些研究者表示支持,有些则进行了解释或反驳。② 这些研究关于电视效果的认知还对德国联盟党的媒体政策产生了影响:两党据此引入了私营电视台(Kaase,1986:362)。基民盟的长期竞选经理彼得·拉顿斯基(Peter Radunski,1980,同时参见资料6-1)记录了这个政策对联盟党选战活动安排的实际意义。

诺艾尔-诺依曼认为,电视是一种效果极好的媒介。因为德国人收看电视的频率很高,即便是对政治无感的人也会看电视;而且电视有极高的公信力,具有极强的视觉呈现能力,能轻易地强化或改变政客的形象。另外,相比印刷媒介,电视新闻的线性序列编辑使受众的选择空间更小,信息也就能更方便地涌

---

① 该论文的德文标题是《积累、和音与公共影响》(*Kumulation, Konsonanz und Öffentlichkeitseffekt*)(Noelle-Neumann,1973a)。我们能在诺艾尔-诺伊曼于美因茨的首次授课(Noelle-Neumann,1966)及其在1969年于美因茨电视批评月上的一个受到广泛关注的演讲中找到相关的见解(Noelle-Neumann,1970)。这些观点主要通过其再版著作《伪装的大象》而为人所熟知(Noelle-Neumann,1977c:115-126)。

② 参见第四章第四节第一点、舍弗勒与莫艾(Scheufele,Moy,2000)的研究概述以及申克(Schenk,2007:526-577)和罗辛(Roessing,2009)的论著。

向观众(Noelle-Neumann,1971)。①

电视:选战活动的主流媒介

每一种新兴媒介的普及总是交织着迷恋与恐惧,电视与竞选这个议题也因此成为德国当时的关注焦点。但是起初,人们以为"电视竞选"不过是一种易逝的表象,其影响潜力也不过是因为刚刚引入而引起了关注高潮而已。

自20世纪90年代以来,电视与选举议题因私营电视台的引入而进入德国学界的视野,因为电视节目与广告的扩张改变了选战期间的政治传播。在1994年德国联邦选举期间,电视史无前例地成为德国两大政党——基民盟与社民盟——最重要的广告媒介。私营电视频道的覆盖率首次能与公共频道相媲美,而且不同于公营电视台,私营电视台在播出竞选广告方面不受限制。② 因此,德国政党在私营电视台播出的广告总量也大大提高:基民盟在1990年选战期间定下了102个私营电视广告位,在1994年增加到254个,在1998年达到了559个(Wagner,2005:258,262,289)。

资料6-1 电视中的政治传播活动

> 大众媒体是政治传播活动最重要的阵地。但大多数候选人并不把传播活动等同于选战,因为传播活动毫无止境。……政客不仅要应对各种事件,还要自己创造机会,让人们了解自己的政治项目。在大选期间,政党也会在媒体中进行传播。媒体制定了所有选战活动的框架与前提,从而形塑了现代竞选的风格,这主要在电视中进行,电视才是政治传播活动的主角。
>
> (资料来源:Peter Radunski,1980:44。)

拉顿斯基在一篇发表于1980年的论文中已经提出,电视在竞选中具有决定性作用,他在20世纪90年代中期又重申了这个观点,并补充道:"选战成于

---

① 诺艾尔-诺伊曼在其他地方也提出,20世纪60年代,德国人政治兴趣的显著增长应该归功于电视的普及。这一猜测后来得到了证明;参见第五章第五节第一点。
② 德国公营电视台有义务为政党提供无偿的广告位。在选战开始以前,各政党依据政治重要性(一般是根据议会席位——译者注)而被指派到有限的几个频道。这些政治广告不会在广告时间播出,而是在晚上的黄金档——通常是在新闻中播出。某一政党广告的确切播放时间并不确定。一些奇特的小政党的广告有时也能出现在最好的播出时间,被大量观众看到(参见:Holtz-Bacha,2000:63-65)。

电视,败于电视,政党选战变成了电视选战。"(Radunski,1996:36)这里意指政党选战对电视的大量投入,或者说,电视已经成为政党开展活动的"主流媒介",选战也成为永久的政治传播活动(参见资料6-1)。政治传播活动包括与选举相关的事件,以及在新闻、辩论、脱口秀以及娱乐节目中登台亮相等。

竞选类的电视节目会迎合广大选民的兴趣。即便在互联网时代,电视也因其普遍的吸引力而成为选民获得政党及候选人信息的首要来源(图6-1,同时参见:Kepplinger,Maurer,2005:58-60;Pape,Quandt,2010)。需要注意的是,互联网已经更加重要,特别是对年轻人群体来说。这种情况除了在德国出现以外,在拥有较高互联网普及率的国家也是如此,例如法国、英国、加拿大和美国。[①] 但电视影像仍然具有强大的影响潜能,因为它能激发情感,这对塑造候选人在选战中的形象至关重要(Maurer,Kepplinger,2003)。

电视之所以具有特殊潜力,是因为它能够带来令人震惊的观影体验,并能以这种方式来施加影响,诺艾尔-诺依曼曾经着重强调过这一点(Noelle-Neunanr,1971),现在情况似乎依然如此。舍恩巴赫与劳夫提出并证明了"**陷阱效应**",这在媒介多样化的当今也仍未改观(Schönbach,Lauf,2004)。而且,相比区分电视与其他媒介之间的差异,这些学者更重视电视这样的被动消费媒介(**推送媒介**,push media)和那些需要人主动寻找信息的媒介(**拉取媒介**,pull media)之间的区别。互联网是一种典型的需要人主动寻找信息的媒介,正如图6-1所示,年轻选民已经越来越喜欢从网上获取竞选信息。

随着媒体的信息供应量不断扩大,并且信息越来越多样化,政党与选民沟通的形式也更加细化。**政治传播活动**,特别是电视中的政治传播活动着眼于广泛的受众群体,电视广告主要是为了提升头号候选人的正面形象。而其他的广告、广播广告、宣传单、海报、院线广告以及互联网广告瞄准的是目标群体,以保证信息抵达确定的受众(Müller,2002a)。主动的竞选对话(如邮寄、电话、短信

[①] 在英国2005年的议会选举中,电视是89%的选民的信息来源,领先于其他媒介,而选择互联网的比例只有7%(Electoral Commission,2005)。在2010年的议会选举中,英国头号候选人之间首次举行了电视辩论,电视的重要性甚至更高了(参见Wring,Ward,2010)。美国2012年总统选举的一项民意调查也显示,41%的选民以电视为信息来源,以互联网作为信息来源的比例为36%(www.journalism.org/2012/10/25/)。2006年,奥地利和意大利的议会选举中,分别有71%和76%的选民把电视作为最重要的信息渠道(Plasser,Lengauer,2009)。法国、加拿大和其他国家的情况请参见斯托姆巴克和凯德的报告(Strömbäck,Kaid,2008),特别是其概况(第424页)。在所有国家的竞选时期,互联网在提供信息方面的作用已经越来越重要。

以及电子邮件)越来越重要,而且这对党内动员也同样重要(Holtz-Bacha,2006a)。

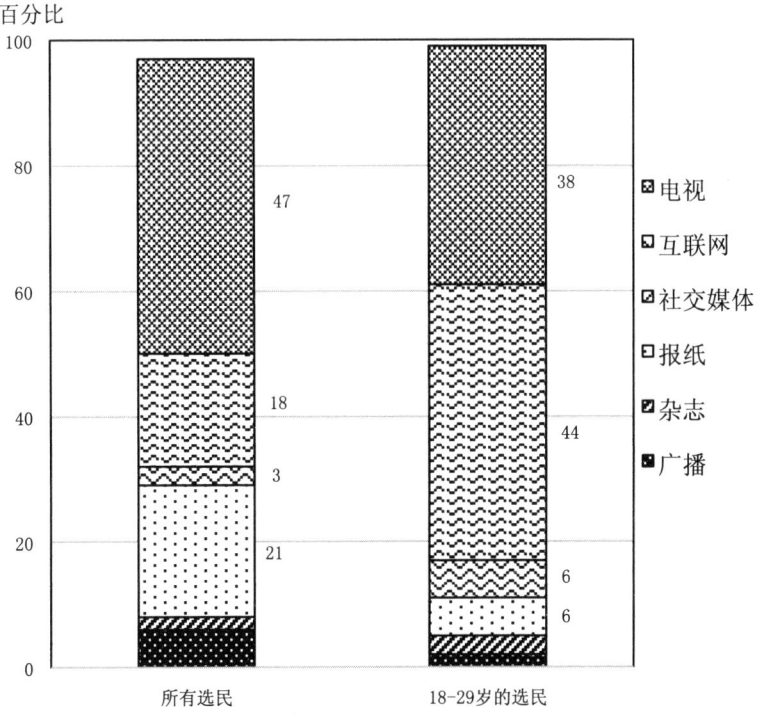

图6-1 选战中的信息来源①

三、选战中的互联网

纵观媒体的发展过程,就会发现,没有任何媒体能从根本上替代原有竞选媒体的地位。互联网只是补充了原来的选战传播渠道,但没有替代它们。因为互联网主要是年轻人和对政治特别感兴趣的选民所青睐的媒介。作为一种附加的信息来源,它能满足主动选民巨大的信息需求。互联网也是组织政党活动、动员党员和拥护者的工具。

已有的一些学术论著已经尝试记录能够对选战带来高度影响的新型网络手段(例如:Moorstedt,2008;Albers,2009;Merz,Rhein,2009)。据此,互联网在选

---

① 数据来源:Gscheidle,Geese,Gerhard,2017。

战活动中主要有以下几个作用。

- 选战组织与动员：政党能通过互联网来低廉、迅速地传播竞选信息和材料，例如邀请人们参加活动，或让选民在局域网中下载信息与广告材料。政党与竞选组织的内部工作协调也能在互联网平台上得到改善、提高效率。此外，互联网还很适合用来动员党员和选民、招募志愿者以及巩固志愿者的参与信念。在美国，特别突出的是2008年奥巴马的选战活动，奥巴马当选在很大程度上是因为其竞选团队能熟练地运作网络平台和社交媒体（参见：Merz, Rhein, 2009：第四章）。

- 筹措资金：互联网可以用来筹措竞选经费，这种情况在美国特别明显，因为美国的候选人必须自己负责竞选经费。因此，几乎所有美国的候选人都会在个人网站上筹款。约翰·麦凯恩（John McCain, 2000年候选人）和霍华德·迪安（Howard Dean, 2005年候选人）在预选阶段从个人网站上获得了大量资金，彰显了线上筹资的惊人潜力（参见：Cornfield, 2004：66-68）。在之后的总统大选中，通过互联网筹措的资金数额远超之前。但互联网筹资对德国选战的意义不大，因为德国竞选的费用主要由政党承担，除了捐赠之外，主要由党费和税收构成。[1]

- 媒体与选民的信息来源：政党与候选人设立的网站在很大程度上是为了媒体公关。政党可以在网上发布即时的新闻通告，而记者能从这些网站中获得大量的信息资源，例如档案或背景资料。这类信息一般也向选民开放，此外网站还有专门为选民准备的信息。这种方式能帮助政党与候选人绕过新闻把关人，避开大众媒体的信息过滤与修改，使信息直接抵达选民。

- 划分忠实选民：现代竞选活动规划的一部分工作是尽可能地与特殊选民群体建立联系。网民与电视观众不同，他们可以主动搜集信息，而且主要是那些具有高度政治兴趣、并能自主选择的网民才会看到网络竞选信息。因此，这类网络信息服务以及网络广告特别适合被用来与党员和"忠实选民"对话。另外，网络社区、论坛以及政党与政客的网站也可以用来与这类人进行互动。

德国的选战与美国等其他国家类似，互联网也已经是其中的一个重要组

---

[1] 参见：www.bpb.de/themen/UZRZTH,0,0,Wahlkampfkosten.html。

成。大型的德国政党会通过多种方式提供网络信息。政党组织、党团和一些候选人也会利用网络。这些行动者也活跃于各类社交媒体（例如脸书）、视频网站（如 YouTube）和推特（Albers,2009）。[①] 各类研究主要关注这些平台的内容、风格、传播手段与传播范围（例如：Saleh,2005；Albrecht,Hartig-Perschke,2007；Schweitzer,2010；Haller,2019）。

兹特尔分别在 2000 年与 2004 年比较了三个国家的网站内容（Zittel,2010）。他研究了德国、瑞典和美国的议员对选民利益的考量情况,测量了互联网对政治**响应度**的影响。兹特尔也采访了工作人员,并采用多变量分析来检验机制性以及社会性的前提条件,特别是选举和政治制度以及选区结构如何影响线上的竞选沟通策略。其研究结果显示,媒体的发展的确为官员的传播行为带来了调适性的压力。不过,虽然选民能在论坛、意见簿或在线调查中表达关切,但政党在这些方面并没有太多的投入。

选战中的上网行为及其效果

互联网服务的内容、形式与投入是可见的,不可见的是选民的上网行为以及上网对投票行为的影响。虽然互联网扩展了选民的信息及其传播范围,但一些调查选民信息来源的研究显示,年轻人才是这些服务的最大使用群体（参见图 6-1）。另外我们还要注意,这些关于上网行为的数据中还包括数不胜数的网络信息服务。

在 2009 年与 2013 年德国选举期间,一项纵向研究项目对此进行了两轮调查,并更加详细地记录了当时人们的上网情况。如表 6-1 所示,年轻选民把互联网作为信源的比例要远远超过其他选民。图 6-1 和表 6-1 的调查结果也在暗示,让互联网的普及率在每个年龄段达到相近的比例,直到它成为所有人最重要的信息来源,不过是个时间问题罢了。证明这一猜想只需要一些趋势性的相关证据（美国在 1996 年就已经展开相关的调查）。和美国一样,德国在这方面的代际差异会更小。

上文已经提到人们的选战信息的来源情况,表 6-1 所呈现的内容更加详细（参见图 6-1）。但在这个表格中,人们上网的频率和范围仍不明确。另外,这些数据只是互联网数据,因而研究者无法用这些数据和选战中其他的媒体与传播

---

① 同时参见：https://www.politicom.de/blog/2017/09/der-internet-wahlkampf-zur-bundestagswahl-2017/。

行为数据进行直接比较。

表 6-1 2009 年与 2013 年联邦议会选举时期的使用互联网情况

	所有选民		18-29 岁的选民	
	2009	2013	2009	2013
访问政党或候选人的网站	12%	11%	19%	28%
使用专门的互联网信息服务,例如"Wahl-o-mat"或"Kandidatenwatch"	11%	20%	18%	43%
使用报纸、杂志或电视媒体的新闻网站	11%	66%	18%	67%
样本量	2115	1908	356	311

资料来源:GLES-Wahlumfragen。

开普林格与伯德舒怀特的研究向前推进了一步,他们根据专业的媒体规划数据估测了五个德国政党(在联邦议院中占有席位)发布的"官方"信息的日均覆盖范围。他们发现,就算乐观来看,这些网络信息的覆盖范围也远远低于传统新闻媒体(Kepplinger,Podschuweit,2011)。对此,德国民意研究机构 Dimap(受 Initiative ProDialog[①] 的委托)的调查结果也能印证这个论点,网民主要从传统的纸媒和电视的网站上搜索政治信息,很少搜索政党网站上的信息。

开普林格与伯德舒怀特严重质疑网络政治营销的效果。他们分析了人们使用政党互联网服务(包括社交媒体和视频平台)信息的情况以及网络论坛中的论述,并得出结论:"政党的互联网信息服务对选民是否参与投票以及是否支持政党或许都没有效果"。

本贝尔与戴维斯在美国开展的一项调查也得出了类似的结论。他们的解释是:互联网最能增强选民的态度与投票意向,但不太可能改变他们的态度(Bimber,Davis,2003:165-167)。同样,在 2008 年美国总统大选之时,格罗舍克与迪米特洛娃跟踪调查了互联网传播对选民政治能力与政治参与的影响。研究结果非常令人失望:他们不仅无法确认上网对政治知识具有促进作用,而且还发现,上网在提升政治兴趣或参与投票率方面甚至适得其反,因为频繁使用博客的人了解选举议题的情况最糟糕(Groshek,Dimitrova,2010)。

---

① 参见:http://politik-digital.de/studie-waehler-wollen-kommunizieren。

这些情况之所以产生，主要是因为互联网是一种**主动媒介**，也就是说，网民必须主动地寻找政治信息服务，或者访问一个政党或候选人的网页。而这些行为一般来说已经可以表明这些人具有政治兴趣与动机，而且通常还可以反映特定的政治倾向。政党与候选人能通过广告迅速地抵达其追随者与拥护者，这些人无疑是重要的受众，因为他们能扩大拥护人群、赢得犹豫不决者、说服怀疑者。换而言之，追随者与积极分子是典型的意见领袖。互联网信息能通过他们的**二次传播**抵达那些不从网络获得政治信息或不上网的人那里（Norris, Curtice, 2008）。

另外，媒体记者也会在网上频繁地检索信息或搜索背景信息，因此，互联网信息也能以这种方式进入传统媒体，从而间接地抵达更加广泛的受众。不过在这个过程中，信息经常会被过滤或修改。

第二节　竞选传播与选战活动的风格

在霍尔茨-巴沙看来，"每个选战都有所不同"，他对德国联邦选举进行了一项纵向研究，并发现各个选战的策略与风格都不太一样，会受到（例如）选举具体情形以及候选人性格的影响。他也认为选战出现了**美国化**、**现代化**（或者也可以说**媒介化**）的趋势（Holtz-Bacha, 2006c）。不过，有学者对这个观点表示怀疑，认为这些所谓的发展其实并无新意（参见：Müller, 1999; Rosumek, 2005）。

一、美国化—现代化—媒介化

美国化、现代化和媒介化这三个命题都在描述变化，也各有理由，个中区别只是视角不同。现代化视角关注的是一般社会、政治变迁语境中的发展。媒介化视角的重点是变化的切面，即媒体变迁与政治变迁的互动。美国化命题指的是美国竞选实践在其他国家的转移。或者我们也可以认为，现代化与媒介化的某些趋势在美国出现得更早。

美国化命题

所谓的美国化趋势，指的是各国的选战活动采用了典型的美式做法。这个术语有一定的挑衅色彩,与**可口可乐化**或**麦当劳化**等流行词相类似。这些词往往被用来批判美国在全球的"文化殖民"。"美国化"这种称谓本身及其所暗示的全球层面的趋势也饱受争议。①

我们至少可以从两个方面来理解美国竞选策略及技巧的扩散,分别是**采购模式**和**采用模式**(Shoppingmodell, Adoptionsmodell) (Plasser, 2002)。采用模式指的是美国的选战活动风格逐渐替代了各国传统的选战活动风格,导致各国的选战形成一种全球标准,意味着选战这种现象逐渐趋同。与之相较,采购模式是一种稍弱的美国化命题,它假设各国通过选择性地采取、实施美国选战的某些实践策略,将美国实践与自身实践融为一体,形成了一种混合的竞选风格(Blumler, Gurevitch, 2001;同时参见:Wagner, 2005:370)。

现代化命题

一些学者常常批判美国化命题(包括采购模式和采用模式),认为那只不过是在描述表象。斯万森与曼奇尼指出,美国选战活动实践的转移只是一般社会变迁的表面特征,他们援引了社会学者安东尼·吉登斯的观点,称之为**现代化**(Swanson, Mancini, 1996b)。现代化命题认为,世界上大部分社会都在经历着一个类似的变化过程,为了应对这种变化,新的社会实践是必要的,这样才能达成社会目标和政治目标,而新的竞选实践也是如此。这种变化的表现在美国社会最明显,因此新的社会实践也就最先在那里出现。

许多社会学与政治学学者都偏爱**现代化**这一术语,但**这个词**的本身没有内容,需要更为精确的定义。斯万森与曼奇尼根据尼可拉斯·鲁曼的观点,将之理解为科学、经济、政治与大众媒体的社会次级系统功能的不断分化(Swanson, Mancini, 1996)。因此,现代化也可以被理解为社会复杂性不断增加的过程。

具体而言,社会结构的不断分化导致自身变得更加复杂,这种分化对应于"符号"碎片化,意思是社会中的微观结构越来越多、越来越小,并不断生成自身的符号真实。在这个过程中不断增多的小众媒体、专业媒体与特殊兴趣媒体起到关键作用,它们与特殊的次级公共领域有关,并导致政治功能的再分配。得益于这一发展,媒体已经成为一种自治的权力中心。在尼德迈耶看来,现代化的一个核心要素恰恰是"政党基础的功能空化"(Niedermayer, 2000)。换而言

---

① 参见:Negrine, 1996;Swanson, Mancini, 1996b;Kamps, 2000;Pfetsch, 2001;Sarcinelli, 2009:第十二章。

之,传统的政党使命,例如选民动员、信息采集和人员招募,已经转移到了其他机构之中,特别是大众媒体之中。

诺里斯把现代化定义为"政党组织、新闻媒体与选民的同时转变",并把选战的变迁过程划分为三个阶段:第一个阶段是**前现代阶段**(19世纪中叶到20世纪50年代),紧接着是**现代阶段**(直至20世纪80年代),目前已经到了**后现代阶段**(Norris,2000:137)。诺里斯的这种划分并非是要把选战看作一种线性发展的过程,也不主张后一个阶段代替了前一个阶段,而更多的是在强调竞选实践正在不断扩张、多样化,使得新的实践补充了过去的实践,但没有代替它们。其实,伴随着新兴媒体的崛起,我们甚至发现某些选战活动的方式似乎倒退到了类似于前现代的形式,例如互联网讨论组、政党的局域网以及通过邮件、直接营销或拉票的方式来与选民个体对话。

媒介化命题

选战首先是一系列传播事件。也就是说,政党必须把他们的项目计划告诉选民,向他们展现候选人的能力,从而说服选民、赢得选票。现代社会孕育了高度发达的媒体系统,因而选战在很大程度是媒介性的。由此看来,选战或许会同其他政治机构与政治过程一样,随着媒体系统的发展而不断受制于某种变化,这便是媒介化概念所描述的情形。

媒体的扩张广泛地扩展了选战的覆盖范围。选战信息通过大众媒体抵达受众群体,因此媒体是大部分选民形成选战印象时的最重要的信息来源。随着媒体系统不断分化,政党、候选人能通过不同的传播方式,有针对性地与不同的选民群体对话。于是,选战传播的工具更加多样、精细,媒介传播补充并取代了传统的竞选对话。因此政党也必须参考媒介逻辑,考虑媒体的新闻价值与呈现要求。这对人员招募也有一定的影响,例如候选人是否上镜(至少,美国大选就是这种情况,因为它强烈依赖电视)。媒体还会间接地影响**候选人的表演**,因为媒体既能创造形象,也能化解形象(Graber,2002:238-240)。[①]

二、竞选传播的变化

竞选传播的某些方面体现了美国化、现代化与媒介化这些过程性,但另一

---

① 参见第六章第三节第三点。

些方面则与之不同,其实,这些变化之间是互为前提、互相强化的关系。例如,现代选战事件与议题管理只有通过媒体的传播与造势才有可能有成效。选战的另外一些方面被看作美国化的特征,其实也能被看作媒介化的结果与一般的社会现代化的结果,例如选战的专业化以及采用营销手段,显然也需要科学、经济与媒体系统的发展。

在这方面,电视一直具有重要的作用,因为它是选民在竞选期间使用最多的信息渠道。选战管理特别注重媒体的覆盖范围与影响潜力。对**政治传播活动**而言,电视时事报道的效果相对容易预见,是可以利用的工具,因为布满聚光灯的电视新闻每天只会捕捉那些最引人注目的事件和少量的、具有高度新闻价值的事件,特别是那些具有视觉冲击的画面、个人行为、"面部特写"镜头以及对抗和冲突。冲突与个人化事件具有较高的新闻价值,导致选战与电视媒体设立的注意力标准之间形成了高度的关联,例如攻击性的选战活动与个人化策略在很大程度上特别适合电视呈现,也非常符合其他媒介的口味(尤其是小报)。下文将详细分析竞选传播变化的几个突出特点。

市场营销理论

美国市场营销理论的不断发展,不仅深刻地影响了经济与政治领域,同时也影响到选战理论与选战实践。在唐斯(Downs,1957)提出**"民主经济理论"**之后,经济范畴被用来衡量政治行为,然后在科特勒(Kotler,1975)提出**社会营销**概念以后,延伸到了**非营利**领域。①

据此,我们可以把投票行为类比作一种消费行为。在这个框架中,政党与选民之间存在一种交易关系:政客用其理念及解决方案来交换选民的政治支持与政治合法性,选民则就政客的政治表现提问,从中权衡利弊,进而投出选票(Newman,Perloff,2004)。政党的一揽子计划不仅要在内容上满足选民的需求和愿望,还必须用精心而巧妙的方式兜售出去(Franklin,2004)。与之相应,选战依据市场营销模式,以计划性、科学理性的方式而被制定出来。瑞因把这种方式称为选战的"市场殖民化"(Wring,1999),伴随着这个过程同时发生的是选战的专业化和商业化。在某些批判观点看来,这也促进了选战活动的个人化和去政治化(Maarek,2008)。

---

① 参见第七章第二节。

选战的**专业化**主要体现于专业顾问和机构的参与,这些专家和机构都非常熟悉广告营销与公关工作,他们不仅会提供自己的技巧,同时还会自我营销(参见:Althaus,2001,2003)。传媒业的扩张与商业化推动了选战的**商业化**。也就是说,竞选广告的投放要参考媒体策划的标准,这其实和一般的广告营销投放是同一个道理。聘请顾问、专业机构以及专业的竞选广告投放都需要大量经费。在市场营销的指导下,竞选成为传播与传媒业的一笔大生意,政党与候选人都要为之付出昂贵的代价。

表6-2 选战活动的策划过程

情境分析、信息工作	→ 机会分析	→ 战略策划	→ 选战策略	→ 措施规划、传播	→ 成果管控
意见气候、选民的问题、担忧与偏好	不同议题的机会和风险	根据地域、人口、意识形态等标准划分选民	竞选哲学、核心信息、议题、论据	资金安排、人员安排、目标制定	
经济局势分析	候选人的优势与劣势	瞄准(目标群体)	个人化	资源配置(例如支持者、顾问和机构)	
议题分析、媒体和音度分析(媒介分析)	选战引导的优势与劣势	议题定位	极化、攻击策略	广告安排、媒体调度	
党内支持	党内组织的优势与劣势	形象定位		公关、新闻工作、事件管理与议题管理	
观察对手	对手的优势与劣势				

表格内容借鉴了科特勒的研究(Kotler,1999)。

表6-2根据营销理论,将选战策划的过程划分为多个阶段(同时参见:Newman,1994)。策划的一个重点是借助市场研究和舆论研究的科学方法,对"相关市场"进行场景分析。在这些场景中,最重要的政治市场是选民市场。要分析这个市场,典型的营销方法是**划分**选民,并借助媒体和相关措施尽可能有效地建立精准对话的渠道。除了选民市场,相关的市场还包括媒体市场、政党组织

及不同的分支机构和支持团体(Kotler,Kotler,1999)。除此以外,场景分析包括分析可选的选战议题、竞选口号、候选人形象,观察竞争对手,分析自身的优势与劣势。持续**观察竞争对手**还有助于快速反应。

选战活动的核心管理工作由相关机构与专家共同完成,目的是保证广告措施的统一性以及协调关键活动(例如头号候选人的亮相)。在1992年的美国大选中,**克林顿**的竞选团队建立了一个**作战室**。其他国家的政党也设有类似的机构,例如,1999年德国联邦选举期间社民党的 **Kampa** 团队、2002年的 **Kampa02** 团队,还有2002年联盟党的 **Arena02** 团队。

专业化

选战的专业化是政府、政党和其他政治行动者的政治传播普遍专业化的一个缩影(Negrine,et al. 2007)。专业化一方面影响了选战活动的结构,例如持续时间和组织(表现为集中化与差异化)、预算和人员配置。另一方面,专业化也影响了传播策略,例如媒体投入、**负面营销**以及事件与议题管理(Tenscher,2007;Gibson,Römmele,2009)。

斯卡梅尔把选战活动的专业化过程划分为两个过程:其一是**专业程度的提高**,其二是选战管理**工作的转移**(Scammell,1998)。具体而言,专业的公关、广告与媒体策划机构越来越嵌入竞选组织工作,补充了政党外部的能力资源(参见:Schiller,2002)。在过去,这些任务主要由领导班底或"积极分子"(志愿者)承担。那些拥有媒体履历的知名人士特别能赢得公众的关注,例如克劳斯·波林(Klaus Bölling)、盖德·巴赫尔(Gerd Bacher)、彼得·伯尼施(Peter Boehnisch)、汉斯·约阿希姆·弗里德里克斯(Hans-Joachim Friedrichs)和米歇尔·施蒲恒(Michael Spreng);他们都是竞选顾问。[①]

竞选顾问是一本万利的工作。美国的一些公司和**顾问**都精通此道,其他国家也设有专业的政治顾问(Plasser,2002)。这些专业人士和机构具有全球合作关系,并大力推动美式选战元素的扩散。在斯卡梅尔看来,美国竞选顾问面对着一个全球层面的"如日中天的市场"(Scammell,1998)。

个人化

个人化是选战变迁的一个显著特征,不仅涉及选战引导,还关乎选民行为

---

① 参见资料6-3。

以及媒体对选战的呈现（Brettschneider,2002b）。个人化通常是新闻选择与呈现的一个重要特征,选战报道也不例外。① 不过这种情况主要出现于电视媒体,因为电视的呈现逻辑往往聚焦个人行为与"面部特写",而且还要迎合广大受众的口味,因为公众对政治的"人性一面"特别感兴趣,也就是行动个体及其性格（例如诚实、正派）以及去政治化的特征（例如:外表或私生活）。这类元素主导着选战中的电视画面,而且主要出现在私营电视频道,例如德国卫星电视一台和卢森堡电视台。②

个人化概念涉及两个层面:其一是候选人,其二是候选人形象对选战成功的意义,尤其是其中"去政治"的形象元素。与个人化趋势类似,议会民主制国家的选战活动也出现了**总统化**趋势（Ohr, 2005b）。"总统化"这个概念指的是媒体高度聚焦头号候选人,而且候选人相对于其政党高度自治。这是典型的美国大选模式。③

在全球的议会民主制国家中,就算其中某些选举制度是对政党（或政党名单）和某些代表进行表决,但突出强调头号候选人的现象非常常见。德国的联邦选举也越来越个人化（Gabriel, Vetter, 1998）。**赫尔穆特·科尔**（Helmut Kohl）、**格哈德·施罗德**（Gerhard Schröder）与**安吉拉·默克尔**（Angela Merkel）先后在大选中获胜,他们都是各自政党选战中的关键角色。

在 2002 年德国联邦选举时期,担任联盟党竞选顾问的专家指出,个人化策略包括积极的**形象管理**（参见:资料 6-2）,还包括在选战传播中突出强调主角的个人素质（例如:领导力、政治能力和正直）。在某些情况下,个人化内容甚至会超越事实议题或意识形态立场。另外,候选人的"人性化"也属于个人化策略,例如在选战中呈现家人或私生活。

资料 6-2:竞选形象管理

这次选战的另一个目标自然是修复施托伊贝尔的缺陷,至少是修复他已经公开了的缺陷。我的一部分工作是把施罗德的优势解释为

---

① 参见第四章第三节第一点。
② 参见第六章第三节第三点。
③ 制度秩序的一系列特征助长了美国政治的个人化趋势。在总统制当中体现为总统职权的扩张、政党日趋弱化以及候选人的相对自主（候选人要自己来组织选战）。美国的选战风格越来越个人化,这也需要媒体的配合（Pfetsch, 2001）。

劣势，把施托伊贝尔的弱点转变为优点。具体而言，我们不仅要把他（施托伊贝尔）打造成一个危机时期的严肃形象，如刚正不阿、真诚与成功，也要扭转他在媒体中所呈现的笨拙形象，也就是把这些解释为他为人严肃、可信以及可靠的证据。同时，我们也要竭力地把施罗德所呈现的优势解释为轻浮、随性、不可靠与不可信。总而言之，我们建构施托伊贝尔的形象的方式，就是在突出展现其积极形象之时，永远联系施罗德的不利形象。

资料来源：米歇尔·施蒲恒（Spreng，2003），2002 年德国联邦议会选举中埃德蒙德·施托伊贝尔的竞选私人顾问。

个人化趋势常常被批判为**去政治化、去意识形态化、通俗化和私人化**的表征，还有人认为其"虚有其表"（Nieland，2000；Oberreuter，2001）。个人化暗示着候选人缺乏议题、"去实质化"。其实，就算竞选策略以候选人为核心，那也没有必要完全放弃政治议题。但个人化策略有利于降低政治事件的复杂性，能帮助人们"把握"抽象议题（Holtz-Bacha，2000：183）。在理想状态下，头号候选人会在采用这个策略的同时，也表达其核心立场与其所属政党的议题。不过在选民眼中，这些议题也与候选人的倾向紧密相连（Brettschneider，2002b）。

"个人化"这个概念一般会让人联想到这是一种趋势。但一些德国学者从历史角度出发，认为选战活动个人化并不是一种新的现象（Müller，1999：43-45；Rosumek，2005）。虽然有许多经验研究已经证明，热门人选的特征对选民行为具有重要意义[①]，但在德国及其他国家的竞选中，并没有明显的证据证明个人化**趋势**（参见：Adam，Maier，2010；Karvonen，2010 中的概述）。同样，根据社民党、联盟党的头号候选人在广告以及电视中的呈现，我们也无法直接断定政党的竞选策略出现了这种趋势（Keil，2003：342；Holtz-Bacha，2000：183-185，2006c）。

与政党竞选策略的个人化趋势相比，竞选报道的个人化趋势在现有的研究中更为明晰，下文将再次论述这一点。经验研究已经证明，媒介对选战的个人化呈现与选民所认知的政客形象和选民行为之间有相关关系。[②] 此外媒体的个人化、选民行为个人化以及选举引导的个人化之间，存在着反馈以及相互影响

[①] 例如：Kellermann，Rattinger，2005；Gabriel，Keil，Thaidigsmann，2009。
[②] 参见第六章第三节第三点。

的不同表征。这也是有关媒介化讨论的一个方面(参见:Sarcinelli,1987b:166-168;Kepplinger,1998b:第七、八章;Klein,Ohr,2000)。

候选人角逐与电视辩论

美国大选的一个典型表现是候选人之间的**角逐**(Graber,1983)。其他国家也有这种情况,这也常被视作选战美国化的一个标志。民调对此也有重要的推动作用。民意调查有时由媒体进行,有时由政党发起。例如在德国2009年的联邦选举中,有4个大型电视台在电视新闻节目中播出了48次民调结果,总时长达到160分钟(Krüger,Zapf-Schramm,2009)。

民调不仅能反映竞争各个阶段的情况,而且还具有工具性的功能。政党能利用民调,把公共注意力转向有利的方向,以提高竞选成功的概率。民调能够帮助媒体提升竞选报道的新闻价值,而且这种做法还能提高不关注政治的受众的注意力与兴趣(Faßbinder,2009)。

媒体中的选战活动充满了**博弈的心理图式**(Patterson,1993:53-55)。具体而言,竞选报道往往集中关注候选人的战略与战术,热衷讨论哪位热门人选更受欢迎,谁能赢得竞选。这种政治竞赛仿若一台"政治传播好戏"(Plasser,1989:217):媒体推动剧情,进而打动选民,民意则体现于民调,民调再成为媒体的报道对象,这是一种自我强化的过程。

同样,电视辩论也是一种纯粹风格化了的候选人角逐形式,是一种典型的媒介事件,是电视与选战管理合作上演的戏码,是政治媒介化的一个突出案例。学界对电视辩论的关注可以上溯到1960年美国大选时期尼克松与肯尼迪之间的辩论。其实,与之相仿的做法早在20世纪50年代就已经在多个国家的选战中出现了(参见 Coleman,2000)。

德国的首场电视辩论发生于2002年。时任总理吉哈德·施罗德及其挑战者埃德蒙德·施托伊贝尔在联邦竞选中进行了两轮"电视论战"。这两场辩论得到了空前的关注,主要是因为电视(以及其他媒体)对该事件进行了大规模的预热报道,吊足了公众的口味。在之后的联邦大选中,每个头号候选人之间也举行了电视辩论。有1400万—2100万的受众收看了多个全国频道的转播,市场份额高达60%(Dehm,2005,2009)。[①]

[①] 这里指3岁以上的德国电视观众的市场份额。

整场电视辩论如同一场仪式,还包括节目播出过程中以及辩论之后开展的民调。受访者一般要在调查中回答对辩论主角的印象。一个最重要的调查问题是判断对决的胜利者。记者与名人则在演播室里讨论调查结果,然后这些讨论内容又会出现在新闻报道之中,从而得到更为详细的阐释。在这个过程中,电视辩论通过媒体的再加工而成为一种被翻炒的媒体事件。

目前,学界已有大量针对辩论的内容、接收和效果的研究(研究概览请参见:McKinney,Carlin,2004;Reinemann,Maurer,2008)。德国的电视辩论也已经成为一些经验研究的对象。例如,莫勒与莱纳曼便采用了**及时反馈**测量法[①]来调查观众对论战的直观印象,并结合前调与后调来探索电视辩论对选举结果的影响(Maurer,Reinemann,2003,2009;同时参见:Maurer,et al. 2007)。研究结果显示,电视论战会影响观众对候选人的态度,而且对选民的投票行为带来短期和长期的影响。另一些抽样调查结果也证实了这一发现。例如在 2002 年德国联邦选举期间,研究发现电视辩论对竞选结果产生了影响,换句话说,电视对吉哈德·施罗德的胜利与埃德蒙德·施托伊贝尔的失败都发挥了作用(Klein,2005)。这些电视辩论首先会鼓动候选人的追随者,而且也能在有限的范围内影响反对者和意见游移者。这些调查还证实,在不同时间段内,辩论会产生不同的持续效果,而这取决于人们对大众传播与人际传播的参与情况(Faas,Maier,2004;Maier,Faas,2004;Maier,2007b)。

攻击性选战

攻击性选战是一种竞选策略,指的是突出竞争政党的弱点,诽谤对方的竞选目的及其候选人。这种**负面传播**是美国竞选的一个主要元素,过去则主要出现于竞选广告之中(Kaid,2004b)。当前,互联网也成为负面选战活动的工具,例如在 2004 年的美国大选时期,时任美国总统乔治·布什用一个在线游戏——"反反复复的奥林匹克"(Flip Flop Olympics)来指出民主党候选人约翰·凯利的不可靠(Merz,Rhein,2009:263)。在 2008 年的美国大选中,互联网负面选战活动发挥了更大的作用;当时,敌对者极尽恶毒地诋毁、诽谤奥巴马。为了快速回应对手的攻击,奥巴马的竞选班底还专门建立了一个网站——www.fightthesmears.com。

[①] 实时反馈测量是在一个录音室环境中对被试者进行测量;被试者在观看节目时,可以通过技术装置(按钮或调节器)连续地表达支持或反对。

这种策略在德国竞选中并不是主流；德国政党更多的是悄无声息地在媒体中运用这种方式，而且行动不如美国那么激烈（Donsbach, Jandura, 2005）。例如，联盟党在1994年的联邦选举中用"左翼前线"和"红袜子营销"①这些标语，下意识地挑逗人们对冷战时期共产主义的恐惧心理（Jarren, Bode, 1996）。再如1998年，社民党分发了印有蜥蜴②的图案和"科尔必须下台！"字样的T恤（Holtz-Bacha, 1999）。2002年，联盟党以"承诺已成幻影"的竞选口号来攻击社民党候选人施罗德，因为施罗德曾在1998年的选战中承诺，要把失业人数降低到350万人以内（但没有实现）。与此同时，社民党把联盟党候选人施托伊贝尔描绘成落后的强硬派（Holtz-Bacha, 2003）。2005年，社民党选战针对安吉拉·默克尔"团队"中代表经济政策的保尔·基尔施霍夫（Paul Kirchhof），把他描述为"不保险的激进派与社会冷漠的象征"（Brettschneider, 2005a: 26）。另外，在2009年欧盟议会选举时期，社民党用海报攻击其竞争对手自民党，将之画成了一条"金融鲨鱼"（参见图6-2）。

图6-2　2009年欧盟议会选举期间德国社民党的海报③

事件与议题管理

积极的传播管理是专业选举引导的一个重要元素。而德国选举年的党会日在这方面则具有突出的意义，它借鉴了美国**党大会**的模式。在这一天，各大

---

① 红袜子是德语中对极左人士的一种蔑称。——译者注
② 在德国文化中，蜥蜴具有古板、传统、老套的含义。——译者注
③ 资料来源：www.spiegel.de/fotostrecke/fotostrecke-41854-2.html。

政党会倾其所有,全方位地策划媒介事件。① 这个活动的主要目的是推选头号候选人、动员党员和选举工作者,从而为紧张的竞选拉开帷幕。

这种"政治传播活动"有法定的时限,所以特别需要有效的事件与议题管理(Radunski,1980)。② 其中包括巧妙地编排事件,开展富有媒体影响力的政治行动,让政客在电视、播客、视频中亮相、参与网络讨论。这些活动的目的是让公众关注政党及候选人,并影响政治议程。此外,宣布议题的归属也属于事件与议题管理,也就是"占据"议题,证明自己驾驭议题的能力。

相比广告营销,政治传播活动的优点在于选民无法察觉其中的政治影响,也不会觉得这会左右自己的投票决定(Radunski,1980:44)。而实际上,政治传播活动会避免让选民产生防御反应,因为选民的防御反应会限制政治广告的效果。但政治竞选广告也有缺陷,它们虽然可以抵达忠实选民,但对选战来说,更重要的目标群体是尚未决定者和犹豫不决者,而这两类人常常回避竞选广告。但如果把有些广告包装成独立的媒体报道,让人无法察觉,那么选民的选择性行为就会大大降低。

1992年克林顿的竞选作战室是一个富有成效的议题管理模式(Radunski,1996:47)。这个案例体现出,选战活动要引起媒体的共鸣,就要借鉴现代公共关系的理论与实践,因此必须依赖公关机构与媒体顾问的专业知识才能发挥作用。进一步来看,这些专家的工作是确保媒体对政党及其候选人进行正面报道,使媒体议题于己有利。他们也叫作**政治化妆师**,主要任务是影响新闻记者(Esser,Reinemann,1999:44;Esser,Reinemann,Fan,2000)。

执政党在事件与议题管理方面占有高度的优势,因为恰恰是他们在确定政治日程。他们既能发起事件,也能有效地终止事件。此外,媒体也高度聚焦行政官员,因为较高的权力地位是有效的新闻因素。③ 德国总理科尔便在1990年的"统一选战"④中收获良多。因为当时美国总统、苏联总统、波兰总统、罗马尼亚总统和捷克斯洛伐克总统的到访,都引起了较高的媒体关注。在这些场合中,科尔能作为国家元首展现高超的外交能力。另一个成功的议题管理案例是

---

① 参见第四章第三节第三点,以及资料4-4。
② 参见资料6-1。
③ 参见第四章第三节第一点。
④ 德国于1990年统一,而当年恰逢选举,故而被称为"统一选举"。——译者注

2002年德国联邦总理施罗德在选战中发起了关于美国袭击伊拉克的辩论,而在他提出之时,美国还未宣布是否开战。

执政党具有在职之便,能在竞选管理中获得优势。与之相比较,挑战者必须付出更大的努力才能获得媒体的关注。不过,访问外国元首,尤其是访问美国总统,却是一个行之有效的策略。这类访问不仅具有相对较高的新闻价值,而且由于在野党在地方层面常常被抹黑,这种访问也能有效地挽救其形象。1994年的社民党候选人沙尔平、2002年联盟党候选人施托伊贝尔以及2005年的默克尔都采用了这种方法。在2009年的联邦选举期间,德国外交部部长施泰因迈尔也是当年的总理竞争者,而默克尔总理则在她所谓的"总统"选战之中,单单凭借各种国际会议和纪念活动就吸引了媒体的关注。

选战策划的一个微妙之处是把选战本身(或个别的选举实践)变成一种**元传播**的对象。在这方面,设计精妙的海报便是一例:它的目的是吸引媒体,而且这种海报一经媒体报道,就能获得广泛的受众效果,因此,就算它们没有被贴在公开场合,也能以新闻的形式进入公众视野(参见:Holtz-Bacha,1999)。基民盟在1994年联邦大选的胜利便采取了这种手段,其海报口号是"没有胡子的政治",直指社民党候选人沙尔平有胡子的形象(Mannstein,2000)。类似的成功案例还有社民党于2009年欧盟选举时期制作的极富攻击性的海报(参见图6-2)。

自1998年的德国联邦选举以来,选战管理当中经常出现的技巧和手段也成为一种议题,并往往被批判为"做秀"或"美国化"(Müller,1999:57)。记者也会为了反抗政治利用而公开地批判这种做法。

第三节　选战活动的媒介形象

选战的媒介形象一直是政治传播学热衷的一个议题,其中的一个原因在于,分析竞选报道是检测选战活动成效的一种方式,因为这种活动的媒介形象具有指标意义,并且可以表现以下内容:

- 选战论述、选战过程以及塑造选战政治语境,报道具有新闻价值的事件;
- 政治传播活动措施的成果,即选战管理、占领议题、推出候选人的策略;
- 媒体对选战事件的选择与评估,以及媒体间接表达的政治利益与立场;
- 帮助选民形成意见的信息资源;

- 大众媒体对竞选结果可能产生的效果。

大众媒体作为竞争者针锋相对的**论坛**,是政党与候选人为获得关注、开展说服而进行公开竞争的场所,是政党与候选人向选民呈现其目标的最重要的**平台**。选战引导工作利用媒体作为**政治传播活动**的发声筒,这也属于上文所提到的事件与议题管理的范畴。

这样一来,媒体就为选民提供了一个**通向世界**的窗户,从而让人们来观察选战的过程。选战的媒介形象也是一种**指标**,能反映人们对竞选的印象,还包括有关政治方针、候选人、议题与人物的信息以及这些信息的效果。媒介形象还能间接地表现出传播的效果。媒体也是政党与候选人的**广告载体**,能把广告间接地融入新闻报道之中。

大众媒体具有不同的功能,而且在选战中具有重要作用,但同时,这也意味着政治行动者与媒体行动者之间可能(或实际上)存在冲突。政治行动者首先把媒体看作传达渠道,通过媒体来进行公开展示。他们也能通过媒体与竞争者进行辩论,或通过媒体编辑过的内容或竞选广告来与选民对话并进行劝服。但从大众媒体的公共职能来看,它们并不仅仅具有信息传达功能,也能通过表达支持或进行批判而对意志形成过程带来影响。所以,媒体在选战中是有自身利益考量的行动者,而且直观来看,媒体钳制政党的做法也完全有合法性的基础。当然,大多数西方民主政体的新闻守则与法律明文规定,媒体要遵守新闻与评论之间的分界。

媒体在竞选中如何发挥信息功能,以何种方式影响选民的政见,又是否会注重新闻与评论之间的分别?分析选战活动的媒介形象就能够解答这些问题。

一、候选人竞争媒体曝光

由于媒体(特别是电视)是选民形成政见最为重要的,而且常常还是唯一的信息来源,因此,政党或候选人要进入选民意识,首先就要在媒体中出镜。[1]

要争取较高的公众关注度,保持一定程度的媒体出镜率是一个必要前提(Neuman,Just,Crigler,1992:86-88;Kepplinger,Brosius,Dahlem,1994b:91-93)。特别是当政党要传播那些很难让人亲身领会的议题时,媒体的报道就更加重要

---

[1] 参见第六章第一节。

了,而且多数政治议题都属于这种情况。因为在公民的日常生活中,政治往往是个次要的议题(van Deth,2000)。就算在竞选期间,公民对竞选事件或议题的兴趣也相当有限。因此,选战的一个优先目标就是吸引、鼓动选民。在这方面,媒体的关注和报道都有重要的作用。相比德国的联邦选举,媒体在两轮选举中更加重要,例如州选举、地区选举和欧盟选举。

选战活动的媒体和音

在不同竞选语境中,媒体对特定的选战活动也有不同的反应。从有关德国联邦选举的新闻报道的长期分析来看(自1949年开始),媒体对选战的关注度出现了波浪式的曲线变化(Wilke,Leidecker,2010):从1949年到20世纪70年代中期,媒体对竞选的关注不断上升,一直到1987年出现下降,然后又进入一个较快的上升阶段,并在2002年以及2005年的选举期间到达最高点。① 这些变化是由内因和外因共同造成的,而一个主要的原因是报纸中政治报道的样本增加,而且各种竞选的激烈程度也同时上升;竞选激烈程度的高低意味着新闻价值的大小(Wilke,Reinemann,2000:50)。

这类研究的样本主要集中于高质量报纸。关于电视的情况,则至少在1990年德国联邦选举以后,而且需要在一些大型的或全国性的电视频道中,才可以看出选举报道的明显变化。与主流报纸类似,电视对选战的关注也会随着竞选的激烈程度及事件的新闻价值而发生变化(Schulz,Zeh,2010)。一项针对1980年德国联邦选举的分析提供了一些可供回溯的依据:当时,电视新闻中与选举相关的报道占比10%(根据公营电视节目的播出时长计算而得,参见:Buß,et al.1984)。在2005年与2009年的联邦大选期间,相应的报道比例是1980年的两倍还多(Krüger,Müller-Sachse,Zapf-Schramm,2005;Krüger,Zapf-Schramm,2009;同时参见:Dahlem,2001:273)。一些德国私营电视台的新闻节目也非常关注选举进程,如卢森堡电视台与德国卫星电视一台。

整体上来看,这些数据体现出德国媒体对联邦选举的关注度正在不断提高(主要是最近),不仅是媒体报道的相对范围,其绝对范围也在扩大。这也与媒体扩张以及政治报道数量的增长有所关联。需要注意的是,德国的这种发展趋

---

① 该研究的样本来自4份德国高质量报纸,其中大部分都是跨地区报纸,分别是《法兰克福汇报》《法兰克福评论报》《南德意志报》《世界报》。这些媒体虽然与政治高度相关,但也只是选战新闻的冰山一角。

势与一些国家相比存在着明显的差异,例如英国媒体对英国选举的关注度从20世纪90年代初便开始下降了(Deacon,Wring,Golding,2006)。

在职优势与机会均等

相比分析媒体对选战活动的关注度,学界更感兴趣的是媒体如何分配对各个政党的关注度,特别是对总理候选人的关注度。从机会均等的民主原则来看,这个问题具有重要的意义。特别是电视,因为即便是在媒体高度多样化的当今,电视依然是重要的选战媒介。①

媒体对不同政客和政党的呈现细节有着天壤之别的。图6-3展现的是

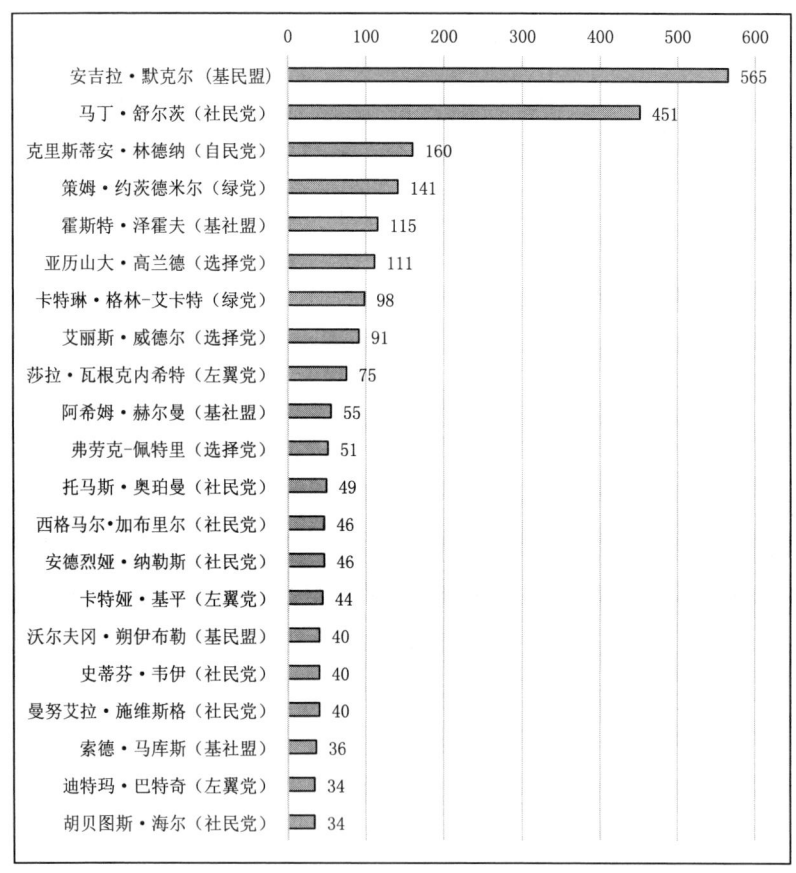

图6-3 2013年德国电视竞选报道中政客出镜率"前20强"②

---

① 参见第六章第一节第二点。
② 德国电视一台、二台、卢森堡电视台与德国卫星电视一台中政客的出现频率。数据来源:Krüger, Zapf-Schramm, Müller,2018。

2017年联邦大选期间政客在电视政治节目中出镜最多的"前20强"。政客的出镜率首先取决于各政党的政治重要性,也就是选举的结果,其次是政客的政治立场及知名度。在大部分情况下,电视关注的往往是最强政党的领导者,而且最关注的是总理候选人。

根据多个关于20世纪90年代电视选战的研究分析,执政者比竞争者更能获得媒体的关注(Semetko,1996;Schoenbach, de Ridder, Lauf, 2001;同时参见:Zeh,2005:34)。媒体对联邦总理的高度关注是德国电视新闻的结构性特征,这种结构"冷酷而专业地"评判着政客的新闻价值(Schönbach, Semetko, 2000)。不过,关于2000年以后的联邦选举研究却发现,德国总理的职位优势变得微不足道,电视对总理的近距离特写(以及总理讲话的原声摘录)甚至完全消失了(Schulz, Zeh, 2006)。安吉拉·默克尔在2005年的联邦选举中是挑战者,但其电视出镜率甚至比时任总理施罗德还要高(参见:Krüger, Müller-Sachse, Zapf-Schramm,2005:608)。在2009年选举期间,默克尔是当时的德国总理,媒体对她的关注度也极高,总理的优势又体现在电视新闻的报道频率上(Schulz, Zeh, 2010)。

在原则上,德国电视台要平衡报道政治,公营广播电视甚至还受到相关法律的约束。① 平衡报道一般指平衡地解释政治局势,或更确切地来说,一如德国联邦宪法法院的表述,它指的是"平衡多样性"。20世纪70年代,诺艾尔-诺依曼的研究引发了关于电视平衡呈现的激烈讨论(Noelle-Neumann, 1974b, 1977a)。她发现,当时当选的反对党(联盟党)及其总理候选人赫尔穆特·科尔不公正地利用了电视。自此,德国开始精确地监控电视对政党的呈现情况,公营电视台甚至要用频道分析来记录政党及总理候选人的电视形象(参见:Krüger, Zapf-Schramm, 2002;Krüger, Müller-Sachse, Zapf-Schramm, 2005;Krüger, Zapf-Schramm, 2009;Krüger, Zapf-Schramm, Müller, 2018)。

开普林格也观察到,电视不仅在平衡呈现方面存在偏差,而且还会用不同的视觉方式来呈现总理候选人。因此,政党和候选人是否在电视上出现并不能决定其媒介形象,更重要的是电视呈现的方式(Kepplinger, 1979, 1980)。

---

① 有些国家也有类似规定(参见 Strömbäck, Kaid, 2008:424)。例如英国的秒表平衡对关于政治大党的新闻报道有极为严格的要求。不过相关分析发现,现实情况与上述要求有所偏离(参见:Deacon, Wring, Golding, 2006)。

二、谁决定议题议程

媒体是政党与候选人实现目的的一种手段,他们需要通过媒体来传播政治性的内容,与选民搭腔并说服选民。研究者对政治性内容的表述各有不同,它们有时被叫作实际问题、议题、难题。英语文献则常称之为**议题**(issue)(参见：Dahlem,2001:119-121)。"议题"指的是**有争议**的话题,但在德语中没有对应的词汇。德语是"Themen""Sachfragen""Probleme"(话题、具体问题和问题)。英语表达要比德语更贴切,因为选战中讨论的话题和问题往往都有争议,而且每个政党宣传的观点和解决方案都各不相同,有时甚至相互对立。选战成败取决于能否用解决方案说服选民。

参选政党的议题能力与问题解决能力,主要取决于公共议程中有什么样的议题,以及这些议题占了多少比重。**议程建构**研究与**议程设置**研究的论点已经广为人知:大众媒体能决定性地影响议程的定义。① 有些像失业或通货膨胀的问题,看起来就明白易懂,因为不少公民都亲身经历过,但也只有当媒体提出或着重强调这些问题时,它们才会真正进入公众议程。因此,政党会努力展现他们解决问题的能力,当然这也要看他们能否将议题注入大众媒体,而且要尽可能地使之成为头条。不过,大众媒体也有自身的注意力规则,而且主要根据新闻价值来加工选战议题。另外,媒体是具有其自身政治利益的行动者,因此也会影响议程的定义。从这个角度来看,选战活动的媒体议程其实是一种经过媒体抛光了的议程。

政党与媒体的定义权

既然如此,下面这个问题就出现了:政党与媒体分别在多大程度上影响选战的议程(Norris,et al. 1999:79)。由于选战活动中的倡议往往由政党发起,加之政党的传播活动也越来越专业,那么就可以猜测,是政党在主导议题的定义。但由于媒体在选战中越来越重要,而且政治出现了普遍的媒介化趋势,媒体主导议题的观点也有一定道理。

阿斯普率先对政党与媒体的定义权问题进行了经验分析(Asp,1983)。其

---

① 参见第四章第四节第三点。

研究对象是1979年的瑞典议会选举。他把电视和报纸对议题的优先性排序与政党的议题排序进行了比较。就全球范围来看，虽然政党宣传的议题与媒体议程之间具有高度的一致性，但不同媒体议程之间的相似度却远远高于媒体议程与政党议程之间的相似度。此外，相较于政党议程，媒体议程更契合选民的议题偏好。因此从整体上来看，媒体的定义权更强于政党的定义权。

一项比较研究围绕1983年英国大选和1984年美国大选，探索了政党和媒体的**定义权问题**（Semetko, et al. 1991）。研究发现，相比美国，英国的政党议程与媒体议程的契合度更高。研究者认为，这说明英国政党具有更大的决定权，而美国媒体有更强的影响力，从中可以发现两国政治系统和媒体系统的差异。

不过，另一些研究对近几十年来的英国议会选举进行了调查，指出英国政党已经丧失了定义权，因为媒体的优先议题与政党议题有极大的差异：政党谈论的是实质性问题，而媒体则把**竞选本身**作为一个议题，并且特别关注策略问题和候选人的角逐的现象（Norris, et al. 1999: 79-81; Deacon, Wring, Golding, 2006; Scammell, Semetko, 2008）。在许多其他国家的大选中，战略议题和竞争性选战活动也在新闻报道中占据主导（Strömbäck, Kaid, 2008: 424）。

德国的情况也是如此。埃尔德斯在研究中提出，德国政党的自我展示和媒体的政党议题呈现之间存在系统性的差异（Eilders, 2003）。具体而言，双方虽然都高度重视实际问题，但媒体特别强调**政治**议题，更加关注选战事件、选举预测、候选人竞争、党内矛盾以及联盟和抉择的可能性。研究者对2002年的联邦选举进行了总结：媒体议程并没有反映任何政党的议题要点（Eilders et al. 2003: 97）。东斯巴赫与杨都拉用类似的方法研究了1998年、2002年和2005年的联邦大选，并得出结论，德国政党在大多数情况下对媒体选战议程的影响有限（Donsbach, Jandura, 1999, 2005, 2009）。

选战的媒体议程更多指向竞选事件的新闻价值以及公众注意力的评判标准，也就是多数选民的评判标准，而不是政党的优先议题。这也是媒体扩张以及媒体市场竞争日益激烈的一个结果。

竞选议程的媒体呈现

大多数选民，特别是那些对政治冷感或不太了解党派政治的人，对政治议题的兴趣要高于事实问题。他们最感兴趣的是候选人之间的竞争与候选人个体，特别是竞争的主角。因此，大部分选战报道会把竞选作为一个议题。在

2005年和2009年德国联邦选举的准备阶段,舆论引导类报纸对这类议题的平均报道量占总报道量的58%(Wilke,Leidecker,2010)。电视对2005年政治议题的报道超过所有电视竞选信息的60%,2009年相应比例甚至达到71%(Krüger,Müller-Sachse,Zapf-Schramm,2005;Krüger,Zapf-Schramm,2009)。

根据相关的纵向研究结果,选举报道的事实性议题在不断减少,而个人化元素却在提升。这是选战报道变化的一个特点,也被批判为**去政治化**。过去,学界的批判对象主要是美国,但自20世纪90年代以来,这也成为德国竞选传播现代化过程中(或美国化)的一个缩影。随着政党的选战活动风格越来越专业、越来越个人化,例如在选战中介绍候选人的**家庭**、设置竞选网站以及内部报告。[①] 这些措施也受到了批评。[②]

资料6-3:2005年德国选战中的议题架框操纵

联盟党的竞选活动尝试从诚信与经济理性的角度来解释税收政策。他们鼓吹简化税务,提高增值税,并降低非工资劳动的成本,而且把前宪法法院法官保罗·基尔施霍夫(Paul Kirchhof)作为一个专家推到前台。起初,这一议题框架富有成效,并成功展现了联盟党驾驭税收议题的能力。而在选战后期,情况急转直下。人们对税收议题的讨论更多集中在社会公平角度,而不是经济政治角度。联盟党于是失去了在税收政策议题上的优势;基尔施霍夫也丧失了声誉。与其分庭抗礼的社民党在竞选引导时转移了议题的框架。他们把联盟党提高增值税的做法戏称为"默克尔税",自己则鼓吹"财富调控"。

(资料来源:Brettschneider,2005。)

媒体也越来越擅长为**政治**议题制造报道契机。媒体能委托其他机构开展民意调查,记者也能开展追踪式的采访、参与脱口秀,然后再去报道这类活动。选战的媒介形象主要受到头号候选人电视辩论的影响,这在德国叫作**电视论战**。电视论战为媒体的报道提供了由头,使之能够开展预热报道、补充报道,其中的内容就

[①] 政党不断致力于把自己的以及对手的选战风格当作一种论辩论据,在1998年的选战中,"美国化"成为一个关键词。联盟党用这个概念贬低社民党的推广是"不可靠的作秀和内容空洞的表演"(Müller,1999:40)。

[②] 参见第六章第二节第二点。

是竞争者的表现如何、输赢如何。霍尔菲德把媒体的这种自我议题化和自我指涉现象,看作竞选报道去政治化的另一个原因(Holfeld,2006)。这种发展被学界称为"传播的传播"或"反身性的元报道"(Sarcinelli,1987b:181;Esser,2003b)。

针对选战议题议程的研究结论高度依赖于议题的数量以及议题的语义布局。有些学者往往只考虑宽泛的议题类型或政治领域。例如,阿斯普(Asp,1983)只用5个议题类别来分析一个议程。这种研究方法能用来总结大量不同议题的面向、问题角度、论点和解决方案。研究选取的抽象层级不同,分析结果就会大相径庭。

因此,研究者不仅要精细地划分议题类别,还要考虑议题的评估及**架框**,然后才能得到更加细化的研究结果。**架框**指的是在某一语境中所选的问题视角及其所强调的议题角度。[①] 例如2011年前后比较热门的一个选战议题——"税收",这就是一个比较宽泛的议题,其中还有一系列小议题,例如公民的税收压力、税收体系的复杂性、精简税收的需求、对某一税法改革的建议、提高或降低税收的呼吁、对特定群体或某一行业的增负或减负,等等。在不同的时间阶段,特定选战活动对这些议题面向都各有侧重,2005年的德国联邦选举就出现了这种情况(参见资料6-4)。宽泛的税收议题其实无法展现选战论述的精细之处及发展趋势。当然,某些政党也许会出于先发制人的目的而大而化之地用这种方式来传播。

就算**评估**多个议题,但选战的媒介形象也可以进一步细分下去。例如,东斯巴赫与杨都拉分析了2002年的德国竞选报道。当时的执政党是社民党,媒体对社民党的事实议题呈现更好,而对联盟党的报道则更侧重其竞选行为或策略,而不是事实议题。再看两党的**议题配比**(即直接的表达或隐含在事实中的间接表达),媒体对两个政党的事实议题的呈现没有显著的差异,但媒体对联盟党的选战议题呈现得更为积极,对社民党明显比较负面。某些跨地区报纸并不太考虑执政党,而更多地根据自身的政治倾向来进行有利或不利的呈现(Donsbach,Jandura,2005)。

一些媒体通过设置议题的框架,公然违反新闻客观性的要求。因为媒体是具有自身利益的行动者,能以选民完全无法察觉的方式来渲染报道,进而影响选战的舆论走势。

---

① 关于架框的概念,请同时参见第四章第四节第三点。

三、候选人在媒体中的亮相及形象

媒体对头号候选人的呈现及呈现方式对选民的政见具有重要的影响,因为候选人之间的角逐在大选当中越来越重要,这也是现代选战的典型特征,特别是在那些实行直接选举制度的国家。①

选民通常只能从媒体上了解候选人的政治能力、处事方式、外表及性格。在社区选举以及联邦直接选举中,候选人虽然也有机会与选民直接接触,但他们通过电视接触到的选民还是要更多一些。

政党虽然能通过造势、集会、公民对话与街头宣传等形式将其候选人推向前台,但这些措施的成功概率很小。根据民意调查的结果,只有少数选民能与候选人有直接接触。在2002年的德国联邦选举之后,仅有8%的选民声称参加了"竞选集会",其中回答"非常频繁"或"经常"的人占比仅为2%,回答"有时"的人占比6%。② 而如果候选人在媒体中出现,就能够产生更大的公众效应。因此我们可以认为,媒体对候选人的形象具有较大的定义权力。

电视曝光的优势

媒体具有决定候选人形象的权力,这种权力主要被电视媒介掌握。在德国,电视覆盖了大多数选民,而且也是选战过程中最重要、且具有极高公信度的信息来源(参见图6-1,以及 Kepplinger, Maurer, 2005:58-60)。因此,频繁的电视曝光能提高候选人的知名度,知名度也恰恰是选民对候选人能力及性格形成态度的一个前提。

实际上,候选人只要出现在电视里,就已经能够掌握先机,这也可以用**不假**

---

① 此处要特别注意语言的用法。德语和英语不同,对不同性别的总理有不同的主语称谓。下文主要使用男性称谓,因为其中主要涉及男性,而且选举产生的男性最高领导人的比例比女性更高(原因不详述)。在安吉拉·默克尔当选总理之后,德国才首次拥有一位女性最高领导人。本书采用这种表达的另一个原因是如果在语言上总是考虑两种主语形式的话就太过琐碎了。

② 这一研究结果的数据来自一项事后调查"2002年德国联邦选举中选民的政治观念、政治参与和选举行为",调查时间为2002年10月至11月初(ZA-Studie 3861)。在此次选举之前,研究者也开展了一项民意调查,其中至少有10%的选民回答"经常"或"有时"参加竞选活动(参见表6-6)。另一项研究在1998年联邦选举之后进行,有12%的选民表示在过去几周内已经参加过至少一次竞选集会。回答参加过**一**次集会的占比8%,回答参加**多**次的为4%(Noelle-Neumann, Köcher, 2002:777)。根据美国的相关调查结果,不到10%的选民表示参加过一次竞选集会(Norris, 2002:135)。

思索之举这个术语来解释,它的意思是人们往往不会权衡所有信息,而更多是本能地从"最新鲜"和最易得的印象与记忆中作出决断(Taylor, Fiske, 1978)。这是一种**铺垫效应**,而且也会出现在人们对政治或对他人的判断过程中。一个候选人在电视中越显眼,就越容易让选民留下印象,而且越有机会让选民在投票时考虑他。

有些研究发现,在联邦大选期间,总理候选人的曝光率更高。需要注意的是,电视曝光至少能从四个方面对选举结果带来影响。一是时局,在不同的时局当中,不同候选人会有不同的参与机会和自我呈现的机会;二是竞选管理的有效性,竞选团队需要用媒体的方式去传播某些事件,并且懂得如何利用媒体;三是电视对各位候选人的呈现,这是电视媒体特定选择的结果,背后隐含了记者或节目本身的政治好恶;四是电视亮相是候选人展现其政治权力及知名度的一种方式,相比其他媒介,电视更强调地位这一新闻要素,往往关注少数高职位的知名政客。

根据一些媒体分析研究的结论,在任的执政党具有注意力优势(**职位优势**或**总理优势**)。职位优势意味着许多选民在选举之初就已经对现任执政者有一定的态度,而对挑战者的认知还不够。1990 和 1994 年选举中的科尔总理,2002 与 2005 年的施罗德总理,以及 2009 年的默克尔总理,他们都有在职之便,而其挑战者——例如拉丰丹纳(1990 年)、沙平(1994 年)、施托伊贝尔(2002 年)、默克尔(2005 年)与施泰迈尔(2009 年)——的形象在竞选开始阶段仍然比较模糊。

政客在电视中亮相的范围与方式也受制于政治时局以及媒体对政治事件与行动者的选择、呈现与解释。因此,电视曝光也不一定全无害处(参见:Maurer, Reinemann, 2003)。为了降低这种风险,专业的竞选管理要努力通过**政治传播活动**,特别是通过媒介化与策划的方式来影响事件局势及事件的议题化过程。①

影像的力量

电视用视听方式来呈现候选人,能够为选民提供大量的信息,帮助他们形成对候选人的态度。在竞选新闻中,候选人视听呈现的频率也在显著上升

---

① 参见资料 6-1。

(Kepplinger,Brosius,Dahlem,1994b:17;Schulz,Zeh,2006)。特殊的录制技术能潜移默化地影响人们的印象,但普通观众完全无法意识到这些窍门。摄像师与电视记者可以使用不同的景别、拍摄角度(如仰拍、俯拍)、摄像机运动和图像剪裁等方式,这些做法都有一定目的(Kepplinger,1980)。政客的电视形象正是通过这些操作而得以"特征化"。人们从电视上看到某个人而形成的印象,与亲身遇见同一个人而形成的印象截然不同(Mattenklott,Donsbach,Brosius,1995;Kepplinger,Maurer,2005:129)。

影像比文字、言论更能够激发观众的情感(Maurer,Kepplinger,2003)。因为人类对非语言信息的感知能力要高出对语言信息的感知能力,而且处理非语言信息更直接、更不动脑筋。根据弗莱的研究,电视观众能根据政客的非语言行为而迅速、自动地判断其人格特征(Frey,1999)。电视中的非语言刺激甚至能让观众在短短一毫秒的时间内就形成对一个人的大体印象,并冠之以专制、讨人喜欢、重感情、聪明或无聊的标签。

我们通过实验法发现,受众在看到候选人影像并对其有了印象之后,不仅已经形成了对候选人的评价,甚至也已经决定了选谁。因此,竞选的成功也依赖于候选人的身体吸引力(Rosenberg, et al. 1986)。美国学者首先发现了这个结论。德国学者克莱恩与罗萨尔对2002年联邦选举时期选区选举结果进行了研究,也发现了同样的情况(Klein,Rosar,2005)。选战管理实践因此特别重视选战活动的视觉传播,因为"形象由影像而来"(Nürnberger,2002)。

图像塑造着选民眼中的候选人形象,特别是电视影像。与电视曝光一样,电视影像不一定全无坏处。头号候选人的电视辩论虽然能帮助他们更多地接触选民,但并不意味着其形象会随之改善。有时,电视反而会恶化政客的形象(Maurer,Reinemann,2003)。2002年,一项实验研究分析了当时电视辩论的影像效果,并设计了一个实验组,让被试只能像听广播那样听到辩论的声音。实验结果表明,吉哈德·施罗德的声音要比他的电视形象更讨人喜欢。研究者认为,这可能是因为施罗德的声音有特殊的效果(Maier,Faas,2004)。

候选人形象的组成

1960年美国大选时期,约翰·肯尼迪和理查德·尼克松之间进行了一场影响空前的电视辩论,影像技术的不利影响已经在这场辩论中体现出来。在电视观众看来,尼克松显得极为疲惫,他汗流浃背,而且胡子拉碴。相比之下,肯尼迪则给人一种年轻而清新的印象,他看上去晒得很黑,显得很健康。这两人的外观之所以截然不同,主要是因为尼克松不愿为了荧幕表现而化妆(Lang, Lang, 1984:108)。

表 6-3 候选人形象的维度

维度		标志
角色趋近的元素	解决问题的能力	政治立场,对问题的认知和处理
	领导素质	决策力、行动力、说服力、组织天赋
角色背离的元素,非政治元素	正直	真诚、值得信赖
	个人特征	外表、魅力(例如讨人喜欢)、年龄、出身、宗教、私人生活

参照:Brettschneider, 2002b:143。

当时,学界还没有充分的证据证明尼克松与肯尼迪之间不同的影像效果是否对那次选举结果带来了决定性的影响(参见:Katz, Feldman, 1962; Kraus, 1996)。① 但单单考虑影像可能带来的影响,就已经引发了广泛的讨论,这个议题也越来越受到学界的重视(参见:Kraus, 1962;特别是其中 Lubell 等人以及 Kraus 和 Smith 的文章)。

候选人形象一方面来自媒体的建构(特别是电视的建构),另一面则来自选民对候选人的态度。影像的信息成本相对较低(低信息捷径,参见:Popkin, 1994:60-62),能为选民提供线索,降低其投票的复杂性。让人去评价候选人的议题立场或政府计划很困难,影像则为选民提供了一个更简单的替代方案。候选人形象也是形象管理的结果。竞选班底要尽可能地利用媒体竞选广告、事件以及**政治传播活动**来传播候选人的特定形象(参见:Altendorfer, Wiedemann, Mayer, 2000)。候选人也要考虑如何向选民和媒体推销自己。值得注意的是,候选人的特征在所有的形象建构中都占有极高的比重,包括年龄、性别、宗教、婚姻状况、政治面貌和职位等。

人们能根据这些特征来区分候选人形象的不同组成部分,这些形象之间多少也有一些相似之处。政治传播研究关心的问题往往是:这些形象建构究竟有多相似或有多不同?其中有什么联系,存在什么影响?它对选民偏好以及选举

---

① 直到几十年后,德鲁克曼才用实验法证明了这一点(Druckman, 2003)。

结果有什么意义？（参见：Hacker，2004，2008）。有些研究还会提出下面的问题：在选战期间，人们对候选人有什么评价标准，这些标准能否从不同的视角——例如媒体视角或选民视角——被辨认出来，应该如何把这些判断进行系统化的研究操作。

一种区分方式把形象元素分成两种，即**角色趋近**的形象元素与**角色背离**的形象元素（Dahlem，2001：194，307；Brettschneider，2002b：139-141）。前者是**政治角色**的特征，例如解决问题的能力、领导素质、意识形态及政治取向。后者是**去政治化**的特征，例如身体的吸引力、出生地、性格特征（参见表6-4）。基德尔曼提出了另一种区分方式，他将形象元素分为三个纬度：一是候选人的专业能力；二是性格；三是公开场合的仪态，包括外表、魄力、魅力和镜头吸引力（Kindelmann，1994：31-33）。布雷特施耐德把候选人特征分为四个维度：解决问题的能力、领导力、正直以及非政治的性格（Brettschneider，2002b：134-136）。克莱恩与欧尔提出了另一种标准，并总结了五种候选人角色：政党代表人、政府事务经理人、解决问题者、代理人以及"人"（Klein，Ohr，2000）。

除了划分候选人品质以外，我们还能像加布里埃尔与内勒（Gabriel，Neller，2005）所建议的那样，把人们对候选人的整体评价作为一个单独的标准。经验研究发现，角色背离的形象元素（即"讨人喜欢的""值得信赖的"）在选民的整体评价中比政治能力与表现更为重要。这种评判方式影响了选民的偏好，最后还会影响其投票决定。

电视中的候选人形象

区分候选人形象的不同纬度不仅有助于理解选民的偏好及其投票决定，还在分析媒介对候选人呈现方面具有重要的意义。这一论点基于一种经验研究已经充分证明了的假设，即选民要参考媒体建构的形象来形成对候选人的印象（同时参见下面的章节）。此处主要涉及的是**个人化**问题，其中包括普遍的个人化和特定的个人化（Lass，1995：10；Klein，Ohr，2000）。**普遍**个人化假设指的是，政客的亮相（特别是总理候选人的亮相）能够增强其媒介形象。**特定**个人化假设指的是，竞选报道越来越聚焦与其角色背离的候选人特征。[①]

如图6-4所示，自1990年以来，德国晚间电视新闻的竞选报道已经出现明

---

① 参见第六章第二节第二点。

显的**普遍**个人化的特点；其中，呈现总理候选人的比例大幅提升。另一个新闻分析研究也发现了**特定**个人化的现象：在 1990—2005 年间，德国媒体对候选人专业能力评估的比重减半；而与其角色背离的候选人特征得到了更多的重视（Schulz，Zeh，2006：298）。

人们在评价一个候选人的时候往往会联系到他的品质。美国电视中充满了大量的负面评价，而德国电视中的积极评价与负面评价的比例相近；如果对 2005 年与 2009 年德国媒体对两位总理候选人的好恶评价进行分类，就会发现其评价相当平衡（Schulz，Zeh，2006，2010）。①

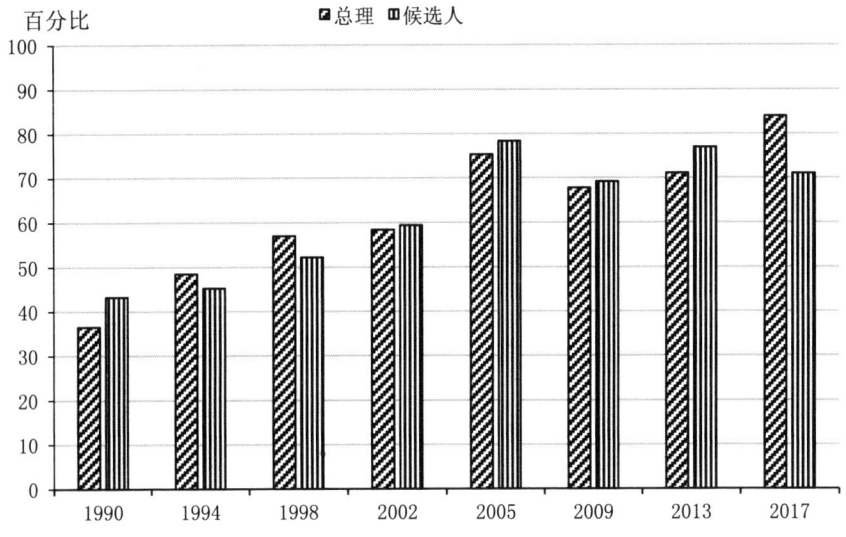

图 6-4　总理候选人在电视新闻中的呈现②

选战活动的媒介形象只能在一定条件下被当作选战特点的指标，因为这是媒体的一种结构，其中存在选择、理解信息的过程。通过长期的观察，我们也能发现报道风格的变化。美国的研究发现，电视新闻报道的风格产生了剧烈的变化。具体而言，媒体的议题报道往往只是提供背景信息，而选战报道则整体聚焦于候选人**角逐**以及候选人个体。不难看出，媒体执行新闻宗旨的程度正在急剧下降，因为电视对候选人的呈现好像总是负面的，而且美国电视中的**原声**也

---

① 电视大部分情况下都是引用政客、选民或专家的评论，记者评论的占比很小。
② 图 6-4 展示的是对德国电视一台、二台、卢森堡电视台和德国卫星一台在大选日前四周的晚间新闻的分析结果。比例的意思是总理候选人出现的所有画面（无论有无原声）与所有候选人相关画面之比。更多的研究方法细节请参见：Zeh，2005 以及 Schulz，Zeh，2010。

大幅下降了(Hallin,1992;Patterson,1993,2002;Farnsworth,Lichter,2006)。

纵观德国媒体的竞选报道,我们便可发现其中的异同(Schulz,Zeh,2010;Wilke,Leidecker,2010)。若将之归结于新闻业的风格变化,仿佛也有一定的道理。但是,单靠媒介分析无法证明到底哪些方面可以归因于竞选引导活动的变化,哪些方面又是新闻业风格变化的结果。唯有比较其他数据(通过有关政党选战引导的研究)或许才能回答这个问题。

候选人形象与选举结果

根据针对德国联邦选举的经验研究结果,候选人的媒介形象会影响选民对候选人的印象。开普林格、布罗休斯与达勒姆的研究表明,1990年竞选期间,电视新闻塑造了人们对候选人特征的认知(当时的竞争者是赫尔穆特·科尔与奥斯卡·拉丰丹纳),而且这种认知最终决定了选民的投票决定(Kepplinger,Brosius,Dahlem,1994a,b)。另一些针对此次大选的研究提供了更多的证据。例如,芬克尔与施罗特的焦点小组访谈研究指出,在选举日前,公众对候选人偏好的改变是其投票意向的一个强有力的预测指标(Finkel,Schrott,1994)。人们偏好的差异又能追溯到电视新闻对德国统一议题的报道;当时,科尔代表了统一德国的总理,这让他受益匪浅(Schrott,Meffert,1996)。瑟米克与申巴赫的研究也证明,德国电视二台的新闻报道与人们对总理的认知之间具有相关关系(Semetko,Schönbach,1994:118)。[①]

但根据开普林格与黑特希的观点,电视新闻对1994年德国联邦选举的结果没有产生决定性的影响(Kepplinger,Rettich,1996)。不过,当时的媒体报道对社民党候选人沙尔平更有利,并且减弱了时任总理科尔的领先优势;也就是说,新闻报道对沙尔平的评价要比科尔更为有利(1990年,电视对候选人拉丰丹纳的评价更为积极)。这或许是因为沙尔平常常在报道中评价科尔,而且多是负面的;与之相较,科尔对沙尔平的评价更为克制(Schulz,Berens,Zeh,1998a;Zeh,2005:142)。

1998年的德国联邦选举带来了政府的更迭。早在准备阶段,挑战者吉哈德·施罗德的形象就已经优于时任总理赫尔穆特·科尔(Brettschneider,2002b:188)。这也契合两位候选人在电视中的呈现(Kepplinger,Maurer,Roessing,

---

[①] 研究发现,印刷媒体和选举广告也对选民关于两位候选人的印象产生了作用。读者若要了解印刷媒体使用的意义,可以参考一项针对2000年北莱茵-威斯特法利亚州选举期间的地区日报研究(Klein,Ohr,Heinrich,2002)。

1999)。布雷特施耐德基于大量分析,证明了媒体报道与候选人形象之间的相关关系;但是,他无法证明这是否是因为电视的作用。他推测,这或许是因为媒体报道的和音效果(Brettschneider,1998,1999)。

2002年的德国联邦选举结果更加明显,这也可能是因为当年电视论战的视觉效果要比1998年大选更为强烈一些(Maurer,Kepplinger,2003)。根据开普林格与莫勒的研究,人们对时任总理施罗德的性格与处事能力的评价高度契合于电视报道对施罗德的呈现。与之相对,竞争者埃德蒙德·施托伊贝尔的电视形象仅仅与人们对其处事能力的认知相一致。该研究基于选民焦点小组访谈分析证明,电视呈现优化了人们对施罗德的印象,但施托伊贝尔的电视形象并没有太多改变;而且,虽然后者的电视形象出现了对其有利的变化,但也没有产生良好的效果(Kepplinger,Maurer,2005)。

研究者用选民的情绪来解释这种差异。在选民眼中,施罗德讨人喜欢(但能力欠佳);施托伊贝尔虽然有能力,但是不讨人喜欢。由于选民对候选人的认识基于整体的情感性评价,因此其对候选人亲和力的评价便引导了他们的偏好。最后,施罗德获得胜利,施托伊贝尔则失败了(Kepplinger,Maurer,2005:150-152)。加布里埃尔与内勒的分析也形成了同样的推导路径(Gabriel,Neller,2005)。从这些研究中,我们也可以发现,竞选引导的形象管理工作有很强的局限性。①

在2005年的联邦选举时期,在吉拉德·施罗德与挑战者安吉拉·默克尔进行电视论战的同时,电视台还开展了民意调查与演播室测试。结果显示,两位候选人都具有积极的形象效果。但犹豫不决的选民群体对施罗德的看法更胜于对默克尔的看法,具体来看,他们认为施罗德有能力、可信,并且讨人喜欢(Dehm,2005)。不过,随着时间的推移,施罗德的优势有所流失,这部分是因为媒体对这场论战的后续报道(Maier,Maier,2007;Maurer,et al. 2007)。

总体而言,本节介绍的大部分德国联邦选举研究都揭示了媒介形象会影响选民对总理候选人的态度,而且可能对投票决定具有重要意义。此外,达勒姆在美国开展的研究中也提出了相似的观点(Dahlem,2001:195)。当然,其他因素也会对投票决定带来至关重要的影响。

---

① 参见第六章第二节第二点,尤其是资料6-3。

第四节 选举传播与投票决定

选举传播研究常常会追踪影响投票决定的原因。有些研究的出发点是选民行为的前提要素,最后落脚于选民行为。这些研究常常把投票决定在认知层面的前提变量纳入调查之中,例如选民对候选人或政党的偏好。前一节介绍的研究分析描绘了电视、候选人形象与选举结果之间的联系,这也是这种研究路径的一种典型的方式。

研究者可以从媒体或选民的角度来观察这些相关关系。媒体本位的研究视角分析竞选传播(例如,候选人的电视形象)对选战活动和公民政见的作用。选民本位的研究视角则探索投票行为,并尝试解释其中的影响因素(Dahlem,2001:21-23)。

关于1940年美国大选的**伊里调查**是早期的选举经验研究之大成者。该研究结合了上述两种视角(参见:Lazarsfeld, Berelson, Gaudet, 1944)。在此之后,该研究领域分为投票行为研究和竞选传播研究两个分支。政治学领域的竞选研究的重点是选民行为(以及民主选举的其他方面),政治传播研究则聚焦竞选传播。近年来,这两个研究方向不断靠近,研究者们至少已经认识到彼此的研究成果(参见:Falter, Schoen, 2005,以及达勒姆整合两个领域的富有雄心的尝试:Dahlem, 2001)。

下文保留了媒体本位的研究视角,并且补充了另外一些对投票决定具有重要意义的元素,例如人际传播、选举广告和选民的政党认同。在本节最后,本人将总结选举传播与投票决定之间的复杂关系。

一、投票决定的影响因素

长久以来,**伊里调查**一直被视作有限效果论的重要依据——选战活动对选民决定的影响微乎其微。研究者的后续研究进一步支持了这种观点。他们也惊讶于选民的选择性行为以及选民对选战传播的认知。他们的解释是,选民对说服行为具有防御心理,以便维护既有的政治态度。他们还指出,家庭、朋友圈、工作环境中的社会互动会增强互动双方的共同信念,因为大部分人都生活在一个同质的政治环境之中(Lazarsfeld,Berelson,Gaudet,1944:xxxii)。人际传播、个人影响是理解选举政见形成的新因素,也是拉扎斯菲尔德团队后续研究的关注焦点,并且启发了大量的概念思考和经验调查(Berelson,Lazarsfeld,McPhee,1954;Katz,Lazarsfeld,1955;Katz,1957)。

选民在投票之前首先要考虑是否参与投票。其实,即便不看选举结果,参与投票本身就已经具有重要的政治意义。因此,一些研究往往高度重视投票和弃权的行为以及选民的相应解释(Feist,1994;Kleinhenz,1995;Lange,2005)。参与投票不仅是投票的必要前提,选民的参与度也是当选者具有民主合法性的指标,是公民政治参与的基石。①

细分选战活动效果

投票率还能影响选举结果。不同选民群体参与投票的范围不同,甚至能影响某些政党或候选人的胜算。也正因为此,动员选民,尤其是动员追随者和忠实选民,在政党及候选人的选战管理中具有高度的优先性。这不仅是为了尽可能地吸收潜在选民,也是为了招募、动员义工,号召人们支持选战组织工作。值得注意的是,支持者与党员是人际传播中的意见领袖,能在社交圈内开展说服工作,影响其所在的舆论环境(Radunski,1980:118-120)。

选战管理的动员工作还要增强支持者和忠实选民的信念,这一方面是为了防止人们叛离,另一方面是为了重新赢得"叛逃"者。此外,竞选团队还要说服尽可能多的犹豫不决者。只要这些人表露出一丝支持,就要尽可能地赢得他们的选票。最后,选战活动还要争取改变对方阵营追随者的信念,即便成功概率微乎其微。

20世纪40年代的**伊里调查**首次对选战活动的不同目标及其效果进行了分类,这种做法在今天看来仍然具有指导意义,因为这不仅能量化评估单个活动的效果,还能分开测量不同活动的结果(见表6-4)。研究者可以把选民的倾向(倾向于选择共和党或民主党),与他们在选战活动前后两次在访谈中表达的投票意向进行对比。选民的倾向通过人口特征来获知,因为人口特征与政党倾向高度契合。②

---

① 上文已经在参与研究中讨论过传播和参与投票之间的关系,参见第五章第六节。
② 这些人口特征包括社会经济地位、宗教(新教徒或天主教徒)、居住环境(农村或城市),参见第六章第一节第一点。

表 6-4　选战活动效果的分类

		接近选战活动结束时(%)		
		投票意向符合倾向	投票意向与倾向相反	仍未决定
竞选活动开始	投票意向符合倾向	增强 36	改变态度 2	部分改变 3
	投票意向与倾向相反	重新赢得 3	增强 17	部分改变 3
	仍未决定	激活 14	改变态度 6	没有效果 16

百分比指的是1940年美国大选期间每种活动效果在整体传播效果中所占的比例。
资料来源：Lazarsfeld，Berelson，Gaudet，1944：102；同时参见：Schoen，2005：535。

表6-5总结性地展现了伊里调查的主要结果。其中的数字表示单个传播活动的效果在整体效果中的占比（总值为100%）。让研究者惊讶的是，选战活动的主要效果是增强、巩固选民的既有倾向（其值为：36%+17%=53%）。如果再加上一直没有决定的人（16%），总的百分比达到69%，也就是说，69%的选民没有受到传播活动的影响。这个意外的发现对早期的选举研究产生了深远的影响，以至于几十年来，大部分学者都认为选战传播在很大程度上是无效的，甚至连大众传播都收效甚微，其主要的效果只是强化人们既有的倾向和态度而已。伊里调查对学界的影响可谓深远。

现在距离**伊里调查**已经有70多年的时光。政治传播研究也已经积累了丰富的经验，如今的学者反而会认为，这个研究结果恰恰展现了选战活动是成功的，因为其中足足有31%的选民的确受到了影响：他们要么部分或彻底地改变了态度，要么至少产生了参与意向。从其余的数字也能推断出，选战活动或许强化了选民的倾向。

人际传播和意见领袖

伊里调查指出，选战传播之所以没有太大的效果，或许是因为人际传播，也就是选民与家人、朋友之间的讨论。为了了解选民如何进行人际讨论，以及这个过程如何施加影响，研究者在调查中提出了两个沿用至今的调查问题：**您最近是否尝试说服其他人的政治观点？最近有没有人向您询问过有关政治的建议？①

受访者只要在以上任何一个问题上回答"是"，就可以被视为意见领袖（这类人占伊里县人口的21%）。意见领袖对政治有浓厚的兴趣，也有高强度的媒体使用行为，而且会积极地参与人际传播。研究者发现，那些在选战活动过程中被激活或改变态度的选民相对频繁地提到，私人谈话给他们带来了影响。研究者据此提出**二级传播模型**：意见领袖从大众媒体获得竞选信息，然后通过人际交往把这些信息传递给政治上不太活跃的公民。

此后，大量的后续研究修正了二级传播和意见领袖的概念（请参见总结：Dahlem, 2001: 375-377; Schenk, 2007: 350-352）。网络模型由二级传播模型发展而来，不仅超越了单纯的"领袖"和"追随者"的等级关系，着眼于更复杂的社会结构，而且还区分了不同的关系特征，例如强关联或弱关联、优先群组和次级群组，并将这些关系明确地定义为配偶、同事、邻居等特殊的角色关系。此外，网络模型还能用来定位个体的位置，例如网络的中心位置或边缘位置。最后，不同网络的结构特征也大不相同，例如密度、凝聚力和同质性的程度（Schenk, 1995）②。

另一个重要的研究发展是区分**信息流**与**影响措施**。在这一视角中，虽然选民能在谈话和讨论中受到影响，但也能直接从大众媒体中获得（一手）信息。这类研究还尝试更加准确地鉴定、刻画意见领袖，也就是所谓的"具有影响力的人"（Weimann, 1994）。在这方面，诺艾尔-诺伊曼提出的**性格强度量表**已经得到了广泛的研究应用（Spiegel-Verlag, 1983）。

诺艾尔-诺伊曼及其合作者根据20世纪90年代的民意调查提出一个命题：人际传播不仅会影响选民的个体行为，还可能影响意见气候，甚至在某些情况下导致舆论整体的转变。这种情况可以归因于意见领袖的影响（Noelle-Neumann, et.al.1999）。这类人会频繁地参与选战传播，对选战舆论的走势特别敏感。因此，他们的政党偏好有时就是选举结果的早期指标（参见资料6-4）。

当然，某些竞选的情况也会因政治情境不同而产生差异。在1998年的德

---

① 调查问题原文："Have you tried to convince anyone of your political ideas recently?" "Has anyone asked your advice on political questions recently?"（Lazarsfeld, Berelson, Gaudet, 1944: 50）

② 在经验研究中，区分网络有多种方法。例如，研究者可以在采访中打听受访者的交往对象，然后去询问他的交往对象，从而像滚雪球那样辨别出整个网络。

国联邦大选中,人际影响特别强大,最后甚至导致政府更迭。这个案例表明,人际传播不仅会导致社会环境中的意见不断同质(这一点**伊里调查**已经提出过),而且意见领袖也能使选民改变政治阵营。

施米特-贝克的国际比较研究详细分析并证明了人际交往能够激活政治不活跃的选民(Schmitt-Beck,2000)。其中,优先关系成员的交流(主要是夫妻之间)影响特别显著。研究还发现,人际传播的影响在各个选举之间、各个国家之间还存在巨大差异。例如,人际传播的影响在西班牙大选(1992年)和美国大选(1993年)中相对较大,而在1990年的西德联邦选举中相对较小。①

资料6-4:竞选中意见领袖的特质

- 您会更全面地了解信息,并且能够更好地论证;
- 您的兴趣非常广泛,而且对所有层面的政治都感兴趣(地方的、全国的、国际的);
- 您特别善于沟通,而且能用有意思的方式表达意见;
- 您能轻松地与其他人或其他阶层、年龄群体建立联系,消除社会中的传播障碍;
- 您的情感丰富,对其他人感兴趣,不太以自我为中心,而且乐于助人,讨人喜欢;
- 您很少屈从于隔离的恐惧和"沉默的螺旋"。

(资料来源:Noelle-Neumann,1999:211-213。)

选举集会和竞选广告

影响投票决定的另一个更重要的因素是政党的选战活动,主要包括选举集会和竞选广告。选战活动的策划与论证需要大量资金。因此,不同措施在覆盖范围、选民认知以及说服力方面都极为不同。

政党和候选人的竞选集会只能面向很小一部分选民。在2013年的德国联邦大选之后,仅有8%的选民表示参加了选举集会或动员活动(见表6-5)。但在对政治有浓厚兴趣的选民中,有21%的人参加了这类活动。因此,这种

---

① 在1990年的德国联邦选举中,人际传播对东德选民的影响相对较大。因为东德人在德国统一之后首次参与选举,其行为明显不同于其他联邦州的选民。

集会主要能够增强积极选民(尤其是忠实选民)的信念。街头竞选(竞选摊位)也与之类似。如果媒体报道了党内要人(特别是头号候选人),其传播范围就会更大(但媒体也会过滤、解释政治信息)。

更值得关注的是付费竞选广告。选民,包括对政治无感的人,对海报的认知度最高。这种传统的广告形式在德国一直很重要(参见:Müller,2002a;Lessinger,Holtz-Bacha,2010)①。与之相较,电视广告和报纸广告的认知度较低,传单和小册子再次之。政治学领域的竞选研究很少关注竞选广告。② 但在传播学领域(尤其是美国的传播研究),竞选广告的内容、风格及效果研究一直具有重要意义(参见:Kaid,Holtz-Bacha,1995;Kaid,2004b)。其中,帕特森和麦克卢尔的研究起到了重要的推动作用(Patterson,MacClure,1976)。该研究发现,美国选民更多是从政党广告,而不是从电视新闻中获知竞选议题。

美国的竞选研究主要集中于电视广告。而德国学界除了关注电视广告之外,还关注报刊广告、海报和直投广告。③ 这也体现了不同广告手段在两国具有不同意义。这类研究大多分析广告内容,或在实验室环境中检测个体层面的接收情况。欧尔根据2002年选举的一次民调结果,间接地证明了竞选广告和投票决定之间的关系。他发现,人们对政党造势活动的评价会影响投票决定,其影响程度甚至超过了人们的政党认同(Ohr,2005a)。

表6-5 竞选传播的覆盖范围

2013年德国联邦选举	对政治的兴趣			
	选民整体(%)	没有或很少(%)	一般(%)	强烈或很强(%)
看到政党或候选人的广告牌	89	83	92	95
看到政党的电视竞选节目	75	67	80	81
在报纸或杂志中看到政党的竞选广告	55	33	62	73

---

① 政党对广告的投入还有其他的优先顺序。传统来看,在德国,日报广告的重要性远远超过其他媒介。当然,在日报刊登广告的意义正在不断下降(Lieske,2006)。
② 需要注意的是,在大量"竞选研究手册"中并没有对这个议题进行独立考察(参见:Falter,Schoen,2005),只有肖恩在其著作的一个次要位置提到了竞选广告(Schoen,2005)。
③ 参见 Holtz-Bacha,2000,2006d;Römmele,2002;Keil,2003;Lessinger,Moke,Holtz-Bacha,2003;以及关于2005年和2009年大选的大量文献(Holtz-Bacha,2006b,2010)。

续表

2013年德国联邦选举	对政治的兴趣			
	选民整体（%）	没有或很少（%）	一般（%）	强烈或很强（%）
读过政党材料，如传单、小传单、小册子或信箱广告	52	37	54	67
亲自访问一个或多个竞选摊位	14	6	12	27
在街上或家门口被人搭话	11	8	10	18
收到政党发来的邮件或短信	5	1	3	15
在社交媒体（如Facebook）中收到政党信息	4	2	3	8
接到政党的电话	1	1	1	2
样本量*	1868	588	863	417

调查问题："这份问卷针对2013年联邦选举中政党及候选人的选战活动。请不要考虑今年开展的其他竞选。您是否……"

* 极少数答案缺失。

资料来源：GLES竞选调查。①

竞选广告对媒体议程具有间接的影响。政党的广告行为并不只是为了让媒体刊载其广告，也是为了影响新闻选择标准。因为记者可以从竞选广告中了解哪些是热门的或相关的竞选议题。从另一方面来看，政党也能根据媒体对不同议题的关注而开展广告行动。因此，基于市场营销理念的专业选战活动也要参考媒介分析的研究成果。②

二、理解投票行为

选民的投票参与和表决行为取决于多个因素。研究者可以把这些因素抽象地划分为内因和外因，或长期因素和短期因素（Kepplinger, Brosius, Dahlem, 1994b:15; Dahlem, 2001:21-23）。

竞选研究常常把**内部**因素分为两种，分别是长期影响和短期影响。**长期**影响指选民的意识形态信念和价值取向，体现于选民表达的对某一政党的认

---

① 参见对表6-1的讨论。

② 参见表6-2。

同。**短期**影响指选战议题和参选候选人。我们可以分别从主客观维度来区分短期影响。例如，税法在客观上确立了税收，但其**主观**方面则体现于选民对该规定本身、规定的公正性、有效性及其对自身影响的认知。与之相应，候选人的客观特征，例如性别、年龄、党派归属、外貌，与选民主观认识到的特征之间也存在区别。

外部因素包括一般的政治局势和选民的社会状况。政治局势取决于政府布局、领导人、时事以及当前的政治难题，特别是经济形势和主导的意见气候。选民的社会状况既有主观因素，也有客观因素。**客观**因素指的是选民的社会经济特征，例如选民的年龄、性别、信仰、教育程度、职业、收入、居住环境（如城市或乡村）。这些因素的政治意义还有赖于选民的**主观**认知。例如，选民在多大程度上觉得自己是某个宗教或社会阶层的一员；或者，和过去相比，他们觉得当前的社会地位或经济状况有所改善还是恶化。

决定投票行为的社会心理模型

上述的分析区分可以回溯到**密歇根大学**安娜伯格分校**安格斯·坎贝尔调查组**的研究。该研究组在 20 世纪 50 年代提出了个人选举行为的模型（Campbell, Gurin, Miller, 1954; Campbel et al. 1960）。学界将之称为**社会心理模型**（也叫**密歇根模型**或**安娜伯格模型**）（参见：Bürklin, Klein, 1998: 57-59; Schoen, Weins, 2005），并对其进行了多次修正。这个模型之后的所有发展都强调了内部因素，并将其他因素当作外部条件。它没有明确地用竞选传播和媒体来解释投票行为。不过，这些因素及其他外部条件也有作用，因为正是它们塑造了选民的认知和观念，特别是选民的政党认同。

在社会心理模型中，选民的政党认同是一个长期稳定的因素。研究者会假设，这个因素直接（且最强烈地）影响投票行为（见图 6-5）。自坎贝尔的研究之后，研究者在调查过程中会把政党认同处理为两个问题：首先询问受访者对某一政党的倾向，接着考察这种倾向的强度如何。[1] 通过这种方式，研究者不仅可以区分政党追随者和无党派人士，还可以把选民的政党倾向划分为几个层级。

---

[1] 德国联邦选举民意调查的问题一般是："在联邦德国，很多人长期倾向于某一特定政党，虽然他们有时候也会选其他党派。一般而言，您会倾向于某一特定政党吗？如果是的话，是哪个政党？请您从所列选项中告诉我它们的字母。""您有多强或多弱地倾向于这个党派？您的倾向是很强、强、中、弱或非常弱？"

根据社会心理模型,政党认同还对投票行为具有间接影响。这种影响源自选民对**议题**与候选人的认同倾向,是短期、可变的态度,并由选民的政党认同预先塑造而来。投票行为还取决于外部条件以及选民认知,主要是选民对政府局面、政党格局、候选人情况、时事问题和竞选引导的认知。这些前提条件没有直接出现在这个模型里,而是隐含在选民对议题、候选人的取向之中。

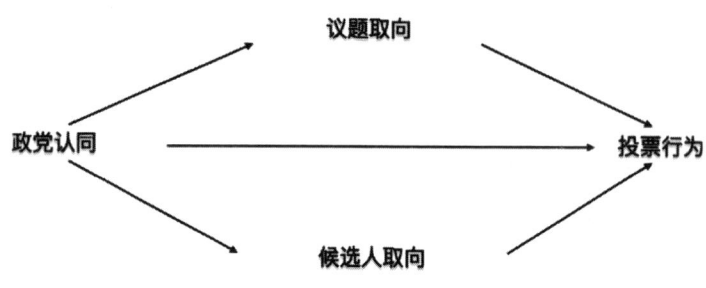

图 6-5　投票决定的社会心理模型

选民的政党关联与社会变迁

在选举研究开始进行经验主义取向的调查开始,研究者已经认识到政党认同有赖于外部条件。**伊里调查**也提到了选民的**倾向**,并会根据人们的社会经济特征将之具体化(可操作化)。[①] 选民的这些特征与其政党认同之间存在关联,因为它们体现了选民社会状况和利益格局的指标。选民的社会地位(教育、职业、收入)、信仰、年龄、性别、居住环境(城市、国家、地区)不仅决定了他们的政治利益,而且决定了人们在政治争议问题上的不同阵营。一个政党越能满足某些选民群体的利益,这些选民与该政党的关系就越紧密。因此,选民的政党归属长期稳定,因为它取决于选民的利益格局;选民的利益格局又取决于相对稳定的社会经济条件。

如果形成选民政治利益的条件发生变化,其政党倾向就可能发生松动。研究者可以通过经验调查来发现这些条件的变化,在这种情况下,选民的社会经济特征对其投票行为的预测力会不断减弱。这种变化还体现于变节选民数量的增多,也就是越来越多的选民在每次选举中都改变选择,或在一个选战中改变投票意向。开普林格与莫勒进行了一项长期的研究,并发现多数德国选民

---

① 参见第六章第一节。

在四年半的时间内(1998—2002)改变了政党倾向,有些甚至改变多次(Kepplinger,Maurer,2005:102)。这种变化的指标还包括表决分裂(即在第一轮选举和第二轮选举中投给不同政党),以及临近选举时还有大量不确定者。政治变迁最后表现为党员流失。根据多个民调显示,具有清晰政党倾向的受访者比例正在下降(Bürklin,Klein,1998:92;Ohr,Quandt,Dülmer,2005;Ohr,Dülmer,Quandt,2009)。

在于这种**政治脱钩**现象的原因和程度,学界还存在争议,但它无疑是社会普遍变化的一种后果(Dalton,Wattenberg,2000;Arzheimer,2006)。经济结构变化、财富增长和价值观变化导致传统社会阶层和机构依附关系解体,这也侵蚀了选民对某一政党的依附关系,[①]因为这种关系形成于特定的利益格局。在过去,宗教、阶级、教会和工会成员等特征能决定、解释人们的投票决定,而今已经不具有决定性意义(参见:Ohr,2005b)。造成这种变化的原因还包括教育的扩张,因为教育扩大了人们的认知能力和兴趣视野,并且鼓励社会的流动(Dalton,2000)。

另一方面,也有人认为,媒体系统的扩张和多样化会影响投票行为。选民已经拥有越来越多的信息帮助自己形成政见,而且大部分信息都没有经过政党、教会或工会等机构的意识形态的把关,这也扩大了选民的决定空间,使其抉择独立于政党的依附关系(Shively,1979;Dalton,1984;Bürklin,Klein,1998:73-75)。

因此,一些学者对选民行为作出如下的假设:政党依附关系中的长期影响因素已经弱化,而选举议题以及候选人拉票或许能对人们的投票决定带来越来越大的影响。那么,这种情况是否已经出现,在现实中的影响程度如何;选民的投票决定以议题为导向,还是以候选人为导向?这些问题是基于社会心理模型的经验性竞选研究的核心问题。大部分研究聚焦**个人化命题**,认为候选人及其形象对选民的投票行为具有越来越重要的意义(参见:Adam,Maier,2010;Karvonen,2010)[②]

凯勒曼与哈廷格的研究是少有的探索投票决定原因的纵向研究(Keller-

---

① 这种变化特别影响到那些意识形态可以回溯到19世纪时期的党派,也影响了诸如绿党之类的新兴党派。
② 参见第六章第二节第二点。

mann, Rattinger, 2005)。他们在 1994—2002 年的德国联邦选举时期进行焦点小组访谈,并得出结论:"经典的"决定因素已经发生实际变化。政党认同对选择**绿党**和**民主社会党**(PDS,现在是**左翼党**)的人而言仍有一定作用;而对选择大党的选民(即选择联盟党、社民党以及基民盟)而言,候选人的议政能力变得越来越重要;对选择联盟党的选民来说,他们对候选人的取向也很重要。

研究表明,竞选传播在影响投票决定方面已经彰显其价值所在。因为选民主要通过大众媒体来认识候选人的议政能力和候选人形象。

媒体扩张与认知动员

认知动员这个概念把媒体扩张的后果与选民的政治脱钩及其行为联系在一起。它涉及一个命题:社会变迁和媒体变迁拓展了选民的能力与资源,并由此改变了投票决定的前提。具体而言,随着选民教育水平和政治兴趣的提高,他们处理政治信息的能力也相应提升。而且媒体的扩张带来了大量政治信息,使得获得信息的(经济的、社会的、认知的)成本降低。于是,越来越多的公民有能力应对政治的复杂性,能独立于政党的依附关系做出投票决定。从长远来看,这会导致选举行为的变化,并引发政治脱钩的现象。

这个命题的名称是"替代假说",主要由拉塞尔·多尔顿(Russell J. Dalton)提出,并由欧尔等人(Ohr, et al. 2005)命名。替代假说参考了夏夫利提出的"功能性"的政党认同理论(Shively, 1979),该理论的出发点是选民对某一政党的取向是一种认知捷径,能帮助他们克服政治的复杂性。特别是对认知能力较低的人而言,政党认同特别有用,因为它提供了"低成本的投票线索",降低了选举的信息成本和引导成本。

基于该理论,多尔顿提出了选民分类学,其中包括两个要素:政党认同和认知动员(Dalton, 1984, 1996:213-215, 2007)。他根据选民的正规教育和政治兴趣特征,建立了认知动员的指标,并用政党认同来标记这些指标(参见表6-6)。①

---

① 该表中的类型按照多尔顿的文献翻译而来。本人旨在不改变其意思的前提下,用简单易懂的德语来描述这些特征。其他学者提出了其他德语译法(参见:Schmitt-Beck, Schrott, 1994; Kleinhenz, 1995; Strohmeier, 2002)。

表 6-6 多尔顿的选民类型学

		政党认同	
		没有/弱	强/很强
认知动员	高	无党派人士	认知型追随者
	低	不关心政治的人	仪式型追随者

多尔顿把选民分为四种类型。无党派人士这个类别暗示了社会变迁的后果。这类人其实特别关心政治,而且频繁地使用政治信息和严肃的专业媒体。但政党认同的作用对于他们而言很小。[①] 他们有较高的认知能力、政治教育水平和较多的知识积累,把媒体作为形成意见的有效资源。如果这些假设成立,那么政党认同和认知动员之间可能是一对负相关关系。从另一方面来看,研究者必须通过长期的比较,才能观察无党派人士数量在所有选民中的增长情况。道尔顿根据调查数据发现:自 20 世纪 60 年代开始,无党派人士在美国不断增多,而且也正是这群人的政党归属感显著降低(Dalton,2007)。

在奥尔布莱特看来,这些研究并没有充足的解释力,因为它们表现的是整体层面的累积结果,而且并没有检验多尔顿假设的核心,也就是(增长的)认知动员与(降低的)政治认同之间的**因果联系**(Albright,2009)。奥尔布莱特对个体进行了调查,没有发现证据证明其中的因果关系。但一系列不同国家的调查数据却显示,认知动员与政党认同不是负相关关系,而是**正相关关系**;而且随着时间的推移,这种相关关系不减反增。这些研究结果与多尔顿假设并不一致。德国学者欧尔及其合作者基于大量的、长期的多变量分析,也得到了同样的结论(Ohr, et al. 2009)。

此外,一些关于德国联邦选举的不同研究也驳斥了多尔顿假设。它们同样证明了认知动员与政党认同之间存在正相关关系,而且政党认同与媒体使用之间也是正相关(至少是弱相关)关系(Schmitt-Beck,Schrott,1994;Ohr,Quandt,Dülmer,2005;Schulz,2009d)。不过,这不能直接推导出选举传播能替代选民已然缺失的政党关联。

选民的认知动员、社会变迁和媒体系统的扩张,显然不能充分解释政治**脱**

[①] 施米特-贝克与施罗特把这类人叫作"新型的无党派人士"(Schmitt-Beck,Schrott,1994)。

钩现象,我们还必须补充其他的观点。① 不过,虽然这些经验研究的结果与替代假说有矛盾,但它们证明了竞选传播对选民形成政见与投票决定具有重要的作用。

三、选战活动的成功

竞选传播对竞选成功究竟有什么现实作用,对投票决定的影响到底有多大? 要回答这些问题并不容易。当前,分析选战活动效果的研究方法更加复杂,研究路径更为多样。这些研究与**伊里调查**关注选战活动效果的研究旨趣不同(如表6-5所示),它们并不针对整体结果,②而更着眼于其中的决定因素及其对竞选结果的特殊影响。其检验的主要对象是不同传播活动的影响和选民信源的影响。

为了达到这个目的,研究者必须先确定什么是选战活动的结果或成果。研究者可以将投票决定(即把票投给一个政党或候选人)作为一个参考依据,这也是政治竞选研究普遍关注的层面。选战活动的结果也包含动员的广度——选举参与(受访者在访谈中表示准备参与选举),这是研究者首要考虑的层面,因为选民参与是政治支持的一个极为重要的指标,例如欧洲议会选举的情况。③研究的一个惯常做法是把人们在投票决定之前的不同认知指标定义为选战活动的结果,例如选民对政党和候选人的预评价,对相关议题和问题的看法,或关于选举活动某些方面的知识。

选民行为的社会心理模型把投票决定当作因变量,把诸如选民的政党认同、候选人取向和问题取向作为解释变量(自变量),并把选战活动的整体效果作为外部因素(参见图6-6)。这种操作契合科学建模的目的,减少了真实世界的复杂性——这也是处理(大多数定义明确的)研究问题的核心。学者对相关研究方向的选择反映了政治竞选研究的旨趣所在。

---

① 欧尔及其合作者猜测,政治系统部分丧失了表达公民政治倾向的功能,特别是那些受教育程度较低或不太参与的人。"随着教育和政治兴趣的普遍增长,选民的认知动员没有促进这一过程,反而减缓了这一过程。"(Ohr, et. al. 2009:555)研究者没有回答政党系统功能缺失的原因。
② 参见第六章第四节第一点。
③ 一些特定的全民公决或人口普查也与之类似。

投票行为的信息处理模型

与政治学取向的选举研究相较,传播研究的旨趣有所不同,它们往往采用其他的模型概念。这些模型更关注社会心理模型的前提因素。其解释变量主要包括选民的信息来源,即帮助选民形成投票决定的信息。除了信息的发起者、内容和形式之外,研究者还会关注选民的信息处理过程,并将之视作一个多阶段的过程。这类研究的基础就是信息处理模型。

选战活动行动者、传播媒介以及选民都参与处理信息的过程。图6-6以图形和文字的方式明晰地呈现了这个过程。信息处理过程的开端是竞选活动的行动者及其行为,其中包括政党、候选人和他们的帮手(竞选策划人、机构、顾问和支持者等)。选战活动包括政治性的事件或行为,其中有些活动具有纯粹的传播本质,内容上常常涉及具体的问题或难题。在研究分析中,可以将传播行为或事件与其他的行为或事件进行区分,但它们在现实中不可分割。

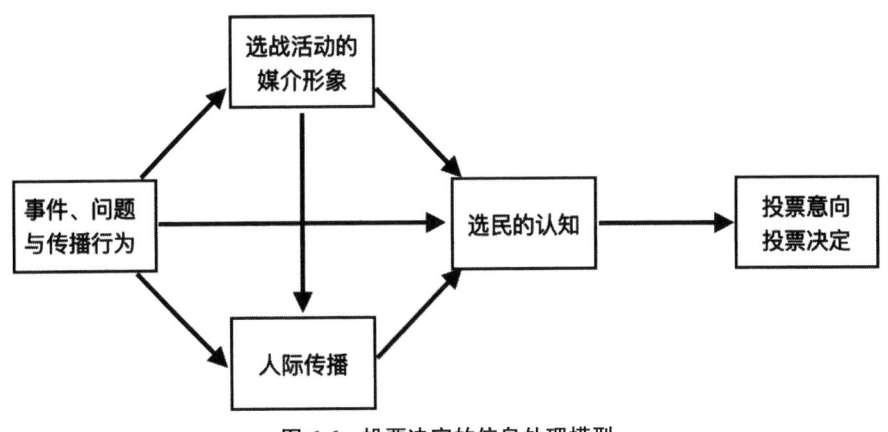

图6-6 投票决定的信息处理模型

选战活动有时针对选民,有时则针对媒体。哪些信息能被处理取决于接收者自身。针对选民的或被选民意识到的选战活动会进入他们的观念。根据选民的评估,媒体中的选战活动是促进其形成态度的最重要的信息来源。与投票决定高度相关的因素有两个,一是选民对参选人的态度,二是选民对竞选传播中政治话题或议题的态度。

有时信息会直接到达选民,有时则通过人际传播到达选民,但主要还是通过媒介渠道。即便是人际传播,其信息源头大多还是媒体。直接针对选民的竞选广告包括造势、街头活动、家庭访问(拉票)、海报、广告、邮件和互联网传播(参见表6-7)。媒体中的信息输入主要有政客的声明、访谈和新闻公告,此外还有与选举相关的媒介事件、为了媒体报道而策划的事件,以及优先针对选民的传播行为。另一种媒介信息的输入形式是一些政治行动,其最主要的目的与竞选无关,但多多少少又有关联,例如党代会、国会、国事访问和国家行为等。它们的确是"真实"发生的事件和行为。但在撒切内利看来,与其说这些事件是"政治之呈现",不如说这是"政治之决定"(Sarcinelli,2009:115-117)。

大众媒体在处理和传递信息的过程中,会对这些活动进行阐释与评价。由媒体主动发起的事件或传播行为也是如此,例如媒体发起的民调、电视辩论或电视谈话等。

信息处理模型把社会学逻辑中的外部因素操作为解释变量(自变量)。而社会心理模型中的解释变量则包括选民对政党、候选人或议题的偏好或取向等;它们要么被操作为干预变量,要么成为因变量(除了投票决定以外)。

由文字和图形构成的流线图(如图6-7)无法(或不能完全)全面涵盖信息处理的重要方面。一方面,某些行动者之间以及某些信息处理阶段当中并非仅仅是定向的线性传播过程,其中还存在反馈、互动、互为取向和相互作用关系。另一方面,这些过程贯穿整个选战,而且随着时间的推移,自变量、干预变量和因变量之间的关系也会改变。[①] 与之同理,选战活动的结果也会随着选民信息的持续"更新"而发生变化(Lodge,Steenbergen,Brau,1995;Holbrook,1996)。

学界围绕信息处理模型发展出了一系列新的模型,有些模型更为简单,有些则更加复杂。有些借助社会心理模型,并补充了帮助选民形成选举相关认知的信息来源(主要参见:Dahlem,2001:438-440;Brettschneider,2005b;Kepplinger,Maurer,2005;Quiring,2004,2006)。其他的模型与信息处理模型之间有极大的差异,而且多多少少抛弃了社会心理模型的一些元素(主要参见:Schmitt-Beck,Pfetsch,1994;Knoche,2000;Norris,2002,2006a)。有些模型把信息处理过程操作为一个线性的过程,有时则在某些阶段或整个过程中加入反馈,有时还会考虑时间因素(主要参见:Kepplinger,Brosius,Dahlem,1994b:15-17;Holbrook,1996:52-54;Quiring,2004)。其他的区别还包括对选战活动结果的定义和区分。

[①] 动态交互模型或许优于流线模型和线性模型的呈现(参见第三章第五节第二点)。但是从目前已有的学术尝试来看,用示意图来展示这一模型仍然欠妥。

最后,研究者还会考察与投票决定相关的信息来源的类别与数量。表6-7展示的是最重要的信息来源,是许多研究考虑的影响投票行为的因素。该表除了包含直接的竞选传播活动和媒体传播的竞选活动之外,还包括选民个体经验的影响。个体经验一方面指直接观察环境,另一方面指与亲友和同事的人际交流(人际沟通中的一些信息也来自环境、选战行动者以及媒体)。

表6-7 选战的信息来源

来源	信息方式	例子
选战行动者	公开的竞选事件	选举党大会、竞选造势
	与竞选相关的事件(媒介事件)	党大会、国会、国事访问、国家行为(例如开幕式、就职典礼)
	亲自与选民接触	街头选举活动、拉票
	直接通过媒介和选民对话	传单、小册子、电话、短信、邮件、网页、网络聊天、博客、播客、网络社区
	付费竞选广告	招贴、广告、广播/电影院/电视广告、互联网广告
	媒体公关	新闻发布会、新闻通告、幕后谈话
大众媒体	竞选报道	简讯、报道、资料、民调结果
	媒体作为平台	采访、讨论、辩论、电视论战
	媒体立场	评论、主持
选民	亲身经历、观察环境	参加选举集会、与选战助理联系、感知意见气候
	人际传播	与家人、朋友和同事对话、讨论

选战活动:有限的、现代化的以及反身性的影响

几乎没有学者能在一个经验研究中完整地检测所有影响来源或整个信息处理过程对选战活动结果的作用(如图6-7所示)。本章介绍的研究只限于选战活动效果的某个结果或单个方面。在其余因素不变的条件下,某些竞选传播的影响已经得到经验研究充分证明,例如动员效果、学习效果、议程设置、铺垫效应,以及各类影响选民的问题认知、候选人形象的认知、对政党和候选人的偏好以及选民投票意向或投票行为的因素。①

有些学者甚至敢像拉扎斯菲尔德及其合作者开展的**伊里调查**那样对效果进行定量测算(参见表6-5)。例如贾米森和阿达斯维茨发现,美国大选中的电视辩论可以改变4%选民的意向(Jamieson,Adasiewicz,2000:26)。麦金尼和卡琳根据相关研究推导出,在1960年至2000年间的8次美国大选中,电视辩论对其中4次选举结果具有"关键"意义(McKinney,Carlin,2004:211)。开普林格与莫勒采用历时性的焦点小组访谈法,对1998年与2002年德国联邦选举中不同的选举运动效果进行了量化分析,他们发现,在6个月的时间里,电视对一个政党的积极报道甚至能将其选票提升2个百分点,而负面的媒介呈现则会让政党丢失2.5%的选票(Kepplinger,Maurer,2005:181)。欧尔还估算出2002年竞选广告对投票决定的积极影响约为2.5%(Ohr,2005a:141)。

探索选战活动效果的经验研究具有个案的特点,其研究结果往往只涉及一个特定的政治事件或议题议程,或针对特定的竞选活动策略、组织,以及不断变化的政府局势、政党形势和参选局面。许多研究没有明确指出这些不足之处。因此,考虑到各个研究对象的历史语境和政治情状,其研究结果究竟是否以及在多大程度上能普遍化,还仍待商榷。也有研究考虑并比较了不同的语境和边界条件。这种做法虽然值得赞扬,但其研究结论却还是"需要视情况而定"(Norris,2002)。

选战活动的传播效果并不仅仅取决于竞选引导活动的策略和技巧、令人信服的选举广告或机智的政治性媒体活动。资源(尤其是资金)、候选人的性格、普遍的政治经济形势以及新闻报道和大众媒体对选战活动的评价,都在发挥重要作用。从技术角度来看,这涉及条件因素、干预因素和互动因素,它们共同决定了选战传播的结果。

正如艾扬格和西蒙所言,研究一个选战活动的"主要效果"其实很难成功(Iyengar,Simon,2000)。在实验研究中,"主要效果"指由某一因素直接——即没有其他因素——导致的效果。即便研究者只关注单个选战活动的传播要素,也难以在竞选活动与投票决定之间建立直接的因果联系。更可行的方法是考

---

① 成果概览请主要参见:Ansolabehere,Behr,Iyengar,1991;Dahlem,2001;Iyengar,Simon,2000;Schmitt-Beck,2000;Brettschneider,2005b;Semetko,2008。

虑语境以及干预变量,进而得到一个适度的效果(参见:Schmitt-Beck,2000:73-75)。效果研究所采用的 O-S-O-R 模型一般适用于竞选传播研究。①

我们大可不必认为效果研究的这种局限意味着失败。更重要的是把语境与干预变量囊括到研究设计之中,或者至少在解释研究结果之时考虑这些方面。就算有些研究只具备个案特征,又或是出于时间制约而得出的事后阐释,但是这种操作至少有助于理解政治和历史事件。在最佳情况下,这些研究能为学术大厦添砖加瓦,有助于把研究假设普遍化,从而形成解释模型。

基于不同前提的经验研究发现,选战活动的**和音效果**是研究假设普遍化的一个理论案例。艾扬格和西蒙把和音视为与选民倾向有关的传播效果(Iyengar,Simon,2000)。研究者主要关注选民的意识形态取向与政党认同,这也恰是**伊里调查**的一个核心发现。最有可能成功的信息是那些与选民有关或能够增强选民既有信念、偏好与期待的信息。而最可能的选战活动结果是增强摇摆不定者或只有微弱政治倾向的选民的取向,并促进他们按照自己的心意投票(Schmitt-Beck,2000:319)。

迄今为止,最受认可并已经得到证实的解释模型是投票决定的**社会心理模型**。**信息处理模型**是另一种选择,目前已经得到越来越多的政治传播研究的重视。它的一个后续发展是艾扬格和西蒙的**博弈论模型**,从中能够管窥传统因果解释思维的强大影响(Iyengar,Simon,2000)。博弈论模型认为,不同竞选行动者的行动之间彼此制约、相互影响。因此,一个政党或候选人不能只考虑竞争者的行动或信息,还要考虑媒体对选战活动的呈现与选民的反应。在**负面竞选活动**中,这种做法会带来显著效果:如果政党或参选人懂得以合适的方式反击对手的攻击,不仅可以避开无端指责,还能获得更多的媒体共鸣,赢得选民的青睐。

不过,经验研究已经确认,选战活动的结果来自不同行动者之间具有相互参照性质的复杂互动,同时还要受持续变化的政治局势与选民偏好的影响。其实在选战中,选民偏好也极不稳定,而且其投票决定也取决于竞选过程中的多种组成元素。

与政党和候选人一样,大众媒体也是一个行动者,能与其他元素交互并反身性地影响选举过程和竞选事件。媒体并非只是选举事件的中介或政治主角

---

① 参见第三章第三节第二点。

的呈现舞台。它们积极地参与事件,并能决定这些事件的走向,例如媒体事件(如电视论战)、开展民调、议题聚焦、**架构**政治议题、解释候选人的竞争及胜算。媒体能在新闻报道中把自己诱导的政治事件呈现为看似客观的真实,从而为政治行动者制定了选战活动的边界条件。通过这种反馈方式,媒体对选战的影响也得到了增强。

第七章　政治利益的传播管理

政治决策的实施是为了让社会发挥校准的功能。政策必须转化为具体的规章、机构规则、行政措施以及公民事务。大众媒体往往最先公开政治行政系统的决定,有时甚至能在这些政策具有法律效力或被执行之前就公开内容,媒体因此能够深入地参与到这些过程。媒体以独特的方式公布、阐释、操作政治事件与政治行动,进而通过这些方式发挥信息传播与信息公开功能。也正因为此,为了实现政治目标,政治行动者会竭尽所能地利用媒体的这些功能。在这方面,专制政体往往采用监管和审查手段,自由民主政体则会采用巧妙的战略传播和公关手段来达成目的。

第一节　战略传播与政治传达

政治行动者根据特定目标而开展的**有计划**的传播,叫作**战略传播**(参见:Manheim,1998;Jarren,2007)。除了传统的信息政策之外,战略传播还要制定传播管理的方法。这些方法滥觞于市场营销领域,包括公共关系(新闻公关与公共关系)、事件管理、议题管理和形象管理等方面,有时甚至包括轰动的(或暴力的)抗议行动。这些行为的首要目的是吸引媒体的关注。因此,战略传播会参照大众媒体的新闻价值、新闻呈现以及新闻生产的逻辑(Pfetsch,1998)。

战略传播的主体不仅仅局限于政府及附属机构(例如政府部门、地区或地方机构)。超国家组织(例如欧盟委员会)和国家内部的不同组织(例如政党、议会和利益集团、企业、工会、抗议运动和抗议组织)也会通过战略传播来影响政治决策的形成与执行。正因如此,公共传播变得越来越工具化,而且在概念上也与新近公关理论相互关联(参见:Dyllick,1989;Zerfaß,2010)。与此同时,政治公共领域与不同社会群体的特殊利益之间的纠葛也越来越深。

随着战略传播日益重要,对相关专家与建议的需求日益增长,传播服务变得越来越专业化、专门化,并且越来越需要外部专家与专门机构的支持(Jarren,2007;Kamps,2007)。专业的服务提供者、企业、机构以及基金会和智库也越来越多,它们提供政治建议、舆论研究、媒体监测、游说、公共关系与公共事务等业务(参见:Kuhne,2008;Röttger,Zielmann,2009)。

战略传播的目的是为了调控利益。因此,研究者可以参考克里希(Kriesi,2003)的研究,思考谁的利益位于(为了影响政策的)传播行动的核心,从而划分这些群体的类型。"政治中心策略"(**从上至下**)从政治行动者出发。"媒体中心策略"以大众媒体为推动力量。"外围策略"(**由下至上**)则从那些没有直接通向政治协商平台渠道的行动者出发,这些行动者常常采取对抗的方式。

虽然战略传播针对的是政治决策以及政治系统的**政策输出**,但也涉及政治系统的**输入环节**,即表达社会利益、动员民意和动员政治意志(特别是在选战中)。因此大部分选战传播的学理认知对战略传播研究也有意义。① 由于输入与输出环节之间存在紧密关联和相互影响,因此下文虽然主要针对政治系统的**输出方面**,但不会只局限于此。②

一、政治公共关系

输出这个概念比较抽象,它描述的是立法、行政和司法系统的能力,涉及构建具有集体约束性的决策和调节整个社会系统(参见 Gerhards,Neidhardt,1991)。其手段是战略传播,(特别是)政治公共关系。

从公民角度来看,政治的任务是解决问题。与之相应,政治权力机构有权达成有约束性的价值决定。当然,公民并不一定会接受议会、政府与机关的决定。因此,这些机构必须要传播、公开、明示并合理解释其政治决策。政党与利益集团也要通过这种方式来实现其政治目标和倡议。西方民主政体中的政治

---

① 参见第六章,特别是第六章第二节第二点。
② 参见第三章第一节第二点。

行动既要得到公民的同意,也要提供充分的理据(Sarcinelli,1998:11)。这也是萨奇内利的**政治传达**概念的一个方面(Sarcinelli,1987a)。

1977年,德国联邦宪法法院通过了一项具有里程碑意义的决议。根据此决议,政府和议会不仅可以而且需要开展公关事务。① 这一决议的理由是,公民合理参与政治的前提是获知政治决策、措施和解决方案,只有如此,他们才能够评估、同意或抵制这些内容。特别是如果一项政治决定会给某一特定群体带来压力,而这又符合公共利益时,国家的公共关系工作便必须明示其中的利害关系,并呼吁人们予以理解。最后,公民有权要求法律以普遍可理解的方式来表述,也有权要求明示公民的权利与义务。

当今,出于一些特殊考虑,传播概念往往被表述为**公共事务**或**公共关系**——正如德国联邦法院的表述。为了区别于过去的宣传,政治公关强调"以提供真实客观信息为要求,并以'自由提供信息'为原则"(Bentele,1998:134)。不过,与其说这是在描述现实,不如说是一个目标。政治公关有时会助长虚假信息传播,有时还是操纵民意的工具。例如,美国大型公关公司——**伟达公共关系顾问公司**(Hill and Knowlton)在第一次伊拉克战争期间参与了战前准备(MacArthur,1993:46-90)。当时,美国政府委托该公司,把伊拉克的独裁者——萨达姆·侯赛因塑造为负面的媒介形象,内容不乏虚假信息和错误信息。②

如果没有特殊的规范要求,政治公关有可能会被简单地定义为**政治利益的传播管理**。在现代社会,政治公关主要涉及政治组织的组织化利益。"政治组织"不仅包括政府和议会,还包括政党、工会、协会、非政府组织、超国家组织、社会运动、公民倡议和其他组织,只要它们追寻某种政治利益。政治组织的公共关系因此在本质上无法同经济(或其他方面,如文化)组织的公共关系区分开来。对此,我们可以参考本特勒(Bentele,1998)的建议,采纳一个一般的、与组织相关的,并且同时适于政治领域的定义:**政治公关是政治组织针对攸关群体之关系的传播管理**。③ 一个政治组织的"攸关群体"指那些有权力影响组织目标的群体,或是(能)使自身利益与组织利益相互关联的群体。这些群体可以是

---

① 1977年3月2日,德国联邦立法法院对国家机关公共事务的裁决(BVerfGE 44,第125页)。
② 伟达公关公司公布了一系列虚假的暴行,例如科威特的早产儿事件,该公司称伊拉克士兵在占领科威特期间,曾从恒温箱中拿出婴儿并致其死亡。
③ 这一定义参考了格鲁尼西与亨特对公共关系的表述:"组织及其公众之间的传播管理。"(Grunig, Hunt,1984)

所有公民、部分人口群体(如选民、退休者、司机、商人、医生等等)、党员、国民及他国政府。

要把政治公关同其他非政治性的公共关系或没有显著传播特色的政治行动区分开来,几乎是不可能的。政治在大部分情况下与传播紧密相关。有些公共传播看似是非政治性的,但其实往往关乎政治背景或政治后果。政治公关不仅仅是政治的工具,本身甚而也是政治(Jarren,1994)。政治必然影响公共领域或发生于公共领域。不容忽视的是,绝大部分的政策准备与实施过程中的政治行动往往并不公开(Kaase,1986;Schütt-Wetschky,1994:56)。因此,从政治传播的角度来看,我们要重视"政治之展示"和"政治之决定"之间的区别(Sarcinelli,2009:115)。

二、政治公关的形式与方式

政治公关可以被理想地划分为**非直接**形式和**直接**形式。非直接的公关通过大众媒体进入公共领域,大多具有操作性。直接的公关则直接针对公共领域(或针对单个攸关群体),常常具有战略性。非直接的公关常被称为**新闻公关**或**媒体公关**,即通过新闻发布决定媒体报道内容,属于政府、官方机构、政党和其他组织发言人的日常工作,一般是召开新闻发布会、发布新闻通报、申明与接受采访。

直接针对接收者的典型的公关手段有手册、研讨会、访问、公开集会和大型活动、海报、广告以及广播电视广告。其中,互联网也是直接和接收者对话的重要工具。互联网让直接公关和间接公关之间的边界不断模糊,对这两者的区分也好像只是为了分析需要。例如,政治组织可以用网站广泛地开展各类公关工作;这些网站既可以面向媒体(例如发布最新消息和各种背景资料),也能为公民或攸关群体提供信息(Bieber,2006;Norris,2006b)。

直接的公关手段还包括付费广告。与之相较,新闻工作和媒体公关则致力于开拓免费的公开途径,这可能是出于成本的考虑。① 媒体公关往往有中期以及长期的目标设定,旨在获取信任、改善政治组织形象与提升接受度。

---

① 除了人工支出以外,公关开支还要用于生产新闻通报、公报、新闻图片、声音与影像素材、宴请记者和应对报道逻辑等方面。

公关事务已经是政府行为的一个核心组成（Kamps, Nieland, 2006; Köhler, Schuster, 2006）。它一方面着眼于全国公共领域和国内攸关群体，另一方面则针对国际事务。因此，这也是对外政策的一个重要工具（参见 Kunczik, 1997），对象是其他国家或当地的攸关群体、超国家组织以及"全球公共领域"。**公共外交**这一概念已经屡见不鲜，它其实综合了宣传、公共关系、国家品牌和对外文化政策等概念的诸多元素（Ostrowski, 2010: 17）。与之相较，**媒体外交**强调大众媒体对国际政治的机制性投入（Gilboa, 2008），互联网的全球扩张，特别适合用于媒体外交。此外，诸如 **CNN 国际频道**、**BBC 全球新闻**、**法国 24**、**今日俄罗斯**以及**半岛电视台英语频道**的电视新闻在媒体外交中也发挥了关键作用，其宗旨是把所在国的政治观点与解释模型纳入新闻报道，再兜售给全球公众。

三、政治公关的影响

政治公关的实践者大多时候需要致力于发挥公关措施的效力。对传播研究而言，这却是一个开放的问题，需要依据经验研究来进行解释。这类研究的旨趣主要在于公关措施对媒体内容的影响，隐含了对公关事务撼动传播基本价值——尤其是新闻独立性——的担忧。

一些重要的研究通常会比较某一事件或议题的公关信息与相关的媒体报道。尼森与麦宁恩的研究是此类"输入-输出"分析方式的典范（Nissen, Menningen, 1977）。他们将德国石勒苏益格-荷尔斯泰因州议会、州政府和政党的新闻通稿，与三份地方报纸的新闻报道进行了比较，发现报纸新闻报道的材料很大程度上参考了以上机构的新闻材料。有些研究也证实了这一发现。另一些学者则认为这个论断存在一定局限。

媒体的依赖与和音

巴恩斯（Baerns, 1995: 98）的研究引起了广泛关注。她着眼于德国北莱茵-威斯特法伦州政府与州议会的公关事务对媒体的不同影响，发现在所有公布的新闻通稿中，有近 2/3 的内容会为媒体所用，从中可见政治公关的影响力。研究者认为，公关事务控制了媒体报道的主题与时间。其他学者将这一发现称作**依赖命题**，它也引发了关于新闻自主的激烈争论，并启发了一系列关于政治公关影响的经验研究（Raupp，2008）。①

斯维登与欧凡登在地区层面进行了研究，发现媒体对公关材料的引用率极高，因此也佐证了巴恩斯的结论（Sweden，Opherden，1995）。他们研究了媒体对杜塞尔多夫市议会政党的新闻公关工作的反响度。研究持续了4个月（1992年）。其间，议会政党共发出88份新闻公报，其中近2/3被3家地方报纸引用了至少一次。每一份公报平均会形成两篇报纸报道。一般而言，一个政党提供的信息越多，就越能够受到媒体的关注。许多其他研究也证实了这种"多帮多"的原则（主要参见：Donsbach，Wenzel，2002；Kepplinger，Maurer，2004）。

除了考虑常见的媒体和音之外，斯维登与欧凡登还从另一种相反的研究视角出发，检验政党相关的报纸新闻有多少是从新闻通稿中获得的，其测算结果只有12%—26%。不过，其余新闻内容在本质上也能回溯到政党的活动，而且通常也和媒体和音有关，可见，政治组织发挥了公关功能。该项研究得出结论，在杜塞尔多夫市，报纸记者在很大程度上表现消极，其报道常常只有一个消息来源，只有少数报道是基于记者自己的调查。

其他的调查得出了相反的结论，研究者发现报纸有高度的自主性，而且媒体对政治公关的反响度也极为不同。这正如斯维登与欧凡登所强调的那样，研究视角非常重要性。因为媒体采用通稿的比例（即**采用率**）与媒体报道公关活动的比例（即**依赖度**）之间有明显的区别（参见总结：Donsbach，Meißner，2004；Fröhlich，2008；Raupp，2008）。此外，由于研究的议题、政治层级（地方、地区、全国、国际）、公关活动和媒体类型不同，研究结果也会不同。

随着研究设计不断精细，研究者发现了一系列其他影响政治公关工作的因素和边界条件。例如，衡量政治公关成功与否，不仅要测算报道的选择率，还要注意因公关劝诱而形成的报道的呈现、处理和评价（参见：Schantel，2000；Seidenglanz，Bentele，2004）。除了因为密集的公关活动而形成的截稿压力（例如撰写新闻通稿）以外，稿件的议题要点和新闻价值也发挥了作用，而且这类通稿是否适合媒介呈现也同样重要（例如书写风格、个人化）。在诸如冲突、危机和丑闻等具有较高新闻价值的事件中，公关工作的影响空间较小。当然，这要视冲突相关方和非相关方而定。

此外，由于措施发起者与媒体、记者有不同的（政党）政治关系，政治公关对

---

① 参见第三章第二节和第七章第三节。

各媒体的影响也有所差异。如果记者从一开始就对公关有所保留，或认为这完全负面，那么要通过公关来决定新闻报道的可能性就很小（Barth, Donsbach, 1992）。即便在危机、冲突事件中，这种影响的空间也极为有限。有效的预防措施是控制这种情况发生的最佳方式（参见：Mathes, Gärtner, Czaplicki, 1991；Nolting, Thießen, 2008）。

新闻媒体作为公关载体

如果新闻通讯社采用并且传播了政治组织的公关活动，这种情况下，政治公关对媒体的影响就会特别强烈（Rossmann, 1993；Saffarnia, 1993）。进入通讯社的传播渠道是政治公关成功的一个重要前提。

这是因为，通讯社是媒体——尤其是中小型日报——最为重要的新闻来源，而且主要是政治性新闻的来源。大多数广播，而且特别是私人广播也是如此。新闻通讯社是新闻通稿和其他公关行为的传播载体，这么做也完全合理。通讯社的编辑部要根据全社的决定，每天从公关信息中找到相关信息和有报道价值的信息，然后把公关材料编辑为新闻，使之能更方便地传播到其他媒体中去。

一项在1992年德国州选举期间进行的案例研究揭示了新闻通讯社的关键作用。研究者将基民盟州联合会及州议会发布的所有新闻通稿，与德新社州分社的消息和巴登-符腾堡州所有日报的报道进行了比较。[①] 在调查期间，德新社与日报都能获得基民盟的新闻通稿，并且所有报纸都能获得德新社的消息。研究发现，在57份新闻通稿中，有34份被德新社采用，有39份被至少一家报纸采用。在187个报纸报道中，87%的报道根据德新社消息，只有极少数报道直接采用通稿。[②]

有些报纸不管是直接采用还是转引德新社的消息，它们提及基民盟新闻公关的方式有很大差异。在最少的情况下，一份报纸只采用了一次新闻通稿；在最多的情况下，这类新闻通稿竟在一份报纸中出现28次。可见，媒体反响的差

---

① 研究结果来自汉斯尤格·海勒（Hansjörg Heller）未发表的硕士论文《州选举期间基民盟州组织及其州院内会派之新闻通稿使用——基于巴登-符腾堡州的报纸，调查时间：1992年3月2日至4月4日》。该研究调查了巴登-符腾堡州所有跨地区的拥有独立政治编辑的17家报纸媒体。
② 德新社共采用34份新闻通稿。其中5份没有被缩减，19份只在结尾被缩减，另外21份或多或少地被编辑过。报纸根据德新社消息共发布163份报道，有69条（42%）新闻缩短了德新社的消息。更频繁出现的情况是，报纸报道只在末尾处缩减了德新社的消息（31%）。

异显然与政治立场有关。① 研究没有发现,新闻机构的大小及其编辑部的能力高低是否与之相关。此外,报纸发行量既不与新闻通稿以及德新社消息的采用量相关,也不与简化这类通稿或消息的程度相关。不过,小型报纸(发行量在45 000份以下)的报道特别依赖德新社消息。

与之相较,报纸的发行地是一个极为重要的因素。该研究明确证明,报纸发行地与联邦州府(斯图加特)的距离越远,它对基民盟通稿的和音度就越低。可见,相比临近州府的报纸,基民盟事务的新闻价值对联邦州外围的报纸明显更低。因此,接近性(联邦州的空间范围)新闻因素的意义在该研究中显而易见。②

东斯巴赫与迈斯奈的研究证明了上述研究的一些发现,并补充了新闻通讯社作为公共关系与媒体之间中介角色的学理认知。他们调查了位于德累斯顿的德新社萨克森州分社对新闻通稿的采用情况,并对比了2001年两周期间的481份新闻通稿(输入)与218份德新社消息(输出)。其中,政治组织(行政、立法与政党)的通稿数量最多,占所有新闻通稿的45%;其次是经济组织(25%)和其他利益集团(15%,工会、协会和社团)的通稿(Donsbach,Meissner,2004)。

根据该研究,在所有新闻通稿中,德新社仅编辑了1/5(22%)的稿件,而且政治公关消息的采用率比其他机构高出30%。从另一个角度来看,48%的通讯社报道使用了公关材料,不过,它对政治消息的依赖指数低于平均水平,为36%。该研究还发现,虽然德新社发布的政治报道要多于其他领域,但是政治报道对公关材料的依赖程度很低。

第二节 政治传播活动

专业的公关活动往往具有战略意义,需要按照传播活动(Kampagne)的形式准备。**传播活动**指的是基于某种特定目的而精心准备的各类传播活动,目的包括让人们关注某个问题、影响政治决策或引起行为的改变。传播活动一般长期存在,针对的是广大的公众,并且指向广泛的公共领域(Rogers,Storey,1987)。

---

① 但该研究没有检验这一假设。其他研究根据媒体"工具性实现"的模型证实了这一对相关关系(主要参考 Knoche,Lindgens,1988;Schweda,Opherden,1995:158-160;Kepplinger,Maurer,2004)。
② 参见第四章第三节第三点。

这个术语在过去具有劳动作业的含义,之后被用来指称军事征战,然后又指(英国)议会的任期,直到 19 世纪末才有选举拉票的含义,也即选战活动(Baringhorst,1998:67)。

一、传播活动的目标与策略

根据目标与语境的不同,传播活动可以分为信息推广、启蒙教育、广告营销、公关、宣传及选战活动。当然,这些概念并不十分明确,相对比较明确的是**选战**活动,它指的是针对某一特定政治选举或表决的传播行为,目标是动员选民并影响其决定。与之相比较,**广告营销**有经济目的,例如影响购买行为或消费行为。**反企业运动**则与之相反,这类活动的目标是揭露企业的行为并与之抗争,因为有人认为这些企业会对生态及社会带来威胁(Baringhorst et al. 2010)。赛斯-贝格玛尔把**教育传播活动**定义为具有介入性质的传播策略,而且常常因为其捍卫者或其工作而具有合法性(Theis-Berglmair,1984:22),例如健康传播、卫生预防、交通安全教育、环境保护和介绍欧元。这些活动及其他非营利的传播活动常被称为**社会营销**(Roehl, 1991; Goldberg, Fishbein, Middlestadt, 1997; Baringhorst,1998),目的往往是让人们接受某些社会价值和政治理念,或是促进有利于社会福祉的行为。

传播活动这一术语实则是在暗示,具有政治目的或其他非营利目的的活动也能以**市场营销**的方式来开展。其背后的理念是,政治组织及其攸关群体(也可以被称为**需求群体**或**利益攸关者**)之间的关系可以被理解为一种交换关系,也就是说,有需求的一方提出政治问题或政治诉求,供应方则提供政治理念与解决方案。科特勒的论著对于把市场方式应用于**非营利**领域方面有着极强的影响力(Kotler,1975,1999)。

市场传播活动包括一系列特定的规划工具。这些规划工具能对活动过程进行多阶段的分析,并能划分目标群体(攸关群体或需求群体),形成针对目标受众的不同传播手段,并将之纳入一个"媒体组合"之中。表 6-2 展示的选举活动便是一例(同时参见:Maarek,2001,2008;Newman,Perloff,2004)。[①] 传播策略的制定,例如事件管理、议题管理和阐释管理,都会参考政治传播研究的理论与

---

① 参见第六章第二节第二点。

成果(参见:Pfetsch,1998;Kreyher,2004)。

对一项传播活动的规划与分析要考虑到当时的语境条件,这些条件都会为行动参与者(即政治行动者、大众媒体与公众)带来机遇与限制,例如机构规范(主要是政治系统和媒体系统的规范)、意见气候、主导的议题和时事。语境条件不仅会影响行动者联盟的形成、行动者的目标及可用的资源,而且决定着执行措施的时间、目标群体的界定、传播渠道的选择以及核心消息的锻造(参见:Kriesi,Bernhard,Hänggli,2009)。

二、传播活动研究

传播活动研究一直是政治传播研究的核心,选战活动则是其中的重中之重,当然大部分研究的对象是信息推广与启蒙教育(Salmon,1989;Rice,2001)。这种研究特别适合用来探索大众传播的政治影响。因为传播活动的目标通常比较明确,其传播行为一直公开,有始有终,并且具有预先的计划实施方案,因此学者可以预先组织伴随性的研究。另外,政治活动的策划者也对伴随性研究有切实的兴趣,愿意投入研究经费,因为他们能把这类研究作为评估性研究,借此来控制活动的结果,或者把它们作为**形成性研究**,借此来更有效地规划政治传播活动及不同的实施阶段。

1987年德国联邦政府和统计局开展的人口普查传播活动便是一个案例,研究者对此次活动进行了翔实的记录,并进行了追踪式的评估(参见:Roehl,1991;Schulz,1992;Scherer,1997)。这一活动的目的是让德国公众支持人口普查。[①] 图7-1展示了公民参与意愿的变化趋势,从中可以发现,普查活动的目的最终实现了。

这一经验性的研究长远地奠定了传播效果研究的基础,其意义同时也体现在罗杰斯与斯托里的研究当中(Rogers,Storey,1987)。两位研究者经过长时间观测,总结了传播效果研究的三个发展阶段。第一阶段是弱效果阶段,以海曼与希茨利(Hyman,Sheatsley,1947)的著作《信息传播活动失败的几个原因》为标志。20世纪60年代末,效果研究发生了转向,一个典型研究是门德尔松(Men-

---

[①] 这一活动的目标是争取所有公民参与人口普查。德国为此开展了广泛的信息推广和促进运动,教给人们人口普查的目的与流程,并鼓励人们参与其中。

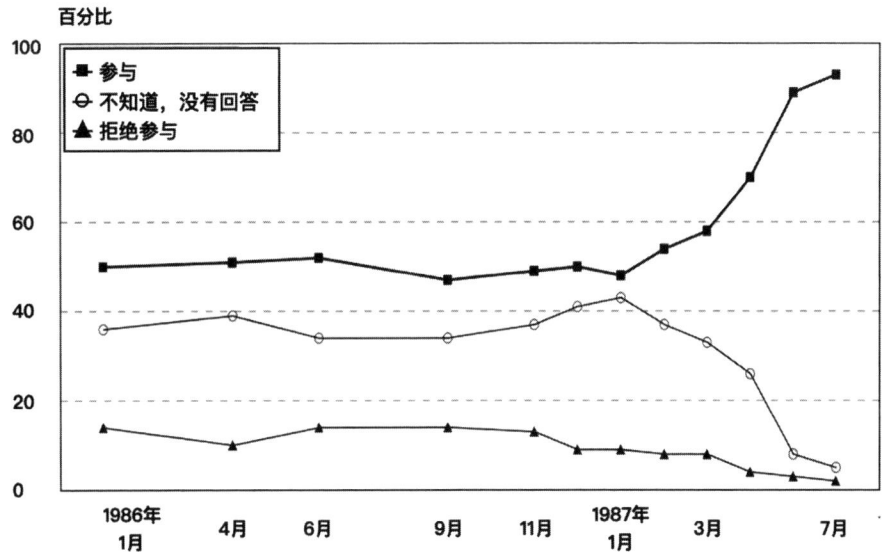

调查问题:"您会参加人口普查,还是拒绝提供信息?"在最后的三个调查中,如果被访者对前一个问题"您已经填好自己的问卷了并交回了吗?"——的回答为"否",则需要回答这个问题。

资料来源:EMNID/本人调查。

图 7-1　参与 1987 年人口普查的态度发展

delsohn,1973)的论文《信息传播活动成功的几点原因》;在这一阶段,诺艾尔-诺伊曼(Noelle-Neumann,1973b)发表了纲领性的研究论著《回归大众媒体的强效果观》①。第二阶段止于 20 世纪 80 年代。随着政治传播活动经验研究的不断涌现,罗杰斯与斯托里(Rogers,Storey,1987)提出有限效果论(同时参见:Salmon,1989:40)。**有限效果论**认为,媒体使用者具有积极的信息接收行为,因此,传播的影响是有限而非直接的。

近来,这一观点又受到挑战。本内特与艾扬格认为**最小效果时代**已经来临(Bennett,Iyengar,2008)。他们认为,社会与媒体的变迁体现于受众的碎片化:随着媒体服务的扩大化、多样化,受众的政治倾向越来越极化,他们可以选择的媒体也更多了。这一命题所指的显然是美国政治新闻频道因片面新闻而获得了成功(如:**福克斯新闻**和 **MSNBC**)(Iyengar,Hahn,2009),但这一命题在美国学界仍然存在争议(参见:Holbert,Garrett,Gleason,2010)。

---

① 该文的德文版名为:《累积、协调与公共效果:分析大众媒体效果的新路径》(Noelle-Neumann,1973a)。

第三节 公关与新闻的关系

根据经验研究的结果,随着情境与边界条件的变化,媒体对政治公关的反响也会变化。但政治组织的声明与公关活动也为媒体提供了大量的新闻素材,实际上也有利于媒体发挥信息功能,帮助公民认识自己的信息权利。政客与记者之间的关系建立于互惠与交换的基础之上,亦即用信息来交换媒体公开信息的功能和影响力。

一、幕后谈话

政客和记者之间有时是**共生**关系,但如果二者之间太过亲密的话,也会遭到批评和质疑。[①] 这种关系主要指政客与记者之间的信息交流——**幕后谈话**,用行话来说就是"非正式"谈话。这是记者最重要的信源之一,他们常常能通过这种方式来获得在一般调查渠道中无法得到的信息。记者往往会在报道中含糊其词,掩盖信息的来源,因为"信源不适于公开"(Süskind,1989)。因此,这些信源也被称作"知情人士""总理近员",或者是"从可靠消息获知""柏林确认"。从另一个角度来看,幕后谈话有时是政客施加影响的一种工具,有时也是政客获得信息的渠道,或者也可以被用来试探媒体对某个议题的支持程度(Pfetsch,1993:97)。

大部分德国联邦议员都会把记者划入自己的朋友圈,经常与他们打交道。在首都柏林,记者与政客之间形成了一个特别紧密的"传播与交流团体"(Jarren,Grothe,Rybarczyk,1993)。许多调查发现,记者与政客之间的关系既紧张,又友好(Saxer,1992;Kepplinger,2009c:141)。在地区层面,记者与政治精英之间往往有着紧密的联系(Herrmann,1993;Kurp,1994)。

帕茨尔特(Patzelt,1991)调查发现,德国议员同媒体的联系,要比他们和其他组织、机构的联系更密切。在所有的政治层级当中,政客都会利用这层关系来进行幕后谈话,以此来告诉记者自己关于政局的理解,有时也会有目的地散

[①] 参见第三章第三节第四点。

布消息。在20世纪50年代,时任德国总理康拉德·阿登诺会精心挑选一些记者,频繁地邀请他们参加"总理茶话会"。科尔总理每年也会多次与所有顶尖记者密谈(Kordes,Pollmann,1989:46;Schürmann,1992:117)。

资料7-1:非正式谈话

吉哈德·施罗德提出午餐邀请,地点是其柏林私宅的屋顶。那儿有沙拉、海鲜、肉餐、甜食,最后还有一杯卡布奇诺。施罗德会花整整两个小时来谈论世界形势,然后让宾客就政治、政党和私人生活提问。他不是经常有这么多时间,就算是来德国访问的国家元首,可能大多也没有这样的待遇。

这些和他一起坐了这么久的12位嘉宾都是记者。他们迫不及待地想把所有的有趣经历都发布出去。而报纸上却绝不会出现关于这次会面的只言片语。因为这是一场非正式谈话。用新闻业的行话来说,政客想没有顾虑地和记者谈话,但又不希望成为头条,所以这是一次机密谈话。

在首都,有好几打这样的圈子,经常组织类似的会面。它们的名字很不寻常,例如**外省**(Provinz)、**强硬派**(Betonköpfe)、**卡特尔**(Kartell)和**红布**(Rotes Tuch)。总有10—20位编辑记者会频繁地向政要,有时是协会官员提出谈话请求……

(资料来源:哈罗德·包梅尔《部长在哪里闲谈》,《纽伦堡新闻》,2003年5月26日。)

在柏林(原来是波恩),许多这类**幕后圈子**和谈话圈子由记者、立法官员和行政官员组成,而且名字都不太寻常(参见资料7-1)。这些小圈子和政客搭建的幕后谈话机制类似,也能强化政治与新闻之间非正式的"相互渗透"(Rinke,Schlachter et al. 2006)。

许多德国记者认为,如果和政客走得太近,就会陷入两难。一位《南德意志报》的记者更是一语中的:"谁靠得近,那就自我审查;谁保持距离,那就一无所知。"(Süskind,1989)

二、规范维度

这种两难境地不仅在幕后谈话中存在,也是政治公关与新闻的常态。正因为两者彼此依赖,那就无法避免紧张和冲突。换言之,媒体不能总是自主、自愿地选择信息来源,经常要仰仗政治行动者提供的消息;但公关事务却限制了记者的自主性,因为政客可能会有目的地利用媒体。

但是,自主是新闻业的一个核心价值。媒体独立、客观的调查、报道以及实践不仅是为了发挥信息功能,还意味着媒体具有批评和监督职能,而这也属于媒体的公共使命,是记者的专业认知。可是,新闻公关在某种程度上对这些价值带来了威胁,它们能影响媒体,甚至让记者与自身专业角色的认知产生冲突。

当然,政治与媒体和记者之间的互动也会反作用于政治。政治公关活动不仅影响着媒体,也会对政治产生反作用,①因为公关活动也会参考媒介逻辑,这也会导致政治的媒介化。②

对抗视角

一些学者常常认为,政治公关和新闻之间是一种对抗关系。③ 其实,学术论述,无论是实证导向,还是理论导向,都具有规范性的维度。学者这么做是在评价这对关系,即便有时并不直接。研究的评价一方面取决于视角,另一方面则有赖于学者考虑的标准和规范。

媒体中心视角在传播学中占据主导地位,主要关注**媒体依赖政治**的危险性,其评价标准是媒体的自由与自主。媒体自由是民主国家的基本要素,主要指媒体相对于政治控制,尤其是相对于国家控制的独立性。媒体自由是媒体认知其公共使命的前提。即便有人不认为媒体是"第四类权力",但它仍是**权力制衡体系**的一个要素。

另一种视角聚焦**政治对媒体的依赖**。一些政客认为,媒体对政治的影响要明显高于政治对媒体的影响(Kepplinger,2009d)。如果这种判断带有一丝指责意味,那么提出者的主要依据就是政治系统的功能性。政治传播是议会民主政

---

① 参见第四章第三节第三点。
② 普拉瑟将之称为"依据媒介的修正"(Plasser,1985),梅耶的表达是"自我媒介化"(Meyer,2002)。
③ 参见第三章第二节。

体的一个最为重要的政治引导工具。在贝格斯多夫(Bergsdorf,1990)看来,这种机制形成于长期的政治实践经验。① 在这种视角下,媒体是一个**传达系统**,或"更确切地来看,媒体是一种具有依赖性的系统",因为媒体需要在政治与公众之间进行传播(Gerhards,1999:170)。如果以此来评价媒体的角色,自然先要看它在政治传达、政策贯彻、反映政治论述及公民意志方面做出了何种贡献。

上述两种断言显然相互矛盾,也各有欠缺,因为它们都从极端的前提推导而来。它们要么以确保政治秩序、维护国家权力作为前提,要么把媒体的自由与独立作为前提。这两个前提都是民主的两个基本问题,可是上面提到的两个命题都把其前提绝对化了。

其实,政治公关信息不一定会限制媒体的自主性,而且也没有直接导致新闻质量的下降。反过来看,我们也不能把新闻的能力与高质量新闻等量齐观(Schantel,2000;Fröhlich,Rüdiger,2004)。比这些讨论更为重要的,是媒体如何处理公关材料,以及如何积极地对这些材料进行再加工,还有如何通过自己的调查检验其中的虚实。

上文第三章第二节提到过,这两个对立的观点完全可以相互兼容。因此,一些学者放弃了上述两种观点,选择从务实的角度来解释多样的互动关系与相互依赖的情况。

务实的观点

公共关系学者的一个典型论据是,政治公关在现代民主国家具有重要的功能(Ronneberger,Rühl,1992;Bentele,1998)。从宏观视角观之,公共关系是大众媒体建构公共领域的一个不可或缺的助力。如果没有公关信息的输入,媒体便无法充分履行其信息公开功能。从中观视角来看,公关行为显然是媒体最为重要的一个原料供应;公关事务能生成事件、确定议题,并提供论据。在微观层面,也即从接收者的角度来看,政治公关能帮助公众了解政治目标、政治决策以及政治措施。恰如本章章首提及的德国联邦宪法法院对政府公关的评价,政治公关也能促进公民参与政治。

不过,这些务实观点也有下列规范性的前提:其一是公共领域的结构,其二是大众媒体的角色,其三是公关事务的行为标准。

---

① 贝格斯多夫(Bergsdorf)有长期在德国新闻与信息处工作的经验,也是科尔总理时期的重要顾问之一。

- 公共领域结构的假设建立于自由主义理念的基础之上,亦即政治多元主义富有裨益。与之相应,传播特殊利益不仅被允许,而且如果这可以尽可能多地囊括多种利益的话,也是有利的。因为在这些前提下,人们能公开论辩,这于共同福祉而言也最有益。①
- 有关媒体角色的假设是,媒体会像处理其他信息那样处理公关信息,并且使之基本真实无误且不失真。
- 公关事务的规范性标准着眼于专业性与道德。我们可以借用本特勒提出的一系列标准来进行考察:"公关信息要真实、客观;传播方式要熟练、专业;传播行为要公开;信息要透明。"(Bentele,1998:143)

具有特殊利益的组织如果能够在这三个前提下开展公关工作,则也能获得合法性。但其中某些方面仍然存在争议,有些方面在现实中也值得怀疑。有关民主公共领域功能的乌托邦设想有许多,自由主义模型便是其一。但有些学者认为,多元主义的假设存在缺陷,因为不同利益在政治公共领域中的参与机会并不平等。② 不少经验研究也证明,媒体不可能完全中立地对待公关信息或其他信源,而是高度积极且有选择性地处理信息。③ 因此,职业道德标准并非对公关事务的真实描述,而是与人规矩,具有本质上的调控功能。

针对公关的务实观点所设立的前提极富争议,并且值得怀疑。但这一观点对于批判性地检验政治与媒体的关系而言,却是一个合适的出发点。

---

① 参见上文中的自由主义公共领域模型(第四章第四节第一点)。
② 参见第四章第四节第二点。
③ 主要参见第二章第二节和第四章第一节至第三节。

第八章 媒体影响与媒体质量

媒体与政治之间的关系往往被化约为简单的问题,例如有关媒体权力的问题或媒体对政治的影响问题。事实上,媒体对政治过程有更加深层次的影响,它能够对政治起到过滤、修正以及塑造的作用。同时,许多政客、政党与政府非常擅长适应媒体的逻辑,并能利用媒体来达成目的。学界则力求探索两者之间的互动关系与相互依存、相互依赖与共生关系。本书的最后一章介绍关于(真实的或推测的)媒体影响以及政治新闻的质量的相关调查,并以此为基础来探讨媒体与政策之间的关系。

第一节 媒体的政治效果与政治功能

大众媒体并不只是单纯地传递政治信息或描摹政治事件。作为一种生成政治信息的"世界认知装置",媒体能够定义何为政治事件,何为政治议题。因此它并不只是被动的政治论辩之所,也不只是提供各种政见的集市,而更多地在积极地建构公共领域,并根据其关注的规则来决定这一空间的结构与动力。这些特点隐藏于大众媒体的信息与公开功能之中,是媒体传播信息及构建公共领域的必然结果。现如今,媒体已经承担起重要的政治功能,在政治社会化、政治参与、定义政治问题以及贯彻政策之中扮演着核心角色,而这些功能在过去却是政治机构的专属职能。恰如一些学者所言,媒体已成为一种"政治机构",是一个具有自身利益和目标的政治行动者(Page,1996;Cook,2005)。

大多数政客视政治优先性为理所当然,因而其观点不一定能与上述种种变化相兼容。政客总是希望媒体能够客观、中立地反映政治,希望它们只是政治的载体、镜子或论坛。

因此,上一章最后一节提到的问题不仅仅关乎政治公关与新闻业之间的关系,而且涉及更广泛的政治与媒体之间的关系。一个普遍的问题是,在考量民主社会的核心标准与价值的前提下,我们应该如何评估政治的媒介化。根据一些论著的观点,民主政治和大众媒体之间的关系已经岌岌可危;自由民主的基石已经陷入危机(参见:Blumler,Gurevitch,1995;Kepplinger,1998b;Bucy,D'Angelo,1999;Jäckel,1999)。然而,马克斯·卡瑟却略有嘲讽地质问这种普遍的危机感:"这究竟有什么问题?"(Kaase,1998a)本章将从更广阔的视野来探讨这个问题。①

一、媒体与政治之间的矛盾关系

卡瑟主要采用政治变化与媒体系统的变迁来解释这种焦虑。读者可以在本书的某些章节中发现与之相关的学理概念与研究成果。有些研究证明了卡瑟的判断,有些则证实了对媒体与政治之间关系的批判或悲观假设。

从更广阔的视野来思考这些观点,则不难看出其中的局限。其实,有关媒体与政治之间关系的乐观论调并不少于悲观态度。② 表 8-1 汇集了一些具有代表性的乐观与消极的观点,有些已经出现在之前的章节。其中,悲观论直指这对关系的政治后果,而那些乐观观点则寄望媒体对政治施加影响。其实,媒体影响政治是一种规范性的要求,媒体也由此得到升华。它们的批评和监督功能的确切含义影响着政治当局及其行动——这也是民主理论的一个重要方面;即便人们讨论更多的是媒体带来的问题、不良后果乃至禁忌。

从表 8-1 中不难看出媒体与政治之间关系的矛盾所在:概念化的操作其实并不总那么明确。表现乐观与消极的标签仿若两种完全不同的操作方式。前

---

① 本人在另一篇已发表的文章中已经针对这一观点展开了更为详尽的讨论(参见:Schulz,2009c)。
② 卡茨和拉扎斯菲尔德指出,这一矛盾心理显然从最开始就确定了政治传播研究(Katz,Lazarsfeld,1955:15)。

一栏多出现媒体的**功能**,后一栏则更多涉及**后果**。① 不过,这两类观点都只是在评价不同的传播影响,有些影响是积极的、如人所愿的,有些则有问题而不被期待。②

表 8-1 有关媒体影响政治的假设

	对公民的影响(微观视角)	对政治组织和政治系统的影响(中观及宏观视角)
乐观假设	● 利用时政信息学习政治 ● 借助媒体中的政治观点建构政见 ● 通过传播政治价值与行为模式来促进政治社会化 ● 启动、促进公民参与政治 ● 赋权弱势公民(如妇女和少数民族)	● 增加传播渠道与传播形式,使信息与观点多样化 ● 构建政治公共领域和公共舆论 ● 媒体作为政治系统的中介进行"政治传达" ● 选择、定义政治相关问题(议程设置) ● 监督政治权力,防止权力滥用
消极假设	● 政治兴趣和政治信息获知程度下降,政治冷感提高 ● 去意识形态化和选民行为个人化 ● 对政治机构丧失信心 ● 培育政治疏离感、政治麻醉、政治疲劳 ● 推行政治劝服,维持现状	● 政治传播的娱乐化和庸常化 ● 选战的去事实化与个人化 ● 政治公共领域的碎片化 ● 政治组织适应媒介逻辑,政治媒介化 ● 政治缺失自主,去权威化 ● 社会中的知沟扩大

二、媒体影响与政治后果

围绕媒体政治影响的公开讨论常常局限于简单的命题。人们有时会认为

---

① 学界除了用一些词语来标识一般的媒体影响之外,有时也会为了表现特殊的(有些是猜测,有些多少有充足证据)媒体效果或功能,提出了许多具有细微差别的术语。其中既有针对公民个体、政治组织的媒体功能或效果,也有着眼于社会或整个政治系统的功能或效果。它们可以被分为两个不同的概念群:第一个概念群是对媒体功能的一般表达,如依赖、涵化和其他以"-ierung"结尾的德语名词(例如美国化、个人化以及娱乐化),这样表述有时是为了置换或明确解释媒体影响的传统定义,想必也是为了让概念摆脱与生俱来的桎梏。第二个概念群包括一些传播模型和影响模型,例如议程设置、架框、铺垫、第三人效果、相互效应、托马斯定理(**自证预言**)和马太效应(**良性循环**)。

② 有时,如人所愿与非人所愿的媒体效果皆有可能出现,其中的矛盾之处也更加凸显。正如一般合目的性的社会行动(Merton,1936),应用媒体也需要考虑意想不到的后果(Cho,Salmon,2007)。从某一角度看来,某些传播效果或许是积极的,但从另一个角度看却可能是负面的。政治领域更是如此。只要试想"双重意见气候"与诺艾尔-伊曼和普林格对(公营)电视政治影响的研究便可理解。该研究在 20 世纪 70 年代引起了广泛的政治争论,甚至影响了德国广播电视制度的重建(Noelle-Neumann,1977a;Kepplinger,1980;Kaase,1989)。

媒体权力过大、过于失控（视不同的利益格局而言）；有时又觉得媒体效果的潜力不值一提。即便是学术讨论，也没有规避简单的假设和绝对主义，例如在"最小效果"或"最大效果"之间进行一般的揣测。一些学者倾向于把"捕风捉影"的变化归入研究发展的某些阶段，有人甚至就此认为研究范式发生了转变（参见相关的批评研究：Brosius，Esser，1998；Esser，2008a）。

效果研究的动力

与其建构一种无根据的怀疑论或阶段理论，更为有益的是拷问研究发展的动力，并观照研究的认知旨趣、问题提出、理论、概念以及研究方法。其实，这些研究的发展并非是阶段性的，也不是在强效果或弱效果之间游走，而是如麦克劳德及其合作者所言，它们体现了研究边界的扩张（McLeod，Kosicky，Mcleod，1994）。研究领域即便在扩张，也还要仰赖研究的多样化、专门化和精细化，其中的重要驱动力来自新兴媒体的崛起、新兴政治领域与政治问题、其他学科领域借鉴、实际需求和研究结果应用、创新研究方法、新概念以及新的理论模型。

- 新兴媒体：新兴媒体在崛起时可能带来的效果难免遭受怀疑。便士报在19世纪末期风靡一时，当时已经出现关于其影响的（政治）传播经验研究。自那以后，从20世纪20年代的电影，到三四十年代的广播，从50年代的电视，到80年代的录音设备，再到90年代基于电脑和互联网的传播，都概莫能外地招致怀疑。

- 新兴政治领域和政治问题：各个层级的政治力量形成了越来越多的新兴政治领域，现代社会也日益政治化，媒体可能带来的新的影响也进入人们的视野，例如媒体对国际关系、经济发展、政治教育的影响。同样，新的政治问题之中也不乏媒体的影子，例如暴力与恐怖主义、环境与健康行为、移民、青少年行为等。

- 学术借鉴：传播研究与人文社会学科分享了许多研究问题、理论与研究方法。其他学科的发展也大大推动了效果研究。诸如生物系统论、政治系统论、社会系统论、营销理论、生物建构主义、阿尔弗雷德·许茨（Alfred Schütz）的现象学以及心理学的"认知转向"，都在传播研究中留下痕迹。此外，传播研究原本带有强烈的美国色彩（其影响主要来自20世纪30年代德国、奥地利的移民学者，例如库尔特·勒温，保尔·菲利克斯·拉扎斯菲尔德）。而今，美国以外的学术文化——例如英国的文化研究、法兰克福学派以及德国的公共领域社会理论——对该领域的影响也越来越大。

- 对研究成果的需求：大多数政治传播研究重在应用与需求导向。有些人在衡量选战、政治公关与宣传、信息传播活动与社会营销的传播效果方面有强烈的实践旨趣，而且愿意提供研究经费。不少被视为奠基之作的大型传播研究项目不只是基础研究，而也为政治或商业利益集团提供应对之道。
- 新的研究方法：随着经验研究的研究方法及研究设计不断拓展、精细化，新的研究机遇和更为切实的研究结论也随之产生。其中主要有三种趋势：

（1）研究方法的应用与发展有助于更严谨地检验因果关系。其一是控制实验，其二是纵向研究和可重复的多次测量（例如焦点小组访谈、时间序列分析）。

（2）随着调查数据和媒体档案的持续积累，以及数据的时间跨度延长，长期效果研究的前提条件得到了明显的改善。

（3）研究的国际化：随着政治与社会的国际化，研究者的心理、认知不断拓宽，学术网络的建立也日益推进，从而催生出更多应用导向的国际比较研究。在古雷维奇与布鲁姆勒看来，国际比较研究是拯救狭隘主义和幼稚普遍主义的"良药"（Gurevitch, Blumler, 1990a）。

有时，传播研究的成果以及由此引发的公共讨论会有意或无意地带来政治影响。拉扎斯菲尔德将这种矛盾视为**行政研究**与**批判研究**之间的对立（Lazarsfeld, 1941）。从根本上来看，所有社会学研究都涉及这一情况，有些研究尤甚。传播研究的社会技术性应用不仅裹挟着巨大的商业便利，也能带来强大的政治优势，因此，切实有用的"行政"研究（也即社会技术性）也受到极高的重视。在现实中，劝服研究被用于优化策略传播；对媒体的投入则是为了宣传，抑或是当今更显无害的称谓——信息政策、普及推广、公关、战略传播、政治与社会营销。即便有些研究并非出于以上目的，也往往与之相关，并能为特殊利益集团所用。那些出于批评目的而做的研究也同样如此。

以上矛盾彰显了学界关于社会或政治之合法性、认知旨趣及成果应用的问题。迄今为止，这些话题仍未得到政治传播学界足够的重视。

效果概念的区分

随着政治传播研究的扩张,学理概念与理论模型也得以不断发展与细分。早期的研究(尤其是效果研究)受制于无节制的实证主义乃至行为主义,因其一直采用单因素的线性刺激-反应模型而被批判为过度简化;这些激烈的批判直到今天仍在持续,主要针对的是经验主义式的量化研究(参见:Brosius,Esser,1998)。① 许多早期的传播研究之所以如此操作,也是受限于当时的研究工具与资源。不过,其中不乏高度复杂的优质研究,它们对科学的后续发展具有奠基作用。例如拉扎斯菲尔德及其合作者的**伊里调查**在1940年美国总统竞选时期,针对政见形成过程展开了七轮焦点小组调查(Lazarsfeld,Berelson,Gaudet,1944);再如,20世纪40年代的大型研究项目《**美国士兵**》(*The American Soldier*)也使政治态度改变与劝服的规律不断明朗(Hovland,Lumsdaine,Sheffield,1949;Hovland,Janis,Kelley,1953)。

该领域中盛行针对个体的微观研究。在关于媒体影响的调查中,知识、舆论和态度等概念曾是核心的因变量,而特定的媒体内容则被处理为自变量。不过,在20世纪20年代,宏观视角的研究已经占据一席之地;在宣传研究以及宣传与民意之关系的研究中也不乏这种研究视角(参见:Lasswell,1927;Lippmann,1922)。

最后,拉扎斯菲尔德与默顿在其论著《大众传播、公众兴趣与有组织的社会行动》当中区分了三种媒体影响(Lazarsfeld,Uerton,1948),以此来解释宏观、中观与微观的研究视角。其中有以下三点原因:

(1)大众媒体在社会中的纯粹存在;
(2)特定的媒体组织形式;
(3)特定的媒体内容。

受当时的时代影响,虽然这些学者强调的媒体影响被过分夸大,但他们还是提出了一系列重要的宏观效果(他们将之称为"功能"),例如(针对议题、人群、组织或社会运动的)地位、威望与知名度的分配、媒体传播促进遵守规范,以及过量信息引发的"麻醉"效应。

拉扎斯菲尔德和默顿的研究着眼于无意的媒体影响与**功能失调**现象。这

---

① 同时请参见第六章第一节第一点。

种做法区分了施加影响的意图,即**有意为之**的效果和**非人所愿**的效果。宣传效果研究与其他围绕认知与态度转变的研究,则针对**蓄意**施加的影响和传播**效果**。这种研究视角也被称为**劝服研究**(参见 Schenk,2009b)。再细分下去,还有(政治)广告及公关效果研究、战略传播与社会营销效果的研究、信息推广与公民启蒙教育的效果研究。①

非人所愿的传播效果要比所谓的"**结果**"或"**功能**"之类的描述更为精确。上文已经提到,在看似无意的结果背后,往往隐藏着一些看不透的意图;而蓄意为之的影响措施有时也可能产生无法预料的严重后果或附加效果。学界或许是因为在区分细节方面有一定难度,因此仍没有形成这些效果的统一名称。因此,研究者常常不加区分地把这些(推测的或多少有所依据的)结果统称为效果,但实际上,其中有些结果出现在公民个体,有些则针对政治组织或社会和政治系统整体。而随着这一研究领域的持续发展,学界对一些传播结果的命名也越来越精细,例如**政治激活**、**主流化**、**麻醉**或**不断增长的知识鸿沟**。其中有些概念已经出现在表 8-1 中,并且也有了比较清晰的评判标准。

形容传播效果的专业术语可以分为两类。第一类是大众传播效果的一般表述;它们要么是积极的结果或功能(例如**提供信息**、**引导或整合**),要么是有问题的后果(例如**依赖**、**涵化或媒介化**)。第二类是特定效果模型的概念集群,例如**议程设置**、**架框**、**铺垫或沉默的螺旋**。这些概念展现了多样化的效果概念图谱,同时也暗示了大众媒体的效果并不符合刺激-反应模型。

第二节 媒体效能与民主质量

人们有时会认为,某些政治传播研究过于危言耸听。这种态度恰是对一个值得称赞之意图的欠友好的赞扬。这些研究之所以在暗示其所猜想的、或令人担忧的以及现实的政治传播恶果,往往是为了设法避免或消除之。正如拉扎斯菲尔德的观点,教育意义或"批判性"动机是社会科学与新闻传播学的共性(Lazarsfeld,1941)。

批判需要评判的基准。最简单的方法是采用联系的视角:比较。可行的常

---

① 参见第七章。

见操作有国际比较研究或时间比较研究。前者的检验标准是:相较于其他地方,这些关系在我们这里更好还是更糟;后者的检验标准则是:这些关联随时间推移向好还是向坏发展。

除了关联性的标准以外,我们还可以考虑规范性的标准。其研究问题是:这些联系是否符合应有之义?标准答案可以来自社会习俗或社会榜样、理想模型或社会乌托邦构想,以及历史典范或科学理论。

一、媒体功能和媒体表现

政治传播学往往会将推导出来的或有依据的大众媒体的"政治功能"作为一种标准,以此检验现实的情况。[①] 一如古雷维奇和布鲁姆勒在研究中列举了八种媒体"对政治系统的功能与服务"(参见资料 8-1),从而发展了拉斯韦尔(1948)提出的传播功能(Gurevitch,Blumler,1990b)。[②] 德国学者也提出过类似的功能列表(例如:Ronneberger,1964;Wildenmann,Kaltefleiter,1965)。相比之下,古尔维奇和布鲁姆勒所列的内容更容易理解,而且特别强调媒体的责任及公共职责。

> **资料 8-1:媒体的政治功能与政治效能**
> - 监测社会与政治环境,特别是那些影响公民福祉的积极趋势或消极趋势;
> - 议程设置:确认当前的首要问题,调查其原因,并提出解决方案;
> - 为政客与不同利益群体的代表提供讨论平台;
> - 促进决策者与公众对话;
> - 问责公职人员;
> - 促进公民了解政治进程,赋予公众参与政治的能力;
> - 反抗企图破坏媒体独立与正直的做法;
> - 尊重信息接收者,特别是当新闻报道涉及这些人群的时候。
>
> (资料来源:Gurevitch,Blumler,1990:270。)

---

① 参见第三章第三节第一点。
② 拉斯韦尔提出了三种媒体功能:"环境监控""协调社会关系""传承社会遗产"。

麦克劳德及其合作者将效果研究中的某些命题和发现归入了古尔维奇和布鲁姆勒提出的列表之中(McLeod,Kosicky,McLeod,1994)。在他们看来,这八种媒体功能以及媒体表现出的(可能的)缺陷与局限,可以用来讨论政治传播引起的多种结果。他们把这八个标准与相关的经验研究联系在一起,这种做法也很有意义。

新闻传播学常常使用专业规范来评估媒体表现,例如根据客观性、相关性、多样性和客观性等标准来衡量政治新闻的信息质量(参见 Hagen,1995)。这些标准也是记者行为规范的一部分(无论是正式的还是非正式的)。在麦奎尔看来,这些标准从西方民主社会的基本价值理念(如自由、平等)推导而来(McQuail,1992)。

沃尔特默把以上观点与系统论以及结构—功能主义的思想联系起来,并提出了"民主表现"的标准体系(Voltmer,1999)。其中的最高价值是建构一个民主的媒体公共领域,以便公民理性地参与政治决策。沃尔特默补充了媒体系统为了确保新闻质量而应该遵循的结构性前提(法律和新闻规则)。他还在1990年德国选举时期用这一标准体系评估了大量的媒体样本。

二、媒体公共领域和民主质量

借鉴沃特梅的研究,民主标准在政治学的研究路径中可以作为评价媒体的基础。一些研究的目的设定虽然与此处的讨论有所不同,但也属于检测民主质量的研究路径,例如国际民主与选举援助机构(IDEA-Instituts)的**民主评估框架**(*Democracy Assessment Framework*)。该机构已经用这个框架在一些国家中进行了**民主测验**[①],其评估对象是民主政府体制及其构成,例如机构、行动者与政治进程(政见形成、意志形成及决策过程)。它的评价标准来自政治学的民主概念,包括公民参与的代表性和包容性,以及政治当局的响应度与控制。其他研究也采用类似的标准对民主质量进行了检验(可以参见批判性的比较:Müller,Pickel,2007;Campbell,Barth,2009)

有些研究直接采用这些基础理论中的元素,有些则进一步发展了这些理论,并对政治性的媒体影响和政治的媒介化进行经验评估。常见的研究问题

---

① 参见:国际民主与选举援助机构网站,(International IDEA),www.idea.int/。

是:媒介化过程及其后果如何作用于民主质量?[①] 这一问题在政治传播学研究中具有核心意义,它不仅体现于表 8-1 之中,上文多处也已有提及(同时参见 Adam, Maier, 2010)。

政治公共领域的质量标准

质量标准对分析媒体公共领域具有重要的作用。经验研究的习惯做法是比较可观察的公共领域特征与理想的规范性公共领域模型。哈贝马斯的著作《公共领域的结构转型》堪称典范(Habermass, 1962)。其他学者提出了其他的公共领域模型。例如格哈德对比了论述模型和代议模型(Gerhards, 1997);费雷比较了四种模型,分别是**代议自由主义模型**、**参与自由主义模型**、**论述模型和建构主义模型**(Ferree et al. 2002:205)。

我们并不需要利用封闭的理想模型去判定(或者批判)理想与现实之间的差距,而是可以用单个的规范标准来评估公共领域、诊断问题。例如,格哈德(Gerhards, 1998)提出的公共领域质量标准有:(1)面向所有公民、国民群体、利益、议题与意见**开放**;(2)公共传播的**论述性**;根据论据来评测其论述水平;(3)影响政治决策的有效性(参见:Gerhards, Neidhardt, Rucht, 1998)。不难发现,这些评判标准都从规范模型中推演而来。而且这种操作与比较现实与理想模型的方法相比,也没有原则上的不同,其中的区别主要在于研究者可以把这些标准理解为变量,使之可以接受经验研究的检验。

一些新近的研究正是采用这种方式来分析媒体公共领域。例如,格哈德、奈德哈特与鲁赫特以德国堕胎辩论为例,研究了公共领域的**准入渠道**及**论述结构**。分析材料包括采访资料以及 1970 至 1994 年间《**法兰克福汇报**》和《**南德意志报**》的报道。研究结果显示,政治中心的行动者在辩论中占据主导地位,而且不同辩论层级(辩论中心、外围以及记者)所采用的框架并没有显著差异。研究者认为"这是个好现象,因为公共舆论反馈了公民的意见"(Gerhards, Neidhardt, Rucht, 1998:39)。只不过,德国的这个堕胎辩论的复杂性很低,其中仅有一种论调占了上风。不过从另一个角度来看,记者的评论也存在较为明显的"论述性传播的痕迹"(Gerhards, Neidhardt, Ruht, 1998:185)。

另一项研究对美国堕胎冲突进行了分析;其分析资料是《**纽约时报**》和《**洛**

[①] 参见第二章第二节第五点。

杉矶时报》的报道。这个研究发现美国和德国的媒体论述风格仅有很小的区别。相对而言,在美国的堕胎辩论中,政治中心的论述比重更小;普通公民的生活环境及个人经验的比例更重(Ferree et al. 2002)。该研究中的"论述质量"主要包含四个评测标准:支持社会运动和相关者(赋权),尊重或无礼的言论表达(教养),论述的对话结构(对话)以及对行动者个人的描绘(叙事,Ferree et al. 2002:232)。

本内特及其合作者的研究对象是《纽约时报》的全球化辩论。他们提出了以下检验标准:相关行动者的多样性(准入)、行动者的身份辨识度(识别)以及论辩中的相互参照(响应)(Bennett, et al. 2004)。其研究依据是 2001—2003 年间世界经济论坛大会及对抗方——世界社会论坛——发表的刊物。研究结果显示,政治中心行动者占据了美国全球化辩论的主导地位,而且要比堕胎辩论明显得多。[①] 其中,世界经济论坛代表的名称能够被辨识,而抗议团体在媒体中却是匿名的或被妖魔化的。媒体甚至没有直接引用反对者的论点。整体观之,世界经济论坛的行动者把媒体高度工具化了,而且记者也顺应了他们的心意。[②]

媒体公共领域的规范模型

韦斯勒(Weßler, 1999:231)指出,规范模型——包括协商模型和代表模型在内——常常是研究公共领域的参考;但这些模型缺乏媒体理论的支撑。此外,他也批评了那些基于某种质量标准而形成的研究路径,因为这些标准恰恰是从规范模型中推导出来的。

为了明确大众媒体的特殊功能,韦斯勒提出了一个"媒体公共领域的规范模型",并根据系统论对输入功能、贯通功能与输出功能的区分方式,对大众媒体提出了以下要求(Weβler, 1999:237):

- 媒体不应该偏重某一类型的行动者,不能歧视因公关能力薄弱而缺乏表达机会的行动者,而要通过"补偿性的媒体公共领域"鼓励他们表达;
- 媒体传播无法保证规范意义上的论述质量。有鉴于此,我们不应该对媒体提出太过理想化的要求。专业而独立的新闻业应该致力于平衡、调解

---

① 一项研究针对类似议题——1998 年国际货币基金组织和世界银行在柏林的年会,媒体报道中的行动者结构也极为类似。参见:Gerhards, 1993:168。
② "该研究的结论是:媒体公共领域被高度管理。在这个案例中,世界经济论坛的官员们表现积极,而记者较为消极,后者本能地遵从了该组织参与者的要求。"(Bennett, et al. 2004:452)

论述过程中的不同解释与立场,应该"对新的阐释元素高度敏感,从而促进解释的创新与多样性";
- 媒体不能只关注轰动事件,也要努力观察非事件性的社会问题。传播过程的连续及结果的开放性极为重要,如此才能"让多数意见受到挑战"。

上述思考与经验调查的主要功能是评估政治论述质量。但从另一个角度观之,这类研究也能评估媒体的民主表现(Gerhards,Neidhard,Rucht 的研究对此没有过多着墨)。与之类似,其他关注政治论述质量与议政的研究也能用二次分析法来解答媒体表现的问题,从而促进相关经验调查的发展(例如:Jankowski, van Selm, 2000; Gerhards, Schäfer, 2007; Simon, Jerit, 2007; Wessler, 2008)。[①]

第三节 媒体自由与媒体质量

大众媒体应该是中性的传播者、开放的论坛和"通向世界的窗口"。如果它们没有扮演以上角色,就会让人担心、遭到批判。不过,如果因此而认为要压缩媒体的自由和通过强力来控制媒体发挥政治影响的空间,那也值得质疑。当我们试图借助权力来控制媒体与政治之间的关系时,就很容易提出这样的要求。

实际上,媒体对政治并不持中立态度;政治对媒体也是如此。政治设定法律框架,并以此来确立社会中的媒体秩序以及某些媒体组织的内部规则。有时,政治会直接介入媒体的组织结构和生产前提,例如设立广播电视监督机构,或通过直接、间接的方式来影响媒体内容,并且为此而和记者、出版商和广播电视负责人建立非正式的接触机会。这样一来,政治与媒体自主之间就会产生冲突,尤其会和自由、独立这类核心价值发生冲突。

另一个值得思考的问题是,大众媒体履行其公共使命本来就要去发挥作用。媒体要完成传播信息、批评、监督与影响政见之类的公共使命,就必须施加政治影响。这种政治影响往往会制约政治机构的权力,因此也恰好契合了民主公共领域的构想。

---

① 参见第四章第四节第二点。

如果从权力与影响、主导与依赖、自由与控制的角度来理解媒体与政治之间的关系，就很难洞察现实（或预测）的问题的真正根源。这种视角的危害之处在于怂恿人们把这对关系定义为权力问题，并据此而限制媒体自由；而这样一来，自由民主的本质要素就会被削弱。

另一种观点认为，与其把媒体自由与媒体影响看作监督与政治对抗，不如呼吁媒体自由要与媒体的责任和质量相匹配。这种观点是妥当的。许多民主国家的法律体系也会限制媒体的力量与自由，例如德国《基本法》的第5款第2段中便有平衡媒体自由与其他重要合法权利的规则内容。[①] 此外，媒体法以及媒体专业守则也包含对政治新闻公共使命的深远要求。例如德国公营广播电视二台的国家合约中明确规定："新闻报道应该全面、真实、客观。新闻工作者要仔细核实公开报道的消息来源与内容。"

不过，这些媒体规范以及全面、真实与客观的要求真的能够实现吗？在大众媒体现有的运行环境中，这些规范难道不是不切实际的吗？要求媒体的信息加工彻底忠于真实，难道不是错误的吗？如果放弃诸如客观性那样的抽象要求，退而求其次地承认媒体对现实的报道是失真的，而且多少有失偏颇，因为它们正是按照媒介逻辑来影响政治进程的，这些想法难道不是更加实际吗？

这种观点存在两种误解。首先，它既忽视了标准与描述之间的区别，也忽视了质量标准和对可观测的媒体质量展开经验分析之间的区别。也就是说，就算研究结果发现媒体的确存在缺陷，这也并不意味着要接受这种缺陷，或是要对这种缺陷保持沉默。经验研究的结果更多的是要呼吁更高的质量。其次，这种观点错误地理解了规范的社会功能；这些规范可能是不那么明确的原则，也可能是相对特殊的法律文本。它们的功能是按照目标规定、理想模型和社会价值来**调控行为**。换言之，虽然目标或理想可能无法实现，但还是希望人们能认识这些规范，使自己的行为更接近预期目标，或是按照理想或价值意涵而改变自己的行为。

客观性与真实性的规范要求能够调整媒体行为，因此它们完全有意义。如果我们认识并承认这一点，那么媒体与政治之间的关系便是一种研究操作的问

[①] 根据联邦宪法法院的解释，基本法的这一条款明确限制了媒体自由，但这层限制基于媒体自由的角度，因此，这种限制媒体影响的做法之上其实还有一层限制。

题,而非权力问题。这些操作性问题是:如何保证媒体遵守这些规范与要求,如何制定新闻实践的可行规则,如何确认规范与现实的契合程度,如何确认新闻传播的表现与质量。

媒体表现研究致力于探讨法律规范、专业标准和伦理原则,媒体质量研究则负责学术评估。这样一来,二者就能共同发展。这有助于从理论上巩固质量的标准,并将之操作化为可检验的元素,然后借助经验调查去检验媒体是否以及在多大程度上履行了媒体职责与法律规范(McQuail, 1992; Schatz, Schulz, 1992; Hagen, 1995)。[1]

科学的重要使命是提醒媒体认识其职责所在。政治传播学调查可以通过解释媒体与政治的关系,来揭示其中存在的缺陷与不良发展,从而起到警示作用。政治传播分析能启发有关媒体角色的公共讨论,也可提供事实与辩论论据,从而在观察与批判时为其他社会机构提供事实支撑。[2]

也许,不仅仅是大众媒体的飞速发展和与之平行的政治变迁让我们有理由进行这样批判性的、悲观的、但却又令人振奋的分析研究。更重要的原因或许在于,在最近几十年间,大众媒体摆脱了严厉的政治控制(尽管只是在世界上部分地区),这还是一个太新、太令人惊讶的现象。[3]

这些发展能否促进政治权力的平衡,是否会导向令某些人担忧的"媒体民主"的后果(Donsbach, 1993b; Meyer, 2001),这些是学界仍需努力解答的问题。无论如何,分析发展过程中出现的问题,也能帮助我们认知、评估以及预防非人所愿的后果。

---

[1] 德国新闻传播学协会的"媒体质量"研究主题(Weischenberg, Loosen, Beuthner, 2006)以及瑞士媒体质量年报(参见:http://jahr-buch.foeg.uzh.ch/Seiten/default.aspx)中可以找到其他案例。
[2] 例如,马亨霍尔茨委员会(Mahrenholz-Kommission)为联邦德国前总统理查德·冯·瓦茨萨克(Richard von Weizsäcker)提供《电视状况报告》(Bericht zur Lage des Fernsehens)。1997年上半年,他们共同出版了德国天主教会议和德国天福音主教会的共同宣言——《媒介社会的机遇和危机》。这两份文件中的大部分内容都提供了学理认知与研究结果。
[3] 根据自由之家(FreedomHouse)的调查数据,2009年,在196个国家中,有35%的国家认为媒体是自由的,33%的国家认为媒体是部分自由的。参见:http://freedomhouse.org/template.cfm? page=131&year=2010。

参考文献

Adam, Silke und Michaela Maier (2010): Personalization of politics. A critical review and agenda for research. In: Charles T. Salmon (Hrsg.), Communication Yearbook 34. New York: Routledge, S. 213-257.

Aday, Sean, Steven Livingston und Maeve Hebert (2005): Embedding the truth. A cross-cultural analysis of objectivity and television coverage of the Iraq war. In: Press/Politics 10 (1), S. 3-21.

Ahern, Thomas J., Jr. (1984): Determinants of foreign coverage in U.S. newspapers. In: Robert L. Stevenson und Donald L. Shaw (Hrsg.), Foreign news and the new world information order. Ames, S. 217-236.

Albers, Hagen (2009): Onlinewahlkampf 2009. In: Aus Politik und Zeitgeschichte (51), S. 33-38.

Albrecht, Steffen und Rasco Hartig-Perschke (2007): Wahlkampf mit Weblogs. Neue Formen der politischen Kommunikation im Netz. In: Frank Brettschneider, Oskar Niedermayer und Bernhard Weßels (Hrsg.), Die Bundestagswahl 2005. Analysen des Wahlkampfes und der Wahlergebnisse. Wiesbaden: VS Verlag für Sozialwissenschaften, S. 97-117.

Albright, Jeremy J. (2009): Does political knowledge erode party attachments? A review of the cognitive mobilization thesis. In: Electoral Studies 28, S. 248-260.

ALM (Hrsg.) (2015): Die Medienanstalten. Jahrbuch 2014/2015.Leipzig: Vistas (vgl. auch http://www.die-medienanstalten.de/).

Almond, Gabriel A. und G. Bingham Powell (1966): Comparative politics. A developmental approach. Boston: Little, Brown.

Almond, Gabriel A. und Sidney Verba (1963): The civic culture. Political attitudes and democracy in five nations. Princeton, NJ: Princeton University Press.

Altendorfer, Otto, Heinrich Wiedemann und Hermann Mayer (Hrsg.) (2000): Der moderne Medienwahlkampf. Professionelles Wahlmanagement unter Einsatz neuer Medien, Strategien und Psychologien. Eichstätt: Media Plus.

Althaus, Marco (Hrsg.) (2001): Kampagne! Neue Strategien für Wahlkampf, PR und Lobbying. Münster: LIT.

Althaus, Marco (Hrsg.) (2003): Kampagne! 2. Neue Strategien für Wahlkampf, PR und Lobbying. Münster: LIT.

Altheide, David L. (2002): Creating fear. News and the construction of crisis. New York: Aldine de Gruyter.

Altheide, David L. und Robert P. Snow (1988): Toward a theory of mediation. In: James A. Anderson (Hrsg.), Communication Yearbook 11. Newbury Park, CA: Sage, S. 194-223.

Anderson, Christopher J. und Christine A. Guillory (1997): Political institutions and satisfaction with democracy: A cross-national analysis of consensus and majoritarian systems. In: American Political Science Review 91, S. 66-81.

Ansolabehere, Stephen, Roy Behr und Shanto Iyengar (1991): Mass media and elections. An overview. In: American Politics Quarterly 19, S. 109-139.

Arnold, Anne-Katrin und Beate Schneider (2004): TV kills social capital? Eine kritische Auseinandersetzung mit der Sozialkapitalforschung von Robert Putnam. In: Publizistik 49, S. 423-438.

Arzheimer, Kai (2006): 'Dead men walking?' Party identification in Germany, 1977-2002. In: Electoral Studies 25, S. 791-807.

Asp, Kent (1983): The struggle for the agenda. Party agenda, media agenda and voters' agenda in the 1979 Swedish election campaign. In: Winfried Schulz und Klaus Schönbach (Hrsg.), Massenmedien und Wahlen. Mass media and elections. International research perspectives. München: Ölschläger, S. 301-320.

Asp, Kent und Peter Esaiasson (1996): The modernization of Swedish campaigns: Individualization, professionalization, and medialization. In: David L. Swanson und Paolo Mancini (Hrsg.), Politics, media, and modern democracy. An international study of innovations in electoral campaigning and their consequences. Westport, CT: Praeger, S. 73-90.

Atteslander, Peter (1980): Vom Holzschnitt zum Holzhammer? Zur Rolle der empirischen Sozialforschung in der medialen Wählerbeeinflussung. In: Thomas Ellwein (Hrsg.), Politikfeld-Analysen 1979. Wissenschaftlicher Kongreß der DVPW 1.-5. Oktober 1979 in der Universität Augsburg. Tagungsbericht. Opladen: Westdeutscher Verlag, S. 45-59.

Baerns, Barbara (1985): Öffentlichkeitsarbeit oder Journalismus? Zum Einfluß im Mediensystem. Köln: Verlag Wissenschaft und Politik.

Baerns, Barbara (Hrsg.) (1995): PR-Erfolgskontrolle. Messen und Bewerten in der Öffentlich-keitsarbeit. Verfahren, Strategien, Beispiele. Frankfurt a. M.: Institut für Medienentwicklung und Kommunikation.

Baringhorst, Sigrid (1998): Politik als Kampagne. Zur medialen Erzeugung von Solidarität. Opladen: Westdeutscher Verlag.

Baringhorst, Sigrid (2009): Politischer Protest im Netz - Möglichkeiten und Grenzen der Mobilisierung transnationaler Öffentlichkeit im Zeichen digitaler Kommunikation. In: Frank Marcinkowski und Barbara Pfetsch (Hrsg.), Politik in der Mediendemokratie. Wiesbaden: VS Verlag für Sozialwissenschaften (PVS Sonderheft 42), S. 609-634.

Baringhorst, Sigrid, Veronika Kneip, Annegret März und Johanna Niesyto (2010): Protest Online/Offline. Unternehmenskritische Kampagnen im Zeichen digitaler Kommunikation. Wiesbaden: VS Verlag für Sozialwissenschaften.

Barth, Henrike und Wolfgang Donsbach (1992): Aktivität und Passivität von Journalisten gegenüber Public Relations. Fallstudie am Beispiel von Pressekonferenzen zu Umweltthemen. In: Publizistik 37, S. 151-165.

Baum, Matthew A. und Tim Groeling (2008): New media and the polarization of American political discourse. In: Political Communication 25, S. 345-365.

Baum, Matthew A. und Angela S. Jamison (2006): The Oprah effect: How soft news helps inattentive citizens vote consistently. In: Journal of Politics 68, S. 946-959.

Bellers, Jürgen und Klaus Wehmeier (1980): Medienberichterstattung als Faktor im außenpolitischen Entscheidungesprozeß. In: Politische Vierteljahresschrift 21, S. 321-345.

Bennett, Stephen Earl (1988): 'Know-nothings' revisited: The meaning of political ignorance today. In: Social Science Quarterly 69, S. 476-490.

Bennett, Stephen Earl (1989): Trends in American political information 1967-1987. In: American Politics Quarterly 17, S. 422-435.

Bennett, Stephen Earl, Richard S. Flickinger, John R. Baker, Staci L. Rhine und Linda L. Bennett (1996): Citizens' knowledge of foreign affairs. In: Press/Politics 1 (2), S. 10-29.

Bennett, Stephen Earl, Staci L. Rhine, Richard S. Flickinger und Linda L. Bennett (1999): 'Video malaise' revisited. Public trust in the media and government. In: Press/Politics 4 (4), S. 8-23.

Bennett, W. Lance (1990): Toward a theory of press-state relations in the United States. In: Journal of Communication 40 (2), S. 103-125.

Bennett, W. Lance (1998): The uncivic culture. Communication, identity, and the rise of lifestyle politics. In: PS: Political Science and Politics 31 (4), S. 741-761.

Bennett, W. Lance (2000): Introduction: Communication and civic engagement in comparative perspective. In: Political Communication 17, S. 307-312.

Bennett, W. Lance (2001): News: The politics of illusion, 4th edition. New York: Longman.

Bennett, W. Lance und Shanto Iyengar (2008): A new era of minimal effects? The changing foundations of political communication. In: Journal of Communication 58, S. 707-731.

Bennett, W. Lance und Shanto Iyengar (2010): The shifting foundations of political communication: Responding to a defense of the media effects paradigm. In: Journal of Communication 60, S. 35-39.

Bennett, W. Lance, Victor W. Pickard, David P.Iozzi, Carl L. Schroeder, Taso Lagos und C. Evans Caswell (2004): Managing the public sphere: Journalistic construction of the great globalization debate. In: Journal of Communication 54, S. 437-455.

Bentele, Günter (1998): Politische Öffentlichkeitsarbeit. In: Ulrich Sarcinelli (Hrsg.), Politikvermittlung und Demokratie in der Mediengesellschaft. Beiträge zur politischen Kommunikationskultur. Opladen: Westdeutscher Verlag, S. 124-145.

Bentele, Günter (2005): Das Intereffikationsmodell. In: Günter Bentele, Romy Fröhlich und Peter Szyszka (Hrsg.), Handbuch der Public Relations. Wissenschaftliche Grundlagen und berufliches Handeln. Mit Lexikon. Wiesbaden: VS Verlag für Sozialwissenschaften, S. 209-222.

Bentele, Günter, Tobias Liebert und Stefan Seeling (1997): Der Fall 'Brent Spar' in Hauptnachrichtensendungen. Ansätze zur Operationalisierung von Qualitätskriterien für die Bildberichterstattung. In: Günter Bentele und Michael Haller (Hrsg.), Aktuelle Entstehung von Öffentlichkeit. Akteure - Strukturen - Veränderungen. Konstanz: UVK Medien, S. 225-250.

Berelson, Bernard R., Paul F. Lazarsfeld und William N. McPhee (1954): Voting. A study of opinion formation in a presidential campaign. Chicago: Chicago University Press.

Berelson, Bernard R. und Gary A. Steiner (1964): Human behavior. An inventory of scientific findings. New York: Harcourt, Brace & World.

Berens, Harald (2001): Prozesse der Thematisierung in publizistischen Konflikten. Ereignismanagement, Medienresonanz und Mobilisierung der Öffentlichkeit am Beispiel von Castor und Brent Spar. Wiesbaden: Westdeutscher Verlag.

Berens, Harald und Lutz M. Hagen (1997): Der Fall "Brent Spar" in Hauptnachrichtensendungen. Ansätze zur Operationalisierung von Qualitätskriterien für die Bildberichterstattung. In: Günter Bentele und Michael Haller (Hrsg.), Aktuelle Entstehung von Öffentlichkeit. Akteure - Strukturen-Veränderungen. Konstanz: UVK Medien, S. 539-549.

Bergsdorf, Wolfgang (1990): Politische Kommunikation-Definition-Probleme-Methoden. In: Klaus Dorbecker und Thomas Rommerskirchen (Hrsg.), Blick in die Zukunft: Kommunikationsmanagement. Perspektiven und Chancen der Public Relations. Remagen: Rommerskirchen, S. 30-40.

Bergsdorf, Wolfgang (1992): Medien und Politik-Medien als Träger politischer Öffentlichkeit. In: Lernfeld Politik. Eine Handreichung zur Aus-und Weiterbildung. Bonn: Bundeszentrale für politische Bildung, S. 95-110.

Best, Stefanie (2000): Der Intra-Extra-Media-Vergleich-ein wenig genutztes Analyseinstrument und seine methodischen Anforderungen. In: Publizistik 45, S. 51-69.

Best, Stefanie und Bernhard Engel (2007): Qualitäten der Mediennutzung. Ergebnisse auf Basis der ARD/ZDF-Studie Massenkommunikation. In: Media Perspektiven (1), S. 20-36.

Bieber, Christoph (2006): Zwischen Grundversorgung und Bypass-Operation. Von der Idee zur Praxis digitaler Regierungskommunikation. In: Klaus Kamps und Jörg-Uwe Nieland (Hrsg.), Regieren und Kommunikation. Meinungsbildung, Entscheidungsfindung und gouvernementales Kommunikationsmanagement-Trends, Vergleiche, Perspektiven. Köln: Halem, S. 239-260.

Bimber, Bruce und Bruce Davis (2003): Campaigning online. The Internet in U.S. elections. New York: Oxford University Press.

Blödorn, Sascha und Maria Gerhards (2004): Informationsverhalten der Deutschen. Ergebnisse einer Repräsentativbefragung. In: Media Perspektiven (1), S. 2-14.

Blödorn, Sascha, Maria Gerhards und Walter Klingler (1999): Informationsvermittlung durch elektronische Medien. Eine Zwischenbilanz der neunziger Jahre. In: Gunnar Roters, Walter Klingler und Maria Gerhards (Hrsg.), Information und Informationsrezeption. Baden-Baden: Nomos, S. 85-101.

Blödorn, Sascha, Maria Gerhards und Walter Klingler (2006): Informationsnutzung und Medienauswahl 2006. Ergebnisse einer Repräsentativbefragung zum Informationsverhalten der Deutschen. In: Media Perspektiven (12), S. 630-638.

Blumler, Jay G. (1983): Communicating to voters. Television in the first European parliamentary elections. London: Sage.

Blumler, Jay G. (1990): Elections, the media and the modern publicity process. In: Marjorie Ferguson (Hrsg.), Public communication. The new imperatives. Future directions for media research. London: Sage, S. 101-113.

Blumler, Jay G. und Michael Gurevitch (1995): The crisis of public communication. London: Routledge.

Blumler, Jay G. und Michael Gurevitch (2001): "Americanization" reconsidered. UK-US campaign communication comparisons across time. In: W. Lance Bennett und Robert Entman (Hrsg.), Mediated politics. Communication in the future of democracy. Cambridge, MA: Cambridge University Press, S. 380-403.

Blumler, Jay G. und Dennis Kavanagh (1999): The third age of political communication: Influences and features. In: Political Communication 16 (3), S. 209-230.

Blumler, Jay G. und Denis McQuail (1968): Television in politics: Its uses and influence. London: Faber and Faber.

Bock, Karin und Sibylle Reinhardt (2002): Jugend und Politik. In: Heinz-Hermann Krüger und Cathleen Grunert (Hrsg.), Handbuch der Kindheits- und Jugendforschung. Opladen: Leske + Budrich, S. 719-742.

Bollinger, Günter und Hans-JürgenBrämer (1987): Die Ausweitung des Programmangebots durch Kabelfernsehen und ihre Folgen auf Wissensunterschiede von Rezipienten. Mannheim: unveröff. Mskr.

Bonfadelli, Heinz (1981): Die Sozialisationsperspektive in der Massenkommunikationsforschung. Neue Ansätze, Methoden und Resultate zur Stellung der Massenmedien im Leben der Kinder und Jugendlichen. Berlin: Spiess.

Bonfadelli, Heinz (1998): Politische Kommunikation als Sozialisation. In: Otfried Jarren, Ulrich Sarcinelli und Ulrich Saxer (Hrsg.), Politische Kommunikation in der demokratischen Gesellschaft. Ein Handbuch mit Lexikonteil. Opladen: Westdeutscher Verlag, S. 342-351.

Bonfadelli, Heinz (2002): The Internet and knowledge gaps. A theoretical and empirical investigation. In: European Journal of Communication 17, S. 65-84.

Bonfadelli, Heinz (2005): Mass media and biotechnology: Knowledge gaps within and between European countries. In: International Journal of Public Opinion Research 17, S. 42-62.

Bonfadelli, Heinz (2007a): Die Wissenskluft-Perspektive. Theoretische Perspektive, methodische Umsetzung, empirischer Ertrag. In: Michael Schenk (Hrsg.), Medienwirkungsforschung, 3., vollst. überarb. Aufl. . Tübingen: Mohr Siebeck, S. 614-647.

Bonfadelli, Heinz (2007b): Medien und Migration. Die Darstellung ethnischer Minderheiten in den Massenmedien. Wiesbaden: VS Verlag für Sozialwissenschaften.

Boorstin, Daniel J. (1973): The image. A guide to pseudo-events in America. New York: Atheneum.

Bösch, Frank und Norbert Frei (Hrsg.) (2006): Medialisierung und Demokratie im 20. Jahrhundert. Göttingen: Wallstein.

Boulianne, Shelley (2009): Does Internet use affect engagement? A meta-analysis of research. In: Political Communication 26, S. 193-211.

Breed, Warren (1955): Newspaper 'opinion leaders' and processes of standardization. In: Journalism Quarterly 32, S. 277-284, 328.

Brettschneider, Frank (1995): Öffentliche Meinung und Politik. Eine empirische Studie zur Responsivität des deutschen Bundestages zwischen 1949 und 1990. Opladen: Westdeutscher Verlag.

Brettschneider, Frank (1997): Mediennutzung und interpersonale Kommunikation in Deutschland. In: Oscar W. Gabriel (Hrsg.), Politische Orientierungen und Verhaltensweisen im vereinigten Deutschland. Opladen: Leske+Budrich, S. 265-289.

Brettschneider, Frank (1998): Medien als Imagemacher? Bevölkerungsmeinung zu den beiden Spitzenkandidaten und der Einfluß der Massenmedien im Vorfeld der Bundestagswahl 1998. In: Media Perspektiven (8), S. 392-401.

Brettschneider, Frank (1999): Kohls Niederlage: Kandidatenimages und Medienberichterstattung vor der Bundestagswahl 1998. In: Peter Winterhoff-Spurk und Michael Jäckel (Hrsg.), Politische Eliten in der Mediengesellschaft. Rekrutierung-Darstellung-Wirkung. München: Reinhard Fischer, S. 65-103.

Brettschneider, Frank (2002a): Interpersonale Kommunikation. In: Martin Greiffenhagen und Sylvia Greiffenhagen (Hrsg.), Handwörterbuch zur politischen Kultur der Bundesrepublik Deutschland, 2. Auflage. Wiesbaden: Westdeutscher Verlag, S. 218-221.

Brettschneider, Frank (2002b): Spitzenkandidaten und Wahlerfolg. Personalisierung-Kompetenz-Parteien. Ein internationaler Vergleich. Wiesbaden: Westdeutscher Verlag.

Brettschneider, Frank (2005a): Bundestagswahlkampf und Medienberichterstattung. In: Aus Politik und Zeitgeschichte (51-52), S. 19-26.

Brettschneider, Frank (2005b): Massenmedien und Wählerverhalten. In: Jürgen W. Falter und Harald Schoen (Hrsg.), Handbuch Wahlforschung. Wiesbaden: VS Verlag für Sozialwissenschaften, S. 473-500.

Brettschneider, Frank und Angelika Vetter (1998): Mediennutzung, politisches Selbstbewußtsein und politische Entfremdung. In: Rundfunk und Fernsehen 46, S. 463-479.

Breunig, Christian und Bernhard Engel (2015): Massenkommunikation 2015: Funktionen und Images der Medien im Vergleich. Ergebnisse der 10. Welle der ARD/ZDF-Langzeitstudie. In: Media Perspektiven (7-8), S. 323-341.

Brosius, Hans-Bernd (1994): Agenda-Setting nach einem Vierteljahrhundert Forschung. Methodischer und theoretischer Stillstand? In: Publizistik 39, S. 269-288.

Brosius, Hans-Bernd (1995): Alltagsrationalität in der Nachrichtenrezeption. Ein Modell zur Wahrnehmung und Verarbeitung von Nachrichteninhalten. Opladen: Westdeutscher Verlag.

Brosius, Hans-Bernd und Frank Esser (1998): Mythen in der Wirkungsforschung: Auf der Suche nach dem Stimulus-Response-Modell. In: Publizistik 43, S. 341-361.

Bruns, Axel (2009): Produtzung: Von medialer zu politischer Partizipation. In: Christoph Bieber et al. (Hrsg.), Soziale Netze in der digitalen Welt. Das Internet zwischen egalitärer Teilhabe und ökonomischer Macht. Frankfurt a. M.: Campus, S. 65-85.

Bucy, Erik P. und Paul D'Angelo (1999): The crisis of political communication: Normative critiques of news and democratic processes. In: Michael E. Roloff und Gaylen D. Paulson (Hrsg.), Communication Yearbook 22. Thousand Oaks: Sage, S. 301-339.

Burkart, Roland (2001): Kommunikationswissenschaft. Grundlagen und Problemfelder. Umrisse einer interdisziplinären Sozialwissenschaft. 4., durchges. Aufl. Wien: Böhlau.

Bürklin, Wilhelm und Markus Klein (1998): Wahlen und Wählerverhalten. Eine Einführung. Opladen: Leske+Budrich.

Buß, Michael, Michael Darkow, Renate Ehlers, Hans-Jürgen Weiß und Karl Zimmer (1984): Fernsehen und Alltag. Eine ARD/ZDF-Studie im Wahljahr 1980. Frankfurt a.M.: Metzner.

Buß, Michael und Renate Ehlers (1982): Mediennutzung und politische Einstellung im Bundestagswahlkampf 1980. In: Media Perspektiven (4), S. 237-253.

Bussemer, Thymian (2003): Gesucht und gefunden: Das Stimulus-Response-Modell in der Wirkungsforschung. Einige Anmerkungen und zwei Fallstudien zur frühen Kommunikationswissenschaft. In: Publizistik 48, S. 176-189.

Bybee, Carl R. und Mark Comadema (1984): Information sources and state legislators: Decision-making and dependency. In: Journal of Broadcasting 28, S. 333-340.

Calhoun, Craig J. (Hrsg.) (1992): Habermas and the public sphere. Cambridge, Mass.: MIT Press.

Campbell, Angus, Gerald Gurin und Warren E. Miller (1954): The voter decides. Evanston, Ill.: Row, Peterson.

Campbell, Angus, Philip E. Converse, Warren E. Miller und Donald E. Stokes (1960): The American voter. New York: Wiley.

Campbell, David F. J. und Thorsten D. Barth (2009): Wie können Demokratie und Demokratiequalität gemessen werden? Modelle, Demokratie-Indices und Länderbeispiele im globalen Vergleich. In: SWS-Rundschau 49 (2), S. 209-233.

Cappella, Joseph N. und Kathleen Hall Jamieson (1997): The spiral of cynicism. The press and the public good. New York: Oxford University Press.

Castells, Manuel (1996): The rise of the network society. Malden, MA: Blackwell Publishers.

Castells, Manuel (2008): The new public sphere: Global civil society, communication networks, and global governance. In: Annals of the American Academy of Political and Social Science 616 (1), S. 78-93.

Chaffee, Steven H. (1975): The diffusion of political information. In: Steven H. Chaffee (Hrsg.), Political communication. Issues and strategies for research. Beverly Hills, CA: Sage, S. 85-128.

Chaffee, Steven H. und Stacey Frank (1996): How Americans get political information: Print versus broadcast news. In: Kathleen Hall Jamieson (Hrsg.), The media and politics. Annals of the American Academy of Political and Social Sciences, vol 546. Thousand Oaks: Sage, S. 48-58.

Chaffee, Steven H. und John Hochheimer (1983): Mass communication in national election campaigns: The research experience in the United States. In: Winfried Schulz und Klaus Schönbach (Hrsg.), Massenmedien und Wahlen. Mass media and elections. International research perspectives. München: Ölschläger, S. 65-103.

Chaffee, Steven H. und Stacey Frank Kanihan (1997): Learning about politics from the mass media. In: Political Communication 14, S. 421-430.

Chaffee, Steven H., Jack M. McLeod und Charles K. Atkin (1971): Parental influences on adolescent media use. In: American Behavioral Scientist 14, S. 323-340.

Chaffee, Steven H. und Joan Schleuder (1986): Measurement and effects of attention to mass media. In: Human Communication Research 13, S. 76-107.

Chaffee, Steven R. (Hrsg.) (1975): Political communication. Issues and strategies for research. Beverly Hills, CA: Sage.

Cho, Hyunyi und Charles T. Salmon (2007): Unintended effects of health communication campaigns. In: Journal of Communication 57, S. 293-317.

Clausen, Lisbeth (2010): International news flow. In: Stuart Allan (Hrsg.), The Routledge compendion to news and journalism. London: Routledge, S. 127-136.

Claußen, Bernhard (1996): Die Politisierung des Menschen und die Instanzen der politischen Sozialisation: Problemfelder gesellschaftlicher Alltagspraxis und sozialwissenschaftlicher Theoriebildung. In: Bernhard Claußen und Rainer Geißler (Hrsg.), Die Politisierung des Menschen. Instanzen der politischen Sozialisation. Ein Handbuch. Opladen: Leske+Budrich, S. 15-48.

Cobb, Roger W. und Charles D. Elder (1972): Participation in American politics. The dynamics of agenda-building. Boston, MA: Allyn and Bacon.

Coe, Kevin, David Tewksbury, Bradley J. Bond, Kristin L. Drogos, Robert W. Porter, Ashley Yahn und Yuanyuan Zhang (2008): Hostile news: Partisan use and perceptions of cable news programming. In: Journal of Communication 58, S. 201-219.

Cohen, Bernard C. (1963): The press and foreign policy. Princeton, NJ: Princeton University Press.

Coleman, Stephen (Hrsg.) (2000): Televised election debates. International perspectives. Houndsmills: Macmillan.

Coleman, Stephen (2000): Televised election debates. International perspectives. Houndsmills: Macmillan.

Coleman, Stephen und Jay G. Blumler (2009): The Internet and democratic citizenship. Theory, practice and policy. Cambridge: Cambridge University Press.

Cook, Timothy (2005): Governing with the news. The news media as a political institution, 2nd edition. Chicago: University of Chicago Press.

Cornfield, Michael (2004): Politics moves online. Campaigning and the Internet. New York: The Century Foundation.

Crouse, Timothy (1972): The boys on the bus. New York: Ballantine Books.

Curran, James, Shanto Iyengar, Anker Brink Lund und Inka Salovaara-Moring (2009): Media system, public knowledge and democracy: A comparative study. In: European Journal of Communication 24, S. 5-26.

D' Alessio, Dave und Mike Allen (2000): Media bias in presidential elections: A meta-analysis. In: Journal of Communication 50 (4), S. 133-156.

Dahinden, Urs (2006): Framing. Eine integrative Theorie der Massenkommunikation. Konstanz: UVK.

Dahlem, Stefan (2001): Wahlentscheidung in der Mediengesellschaft. Theoretische und empirische Grundlagen der interdisziplinären Wahlforschung. Freiburg: Alber.

Dahlgren, Peter (1995): Television and the public sphere. Citizenship, democracy and the media. London: Sage.

Dahlgren, Peter (2005): The Internet, public spheres, and political communication: Dispersion and deliberation. In: Political Communication 22, S. 147-162.

Dahlgren, Peter (2009): Media and political engagement. Citizens, communication, and democracy. Cambridge: Cambridge University Press.

Dahrendorf, Ralf (1958): Homo sociologicus. Ein Versuch zur Geschichte, Bedeutung und Kritik der Kategorie der sozialen Rolle. Köln und Opladen: Westdeutscher Verlag.

Dalrymple, Kajsa E. und Dietram A. Scheufele (2007): Finally informing the electorate? How the Internet got people thinking about presidential politics in 2004. In: Press/Politics 12 (3), S. 96-111.

Dalton, Russell J. (1984): Cognitive mobilization and partisan dealignment in advanced industrial societies. In: Journal of Politics 46, S. 264-284.

Dalton, Russell J. (1996): Citizen politics. Public opinion and political parties in advanced industrial democracies. Second edition. Chatham, NJ: Chatham House Publishers.

Dalton, Russell J. (2000): Influences on voting behavior. In: Richard Rose (Hrsg.), International encyclopedia of elections. Washington, DC: CQ Press, S. 332-339.

Dalton, Russell J. (2007): Partisan mobilization, cognitive mobilization and the changing American electorate. In: Electoral Studies 26, S. 274-286.

Dalton, Russell J. und Martin P. Wattenberg (Hrsg.) (2000): Parties without partisans. Political change in advanced industrial democracies. Oxford: Oxford University Press.

Darkow, Michael und Karl Zimmer (1982): Der Wahlkampf als Alltagserlebnis-unbedeutend. Erste Ergebnisse des Tagebuch-Panels 'Fernsehen und Alltag'. In: Media Perspektiven (4), S. 254-262.

Davison, W. Phillips (1983): The third-person effect in communication. In: Public Opinion Quarterly 47, S. 1-15.

Dayan, Daniel und Elihu Katz (1992): Media events. The live broadcasting of history. Cambridge, Mass.: Harvard University Press.

de Sola Pool, Ithiel (1959): TV: A new dimension in politics. In: Eugene Burdick und Arthur J. Brodbeck (Hrsg.), American voting behavior. Glencoe, Ill.: The Free Press, S. 236-261.

deVreese, Claes H. (2005): The spiral of cynicism reconsidered. In: European Journal of Communication 20 (3), S. 283-301.

deVreese, Claes H. (2008): Political cynicism. In: Wolfgang Donsbach (Hrsg.), International encyclopedia of communication. Vol. VIII. Malden, Mass.: Blackwell, S. 3693-3695.

deVreese, Claes H. und Matthijs Elenbaas (2008): Political cynicism. Media in the game of politics: Effects of strategic metacoverage on political cynicism. In: Press/Politics 13, S. 285-309.

Deacon, David, Dominic Wring und Peter Golding (2006): Same campaign, differing agendas: Analysing news media coverage of the 2005 general election. In: British Politics 1, S. 222-256.

Dehaene, Stanislas, Felipe Pegado, Lucia W. Braga, Paulo Ventura, Gilberto Nunes Filho, Antoinette Jobert, Ghislaine Dehaene-Lambertz, Régine Kolinsky, José Morais und Laurent Cohen (2010): How learning to read changes the cortical networks for vision and language. Science online, 11. November 2010, www.sciencemag.org/content/early/2010/11/10/science.1194140. abstract?sid=b90784cf5b94-444c-9013-b2fb1cf42008 (abgerufen 28.11.2010).

Dehm, Ursula (2005): Das TV-Duell 2005 aus Zuschauersicht. Eine Befragung des ZDF zum

Wahlduell zwischen Herausforderin Angela Merkel und Kanzler Gerhard Schröder. In: Media Perspektiven (12), S. 627-637.

Dehm, Ursula (2009): Das TV-Duell 2009 aus Zuschauersicht. Dreistufige Befragung zum Wahlduell zwischen Kanzlerin Angela Merkel und Herausforderer Frank-Walter Steinmeier. In: Media Perspektiven (12), S. 651-661.

Delli Carpini, Michael X. (2004): Mediated democratic engagement: The impact of communications on citizens' involvement in political and civic life. In: Lynda Lee Kaid (Hrsg.), Handbook of political communication research. Mahwah, NJ: Lawrence Erlbaum, S. 395-434.

Delli Carpini, Michael X. (2005): An overview of the state of citizens' knowledge about politics. In: Mitchell S. McKinney et al. (Hrsg.), Communicating politics. Engaging the public on democratic life. New York: Peter Lang, S. 27-40.

Delli Carpini, Michael X., Fay Lomax Cook und Lawrence R. Jacobs (2004): Public deliberation, discursive participation, and citizen engagement: A review of the empirical literature. In: Annual Review of Political Science 7, S. 315-344.

Delli Carpini, Michael X. und Scott Keeter (1991): Stability and change in the U.S. public's knowledge of politics. In: Public Opinion Quarterly 55, S. 583-612.

Delli Carpini, Michael X. und Scott Keeter (1996): What Americans know about politics and why it matters. New Haven, CT: Yale University Press.

Delli Carpini, Michael X., Scott Keeter und J. David Kennamer (1994): Effects of the news media environment on citizen knowledge of state politics and government. In: Journalism Quarterly 71, S. 443-456.

Demoussis, Michael und Nicholas Giannakopoulos (2006): Facets of the digital divide in Europe: Determination and extent of Internet use. In: Economics of Innovation and New Technology 15, S. 235-246.

Depenheuer, Otto (2001): Öffentlichkeit und Vertraulichkeit. Einführung. In: Otto Depenheuer (Hrsg.), Öffentlichkeit und Vertraulichkeit. Theorie und Praxis der politischen Kommunikation. Wiesbaden: Westdeutscher Verlag, S. 7-20.

Deutsch, Karl W. (1963): The nerves of government. Models of political communication and control. New York: Free Press.

Deutsch, Karl W. (1986): Einige Grundprobleme der Demokratie in der Informationsgesellschaft. In: Max Kaase (Hrsg.), Politische Wissenschaft und politische Ordnung. Analysen zu Theorie und Empirie demokratischer Regierungsweise. Festschrift zum 65. Geburtstag von Rudolf Wildenmann. Opladen: Westdeutscher Verlag, S. 40-51.

Dewey, John (1927): The public and its problems. Chicago: Swallow.

Diehlmann, Nicole (2003): Journalisten und Fernsehnachrichten. In: Georg Ruhrmann et al. (Hrsg.), Der Wert von Nachrichten im deutschen Fernsehen. Ein Modell zur Validierung von Nachrichtenfaktoren. Opladen: Leske+Budrich, S. 99-144.

Dimock, Michael und Samuel L. Popkin (1997): Political knowledge in comparative perspective. In: Shanto Iyengar und Richard Reeves (Hrsg.), Do the media govern? Politicians, voters, and reporters. Thousand Oaks: Sage, S. 217-224.

Donges, Patrick (2008): Medialisierung politischer Organisationen. Parteien in der Mediengesellschaft. Wiesbaden: VS Verlag für Sozialwissenschaften.

Donsbach, Wolfgang (1982): Legitimationsprobleme des Journalismus. Gesellschaftliche Rolle der Massenmedien und berufliche Einstellung von Journalisten. Freiburg: Alber.

Donsbach, Wolfgang (1991): Medienwirkung trotz Selektion. Einflussfaktoren auf die Zuwendung zu Zeitungsinhalten. Köln: Böhlau.

Donsbach, Wolfgang (1993a): Inhalte, Nutzung und Wirkung politischer Kommunikation. In: Österreichische Zeitschrift für Politikwissenschaft 22, S. 389-407.

Donsbach, Wolfgang (1993b): Täter oder Opfer. Die Rolle der Massenmedien in der amerikanischen Politik. In: Bertelsmann Stiftung (Hrsg.), Beziehungsspiele-Medien und Politik in der öffentlichen Diskussion. Fallstudien und Analysen. Gütersloh: Verlag Bertelsmann Stiftung, S. 221-281.

Donsbach, Wolfgang (2004): Psychology of news decisions. Factors behind journalists' professional behavior. In: Journalism 5 (2), S. 131-157.

Donsbach, Wolfgang (2008): Journalismusforschung im internationalen Vergleich: Werden die professionellen Kulturen eingeebnet? In: Gabriele Melischek, Josef Seethaler und Jürgen Wilke (Hrsg.), Medien & Kommunikationsforschung im Vergleich. Grundlagen, Gegenstandsbereiche, Verfahrensweisen. Wiesbaden: VS Verlag für Sozialwissenschaften, S. 271-289.

Donsbach, Wolfgang, Hans-Bernd Brosius und Axel Mattenklott (1993): How unique is the perspective of television? A field experiment on the perception of a campaign event by participants and television viewers. In: Political Communication 10, S. 37-53.

Donsbach, Wolfgang und Danièle Dupré (1994): Mehr Vielfalt oder 'more of the same' durch mehr Kanäle? Möglichkeiten zum Unterhaltungsslalom im deutschen Fernsehen zwischen 1983 und 1991. In: Louis Bosshart und Wolfgang Hoffmann-Riem (Hrsg.), Medienlust und Mediennutz. Unterhaltung als öffentliche Kommunikation. München: Ölschläger, S. 229-247.

Donsbach, Wolfgang und Olaf Jandura (1999): Drehbücher und Inszenierungen. Die Union in der

Defensive. In: Elisabeth Noelle-Neumann, Hans Mathias Kepplinger und Wolfgang Donsbach (Hrsg.), Kampa. Meinungsklima und Medienwirkung im Wahlkampf 1998. Freiburg: Alber, S. 141-171.

Donsbach, Wolfgang und Olaf Jandura (2005): Auf verlorenem Posten. Selbstdarstellung der Parteien in Pressemitteilungen und ihre Darstellung in den Medien. In: Elisabeth Noelle-Neumann, Wolfgang Donsbach und Hans Mathias Kepplinger (Hrsg.), Wählerstimmungen in der Mediendemokratie. Analysen auf der Basis des Bundestagswahlkampfs 2002. Freiburg: Alber, S. 44-68.

Donsbach, Wolfgang und Olaf Jandura (2009): "Die vermachteten Medien"-Wem nützt die Berichterstattung vor der Bundestagswahl 2005 mehr? In: Heinrich Oberreuter (Hrsg.), Unentschieden. Die erzwungene Koalition. München: Olzog, S. 71-90.

Donsbach, Wolfgang und Antje Meißner (2004): PR und Nachrichtenagenturen. Missing Link in der kommunikationswissenschaftlichen Forschung. In: Juliana Raupp und Joachim Klewes (Hrsg.), Quo vadis Public Relations? Auf dem Weg zum Kommunikationsmanagement: Bestandsaufnahmen und Entwicklungen. Wiesbaden: VS Verlag für Sozialwissenschaften, S. 97-112.

Donsbach, Wolfgang und Thomas E. Patterson (2003): Journalisten in der politischen Kommunikation: Professionelle Orientierungen von Nachrichtenredakteuren im internationalen Vergleich. In: Frank Esser und Barbara Pfetsch (Hrsg.), Politische Kommunikation im internationalen Vergleich. Grundlagen, Anwendungen, Perspektiven. Wiesbaden: Westdeutscher Verlag, S. 281-304.

Donsbach, Wolfgang und Arnd Wenzel (2002): Aktivität und Passivität von Journalisten gegenüber parlamentarischer Pressearbeit. In: Publizistik 47, S. 373-387.

Donsbach, Wolfgang, Jens Wolling und Constanze von Blomberg (1996): Repräsentation politischer Positionen im Mediensystem aus der Sicht deutscher und amerikanischer Journalisten. In: Walter Hömberg und Heinz Pürer (Hrsg.), Medien-Transformation. Zehn Jahre dualer Rundfunk in Deutschland. Konstanz: UVK Medien, S. 343-356.

Döring, Nicola (2003): Politiker-Homepages zwischen Politik-PR und Bürgerpartizipation In: Publizistik 48, S. 23-46.

Dörner, Andreas (2001): Politainment. Politik in der medialen Erlebnisgesellschaft. Frankfurt a.M.: Suhrkamp.

Downs, Anthony (1957): An economic theory of democracy. New York: Harper & Row.

Downs, Anthony (1972): Up and down with ecology-the "issue-attention cycle". In: Public Interest (28), S. 38-50.

Druckman, James N. (2003): The power of television images: The first Kennedy-Nixon debate revisited. In: Journal of Politics 65, S. 559-571.

Dutta-Bergman, Mohan J. (2005): Access to the Internet in the context of community participation and community satisfaction. In: New Media & Society 7, S. 89-109.

Dyllick, Thomas (1989): Management der Umweltbeziehungen. Öffentliche Auseinandersetzungen als Herausforderung. Wiesbaden: Gabler.

Easton, David (1965): A systems analysis of political life. New York: John Wiley.

Easton, David (1975): A re-assessment of the concept of political support. In: British Journal of Political Science 5, S. 435-457.

Easton, David und Jack Dennis (1969): Children in the political system: Origins of political legitimacy. New York: McGraw-Hill.

Eichhorn, Wolfgang (1996): Agenda-Setting-Prozesse. Eine theoretische Analyse individueller und gesellschaftlicher Themenstrukturierung. München: Verlag Reinhard Fischer.

Eilders, Christiane (1997): Nachrichtenfaktoren und Rezeption. Eine empirische Analyse zur Auswahl und Verarbeitung politischer Information. Opladen: Westdeutscher Verlag.

Eilders, Christiane (2004): Von Links bis Rechts-Deutung und Meinung in Pressekommentaren. In: Christiane Eilders, Friedhelm Neidhardt und Barbara Pfetsch (Hrsg.), Die Stimme der Medien. Pressekommentare und politische Öffentlichkeit in der Bundesrepublik. Wiesbaden: VS Verlag für Sozialwissenschaften, S. 129-166.

Eilders, Christiane (2006): News values and news decisions. Theoretical and methodological advances of German research. In: Communications 31, S. 5-24.

Eilders, Christiane, Kati Degenhardt, Patrick Hermann und Monika von der Lippe (2003): Themenprofile der Parteien in den Medien. Ein Vergleich von Selbstdarstellung und medialer Präsentation der Parteien im Bundestagswahlkampf 2002. In: Winand Gellner und Gerd Strohmeier (Hrsg.), Repräsentation und Präsentation in der Mediengesellschaft. Baden-Baden: Nomos, S. 83-101.

Eilders, Christiane, Friedhelm Neidhardt und Barbara Pfetsch (2004): Die Stimme der Medien. Pressekommentare und politische Öffentlichkeit in der Bundesrepublik. Wiesbaden: VS Verlag für Sozialwissenschaften.

Eilders, Christiane und Werner Wirth (1999): Die Nachrichtenwertforschung auf dem Weg zum Publikum: Eine experimentelle Überprüfung des Einflusses von Nachrichtenfaktoren bei der Rezeption. In: Publizistik 44, S. 35-57.

Eimeren, Birgit van und Beate Frees (2009): Der Internetnutzer 2009-multimedial und total vernetzt? Ergebnisse der ARD/ZDF-Onlinestudie 2009. In: Media Perspektiven (7), S. 334-348.

Eimeren, Birgit van und Beate Frees (2010): Fast 50 Millionen Deutsche online-Multimedia für alle? Ergebnisse der ARD/ZDF-Onlinestudie 2010. In: Media Perspektiven (7-8), S. 334-349.

Eimeren, Birgit van und Christa-Maria Ridder (2005): Trends in der Nutzung und Bewertung der Medien 1970 bis 2005. Ergebnisse der ARD/ZDF-Langzeitstudie Massenkommunikation. In: Media Perspektiven (10), S. 490-504.

Electoral Commission (2005): Election 2005: Engaging the public in Great Britain. An analysis of campaigns and media coverage, www.electoralcommission.org.uk/search?isadvanced=false&query=engaging+the+public&form=simple&daat=on (abgerufen 15.4.2010).

Elff, Martin (2009): Political knowledge in comparative perspective: The problem of cross-national equivalence of measurement. Paper presented at the Midwest Political Science Association 67th Annual National Conference. Chicago, IL., www.allacademic.com/meta/p360699_index.html (abgerufen 4.6.2010).

Emmer, Martin (2005): Politische Mobilisierung durch das Internet? Eine kommunikationswissenschaftliche Untersuchung zur Wirkung eines neuen Mediums. München: Reinhard Fischer.

Emmer, Martin, Gerhard Vowe und Jens Wolling (2009): (Re-) conceptualizing citizenship-How the Internet changes political communication and participation. Paper presented at the conference ' Mediated Citizenship. Political Information and Participation in Europe'. Leeds, UK, 17.-18.9.2009. http://ics.leeds.ac.uk/Notes/News/20th%20April%202009/Papers(C.3.17.1)/EmmerVowe-Wolling.pdf (abgerufen 1.10.2010).

Emmerich, Andreas (1984): Nachrichtenfaktoren: Die Bausteine der Sensationen. Eine empirische Studie zur Theorie der Nachrichtenauswahl in den Rundfunk- und Zeitungsredaktionen. Saarbrücken: Verlag der Reihe.

Emnid (2004): Informationen am Morgen. TNS Emnid Umfrage zum Informationsverhalten von Politikern, Journalisten und Managern (Presseinformation vom: 15.03.2004). www.tns-emnid.com/presse/presseinformation.asp?prID=734&message=Informationen (abgerufen 29. Oktober 2009).

Emnid (2009): Klassische Medien punkten in der Informationsgesellschaft 2.0-noch! Presseinformation vom: 21.10.2009, www.tns-emnid.com/presse/presseinformation.asp?prID=837&txt=%27Klassische%20Medien%20punkten%20in%20der%20Informationsgesellschaft%202.0%20%E2%80%93%20noch!%27, (abgerufen 10.11.2010).

Entman, Robert M. (1993): Framing: Toward clarification of a fractured paradigm. In: Journal of Communication 43 (4), S. 51-58.

Esser, Frank (2003a): Gut, dass wir verglichen haben. Bilanz und Bedeutung der komparativen politischen Kommunikationsforschung. In: Frank Esser und Barbara Pfetsch (Hrsg.), Politische Kommunikation im internationalen Vergleich. Grundlagen, Anwendungen, Perspektiven. Wiesbaden: Westdeutscher Verlag, S. 437-494.

Esser, Frank (2003b): Wie die Medien ihre eigene Rolle und die der politischen Publicity im Bundestagswahlkampf framen. In: Christina Holtz-Bacha (Hrsg.), Die Massenmedien im Wahlkampf. Die Bundestagswahl 2002. Wiesbaden: Westdeutscher Verlag, S. 162-193.

Esser, Frank (2008a): Media effects, history of. In: Wolfgang Donsbach (Hrsg.), International encyclopedia of communication. Vol. VII. Malden, Mass.: Blackwell, S. 2891-2896.

Esser, Frank (2008b): Stimulus response model. In: Wolfgang Donsbach (Hrsg.), International encyclopedia of communication. Vol. X. Malden, Mass.: Blackwell, S. 4836-4840.

Esser, Frank und Paul D'Angelo (2003): Framing the press and the publicity process. A content analysis of meta-coverage in campaign 2000 network news. In: American Behavioral Scientist 46, S. 617-641.

Esser, Frank und Carsten Reinemann (1999): "Mit Zuckerbrot und Peitsche". Wie deutsche und britische Journalisten auf das News Management politischer Spin Doctors reagieren. In: Christina Holtz-Bacha (Hrsg.), Wahlkampf in den Medien-Wahlkampf mit den Medien. Ein Reader zum Wahljahr 1998. Opladen: Westdeutscher Verlag, S. 40-68b.

Esser, Frank, Carsten Reinemann und David Fan (2000): Spin doctoring in British and German election campaigns. How the press is being confronted with a new quality of political PR. In: European Journal of Communication 15, S. 209-239.

Esser, Frank, Christine Schwabe und Jürgen Wilke (2005): Metaberichterstattung im Krieg. Wie Tageszeitungen die Rolle der Nachrichtenmedien und der Militär-PR in den Irak-Konflikten 1991 und 2003 framen. In: Medien & Kommunikationswissenschaft 53, S. 314-332.

Ettema, James S. und F. Gerald Kline (1977): Deficits, differences, and ceilings. Contingent conditions for understanding the knowledge gap. In: Communication Research 4, S. 179-202.

Eveland, William P., Jr., Krisztina Marton und Mihye Seo (2004): Moving beyond 'just the facts'. The influence of online news on the content and structure of public affairs knowledge. In: Communication Research 31, S. 82-108.

Eveland, William P., Jr., Jack M. McLeod und Edward M. Horovitz (1998): Communication and age in childhood political socialization: An interactive model of political development. In: Journalism & Mass Communication Quarterly 75, S. 699-718.

Eveland, William P., Jr., Dhavan V. Shah und Nojin Kwak (2003): Assessing causality in the cognitive mediation model. A panel study of motivations, information processing, and learning during campaign 2000. In: Communication Research 30, S. 359-386.

Eveland, William P., Jr. und Tiffany Thomson (2006): Is it talking, thinking, or both? A lagged dependent variable model of discussion effects on political knowledge. In: Journal of Communication 56, S. 523-542.

Faas, Thorsten und Jürgen Maier (2004): Mobilisierung, Verstärkung, Konversion? Ergebnisse eines Experiments zur Wahrnehmung der Fernsehduelle im Vorfeld der Bundestagswahl 2002. In: Politische Vierteljahresschrift 45, S. 55-72.

Falter, Jürgen W. und Harald Schoen (Hrsg.) (2005): Handbuch der Wahlforschung. Wiesbaden: VS Verlag für Sozialwissenschaften.

Fan, David P. (1988): Predictions of public opinion from the mass media. Computer content analysis and mathematical modeling. Westport, CT: Greenwood Press.

Fan, David P., Robert O. Wyatt und Kathy Keltner (2001): The suicidal messenger. How press reporting affects public confidence in the press, the military, and organized religion. In: Communication Research 28, S. 826-852.

Farnsworth, Stephen J. und Robert S. Lichter (2006): The nightly news nightmare. Television's coverage of U.S. presidential elections, 1988-2004. Second edition. Lanham, Md: Rowman & Littlefield.

Faßbinder, Kerstin (2009): Endspurt. Mediales Horse-Racing im Wahlkampf. In: Publizistik 54, S. 499-512.

Feist, Ursula (1994): Die Macht der Nichtwähler. Wie die Wähler den Volksparteien davonlaufen. München: Knaur.

Feist, Ursula und Klaus Liepelt (1983): Massenmedien und Wählerverhalten in der Bundesrepublik. In: Rundfunk und Fernsehen 31, S. 290-306.

Ferree, Myra Marx, William Anthony Gamson, Jürgen Gerhards und Dieter Rucht (2002): Shaping abortion discourse. Democracy and public sphere in Germany and the United States. Cambridge: Cambridge University Press.

Fields, James M. und Howard Schuman (1976): Public beliefs about the beliefs of the public. In: Public Opinion Quarterly 40, S. 427-448.

Finkel, Steven E. und Peter Schrott (1994): Wählerstimmen durch Wahlkämpfe? Eine Analyse der Bundestagswahl 1990. In: ZUMA-Nachrichten (34), S. 7-32.

Flegel, Ruth C. und Steven H. Chaffee (1971): Influence of editors, readers, and personal opinions on reporters. In: Journalism Quarterly 48, S. 645-651.

Franklin, Bob (2004): Packaging politics. Political communications in Britain's media democracy. 2nd edition. London: Arnold.

Freitag, Markus und Marc Bühlmann (2005): Politische Institutionen und die Entwicklung generalisierten Vertrauens. Ein internationaler Vergleich. In: Politische Vierteljahresschrift 46, S. 575-601.

Fretwurst, Benjamin (2008): Nachrichten im Interesse der Zuschauer. Eine konzeptionelle und empirische Neubestimmung der Nachrichtenwerttheorie. Konstanz: UVK.

Frey, Siegfried (1999): Die Macht des Bildes. Der Einfluß der nonverbalen Kommunikation auf Kultur und Politik. Bern: Hans Huber.

Fröhlich, Romy (2008): Political public relations: Research on its success and its influence on German media coverage. In: Ansgar Zerfass, Betteke Van Ruler und Krishnamurthy Sriramesh (Hrsg.), Public relations research. European and international perspectives and innovations. Wiesbaden: VS Verlag für Sozialwissenschaften, S. 193-204.

Fröhlich, Romy und Burkhard Rüdiger (2004): Determinierungsforschung zwischen PR-'Erfolg' und PR-'Einfluss'. Zum Potential des Framing-Ansatzes für die Untersuchung der Weiterverarbeitung von Politik-PR durch den Journalismus. In: Juliana Raupp und Joachim Klewes (Hrsg.), Quo vadis Public Relations? Auf dem Weg zum Kommunikationsmanagement: Bestandsaufnahmen und Entwicklungen. Wiesbaden: VS Verlag für Sozialwissenschaften, S. 125-142.

Früh, Werner (1980): Lesen, Verstehen, Urteilen. Untersuchungen über den Zusammenhang von Textgestaltung und Textwirkung. Freiburg: Alber.

Früh, Werner (1991): Medienwirkungen: Das dynamisch-transaktionale Modell. Opladen: Westdeutscher Verlag.

Früh, Werner (1992): Realitätsvermittlung durch Massenmedien. Abbild oder Konstruktion? In: Winfried Schulz (Hrsg.), Medienwirkungen. Einflüsse von Presse, Radio und Fernsehen auf Individuum und Gesellschaft. Untersuchungen im Schwerpunktprogramm 'Publizistische Medienwirkungen'. Weinheim: VCH Verlagsgesellschaft, S. 71-90.

Früh, Werner (1994): Realitätsvermittlung durch Massenmedien. Die permanente Transformation der Wirklichkeit. Opladen: Westdeutscher Verlag.

Früh, Werner und Klaus Schönbach (1982): Der dynamisch-transaktionale Ansatz. Ein neues Paradigma der Medienwirkungen. In: Publizistik 27, S. 74-88.

Fuchs, Dieter (1995): Die Struktur politischen Handelns in der Übergangsphase. In: Hans-Dieter Klingemann, Lutz Erbring und Nils Diederich (Hrsg.), Zwischen Wende und Wiedervereinigung. Analysen zur politischen Kultur in West- und Ost-Berlin 1990. Opladen: Westdeutscher Verlag, S. 135-147.

Fuchs, Dieter (2002): Politikverdrossenheit. In: Martin Greiffenhagen und Sylvia Greiffenhagen (Hrsg.), Handwörterbuch zur politischen Kultur der Bundesrepublik Deutschland, 2. Aufl. Wiesbaden: Westdeutscher Verlag, S. 338-343.

Funkhouser, G. Ray (1973): The issues of the sixties: An exploratory study in the dynamics of public opinion. In: Public Opinion Quarterly 37, S. 62-75.

Gabriel, Oscar W. (1999): Massenmedien: Katalysatoren politischen Interesses und politischer Partizipation? In: Gunnar Roters, Walter Klingler und Maria Gerhards (Hrsg.), Information und Informationsrezeption. Baden-Baden: Nomos, S. 103-138.

Gabriel, Oscar W. (2004): Politische Partizipation. In: Jan W. van Deth (Hrsg.), Deutschland in Europa. Ergebnisse des European Social Survey 2002-2003. Wiesbaden: VS Verlag für Sozialwissenschaften, S. 317-338.

Gabriel, Oscar W., Silke I. Keil und IsabellThaidigsmann (2009): Kandidatenorientierungen und Wahlentscheid bei der Bundestagswahl 2005. In: Oscar W. Gabriel, Bernhard Weßels und Jürgen W. Falter (Hrsg.), Wahlen und Wähler. Analysen aus Anlass der Bundestagswahl 2005. Wiesbaden: VS Verlag für Sozialwissenschaften, S. 267-303.

Gabriel, Oscar W. und Katja Neller (2005): Kandidatenorientierungen und Wahlverhalten bei den Bundestagswahlen 1994-2002. In: Jürgen W. Falter, Oscar W. Gabriel und Bernhard Weßels (Hrsg.), Wahlen und Wähler. Analysen aus Anlass der Bundestagswahl 2002. Wiesbaden: VS Verlag für Sozialwissenschaften, S. 213-243.

Gabriel, Oscar W. und Angelika Vetter (1998): Bundestagswahlen als Kanzlerwahlen? Kandidatenorientierungen und Wahlentscheidungen im parteienstaatlichen Parlamentarismus. In: Max Kaase und Hans-Dieter Klingemann (Hrsg.), Wahlen und Wähler. Analysen aus Anlaß der Bundestagswahl 1994. Opladen: Westdeutscher Verlag, S. 505-536.

Galtung, Johan und Mari Holmboe Ruge (1965): The structure of foreign news. The presentation of the Congo, Cuba and Cyprus crises in four Norwegian newspapers. In: Journal of Peace Research 2, S. 64-91.

Gans, Herbert J. (1979): Deciding what's news. A study of CBS evening news, NBC nightly news, Newsweek, and Time. New York: Pantheon Books.

Gantz, John F. (2008): The diverse and exploding digital universe. An updated forecast of worldwide information growth through 2011. An IDC White Paper-sponsored by EMC, www.emc.com/collateral/analyst-reports/diverse-exploding-digital-universe.pdf (abgerufen 7.11.2010).

Garcia, Isaac (2008): Barack Obama and the Long Tail of politics. http://techpresident.com/blog-entry/barack-obama-and-long-tail-politics (30.12.2009).

Garner, Wendell R. (1962): Uncertainty and structure as psychological concepts. New York: John Wiley.

Garramone, Gina M. und Charles K. Atkin (1986): Mass communication and political socialization: Specifying the effects. In: Public Opinion Quarterly 50, S. 76-86.

Gastil, John (2008): Political communication and deliberation. Los Angeles: Sage.

Gaziano, Cecilie (2008): Knowledge gap effects. In: Wolfgang Donsbach (Hrsg.), International encyclopedia of communication. Vol. VI. Malden, Mass.: Blackwell, S. 2613-2616.

Geese, Stefan, Camille Zubayr und Heinz Gerhard (2005): Berichterstattung zur Bundestagswahl 2005 aus Sicht der Zuschauer. Ergebnisse einer Repräsentativbefragung und der GfK-Fernsehforschung. In: Media Perspektiven (12), S. 613-626.

Geese, Stefan, Camille Zubayr und Heinz Gerhard (2009): Berichterstattung zur Bundestagswahl 2009 aus Sicht der Zuschauer. Ergebnisse einer Repräsentativbefragung und der AGF/GfK-Fernsehforschung. Media Perspektiven (12), S. 637-650.

Gehrau, Volker und Lutz Goertz (2010): Gespräche über Medien unter veränderten medialen Bedingungen. In: Publizistik 55, S. 153-172.

Gerbner, George (1970): Cultural Indicators: The case of violence in television drama. In: The Annals of the American Academy of Political and Social Sciences 388, S. 69-81.

Gerbner, George (2000): Die Kultivierungsperspektive. Medienwirkungen im Zeitalter von Monopolisierung und Globalisierung. In: Angela Schorr (Hrsg.), Publikums- und Wirkungsforschung. Ein Reader. Wiesbaden: Westdeutscher Verlag, S. 101-121.

Gerbner, George und Larry Gross (1976): Living with television. The violence profile. In: Journal of Communication 26 (2), S. 173-199.

Gerbner, George, Larry Gross, Michael Morgan und Nancy Signorielli (1982): Charting the mainstream: Television's contributions to political orientations. In: Journal of Communication 32 (2), S. 100-127.

Gerbner, George, Larry Gross, Michael Morgan und Nancy Signorielli (1984): Political correlates of television viewing. In: Public Opinion Quarterly 48, S. 283-300.

Gerbner, George, Larry Gross, Michael Morgan und Nancy Signorielli (1986): Living with television: The dynamics of the cultivation process. In: Jennings Bryant und Dolf Zillmann (Hrsg.), Perspectives on media effects. Hillsdale, NJ: Lawrence Erlbaum, S. 17-40.

Gerbner, George und George Marvanyi (1977): The many worlds of the world's press. In: Journal of Communication 27 (1), S. 52-66.

Gerhards, Jürgen (1992): Dimensionen und Strategien öffentlicher Diskurse. In: Journal für Sozialforschung 32, S. 307-318.

Gerhards, Jürgen (1993): Neue Konfliktlinien in der Mobilisierung der öffentlichen Meinung. Eine Fallstudie. Opladen: Westdeutscher Verlag.

Gerhards, Jürgen (1997a): Diskursive versus liberale Öffentlichkeit. Eine empirische Auseinandersetzung mit Jürgen Habermas. In: Kölner Zeitschrift für Soziologie und Sozialpsychologie 49, S. 1-34.

Gerhards, Jürgen (1997b): Konzeptionen von Öffentlichkeit unter heutigen Medienbedingungen. In: Otfried Jarren und Friedrich Krotz (Hrsg.), Öffentliche Kommunikation unter Viel-Kanal-Bedingungen. Baden-Baden: Nomos, S. 25-48.

Gerhards, Jürgen (1998): Öffentlichkeit. In: Otfried Jarren, Ulrich Sarcinelli und Ulrich Saxer (Hrsg.), Politische Kommunikation in der demokratischen Gesellschaft. Ein Handbuch mit Lexikonteil. Opladen/Wiesbaden: Westdeutscher Verlag, S. 268-274.

Gerhards, Jürgen (1999): Wie responsiv sind die Massenmedien? Theoretische Überlegungen und empirische Ergebnisse zum Verhältnis von Medien und Politik. In: Jürgen Gerhards und Ronald Hitzler (Hrsg.), Eigenwilligkeit und Rationalität sozialer Prozesse. Festschrift zum 65. Geburtstag von Friedhelm Neidhardt. Opladen: Westdeutscher Verlag, S. 145-173.

Gerhards, Jürgen und Friedhelm Neidhardt (1991): Strukturen und Funktionen moderner Öffentlichkeit: Fragestellungen und Ansätze. In: Stefan Müller-Dohm und Klaus Neumann-Braun (Hrsg.), Öffentlichkeit, Kultur, Massenkommunikation. Beiträge zur Medien- und Kommunikationssoziologie. Oldenburg: Bibliotheks- und Informationssystem der Universität Oldenburg, S. 31-89.

Gerhards, Jürgen, Friedhelm Neidhardt und DieterRucht (1998): Zwischen Palaver und Diskurs. Strukturen öffentlicher Meinungsbildung am Beispiel der deutschen Diskussion zur Abtreibung. Opladen: Westdeutscher Verlag.

Gerhards, Jürgen und Mike S. Schäfer (2007): Demokratische Internet-Öffentlichkeit? Ein Vergleich der öffentlichen Kommunikation im Internet und in den Printmedien am Beispiel der Humangenomforschung. In: Publizistik 52, S. 210-228.

Gerhards, Maria und Walter Klingler (2008): Fernseh- und Bewegtbildnutzung 2007. Programmangebote, Spartennutzung und Formattrends. In: Media Perspektiven (11), S. 550-567.

Gibson, Rachel K. und AndreaRömmele (2009): Measuring the professionalization of political campaigning. In: Party Politics, S. 265-293.

Gieber, Walter (1964): News is what newspaper men make it. In: Lewis A. Dexter und David M. White (Hrsg.), People, society, and mass communications. New York: Free Press, S. 173-180.

Gilboa, Eytan (2008): Media diplomacy. In: Wolfgang Donsbach (Hrsg.), International encyclopedia of communication. Vol. VII. Malden, Mass.: Blackwell, S. 2852-2857.

Gleich, Uli (1998): Rezeption und Wirkung von Nachrichten. ARD-Forschungsdienst. In: Media Perspektiven (10), S. 524-529.

Gleich, Uli (1999): Parasoziale Bindungen zu Politikern? In: Peter Winterhoff-Spurk und Michael Jäckel (Hrsg.), Politische Eliten in der Mediengesellschaft. Rekrutierung-Darstellung-Wirkung. München: Reinhard Fischer, S. 151-167.

Gleich, Uli (2000): Informations-und Wissensvermittlung durch das Fernsehen. In: Media Perspektiven (12), S. 581-586.

Goertz, Lutz und Klaus Schönbach (1998): Nachrichtengeographie. Themen, Strukturen, Darstellung. Ein Vergleich. In: Klaus Kamps und Miriam Meckel (Hrsg.), Fernsehnachrichten. Prozesse, Strukturen, Funktionen. Opladen: Westdeutscher Verlag, S. 111-126.

Goldberg, Marvin E., MartinFishbein und Susan E. Middlestadt (Hrsg.) (1997): Social marketing. Theoretical and practical perspectives. Mahwah, NJ: Lawrence Erlbaum.

Graber, Doris A. (1983): Hoopla and horse-race in 1980 campaign coverage. A closer look. In: Winfried Schulz und Klaus Schönbach (Hrsg.), Massenmedien und Wahlen. Mass media and elections. International research perspectives. München: Ölschläger, S. 283-300.

Graber, Doris A. (1984): Processing the news. How people tame the information tide. New York: Longman.

Graber, Doris A. (1993): Political communication. Scope, progress, promise. In: Ada W. Finifter (Hrsg.), Political science. The state of the discipline. Washington, DC: American Political Science Assoc., S. 305-332.

Graber, Doris A. (1994): Why voters fail information tests: Can the hurdles be overcome? In: Political Communication 11, S. 331-346.

Graber, Doris A. (2001): Processing politics. Learning from television in the Internet age. Chicago: University of Chicago Press.

Graber, Doris A. (2002): Mass media and American politics. Washington, DC: CQ Press.

Greenstein, Fred J. (1968): Political socialization. In: David L. Sills (Hrsg.), International encyclopedia of the social sciences, vol. 14. New York: Macmillan, S. 551-555.

Groshek, Jacob (2009): The democratic effects of the Internet, 1994-2003. A cross-national inquiry of 152 countries. In: International Communication Gazette 71, S. 115-136.

Groshek, Jacob (2010): A time-series, multinational analysis of democratic forecasts and Internet diffusion. In: International Journal of Communication 4, S. 142-174.

Groshek, Jacob und Daniela V. Dimitrova (2010): Assessing political outcomes of new media use in the 2008 Presidential election. ICA Annual Conference. Singapore (Mskr.). www.allacademic.com/meta/p403653_index.html (abgerufen 26. 11. 2010).

Gross, Kimberley, Sean Aday und Paul R. Brewer (2004): A panel study of media effects on political and social trust after September 11, 2001. In: Press/Politics 9 (4), S. 49-73.

Grunig, James E. und Todd Hunt (1984): Managing public relations. New York: Holt, Rinehart and Winston.

Gscheidle, Claudia, Stefan Geese und Heinz Gerhard (2017): Berichterstattung zur Bundestagswahl 2017 aus Sicht der Zuschauer. Ergebnisse einer Repräsentativbefragung und des AGF-Fernsehpanels. In: Media Perspektiven (12), S. 594-606.

Gumpert, Gary und Robert Cathcart (1990): A theory of mediation. In: Brent D. Ruben und Leah A. Lievrouw (Hrsg.), Mediation, information, and communication. New Brunswick, NJ: Transaction, S. 21-36.

Gunter, Barrie (2001): Television news and the audience in Europe: What has been happening and where should we go next? In: Karsten Renckstorf, Denis McQuail und Nicholas Jankowski (Hrsg.), Television news research: Recent European approaches and findings. Berlin: Quintessenz, S. 17-45.

Gurevitch, Michael und Jay G. Blumler (1990a): Comparative research: The extending frontier. In: David L. Swanson und Dan Nimmo (Hrsg.), New directions in political communication: A resource book. Newbury Park: Sage, S. 305-325.

Gurevitch, Michael und Jay G. Blumler (1990b): Political communication systems and democratic values. In: Judith Lichtenberg (Hrsg.), Democracy and the mass media. A collection of essays. Cambridge: Cambridge University Press, S. 269-289.

Habermas, Jürgen (1962): Strukturwandel der Öffentlichkeit. Untersuchungen zu einer Kategorie der bürgerlichen Gesellschaft. Neuwied und Berlin: Luchterhand (zit. nach der Sonderausgabe Sammlung Luchterhand, Juni 1971).

Habermas, Jürgen (1992): Faktizität und Geltung. Beiträge zur Diskurstheorie des Rechts und des demokratischen Rechtsstaats. Frankfurt a.M.: Suhrkamp.

Habermas, Jürgen (2006): Political communication in media society: Does democracy still enjoy an epistemic dimension? The impact of normative theory on empirical research. In: Communication Theory 16, S. 411-426.

Hacker, Kenneth L. (Hrsg.) (2004): Presidential candidate images. Lanham: Rowman & Littlefield.

Hacker, Kenneth L. (2008): Candidate image. In: WolfgangDonsbach (Hrsg.), International encyclopedia of communication. Vol. II. Malden, Mass.: Blackwell, S. 393-397.

Hackett, Robert A. (1984): Decline of apradigm? Bias and objectivity in news media studies. In: Critical Studies in Mass Communication 1, S. 229-259.

Hagemann, Carlo (2002): Participation in and content of two Dutch political party discussion lists on the Internet.In: Javnost-The Public 9 (2), S. 61-76.

Hagen, Lutz M. (1992): Die opportunen Zeugen. Konstruktionsmechanismen von Bias in der Zeitungsberichterstattung über die Volkszählungsdiskussion. In: Publizistik 37, S. 444-460.

Hagen, Lutz M. (1995): Informationsqualität von Nachrichten. Messmethoden und ihre Anwendung auf die Dienste von Nachrichtenagenturen. Opladen: Westdeutscher Verlag.

Hagen, Lutz M. (1998): Die Beachtung Deutschlands in ausländischen Medien als Funktion des Nachrichtenfaktors Nähe. Eine Analyse von Zeitungs-und Fernsehnachrichten. In: Publizistik 43, S. 143-157.

Hagen, Lutz M. (2005): Konjunkturnachrichten, Konjunkturklima und Konjunktur. Wie sich die Wirtschaftsberichterstattung der Massenmedien, Stimmungen der Bevölkerung und die aktuelle Wirtschaftslage wechselseitig beeinflussen-eine transaktionale Analyse. Köln: Halem.

Haller, André (2019): Die Online-Kampagnen im Bundestagswahlkampf 2017. Eine quantitative Auswertung der Facebook-Reichweiten von Parteien und Kandidatinnen und Kandidaten. In: Christina Holtz-Bacha (Hrsg.), Die Massenmedien im Wahlkampf. Die Bundestagswahl 2017. Wiesbaden: Springer, S: 49-72.

Hallin, Daniel C. (1992): Sound bite news. Television coverage of elections, 1968-1988. In: Journal of Communication 42 (2), S. 5-24.

Hallin, Daniel C. und Paolo Mancini (2003): Amerikanisierung, Globalisierung und Säkularisierung: Zur Konvergenz von Mediensystemen und politischer Kommunikation in westlichen Demokratien. In: Frank Esser und Barbara Pfetsch (Hrsg.), Politische Kommunikation im internationalen Vergleich. Grundlagen, Anwendungen, Perspektiven. Wiesbaden: Westdeutscher Verlag, S. 35-55.

Hallin, Daniel C. und Paolo Mancini (2004): Comparing media systems. Three models of media and politics. Cambridge: Cambridge University Press.

Halloran, James D., Philip Elliott und Graham Murdock (1970): Demonstrations and communication. A case study. Middlesex: Penguin Books.

Hanitzsch, Thomas (2009): Zur Wahrnehmung von Einflüssen im Journalismus. Komparative Befunde aus 17 Ländern. In: Medien & Kommunikationswissenschaft 57, S. 153-173.

Harmgarth, Friederike (1997): Wirtschaft und Soziales in der politischen Kommunikation. Eine

Studie zur Interaktion von Abgeordneten und Journalisten. Opladen: Westdeutscher Verlag.

Hasebrink, Uwe (1997): "Ich bin viele Zielgruppen". Anmerkungen zur Debatte um die Fragmentierung des Publikums aus kommunikationswissenschaftlicher Sicht. In: Helmut Scherer und Hans-Bernd Brosius (Hrsg.), Zielgruppen, Publikumssegmente, Nutzergruppen. Beiträge zur Rezeptionsforschung. München: Reinhard Fischer, S. 262-280.

Heinrich, Jürgen (1999): Medienökonomie. Band 2. Hörfunk und Fernsehen. Opladen: Westdeutscher Verlag.

Heinrich, Jürgen (2001): Ökonomisierung aus wirtschaftswissenschaftlicher Perspektive. In: Medien & Kommunikationswissenschaft 49, S. 159-166.

Herrmann, Carolin (1993): Im Dienste der örtlichen Lebenswelt. Lokale Presse im ländlichen Raum. Opladen: Westdeutscher Verlag.

Hocke, Peter (2002): Massenmedien und lokaler Protest. Eine empirische Fallstudie zur Medienselektivität in einer westdeutschen Bewegungshochburg. Wiesbaden: Westdeutscher Verlag.

Hoecker, Beate (2002): Mehr Demokratie via Internet? Die Potenziale der digitalen Technik auf dem empirischen Prüfstand. In: Aus Politik und Zeitgeschichte (B 39-40), S. 37-45.

Hoffmann-Lange, Ursula (2000): Bildungsexpansion, politisches Interesse und politisches Engagement in den alten Bundesländern. In: Oskar Niedermayer und Bettina Westle (Hrsg.), Demokratie und Partizipation. Festschrift für Max Kaase. Wiesbaden: Westdeutscher Verlag, S. 46-64.

Hohlfeld, Ralf (2006): Bundestagswahlkampf 2005 in den Hauptnachrichtensendungen. In: Aus Politik und Zeitgeschichte (38), S. 11-17.

Holbert, Lance R., R. Kelly Garrett und Laurel S. Gleason (2010): A new era of minimal effects? A response to Bennett and Iyengar. In: Journal of Communication 60, S. 15-34.

Holbrook, Thomas M. (1996): Do campaigns matter? Thousand Oaks: Sage.

Holbrook, Thomas M. (2002): Presidential campaigns and the knowledge gap. In: Political Communication 19, S. 437-454.

Holtz-Bacha, Christina (1990): Ablenkung oder Abkehr von der Politik? Mediennutzung im Geflecht politischer Orientierungen. Opladen: Westdeutscher Verlag.

Holtz-Bacha, Christina (1998): Fragmentierung der Gesellschaft durch das Internet? In: Winand Gellner und Fritz von Korff (Hrsg.), Demokratie und Internet. Baden-Baden: Nomos, S. 219-226.

Holtz-Bacha, Christina (1999): Wahlkampf 1998-Modernisierung und Professionalisierung. In:

Christina Holtz-Bacha (Hrsg.), Wahlkampf in den Medien-Wahlkampf mit den Medien. Ein Reader zum Wahljahr 1998. Opladen: Westdeutscher Verlag, S. 9-23.

Holtz-Bacha, Christina (2000): Wahlwerbung als politische Kultur. Parteienspots im Fernsehen 1957-1998. Wiesbaden: Westdeutscher Verlag.

Holtz-Bacha, Christina (2003): Bundestagswahlkampf 2002: Ich oder der. In: Christina Holtz-Bacha (Hrsg.), Die Massenmedien im Wahlkampf. Die Bundestagswahl 2002. Wiesbaden: Westdeutscher Verlag, S. 9-28.

Holtz-Bacha, Christina (2006a): Bundestagswahl 2005-Die Überraschungswahl. In: Christina Holtz-Bacha (Hrsg.), Die Massenmedien im Wahlkampf. Die Bundestagswahl 2005. Wiesbaden: VS Verlag für Sozialwissenschaften, S. 5-31.

Holtz-Bacha, Christina (Hrsg.) (2006b): Die Massenmedien im Wahlkampf. Die Bundestagswahl 2005. Wiesbaden: VS Verlag für Sozialwissenschaften.

Holtz-Bacha, Christina (2006c): Personalisiert und emotional: Strategien des modernen Wahlkampfes. In: Aus Politik und Zeitgeschichte (7), S. 11-19.

Holtz-Bacha, Christina (2006d): Political advertising in Germany. In: Lynda Lee Kaid und Christina Holtz-Bacha (Hrsg.), The Sage handbook of political advertising. Thousand Oaks, CA: Sage, S. 163-180.

Holtz-Bacha, Christina (Hrsg.) (2010): Die Massenmedien im Wahlkampf. Das Wahljahr 2009. Wiesbaden: VS Verlag für Sozialwissenschaften.

Holtz-Bacha, Christina und Nina König-Reiling (Hrsg.) (2007): Warum nicht gleich? Wie die Medien mit Frauen in der Politik umgehen. Wiesbaden: VS Verlag für Sozialwissenschaften.

Holtz-Bacha, Christina und Pippa Norris (2001): 'To entertain, inform, and educate': Still the role of public television. In: Political Communication 18, S. 123-140.

Holtz-Bacha, Christina und Wolfgang Peiser (1999): Verlieren die Massenmedien ihre Integrationsfunktion? Eine empirische Analyse zu den Folgen der Fragmentierung des Medienpublikums. In: Uwe Hasebrink und Patrick Rössler (Hrsg.), Publikumsbindungen. Medienrezeption zwischen Individualisierung und Integration. München: R. Fischer, S. 41-53.

Horstmann, Reinhold (1991): Medieneinflüsse auf politisches Wissen. Zur Tragfähigkeit der Wissenskluft-Hypothese. Wiesbaden: Deutscher Universitäts-Verlag.

Hovland, Carl I., Irving L. Janis und Harold H. Kelley (1953): Communication and persuasion. Psychological studies of opinion change. New Haven, CT: Yale University Press.

Hovland, Carl I., Arthur A. Lumsdaine und Fred D. Sheffield (1949): Experiments on mass communication. Princeton, NJ: Princeton University Press.

Huck, Inga und Hans-BerndBrosius (2007): Der Third-Person-Effekt-Über den vermuteten Einfluss der Massenmedien. In: Publizistik 52, S. 355-374.

Huckfeldt, Robert und John Sprague (1995): Citizens, politics, and social communication. Cambridge: Cambridge University Press.

Hyman, Herbert H. (1959): Political socialization. A study in the psychology of political behavior. New York: Free Press.

Hyman, Herbert H. und Paul B. Sheatsley (1947): Some reasons why information campaigns fail. In: Public Opinion Quarterly 11, S. 412-423.

Imhof, Kurt (2003): Öffentlichkeitstheorien. In: Günter Bentele, Hans-Bernd Brosius und Otfried Jarren (Hrsg.), Öffentliche Kommunikation. Handbuch Kommunikations-und Medien-wissenschaft. Wiesbaden: Westdeutscher Verlag, S. 193-209.

Imhof, Kurt (2006): Mediengesellschaft und Mediatisierung. In: Medien & Kommunikationswissenschaft 54, S. 191-215.

Inglehart, Ronald (1977): The silent revolution. Changing values and political styles among western publics. Princeton, NJ: Princeton University Press.

Innis, Harold Adams (1951): The bias of communication. Toronto: University of Toronto Press.

Iyengar, Shanto (1991): Is anyone responsible? How television frames political issues. Chicago: University of Chicago Press.

Iyengar, Shanto und Kyu S. Hahn (2009): Red media, blue media: Evidence of ideological selectivity in media use. In: Journal of Communication 59, S. 19-39.

Iyengar, Shanto, Kyu S. Hahn, Heinz Bonfadelli und Mirko Marr (2009): ' Dark areas of ignorance ' revisited. Comparing international affairs knowledge in Switzerland and the United States. In: Communication Research 36, S. 341-358.

Iyengar, Shanto und Adam F. Simon (2000): New perspectives and evidence on political communication and campaign effects. In: Annual Review of Psychology 51, S. 149-169.

Jäckel, Michael (1999): Die Krise der politischen Kommunikation. Annäherung aus soziologischer Perspektive. In: Peter Winterhoff-Spurk und Michael Jäckel (Hrsg.), Politische Eliten in der Mediengesellschaft. Rekrutierung-Darstellung-Wirkung. München: Reinhard Fischer, S. 31-55.

Jäckel, Michael (2008): Medienwirkungen. Ein Studienbuch zur Einführung. 4., überarb. und erw. Aufl. Opladen/Wiesbaden: Westdeutscher Verlag.

Jacobs, Lawrence R., Fay Lomax Cook und Michael X.Delli Carpini (2009): Talking together. Public deliberation and political participation in America. Chicago: University of Chicago Press.

Jankowski, Nicholas und Martine vanSelm (2000): The promise and practice of public debate in cyberspace. In: Kenneth L. Hacker und Jan Van Dijk (Hrsg.), Digital democracy. Issues of theory and practice. London: Sage, S. 149-165.

Jarren, Otfried (1994): Politik und politische Öffentlichkeitsarbeit in der modernen Gesellschaft. In: prmagazin (4), S. 31-46.

Jarren, Otfried (1996): Auf dem Weg in die 'Mediengesellschaft'? Medien als Akteure und institutionalisierter Handlungskontext. Theoretische Anmerkungen zum Wandel des intermediären Systems. In: Kurt Imhof und Peter Schulz (Hrsg.), Politisches Raisonnement in der Informationsgesellschaft. Zürich: Seismo Verlag, S. 79-96.

Jarren, Otfried (2001): "Mediengesellschaft"-Risiken für die politische Kommunikation. In: Aus Politik und Zeitgeschichte (B 41-42), S. 10-19.

Jarren, Otfried (2007): Forschungsfeld strategische Kommunikation. Eine Bilanz. In: Birgit Krause, Benjamin Fretwurst und Jens Vogelsang (Hrsg.), Fortschritte der politischen Kommunikationsforschung. Festschrift für Lutz Erbring. Wiesbaden: VS Verlag für Sozialwissenschaften, S. 51-67.

Jarren, Otfried und Markus Bode (1996): Ereignis-und Medienmanagement politischer Parteien. Kommunikationsstrategien im "Superwahljahr" 1994. In: Bertelsmann Stiftung (Hrsg.), Politik überzeugend vermitteln. Wahlkampfstrategien in Deutschland und den USA. Gütersloh: Bertelsmann Stiftung, S. 65-114.

Jarren, Otfried und Patrick Donges (2006): Politische Kommunikation in der Mediengesellschaft. Eine Einführung. 2., überarbeitete Auflage. Wiesbaden: VS Verlag für Sozialwissenschaften.

Jarren, Otfried, Thorsten Grothe und Christoph Rybarczyk (1993): Medien und Politik-eine Problemskizze. In: Bertelsmann Stiftung (Hrsg.), Beziehungsspiele-Medien und Politik in der öffentlichen Diskussion. Fallstudien und Analysen. Gütersloh: Verlag Bertelsmann Stiftung, S. 9-44.

Jarren, Otfried, Ulrich Sarcinelli und Ulrich Saxer (1998): Politische Kommunikation in der demokratischen Gesellschaft. Ein Handbuch mit Lexikonteil. Opladen: Westdeutscher Verlag.

JIM (2009): Jugend, Information, (Multi-) Media. Basisuntersuchung zum Medienumgang 12-bis 19-Jähriger in Deutschland. Stuttgart: Medienpädagogischer Forschungsverbund Südwest (LFK, LMK).

Johnston, Anne (1990): Selective bibliography of political communication, 1982-1988. In: David L. Swanson und Dan Nimmo (Hrsg.), New directions in political communication. A resource book. Newbury Park, CA: Sage, S. 363-389.

Kaase, Max (1986): Massenkommunikation und politischer Prozeß. In: Max Kaase (Hrsg.), Politische Wissenschaft und politische Ordnung. Analysen zur Theorie und Empirie demokratischer Regierungsweise. Festschrift zum 65. Geburtstag von Rudolf Wildenmann. Opladen: Westdeutscher Verlag, S. 357-374.

Kaase, Max (1989): Fernsehen, gesellschaftlicher Wandel und politischer Prozess. In: Max Kaase und Winfried Schulz (Hrsg.), Massenkommunikation. Theorien, Methoden, Befunde. Opladen: Westdeutscher Verlag, S. 97-117.

Kaase, Max (1998a): Demokratisches System und die Mediatisierung von Politik. In: Ulrich Sarcinelli (Hrsg.), Politikvermittlung und Demokratie in der Mediengesellschaft. Beiträge zur politischen Kommunikationskultur. Opladen: Westdeutscher Verlag, S. 24-51.

Kaase, Max (1998b): Politische Kommunikation-Politikwissenschaftliche Perspektiven. In: Otfried Jarren, Ulrich Sarcinelli und Ulrich Saxer (Hrsg.), Politische Kommunikation in der demokratischen Gesellschaft. Ein Handbuch mit Lexikonteil. Opladen: Westdeutscher Verlag, S. 97-113.

Kaase, Max (2000): Partizipation. In: Everhard Holtmann (Hrsg.), Politik-Lexikon. 3., völlig überarbeitete und erweiterte Auflage. München: Oldenbourg, S. 466-470.

Kaase, Max und Alan Marsh (1979): Political action. A theoretical perspective. In: Samuel H. Barnes und Max Kaase (Hrsg.), Political action. Mass participation in five western democracies. Beverly Hills: Sage, S. 27-56.

Kaid, Lynda Lee (Hrsg.) (2004a): Handbook of political communication research. Mahwah, NJ: Lawrence Erlbaum.

Kaid, Lynda Lee (2004b): Political advertising. In: Lynda Lee Kaid (Hrsg.), Handbook of political communication research. Mahwah, NJ: Lawrence Erlbaum, S. 155-202.

Kaid, Lynda Lee, Craig Corgan und Phil Clampitt (1976): Perceptions of a political campaign event: Media vs. personal viewing. In: Journal of Broadcasting 20, S. 303-312.

Kaid, Lynda Lee und Christina Holtz-Bacha (Hrsg.) (1995): Political advertising in Western democracies. Parties & candidates on television. Thousand Oaks: Sage.

Kaid, Lynda Lee und Christina Holtz-Bacha (Hrsg.) (2007): Encyclopedia of political communication. Thousand Oaks: Sage.

Kamps, Klaus (1998): Nachrichtengeographie. Themen, Strukturen, Darstellung. Ein Vergleich. In: Klaus Kamps und Miriam Meckel (Hrsg.), Fernsehnachrichten. Prozesse, Strukturen, Funktionen. Opladen: Westdeutscher Verlag, S. 275-294.

Kamps, Klaus (Hrsg.) (2000): Trans-Atlantik-Trans-Portabel? Die Amerikanisierungsthese in der politischen Kommunikation. Wiesbaden: Westdeutscher Verlag.

Kamps, Klaus (2007): Politisches Kommunikationsmanagement. Grundlagen und Professionalisierung moderner Politikvermittlung. Wiesbaden: VS Verlag für Sozialwissenschaften.

Kamps, Klaus und Jörg-Uwe Nieland (Hrsg.) (2006): Regieren und Kommunikation. Meinungsbildung, Entscheidungsfindung und gouvernementales Kommunikationsmanagement-Trends, Vergleiche, Perspektiven. Köln: Halem.

Kapr, Albet (1986): Johannes Gutenberg. Persönlichkeit und Leistung. Leipzig: Urania-Verlag.

Karp, Jeffrey A. (2006): Political knowledge about electoral rules: Comparing mixed member proportional systems in Germany and New Zealand. In: Electoral Studies 25, S. 714-730.

Karvonen, Lauri (2010): The personalisation of politics. A study of parliamentary democracies. Colchester: ECPR Press.

Katz, Elihu (1957): The two-step-flow of communication: An up-to-date report on an hypothesis. In: Public Opinion Quarterly 21, S. 61-78.

Katz, Elihu und Jacob J. Feldman (1962): The debates in the light of research: A survey of surveys. In: Sidney Kraus (Hrsg.), The great debates. Background-perspective-effects. Bloomington: Indiana University Press, S. 173-223.

Katz, Elihu und Paul F. Lazarsfeld (1955): Personal influence. The part played by people in the flow of mass communications. Glencoe, Ill.: Free Press.

Katz, Elihu und Tamar Liebes (2007): 'No more peace!': How disaster, terror and war have upstaged media events. In: International Journal of Communication 1, S. 157-166.

Keil, Silke I. (2003): Wahlkampfkommunikation in Wahlanzeigen und Wahlprogrammen. Eine vergleichende inhaltsanalytische Untersuchung der von den Bundestagsparteien CDU, CSU, SPD, FDP, B'90/Die Grünen und PDS vorgelegten Wahlanzeigen und Wahlprogrammen in den Bundestagswahlkämpfen 1957-1998. Frankfurt a.M.: Peter Lang.

Kellermann, Charlotte und Hans Rattinger (2005): "Round up the usual suspects": Die Bedeutung klassischer Bestimmungsfaktoren der Wahlentscheidung bei den Bundestagswahlen 1994 bis 2002. In: Jürgen W. Falter, Oscar W. Gabriel und Bernhard Weßels (Hrsg.), Wahlen und Wähler. Analysen aus Anlass der Bundestagswahl 2002. Wiesbaden: VS Verlag für Sozialwissenschaften, S. 189-212.

Kepplinger, Hans Mathias (1979): Ausgewogen bis zur Selbstaufgabe? Die Fernsehberichterstattung über die Bundestagswahl 1976 als Fallstudie eines kommunikationspolitischen Problems. In: Media Perspektiven (11), S. 750-755.

Kepplinger, Hans Mathias (1980): Optische Kommentierung in der Fernsehberichterstattung über den Bundestagswahlkampf 1976. In: Thomas Ellwein (Hrsg.), Politikfeld-Analysen 1979. Wissenschaftlicher Kongreß der DVPW 1.-5. Oktober 1979 in der Universität Augsburg. Tagungsbericht. Opladen: Westdeutscher Verlag, S. 163-179.

Kepplinger, Hans Mathias (1983): Funktionswandel der Massenmedien. In: Manfred Rühl und Heinz-Werner Stuiber (Hrsg.), Kommunikationspolitik in Forschung und Anwendung. Festschrift für Franz Ronneberger. Düsseldorf: Droste, S. 47-64.

Kepplinger, Hans Mathias (1985a): Die aktuelle Berichterstattung des Hörfunks. Eine Inhaltsanalyse der Abendnachrichten und politischen Magazine. Freiburg: Alber.

Kepplinger, Hans Mathias (1985b): Systemtheoretische Aspekte politischer Kommunikation. In: Publizistik 30, S. 247-264.

Kepplinger, Hans Mathias (1989a): Künstliche Horizonte. Folgen, Darstellung und Akzeptanz von Technik in der Bundesrepublik. Frankfurt a.M.: Campus.

Kepplinger, Hans Mathias (1989b): Theorien der Nachrichtenauswahl als Theorien der Realität. In: Aus Politik und Zeitgeschichte (B 15), S. 3-16.

Kepplinger, Hans Mathias (1994): Publizistische Konflikte. Begriffe, Ansätze, Ergebnisse. In: Friedhelm Neidhardt (Hrsg.), Öffentlichkeit, öffentliche Meinung, soziale Bewegungen. Opladen: Westdeutscher Verlag, S. 214-233.

Kepplinger, Hans Mathias (1998a): Der Nachrichtenwert der Nachrichtenfaktoren. In: Christina Holtz-Bacha, Helmut Scherer und Norbert Waldmann (Hrsg.), Wie die Medien die Welt erschaffen und wie die Menschen darin leben. Für Winfried Schulz. Opladen/Wiesbaden: Westdeutscher Verlag, S. 19-38.

Kepplinger, Hans Mathias (1998b): Die Demontage der Politik in der Informationsgesellschaft. Freiburg: Alber.

Kepplinger, Hans Mathias (1999): Die Mediatisierung der Politik. In: Jürgen Wilke (Hrsg.), Massenmedien und Zeitgeschichte. Konstanz: UVK Medien, S. 55-63.

Kepplinger, Hans Mathias (2001a): Der Ereignisbegriff in der Publizistikwissenschaft. In: Publizistik 46, S. 117-139.

Kepplinger, Hans Mathias (2001b): Die Kunst der Skandalierung und die Illusion der Wahrheit. München: Olzog.

Kepplinger, Hans Mathias (2002): Mediatization of politics: Theory and data. In: Journal of Communication 52, S. 972-986.

Kepplinger, Hans Mathias (2007): Politiker als Protagonisten der Medien. In: Zeitschrift für Politik 54, S. 272-295.

Kepplinger, Hans Mathias (2008): Was unterscheidet Medialisierungsforschung von der Medienwirkungsforschung? In: Publizistik 53, S. 326-338.

Kepplinger, Hans Mathias (2009a): Nonverbale Kommunikation und Darstellungseffekte. In: Elisabeth Noelle-Neumann, Winfried Schulz und Jürgen Wilke (Hrsg.), Das Fischer Lexikon Publizistik Massenkommunikation. Frankfurt a. M.: Fischer Taschenbuch Verlag, S. 397-425.

Kepplinger, Hans Mathias (2009b): Politikvermittlung. Wiesbaden: VS Verlag für Sozialwissenschaften.

Kepplinger, Hans Mathias (2009c): Publizistische Konflikte und Skandale. Wiesbaden: VS Verlag für Sozialwissenschaften.

Kepplinger, Hans Mathias (2009d): Rivalen um Macht und Moral. Bundestagsabgeordnete und Hauptstadtjournalisten. In: Hanna Kaspar et al. (Hrsg.), Politik-Wissenschaft-Medien. Festschrift für Jürgen W. Falter zum 65. Geburtstag. Wiesbaden: VS Verlag für Sozialwissenschaften, S. 307-321.

Kepplinger, Hans Mathias (2009e): Wirkung der Massenmedien. In: Elisabeth Noelle-Neumann, Winfried Schulz und Jürgen Wilke (Hrsg.), Das Fischer Lexikon Publizistik Massenkommunikation. Frankfurt a. M.: Fischer Taschenbuch Verlag, S. 651-713.

Kepplinger, Hans Mathias und Rouwen Bastian (2000): Der prognostische Gehalt der Nachrichtenwert-Theorie. In: Publizistik 45, S. 462-475.

Kepplinger, Hans Mathias, Hans-Bernd Brosius und Stefan Dahlem (1994a): Charakter oder Sachkompetenz von Politikern: Woran orientieren sich die Wähler? In: Hans-Dieter Klingemann und Max Kaase (Hrsg.), Wahlen und Wähler. Analysen aus Anlaß der Bundestagswahl 1990. Opladen: Westdeutscher Verlag, S. 472-505.

Kepplinger, Hans Mathias, Hans-Bernd Brosius und Stefan Dahlem (1994b): Wie das Fernsehen Wahlen beeinflußt. Theoretische Modelle und empirische Analysen. München: Reinhard Fischer.

Kepplinger, Hans Mathias, Hans-Bernd Brosius, Joachim Staab und Günter Linke (1989): Instrumentelle Aktualisierung. Grundlagen einer Theorie publizistischer Konflikte. In: Max Kaase und Winfried Schulz (Hrsg.), Massenkommunikation. Theorien, Methoden, Befunde. Opladen: Westdeutscher Verlag, S. 199-220.

Kepplinger, Hans Mathias und Gregor Daschmann (1997): Today's news, tomorrow's context: A dynamic model of news processing. In: Journal of Broadcasting & Electronic Media 41, S. 548-565.

Kepplinger, Hans Mathias, Klaus Gotto, Hans-Bernd Brosius und Dietmar Haak (1989): Der Einfluß der Fernsehnachrichten auf die politische Meinungsbildung. Freiburg: Alber.

Kepplinger, Hans Mathias und Verena Martin (1986): Die Funktionen der Massenmedien in der Alltagskommunikation. In: Publizistik 31, S. 118-128.

Kepplinger, Hans Mathias und Rainer Mathes (1987): Massenmedien und politische Sozialisation. In: Dirk Berg-Schlosser und Jakob Schissler (Hrsg.), Politische Kultur in Deutschland (PVS Sonderheft 18). Opladen: Westdeutscher Verlag, S. 183-196.

Kepplinger, Hans Mathias und Marcus Maurer (1999): Der Nutzen erfolgreicher Inszenierungen. In: Christina Holtz-Bacha (Hrsg.), Wahlkampf in den Medien-Wahlkampf mit den Medien. Ein Reader zum Wahljahr 1998. Opladen: Westdeutscher Verlag, S. 24-39.

Kepplinger, Hans Mathias und Marcus Maurer (2004): Der Einfluss der Pressemitteilungen der Bundesparteien auf die Berichterstattung im Bundestagswahlkampf 2002. In: Juliana Raupp und Joachim Klewes (Hrsg.), Quo vadis Public Relations? Auf dem Weg zum Kommunikationsmanagement: Bestandsaufnahmen und Entwicklungen. Wiesbaden: VS Verlag für Sozialwissenschaften, S. 113-124.

Kepplinger, Hans Mathias und Marcus Maurer (2005): Abschied vom rationalen Wähler. Warum Wahlen im Fernsehen entschieden werden. Freiburg: Alber.

Kepplinger, Hans Mathias, Marcus Maurer und Thomas Roessing (1999): Die Kontrahenten in der Fernsehberichterstattung. In: Elisabeth Noelle-Neumann, Hans Mathias Kepplinger und Wolfgang Donsbach (Hrsg.), Kampa. Meinungsklima und Medienwirkung im Bundestagswahlkampf 1998. Freiburg: Alber, S. 108-140.

Kepplinger, Hans Mathias und Nicole Podschuweit (2011): Der Online-Wahlkampf der Parteien. Alternative oder Ergänzung? In: Heinrich Oberreuter (Hrsg.), Am Ende der Gewissheiten-Wähler, Parteien und Koalitionen in Bewegung. Die Bundestagswahl 2009. München: Olzog (im Erscheinen).

Kepplinger, Hans Mathias und Markus Rettich (1996): Publizistische Schlagseiten. Kohl und Scharping in Presse und Fernsehen. In: Christina Holtz-Bacha und Lynda Lee Kaid (Hrsg.), Wahlen und Wahlkampf in den Medien. Untersuchungen aus dem Wahljahr 1994. Opladen: Westdeutscher Verlag, S. 80-100.

Kepplinger, Hans Mathias und Herbert Roth (1978): Kommunikation in der Ölkrise des Winters 1973/74. Ein Paradigma für Wirkungsstudien. In: Publizistik 23, S. 537-556.

Kepplinger, Hans Mathias und Helga Weissbecker (1991): Negativität als Nachrichtenideologie. In: Publizistik 36, S. 330-342.

Kiefer, Marie-Luise (1996): Massenkommunikation V. Eine Langzeitstudie zur Mediennutzung und Medienbewertung 1964-1995. Baden-Baden: Nomos.

Kiefer, Marie Luise (1982): Massenkommunikation 1964-1980. In: Klaus Berg und Marie Luise Kiefer (Hrsg.), Massenkommunikation V. Eine Langzeitstudie zur Mediennutzung und Medienbewertung 1964-1995. Frankfurt a.M.: Alfred Metzner, S. 7-198.

Kim, Joohan, Robert O. Wyatt und Elihu Katz (1999): News, talk, opinion, participation: The part played by conversation in deliberative democracy. In: Political Communication 16, S. 361-385.

Kim, Young Mie und JohnVishak (2008): Just laugh! You don't need to remember: The effects of entertainment media on political information acquisition and information processing in political judgment. In: Journal of Communication 58, S. 338-360.

Kindelmann, Klaus (1994): Kanzlerkandidaten in den Medien. Eine Analyse des Wahljahres 1990. Opladen: Westdeutscher Verlag.

Kiousis, Spiro, Michael McDevitt und Xu Wu (2005): The genesis of civic awareness: Agenda setting in political socialization. In: Political Communication 55, S. 756-774.

Klages, Helmut (1988): Wertedynamik. Über die Wandelbarkeit des Selbstverständlichen. Zürich: Edition Interfromm.

Klapper, Joseph T. (1960): The effects of mass communication. Glencoe, Ill.: Free Press.

Klaus, Elisabeth (2005): Kommunikationswissenschaftliche Geschlechterforschung. Zur Bedeutung der Frauen in den Massenmedien und im Journalismus. Aktualisierte und korrigierte Neuauflage. Münster: Lit.

Klein, Markus (2005): Die TV-Duelle: Events ohne Effekt? In: Manfred Güllner et al. (Hrsg.), Die Bundestagswahl 2002. Eine Untersuchung im Zeichen hoher politischer Dynamik. Wiesbaden: VS Verlag für Sozialwissenschaften, S. 144-159.

Klein, Markus und Dieter Ohr (2000): Gerhard oder Helmut? 'Unpolitische' Kandidateneigenschaften und ihr Einfluß auf die Wahlentscheidung bei der Bundestagswahl 1998. In: Politische Vierteljahresschrift 41, S. 199-224.

Klein, Markus, Dieter Ohr und Stefanie Heinrich (2002): Spitzenkandidaten im Wahlkampf. Die Veränderbarkeit von Kandidatenimages durch Wahlkampf und Medien, untersucht am Beispiel der nordrhein-westfälischen Landtagswahl vom 14. Mai 2000. In: Publizistik 47, S. 412-435.

Klein, Markus und UlrichRosar (2005): Physische Attraktivität und Wahlerfolg. Eine empirische Analyse am Beispiel der Wahlkreiskandidaten bei der Bundestagswahl 2002. In: Politische Vierteljahresschrift 46, S. 263-287.

Kleinhenz, Thomas (1995): Die Nichtwähler. Ursachen der sinkenden Wahlbeteiligung in Deutschland. Opladen: Westdeutscher Verlag.

Kleinnijenhuis, Jan (1989): News as olds. A test of the consonance hypothesis and related news selection hypotheses. In: Gazette 43, S. 205-228.

Kleinnijenhuis, Jan, Anita M. J. van Hoof und Dirk Oegema (2006): Negative news and the sleeper effect of distrust. In: Press/Politics 11 (2), S. 86-104.

Kleinsteuber, Hans J. (1997): Die Werbesteuer. Warum selbst derjenige das private Fernsehen bezahlt, der seinen Fernseher längst abgeschafft hat. In: Süddeutsche Zeitung, 11. September 1997.

Knoche, Manfred (2000): Politikvermittlung und Wahlkampfkommunikation zu den GRÜNEN in Deutschland (1983-1990): Der Einsatz eines Mehrmethodendesigns für die Langzeitanalyse. In: Hans Bohrmann et al. (Hrsg.), Wahlen und Politikvermittlung durch Massenmedien. Wiesbaden: Westdeutscher Verlag, S. 175-189.

Knoche, Manfred und MonikaLindgens (1988): Selektion, Konsonanz und Wirkungspotential der deutschen Tagespresse. Politikvermittlung am Beispiel der Agentur-und Presseberichterstattung über die GRÜNEN zur Bundestagswahl 1987. In: Media Perspektiven (8), S. 490-510.

Köcher, Renate (2009): Beschränkte Suche statt breiter Lektüre. Wie das Internet die Gesellschaft verändert. In: BDZV (Hrsg.), Zeitungen 2009. Berlin: Bundesverband Deutscher Zeitungsverleger.

Köhler, Miriam Melanie und Christian H. Schuster (Hrsg.) (2006): Handbuch Regierungs-PR. Öffentlichkeitsarbeit von Bundesregierungen und deren Beratern. Wiesbaden: VS Verlag für Sozialwissenschaften.

Kordes, Walter und Hans Pollmann (1989): Das Presse-und Informationsamt der Bundesregierung, 10. Auflage. Düsseldorf: Droste.

Koszyk, Kurt (1972): Vorläufer der Massenpresse. Ökonomie und Publizistik zwischen Reformation und Französischer Revolution. Öffentliche Kommunikation im Zeitalter des Feudalismus. München: Goldmann.

Kotler, Philip (1975): Marketing for nonprofit organizations. Englewood Cliffs, NJ: Prentice-Hall.

Kotler, Philip und Neil Kotler (1999): Political marketing. Generating effective candidates, campaigns, and causes. In: Bruce I. Newman (Hrsg.), Handbook of political marketing. Thousand Oaks: Sage, S. 3-18.

Kotler, Philip und Neil Kotler (1999): Political marketing. Generating effective candidates, campaigns, and causes. In: Newman Bruce I., und Richard M. Perloff (Hrsg.), Handbook of political marketing. Thousand Oaks: Sage, S.3-18.

Kraus, Sidney (Hrsg.) (1962): The great debates. Background-perspective-effects. Bloomington: Indiana University Press.

Kraus, Sidney (1996): Winners of the first 1960 televised presidential debate between Kennedy and Nixon. In: Journal of Communication 46 (4), S. 78-96.

Kraus, Sidney und Dennis Davis (1976): The effects of mass communication on political behavior.

University Park, PA: Pennsylvania State University Press.

Kreyher, Volker J. (2004): Politisches Marketing als Konzept für eine aktive Politik. In: Volker J. Kreyher (Hrsg.), Handbuch Politisches Marketing. Impulse und Strategien für Politik, Wirtschaft und Gesellschaft. Baden-Baden: Nomos, S. 13-31.

Kriesi, Hanspeter (2003): Strategische politische Kommunikation: Bedingungen und Chancen der Mobilisierung öffentlicher Meinung im internationalen Vergleich. In: Frank Esser und Barbara Pfetsch (Hrsg.), Politische Kommunikation im internationalen Vergleich. Grundlagen, Anwendungen, Perspektiven. Wiesbaden: Westdeutscher Verlag, S. 208-239.

Kriesi, Hanspeter (2007): Politische Kommunikation sozialer Bewegungen. In: Otfried Jarren, Dominik Lachenmeier und Adrian Steiner (Hrsg.), Entgrenzte Demokratie? Herausforderungen für die politische Interessenvermittlung. Baden-Baden: Nomos, S. 145-161.

Kriesi, Hanspeter, Laurent Bernhard und Regula Hänggli (2009): The politics of campaigning --Dimensions of strategic action. In: Frank Marcinkowski und Barbara Pfetsch (Hrsg.), Politik in der Mediendemokratie. Wiesbaden: VS Verlag für Sozialwissenschaften (PVS Sonderheft 42), S. 345-365.

Kroeber-Riel, Werner (1987): Informationsüberlastung durch Massenmedien und Werbung in Deutschland. Messung-Interpretation-Folgen. In: Die Betriebswirtschaft 47, S. 257-264.

Krotz, Friedrich (2001): Die Mediatisierung kommunikativen Handelns. Der Wandel von Alltag und sozialen Beziehungen, Kultur und Gesellschaft durch die Medien. Wiesbaden: Westdeutscher Verlag.

Krüger, Udo Michael (2001): Programmprofile im dualen Fernsehsystem 1991-2000. Eine Studie der ARD/ZDF-Medienkommission. Baden-Baden: Nomos.

Krüger, Udo Michael (2010): InfoMonitor 2009: Fernsehnachrichten bei ARD, ZDF, RTL und Sat. 1. Themen, Ereignisse und Akteure. In: Media Perspektiven (2), S. 50-72.

Krüger, Udo Michael, Karl H. Müller-Sachse und Thomas Zapf-Schramm (2005): Thematisierung der Bundestagswahl 2005 im öffentlich-rechtlichen und privaten Fernsehen. Ergebnisse des ARD/ZDF-Wahlmonitors 2005. In: Media Perspektiven (12), S. 598-612.

Krüger, Udo Michael und Thomas Zapf-Schramm (2002): Wahlberichterstattung im öffentlichrechtlichen und privaten Fernsehen. Ergebnisse des ARD/ZDF-Wahlmonitors 2002. In: Media Perspektiven (12), S. 610-622.

Krüger, Udo Michael und Thomas Zapf-Schramm (2009): Wahlinformationen im öffentlich-rechtlichen und privaten Fernsehen 2009. Ergebnisse des ARD/ZDF-Wahlmonitors. In: Media Perspektiven (12), S. 622-636.

Krüger, Udo Michael, Thomas Zapf-Schramm und Christiane Müller (2018): Die Bundestagswahl im öffentlich-rechtlichen und privaten Fernsehen. Ergebnisse des ARD/ZDF-Wahlmonitors. Media Perspektiven (1), S.16-36.

Kuhn, Hans-Peter (2000): Mediennutzung und politische Sozialisation. Eine empirische Studie zum Zusammenhang zwischen Mediennutzung und politischer Identitätsbildung im Jugendalter. Opladen: Leske+Budrich.

Kuhne, Clemens (2008): Politikberatung für Parteien. Akteure, Formen, Bedarfsfaktoren. Wiesbaden: VS Verlag für Sozialwissenschaften.

Kunczik, Michael (1997): Images of nations and international public relations. Mahwah, NJ: Lawrence Erlbaum.

Kunz, Volker (2004): Soziales Vertrauen. In: Jan W. van Deth (Hrsg.), Deutschland in Europa. Ergebnisse des European Social Survey 2002-2003. Wiesbaden: VS Verlag für Sozialwissenschaften, S. 201-227.

Kurp, Mathias (1994): Lokale Medien und kommunale Eliten. Partizipatorische Potentiale des Lokaljournalismus bei Printmedien und Hörfunk. Opladen: Westdeutscher Verlag.

Kurtz, Howard (1998): Spin cycle. Inside the Clinton propaganda machine. New York: Free Press.

Kwak, Nojin (1999): Revisiting the knowledge gap hypothesis. Education, motivation, and media use. In: Communication Research 26, S. 385-413.

Lang, Gladys E. und Kurt Lang (1983): The battle for public opinion. The President, the press, and the polls during Watergate. New York: Columbia University Press.

Lang, Gladys Engel und Kurt Lang (1984): Politics and television re-viewed. Beverly Hills: Sage.

Lang, Kurt und Gladys E. Lang (1953): The unique perspective of television and its effect: A pilot study. In: American Sociological Review 18, S. 2-12.

Lang, Kurt und Gladys E. Lang (1962): Reactions of viewers. In: Sidney Kraus (Hrsg.), The great debates. Background-perspective-effects. Bloomington: Indiana University Press, S. 313-330.

Lang, Kurt und Gladys E. Lang (1968): Politics and television. Chicago: Quadrangle Books.

Lang, Sabine (2003): Lokale politische Kommunikation: Öffentlichkeit im Spannungsfeld nationaler und globaler Entwicklungen. In: Frank Esser und Barbara Pfetsch (Hrsg.), Politische Kommunikation im internationalen Vergleich. Grundlagen, Anwendungen, Perspektiven. Wiesbaden: Westdeutscher Verlag, S. 179-207.

Lange, Thorsten (2005): Zur Wahlgeschichte. In: Jürgen W. Falter und Harald Schoen (Hrsg.), Handbuch der Wahlforschung. Wiesbaden: VS Verlag für Sozialwissenschaften, S. 31-61.

Langenbucher, Wolfgang R. (Hrsg.) (1974): Zur Theorie der politischen Kommunikation.

München: Piper.

Langenbucher, Wolfgang R. (Hrsg.) (1979): Politik und Kommunikation. Über die öffentliche Meinungsbildung. München: Piper.

Langenbucher, Wolfgang R. (1983): Gegenwärtige Trends der politischen Kommunikation. In: Ulrich Saxer (Hrsg.), Politik und Kommunikation. Neue Forschungsansätze. München: Ölschläger, S. 38-41.

Langenbucher, Wolfgang R. und Michael Latzer (Hrsg.) (2006): Europäische Öffentlichkeit und medialer Wandel. Eine transdisziplinäre Perspektive. Wiesbaden: VS Verlag für Sozialwissenschaften.

Lass, Jürgen (1995): Vorstellungsbilder über Kanzlerkandidaten. Zur Diskussion um die Personalisierung von Politik. Wiesbaden: Deutscher Universitäts-Verlag.

Lasswell, Harold D. (1927): Propaganda techniques in the World War. New York:: Peter Smith.

Lasswell, Harold D. (1948): The structure and function of communication in society. In: Lyman Bryson (Hrsg.), The communication of ideas: a series of addresses. New York: Cooper Square, S. 37-51.

Lau, Richard R. und David P.Redlawsk (1997): Voting correctly. In: American Political Science Review 91, S. 585-598.

Lazarsfeld, Paul F. (1941): Remarks on administrative and critical communication research. In: Studies in Philosophy and Science 9, S. 3-16.

Lazarsfeld, Paul F., Bernard Berelson und Hazel Gaudet (1944): The people's choice. How the voter makes up his mind in a presidential campaign. New York: Duell, Sloane & Pearce.

Lazarsfeld, Paul F. und Robert K. Merton (1948): Mass communication, popular taste and organized social action. In: Lyman Bryson (Hrsg.), The communication of ideas: a series of addresses. New York: Harper & Row, S. 95-118.

Lecheler, Sophie, Claes H. De Vreese und Rune Slothuus (2009): Issue importance as a moderator of framing effects. In: Communication Research 36, S. 400-425.

Lee, Gang Heong, Joseph N. Capella und Brian Southwell (2003): The effects of news and entertainment on interpersonal trust: Political talk radio, newspapers, and television. In: Mass Communication & Society 6, S. 413-434.

Lessinger, Eva-Maria und Christina Holtz-Bacha (2010): "Wir haben mehr zu bieten". Die Plakatkampagnen zu Europa-und Bundestagswahl. In: Christina Holtz-Bacha (Hrsg.), Die Massenmedien im Wahlkampf. Das Wahljahr 2009. Wiesbaden: VS Verlag für Sozialwissenschaften, S. 67-116.

Lessinger, Eva-Maria, Markus Moke und Christina Holtz-Bacha (2003): " Edmund, Essen ist fertig". Plakatwahlkampf 2002-Motive und Strategien. In: Christina Holtz-Bacha (Hrsg.), Die Massenmedien im Wahlkampf. Die Bundestagswahl 2002. Wiesbaden: Westdeutscher Verlag, S. 216-242.

Lichter, Robert S., Linda S. Lichter und DanielAmundson (2000): Government goes down the tube. Images of government in TV entertainment, 1955-1998. In: Press/Politics 5 (2), S. 96-103.

Lippmann, Walter (1922): Public opinion. New York: Harcourt, Brace.

Lippmann, Walter (1964): Die öffentliche Meinung. München: Rütten + Loehning.

Livingstone, Sonia (2009): On the mediation of everything: ICA Presidential address 2008. In: Journal of Communication 59 (1), S. 1-18.

Lodge, Milton, Marco R.Steenbergen und Shawn Brau (1995): The responsive voter: Campaign information and the dynamics of candidate evaluation. In: American Political Science Review 89, S. 309-326.

Löffelholz, Martin (Hrsg.) (2004a): Krieg als Medienereignis II. Krisenkommunikation im 21. Jahrhundert. Wiesbaden: VS Verlag für Sozialwissenschaften.

Löffelholz, Martin (2004b): Von der Simplifikation zur Interpenetration. In: Volker J. Kreyher (Hrsg.), Handbuch politisches Marketing. Impulse und Strategien für Politik, Wirtschaft und Gesellschaft. Baden-Baden: Nomos, S. 365-376.

Lorenz, Konrad (1973): Die Rückseite des Spiegels. Versuch einer Naturgeschichte menschlichen Erkennens. München: Piper.

Lowery, Shearon und Melvin L. De Fleur (1983): Milestones in mass communication research: Media effects. New York: Longman.

Lüdemann, Christian (2001): Politische Partizipation, Anreize und Ressourcen. Ein Test verschiedener Handlungsmodelle und Anschlusstheorien am Allbus 1998. In: Achim Koch, Martina Wasmer und Peter Schmidt (Hrsg.), Politische Partizipation in der Bundesrepublik Deutschland. Empirische Befunde und theoretische Erklärungen. Opladen: Leske+Budrich, S. 43-71.

Luhmann, Niklas (1970): Öffentliche Meinung. In: Politische Vierteljahresschrift 11, S. 2-28.

Luhmann, Niklas (1974): Soziologie des politischen Systems. In: Niklas Luhmann (Hrsg.), Soziologische Aufklärung. Aufsätze zur Theorie sozialer Systeme, Bd. 1. 4. Auflage, Opladen: Westdeutscher Verlag, S. 154-177.

Luhmann, Niklas (1975): Veränderungen im System gesellschaftlicher Kommunikation und die Massenmedien. In: Oskar Schatz (Hrsg.), Die elektronische Revolution. Wie gefährlich sind die Massenmedien? Graz: Verlag Styria, S. 13-30.

Luhmann, Niklas (1984): Soziale Systeme. Grundriß einer allgemeinen Theorie. Frankfurt a.M.: Suhrkamp.

Luhmann, Niklas (1996): Die Realität der Massenmedien. 2. erw. Aufl. Opladen: Westdeutscher Verlag.

Lundby, Knut (Hrsg.) (2009): Mediatization. Concepts, changes, consequences. New York: Peter Lang.

Maarek, Philippe J. (2001): Communication et marketing de l' homme politique, 2. éd. Paris: Litec.

Maarek, Philippe J. (2008): Political marketing. In: Wolfgang Donsbach (Hrsg.), International encyclopedia of communication. Vol. VIII. Malden, Mass.: Blackwell, S. 3723-3727.

MacArthur, John R. (1993): Die Schlacht der Lügen. Wie die USA den Golfkrieg verkauften. München: dtv.

Maier, Jens Hendrik (2005): Bestehen parasoziale Beziehungen zu Politikern? Eine empirische Exploration mit der Repertory Grid Technik. In: Zeitschrift für Medienpsychologie 17 (3), S. 99-109.

Maier, Jürgen (2000): Politikverdrossenheit in der Bundesrepublik Deutschland. Dimensionen-Determinanten-Konsequenzen. Opladen: Leske+Budrich.

Maier, Jürgen (2007): Wahlkampfkommunikation und Wahlverhalten. In: Hans Rattinger, Oscar W. Gabriel und Jürgen W. Falter (Hrsg.), Der gesamtdeutsche Wähler. Stabilität und Wandel des Wählerverhaltens im wiedervereinigten Deutschland. Baden-Baden: Nomos, S. 386-411.

Maier, Jürgen (2009): Was die Bürger über Politik (nicht) wissen-und was die Massenmedien damit zu tun haben-ein Forschungsüberblick. In: Frank Marcinkowski und Barbara Pfetsch (Hrsg.), Politik in der Mediendemokratie. Wiesbaden: VS Verlag für Sozialwissenschaften (PVS Sonderheft 42), S. 393-414.

Maier, Jürgen und Thorsten Faas (2004): Debattenwahrnehmung und Kandidatenorientierung. Eine Analyse von Real-Time-Response-und Paneldaten zu den Fernsehduellen im Bundestagswahlkampf 2002. In: Zeitschrift für Medienpsychologie 16, S. 26-35.

Maier, Jürgen und Michaela Maier (2007): Das TV-Duell 2005: Katalysator für die Personalisierung des Wahlverhaltens? In: Frank Brettschneider, Oskar Niedermayer und Bernhard Weßels (Hrsg.), Die Bundestagswahl 2005. Analysen des Wahlkampfes und der Wahlergebnisse. Wiesbaden: VS Verlag für Sozialwissenschaften, S. 219-232.

Maier, Michaela (2003): Nachrichtenfaktoren-Stand der Forschung. In: Georg Ruhrmann et al. (Hrsg.), Der Wert von Nachrichten im deutschen Fernsehen. Ein Modell zur Validierung von Nachrichtenfaktoren. Opladen: Leske+Budrich, S. 27-50.

Maier, Michaela (2007a): Eine Basis für rationale Wahlentscheidungen? Die Wirkungen des TV-Duells auf poltiische Kenntnisse. In: Marcus Maurer et al. (Hrsg.), Schröder gegen Merkel. Wahrnehmung und Wirkung des TV-Duells im Ost-West-Vergleich. Wiesbaden: VS Verlag für Sozialwissenschaften, S. 129-143.

Maier, Michaela (2007b): Viel Spielraum für die eigene Interpretation. Wahrnehmung und Wirkung der Nachberichterstattung. In: Marcus Maurer et al. (Hrsg.), Schröder gegen Merkel. Wahrnehmung und Wirkung des TV-Duells im Ost-West-Vergleich. Wiesbaden: VS Verlag für Sozialwissenschaften, S. 195-227.

Maier, Michaela, KarinStengel und Joachim Marschall (2010): Nachrichtenwerttheorie. Baden-Baden: Nomos.

Maletzke, Gerhard (1963): Psychologie der Massenkommunikation. Theorie und Systematik. Hamburg: Hans-Bredow-Institut.

Manheim, Jarol B. (1998): The news shapers: Strategic communication as a third force in news making. In: Doris A. Graber, Denis McQuail und Pippa Norris (Hrsg.), The politics of news. The news of politics. Washington, DC: Congressional Quarterly, S. 94-109.

Mannstein, Coordt von (2000): Von Popularität bis Polarisierung: Zum Stellenwert des Plakativen in der politischen Kommunikation. In: Otto Altendorfer, Heinrich Wiedemann und Hermann Mayer (Hrsg.), Der moderne Medienwahlkampf. Professionelles Wahlmanagement unter Einsatz neuer Medien, Strategien und Psychologien. Eichstätt: Media Plus, S. 359-370.

Mansfield, Michael W. und Ruth Ann Weaver (1982): Political communication theory and research: An overview. In: Michael Burgoon (Hrsg.), Communication yearbook 5. New Brunswick: Transaction Books, S. 605-625.

Marcinkowski, Frank (1993): Publizistik als autopoietisches System. Politik und Massenmedien. Eine systemtheoretische Analyse. Opladen: Westdeutscher Verlag.

Marcinkowski, Frank (2004): Autopoiesis und strukturelle Kopplung. Theorien zur Analyse der Beziehung von Journalismus und Politik. In: Martin Löffelholz (Hrsg.), Theorien des Journalismus. Ein diskursives Handbuch. 2., vollständig überarbeitete Auflage. Wiesbaden: VS Verlag für Sozialwissenschaften, S. 487-501.

Marcinkowski, Frank (2010): Das Fernsehen als Politikvermittlungsfalle. 'Versehentliche' Nutzung und 'beiläufiges' Lernen von Nachrichten. In: Christian Schemer, Werner Wirth und Carsten Wünsch (Hrsg.), Politische Kommunikation: Wahrnehmung, Verarbeitung, Wirkung. Baden-Baden: Nomos, S. 171-191.

Marcinkowski, Frank, Volker Greger und Wolfgang Hüning (2001): Stabilität und Wandel der Semantik des Politischen: Theoretische Zugänge und empirische Befunde. In: Frank Marcinkowski (Hrsg.), Die Politik der Massenmedien. Heribert Schatz zum 65. Geburtstag. Köln: Halem, S. 12-114.

Marcinkowski, Frank und Adrian Steiner (2010): Was heißt 'Medialisierung'? Autonomiebeschränkung oder Ermöglichung von Politik durch Massenmedien? In: Klaus Arnold et al. (Hrsg.), Von der Politisierung der Medien zur Medialisierung des Politischen? Zum Verhältnis von Medien, Öffentlichkeiten und Politik im 20. Jahrhundert. Leipzig: Leipziger Universitätsverlag, S. 51-76.

Marr, Mirko (2005): Internetzugang und politische Informiertheit. Zur digitalen Spaltung der Gesellschaft. Konstanz: UVK.

Marr, Mirko und Nicole Zillien (2010): Digitale Spaltung In: Wolfgang Schweiger und Klaus Beck (Hrsg.), Handbuch Online-Kommunikation. Wiesbaden: VS Verlag für Sozialwissenschaften, S. 257-282.

Marschall, Stefan (2001): Das Parlament in der Mediengesellschaft-Verschränkungen zwischen parlamentarischer und massenmedialer Arena. In: Politische Vierteljahresschrift 42, S. 388-413.

Mathes, Rainer, Hans-Dieter Gärtner und Andreas Czaplicki (1991): Kommunikation in der Krise. Autopsie eines Medienereignisses. Das Grubenunglück in Borken. Frankfurt a.M.: Institut für Medienentwicklung und Kommunikation.

Mathes, Rainer und Barbara Pfetsch (1991): The role of the alternative press in the agenda-building process. Spill-over effects and media opinion leadership. In: European Journal of Communication 6, S. 33-62.

Mattenklott, Axel, Wolfgang Donsbach und Hans-Bernd Brosius (1995): Die Realität des Fernsehzuschauers: die Illusion des Augenzeugen. In: Bodo Franzmann et al. (Hrsg.), Auf den Schultern von Gutenberg. Medienökologische Perspektiven der Fernsehgesellschaft. Berlin: Quintessenz, S. 252-263.

Matthes, Jörg (2008): Media frames and political judgments. Exploring the boundaries of framing effects in a two-wave panel study. In: Studies in Communication Sciences 8 (2), S. 251-278.

Matthes, Jörg (2009): What's in a frame? A content analysis of media framing studies in the world's leading communication journals, 1990-2005. In: Journalism & Mass Communication Quarterly 86, S. 349-367.

Maurer, Marcus (2003): Politikverdrossenheit durch Medienberichte. Eine Paneluntersuchung. Konstanz: UVK.

Maurer, Marcus (2008a): Two-step flow of communication. In: Wolfgang Donsbach (Hrsg.), International encyclopedia of communication. Vol. XI. Malden, Mass.: Blackwell, S. 5189-5192.

Maurer, Marcus (2008b): Wissensvermittlung im Wahlkampf-Ursachen und Folgen politischen Wissenserwerbs im Bundestagswahlkampf 2005. In: Carsten Wünsch, Werner Früh und Volker Gehrau (Hrsg.), Integrative Modelle in der Rezeptions-und Wirkungsforschung: Dynamische und transaktionale Perspektiven. München: Reinhard Fischer, S. 65-80.

Maurer, Marcus und Hans Mathias Kepplinger (2003): Warum die Macht der Fernsehbilder wächst. Verbale und visuelle Informationen in den Fernsehnachrichten vor den Bundestagswahlen 1998 und 2002. In: Christina Holtz-Bacha (Hrsg.), Die Massenmedien im Wahlkampf. Die Bundestagswahl 2002. Wiesbaden: Westdeutscher Verlag, S. 82-97.

Maurer, Marcus und Carsten Reinemann (2003): Schröder gegen Stoiber. Nutzung, Wahrnehmung und Wirkung der TV-Duelle. Wiesbaden: Westdeutscher Verlag.

Maurer, Marcus und Carsten Reinemann (2009): Schröder gegen Merkel. Eine Analyse der Zuschauereindrücke während des TV-Duells. In: Heinrich Oberreuter (Hrsg.), Unentschieden. Die erzwungene Koalition. München: Olzog, S. 119-140.

Maurer, Marcus, Carsten Reinemann, Jürgen Maier und Michaela Maier (2007): Schröder gegen Merkel. Wahrnehmung und Wirkung des TV-Duells im Ost-West-Vergleich. Wiesbaden: VS Verlag für Sozialwissenschaften.

Maurer, Torsten (2009): Fernsehen-als Quelle politischer Information überschätzt? Eine Bestandsaufnahme des Angebotes und der Nutzung des ' politischen Leitmediums'. In: Frank Marcinkowski und Barbara Pfetsch (Hrsg.), Politik in der Mediendemokratie. Wiesbaden: VS Verlag für Sozialwissenschaften (PVS Sonderheft 42), S. 129-150.

Mazzoleni, Gianpietro (1987): Media logic and party logic in campaign coverage. The Italian general election of 1983. In: European Journal of Communication 2, S. 81-103.

Mazzoleni, Gianpietro (2008a): Mediated terrorism. In: Wolfgang Donsbach (Hrsg.), International encyclopedia of communication. Vol. VII. Malden, Mass.: Blackwell, S. 3038-3040.

Mazzoleni, Gianpietro (2008b): Mediatization of politics. In: Wolfgang Donsbach (Hrsg.), International encyclopedia of communication. Vol. VII. Malden, Mass.: Blackwell, S. 3047-3051.

Mazzoleni, Gianpietro (2008c): Mediatization of society. In: Wolfgang Donsbach (Hrsg.), International encyclopedia of communication. Vol. VII. Malden, Mass.: Blackwell, S. 3052-3055.

McCombs, Maxwell (2004): Setting the agenda. The mass media and public opinion. Cambridge: Polity Press.

McCombs, Maxwell E. und Donald L. Shaw (1972): The agenda-setting function of mass media. In: Public Opinion Quarterly 36, S. 176-187.

McCombs, Maxwell E., Donald L. Shaw und David Weaver (Hrsg.) (1997): Communication and democracy. Exploring the intellectual frontiers in agenda-setting theory. Mahwah, NJ: Lawrence Erlbaum.

McDevitt, Michael und Steven H. Chaffee (2002): From top-down to trickle-up influence: Revisiting assumptions about the family in political socialization. In: Political Communication 19, S. 281-301.

McGraw, Kathleen M. und Milton Lodge (1996): Political information processing: A review essay. In: Political Communication 13, S. 131-142.

McKinney, Mitchell S. und Diana B. Carlin (2004): Political campaign debates. In: Lynda Lee Kaid (Hrsg.), Handbook of political communication research. Mahwah, NJ: Lawrence Erlbaum, S. 203-234.

McLeod, Jack M., Jane D. Brown, Lee B. Becker und Dean A. Ziemke (1977): Decline and fall of the White House. A longitudinal analysis of communication effects. In: Communication Research 4, S. 3-22.

McLeod, Jack M. und Steven R. Chaffee (1972): The construction of social reality. In: James T. Tedeschi (Hrsg.), The social influence processes. Chicago, IL: Aldine-Atherton, S. 50-99.

McLeod, Jack M., Gerald M. Kosicky und Douglas M. McLeod (1994): The expanding boundaries of political communication effects. In: Jennings Bryant und Dolf Zillmann (Hrsg.), Media effects. Advances in theory and research. Hillsdale, NJ: Lawrence Erlbaum, S. 123-162.

McLeod, Jack M., Gerald M. Kosicky und Zhongdang Pan (1991): On understanding and misunderstanding media effects. In: James Curran und Michael Gurevitch (Hrsg.), Mass media and society. London: Edward Arnold, S. 235-266.

McLeod, Jack M. und Dhavan V. Shah (2009): Communication and political socialization: Challenges and opportunities for research. In: Political Communication 26, S. 1-10.

McLuhan, Marshall (1967): Understanding media: The extensions of man. 3. impr. London: Routledge & Kegan Paul.

McLuhan, Marshall (1968): Die magischen Kanäle. 'Understanding Media'. Düsseldorf: Econ.

McLuhan, Marshall und Quentin Fiore (1968): War and peace in the global village. An inventory of some of the current spastic situations that could be eliminated by more feedforward. New York: McGraw-Hill.

McNair, Brian (2011): An introduction to political communication, 5th edition. London: Routledge.

McQuail, Denis (1992): Media performance. Mass communication and the public interest. London: Sage.

McQuail, Denis (2005): McQuail's mass communication theory. Fifth edition. London: Sage.

Mead, George Herbert (1934): Mind, self, and society. Chicago: University of Chicago Press.

Meadow, Robert G. (1980): Politics as communication. Norwood, NJ: Ablex.

Meier, Werner A. und OtfriedJarren (2001): Ökonomisierung und Kommerzialisierung von Medien und Mediensystemen. In: Medien & Kommunikationswissenschaft 49, S. 145-158.

Mendelsohn, Harold (1973): Some reasons why information campaigns can succeed. In: Public Opinion Quarterly 37, S. 50-61.

Merten, Klaus (1977): Kommunikation. Eine Begriffs-und Prozessanalyse. Opladen: Westdeutscher Verlag.

Merten, Klaus (1985): Re-Rekonstruktion von Wirklichkeit durch Zuschauer von Fernsehnachrichten. In: Media Perspektiven (10), S. 753-763.

Merton, Robert K. (1936): The unanticipated consequences of purposive social action. In: American Sociological Review 1, S. 894-904.

Merton, Robert K. (1957): The self-fulfilling prophecy. In: Robert K. Merton (Hrsg.), Social theory and social structure. Revised and enlarged edition. Glencoe: The Free Press of Glencoe, S. 421-436.

Merz, Manuel und Stefan Rhein (Hrsg.) (2009): Wahlkampf im Internet. Handbuch für die politische Online-Kampagne. Münster: LIT.

Meulemann, Heiner (1985): Wertwandel in der Bundesrepublik Deutschland zwischen 1950 und 1980: Versuch einer zusammenfassenden Deutung vorliegender Zeitreihen. In: Dieter Oberndörfer, Hans Rattinger und Karl Schmitt (Hrsg.), Wirtschaftlicher Wandel, religiöser Wandel und Wertwandel. Folgen für das politische Verhalten in der Bundesrepublik Deutschland. Berlin: Duncker & Humblot, S. 391-411.

Meyen, Michael (2009): Medialisierung. In: Medien & Kommunikationswissenschaft 57, S. 23-38.

Meyer, Thomas (2001): Mediokratie. Die Kolonisierung der Politik durch das Mediensystem. Frankfurt a. M.: Suhrkamp.

Meyer, Thomas (2002): Mediokratie-Auf dem Weg in eine andere Demokratie? In: Aus Politik und Zeitgeschichte (B 15-16), S. 7-14.

Meyer, Timothy P. (1988): On mediated communication theory. The rise of format. In: James A. Anderson (Hrsg.), Communication yearbook 11. Newbury Park: Sage, S. 224-229.

Meyn, Hermann (2004): Massenmedien in Deutschland. Konstanz: UVK Verlagsgesellschaft.

Meyrowitz, Joshua (1985): No sense of place. The impact of electronic media on social behavior. Oxford: Oxford University Press.

Meyrowitz, Joshua (2008): Medium theory. In: Wolfgang Donsbach (Hrsg.), International encyclopedia of communication. Vol. VII. Malden, Mass.: Blackwell, S. 3055-3061.

Milbrath, Lester W. (1965): Political participation. How and why do people get involved in politics? Chicago: McNally.

Miller, Arthur H. (1974): Political issues and trust in government: 1964-1970. In: American Political Science Review 68, S. 951-972.

Miller, Arthur H., Edi N. Goldenberg und LutzErbring (1979): Type-set politics: Impact of newspapers on public confidence. In: American Political Science Review 73, S. 67-84.

Miller, Warren E. und Donald E. Stokes (1963): Constituency influences in congress. In: American Political Science Review 57 (45-56).

Moorstedt, Tobias (2008): Jeffersons Erben. Wie die digitalen Medien die Politik verändern. Frankfurt a. M.: Suhrkamp.

Morcinek, Martin (2006): Von der Pressestelle zum Informationsdienstleister. Das BPA zwischen Politik, Medien und Öffentlichkeit. In: Miriam Melanie Köhler und Christian H. Schuster (Hrsg.), Handbuch Regierungs-PR. Öffentlichkeitsarbeit von Bundesregierungen und deren Beratern. Wiesbaden: VS Verlag für Sozialwissenschaften, S. 49-71.

Morris, Dick (1999): Behind the Oval Office. Getting reelected against all odds. 2nd edition. Los Angeles: Renaissance Books.

Mosdell, Nick (2008): Embedded journalists. In: Wolfgang Donsbach (Hrsg.), International encyclopedia of communication. Vol. IV. Malden, Mass.: Blackwell, S. 1502-1504.

Mowlana, Hamid (1995): International flow of information: A global report and analysis. Paris: Unesco.

Moy, Patricia und Michael Pfau (2000): With malice toward all? The media and public confidence in democratic institutions. Westport, Conn.: Praeger.

Müller, Albrecht (1999): Von der Parteiendemokratie zur Mediendemokratie. Beobachtungen zum Bundestagswahlkampf 1998 im Spiegel früherer Erfahrungen. Opladen: Leske + Budrich.

Müller, Marion G. (2002a): Parteienwerbung im Bundestagswahlkampf 2002. Eine qualitative Analyse politischer Werbung und PR. In: Media Perspektiven (12), S. 629-637.

Müller, Marion G. (2002b): Parteitage in der Mediendemokratie. In: Ulrich von Alemann und Stefan Marschall (Hrsg.), Parteien in der Mediendemokratie. Wiesbaden: Westdeutscher Verlag, S. 147-172.

Müller, Thomas und Susanne Pickel (2007): Wie lässt sich Demokratie am besten messen? Zur Konzeptqualität von Demokratie-Indizes. In: Politische Vierteljahresschrift 48, S. 511-539.

Münch, Richard (1991): Dialektik der Kommunikationsgesellschaft. Frankfurt a.M.: Suhrkamp.

Münker, Stefan (2009): Emergenz digitaler Öffentlichkeiten. Die Sozialen Medien im Web 2.0. Frankfurt a. M. : Suhrkamp.

Nacos, Brigitte Lebens (2002): Mass-mediated terrorism. The central role of the media in terrorism and counterterrorism. Lanham, MA: Rowman & Littlefield.

Negrine, Ralph, Paolo Mancini, Christina Holtz-Bacha und Stylianos Papathanassopoulos (Hrsg.) (2007): The professionalisation of political communication. Bristol: Intellect.

Negrine, Ralph und Stylianos Papathanassopoulos (1996): The "Americanization" of political communication. A critique. In: Press/Politics 1 (2), S. 45-62.

Negroponte, Nicholas (1995): Being digital. New York: Knopf.

Neidhardt, Friedhelm (1993): The public as a communication system. In: Public Understanding of Science 2, S. 339-350.

Neidhardt, Friedhelm (1994a): Die Rolle des Publikums. Anmerkungen zur Soziologie politischer Öffentlichkeit. In: Hans-Ulrich Derlien, Uta Gerhardt und Fritz W. Scharpf (Hrsg.), Systemrationalität und Partialinteresse. Festschrift für Renate Mayntz. Baden-Baden: Nomos, S. 315-328.

Neidhardt, Friedhelm (1994b): Jenseits des Palavers. Funktionen politischer Öffentlichkeit. In: Wolfgang Wunden (Hrsg.), Öffentlichkeit und Kommunikationskultur. Beiträge zur Medienethik, Band 2. Hamburg: Steinkopf, S. 19-30.

Neidhardt, Friedhelm (1994c): Öffentlichkeit, öffentliche Meinung, soziale Bewegungen. Opladen: Westdeutscher Verlag.

Neidhardt, Friedhelm (1995): Prominenz und Prestige. Steuererungsprobleme massenmedialer Öffentlichkeit. In: Berlin-Brandenburgische Akademie der Wissenschaften (Hrsg.), Jahrbuch 1994. Berlin: Akademie Verlag, S. 233-245.

Neisser, Ulric (1974): Kognitive Psychologie. Stuttgart: Klett (im Original: Cognitive psychology. Englewood Cliffs, NJ: Prentice-Hall, 1967).

Neller, Katja (2002): Politische Sozialisation: Massenmedien. In: Martin Greiffenhagen und Sylvia Greiffenhagen (Hrsg.), Handwörterbuch zur politischen Kultur der Bundesrepublik Deutschland, 2. Aufl. Wiesbaden: Westdeutscher Verlag, S. 439-444.

Neuberger, Christoph (1993): Acht Tricks, die Wirklichkeit zu überlisten. Wie die Massenmedien den Bedarf an Unglücksmeldungen stillen. In: Medium 23 (2), S. 12-15.

Neuberger, Christoph (2004): Wandel der aktuellen Öffentlichkeit im Internet. Gutachten für den Deutschen Bundestag. Vorgelegt dem Büro für Technikfolgen-Abschätzung beim Deutschen

Bundestag. Unter Mitarbeit von Dr. Christoph Kaletka, Daniel Meyering M.A. und Inga Schlichting M.A. Institut für Kommunikationswissenschaft, Westfälische Wilhelms-Universität Münster. http://egora.uni-muenster.de/ifk/personen/neubergerpublikationen.shtml (21. 9. 2010).

Neuberger, Christoph, Nuernbergk; Christian und Melanie Rischke (2007): Weblogs und Journalismus: Konkurrenz, Ergänzung oder Integration? Eine Forschungssynopse zum Wandel der Öffentlichkeit im Internet. In: Media Perspektiven (2), S. 96-112.

Neuman, W. Russell (1986): The paradox of mass politics. Knowledge and opinion in the American electorate. Cambridge, Mass.: Harvard University Press.

Neuman, W. Russell, Marion R. Just und Ann N. Crigler (1992): Common knowledge. News and the construction of political meaning. Chicago: University of Chicago Press.

Newcomb, Theodore M. (1953): An approach to the study of communicative acts. In: Psychological Review 60, S. 393-404.

Newman, Bruce I. (1994): The marketing of the president. Political marketing as campaign strategy. Thousand Oaks: Sage.

Newman, Bruce I. und Richard M. Perloff (2004): Political marketing: Theory, research, and applications. In: Lynda Lee Kaid (Hrsg.), Handbook of political communication research. Mahwah, NJ: Lawrence Erlbaum, S. 17-43.

Newton, Kenneth (1999): Mass media effects: Mobilization or media malaise? In: British Journal of Politics 29, S. 577-599.

Niedermayer, Oskar (2000): Modernisierung von Wahlkämpfen als Funktionsentleerung der Parteien. In: Oskar Niedermayer und Bettina Westle (Hrsg.), Demokratie und Partizipation. Festschrift für Max Kaase. Wiesbaden: Westdeutscher Verlag, S. 192-210.

Nieland, Jörg-Uwe (2000): Politics goes popular. Anmerkungen zur Popularisierung der politischen Kommunikation. In: Klaus Kamps (Hrsg.), Trans-Atlantik-Trans-Portabel? Die Amerikanisierungsthese in der politischen Kommunikation. Wiesbaden: Westdeutscher Verlag, S. 307-330.

Nieland, Jörg-Uwe (2009): Pop und Politik. Politische Popkultur und Kulturpolitik in der Mediengesellschaft. Köln: Halem.

Nimmo, Dan und James E. Combs (1983): Mediated political realities. New York: Longman.

Nimmo, Dan D. (1977): Political communication theory and research: An overview. In: Brent D. Reuben (Hrsg.), Communication yearbook 1. New Brunswick, NJ: Transaction Books, S. 441-452.

Nimmo, Dan D. (1978): Political communication and public opinion in America. Santa Monica, Calif.: Goodyear.

Nimmo, Dan D. und Keith R. Sanders (Hrsg.) (1981): Handbook of political communication. Beverly Hills/London: Sage.

Nissen, Peter und Walter Menningen (1977): Der Einfluß der Gatekeeper auf die Themenstruktur der Öffentlichkeit. In: Publizistik 22, S. 159-180.

Noelle-Neumann, Elisabeth (1966): Öffentliche Meinung und Soziale Kontrolle. Tübingen: J.C.B. Mohr (Paul Siebeck).

Noelle-Neumann, Elisabeth (1970): Kann das Fernsehen als Stachel der Gesellschaft wirken? Ergebnisse der Kommunikationsforschung. In: Dieter Stolte (Hrsg.), Fernseh-Kritik. Die gesellschaftskritische Funktion des Fernsehens. Mainz: Hase & Koehler, S. 79-90.

Noelle-Neumann, Elisabeth (1971): Wirkung der Massenmedien. In: Elisabeth Noelle-Neumann und Winfried Schulz (Hrsg.), Das Fischer Lexikon Publizistik. Frankfurt a. M.: Fischer Taschenbuch Verlag, S. 316-350.

Noelle-Neumann, Elisabeth (1973a): Kumulation, Konsonanz und Öffentlichkeitseffekt. Ein neuer Ansatz zur Analyse der Wirkung der Massenmedien. In: Publizistik 18, S. 26-55.

Noelle-Neumann, Elisabeth (1973b): Return to the concept of powerful mass media. In: Studies of Broadcasting 9, S. 67-112.

Noelle-Neumann, Elisabeth (1974a): Die Schweigespirale. Über die Entstehung der öffentlichen Meinung. In: Ernst Forsthoff und Reinhard Hörstel (Hrsg.), Standorte im Zeitstrom. Festschrift für Arnold Gehlen zum 70. Geburtstag am 29. Januar 1974. Frankfurt a. M.: Athenäum, S. 299-330.

Noelle-Neumann, Elisabeth (1974b): Wahlentscheidung in der Fernsehdemokratie. Eine sozialpsychologische Interpretation der Bundestagswahl 1972. In: Dieter Just und Lothar Romain (Hrsg.), Auf der Suche nach dem mündigen Wähler. Die Wahlentscheidung 1972 und ihre Konsequenzen. Bonn: Bundeszentrale für Politische Bildung, S. 161-205.

Noelle-Neumann, Elisabeth (1977a): Das doppelte Meinungsklima. Der Einfluß des Fernsehens im Wahlkampf 1976. In: Politische Vierteljahresschrift 18, S. 408-451.

Noelle-Neumann, Elisabeth (1977b): Die stille Revolution. Wandlungen im Bewußtsein der deutschen Bevölkerung. In: Elisabeth Noelle-Neumann (Hrsg.), Allensbacher Jahrbuch der Demoskopie 1976-1977. Wien: Molden, S. VII-XXXIX.

Noelle-Neumann, Elisabeth (1977c): Öffentlichkeit als Bedrohung. Beiträge zur empirischen Kommunikationsforschung. Freiburg: Alber.

Noelle-Neumann, Elisabeth (1978): Werden wir alle Proletarier? Wertewandel in unserer Gesellschaft. Zürich: Edition Interfromm.

Noelle-Neumann, Elisabeth (1979): Massenmedien und sozialer Wandel. Methodenkombination in der Wirkungsforschung. In: Zeitschrift für Soziologie 8, S. 164-182.

Noelle-Neumann, Elisabeth (1980a): Die Schweigespirale. Öffentliche Meinung-unsere soziale Haut. München: Piper.

Noelle-Neumann, Elisabeth (1980b): Wahlentscheidung in der Fernsehdemokratie. Freiburg: Ploetz.

Noelle-Neumann, Elisabeth (1992a): Das Fernsehen und die Zukunft der Lesekultur. In: Werner D. Fröhlich, Rolf Zitzlsperger und Bodo Franzmann (Hrsg.), Die verstellte Welt. Beiträge zur Medienökologie. Weinheim/Basel: Beltz, S. 222-254.

Noelle-Neumann, Elisabeth (1992b): Manifeste und latente Funktionen Öffentlicher Meinung. In: Publizistik 37, S. 283-297.

Noelle-Neumann, Elisabeth (1998): Öffentliche Meinung. In: Otfried Jarren, Ulrich Sarcinelli und Ulrich Saxer (Hrsg.), Politische Kommunikation in der demokratischen Gesellschaft. Ein Handbuch mit Lexikonteil. Opladen/Wiesbaden: Westdeutscher Verlag, S. 81-94.

Noelle-Neumann, Elisabeth, WilhelmHaumann und Thomas Petersen (1999): Die Wiederent-deckung der Meinungsführer und die Wirkung der persönlichen Kommunikation im Wahlkampf. In: Elisabeth Noelle-Neumann, Hans Mathias Kepplinger und Wolfgang Donsbach (Hrsg.), Kampa. Meinungsklima und Medienwirkung im Bundestagswahlkampf 1998. Freiburg: Alber, S. 181-214.

Noelle-Neumann, Elisabeth und Renate Köcher (Hrsg.) (2002): Allensbacher Jahrbuch der Demoskopie 1998-2002. München: K. G. Saur.

Noelle-Neumann, Elisabeth und Rainer Mathes (1987): The 'event as event' and the 'event as news': The significance of 'consonance' for media effects research. In: European Journal of Communication 2, S. 391-414.

Nolting, Tobias und Ansgar Thießen (Hrsg.) (2008): Krisenmanagement in der Mediengesellschaft. Potenziale und Perspektiven der Krisenkommunikation. Wiesbaden: VS Verlag für Sozialwissenschaften.

Norris, Pippa (1996): Does television erode social capital? A reply to Putnam. In: PS: Political Science and Politics 29, S. 474-480.

Norris, Pippa (2000): A virtuous circle. Political communications in postindustrial societies. Cambridge: Cambridge University Press.

Norris, Pippa (2001a): Digital divide. Civic engagement, information poverty, and the Internet worldwide. Cambridge: Cambridge University Press.

Norris, Pippa (2001b): Political communications and democratic politics. In: John Bartle und Dylan

Griffiths (Hrsg.), Political communications transformed: From Morrison to Mandelson. Basingstoke: Palgrave, S. 163-180.

Norris, Pippa (2002): Do campaign communications matter for civic engagement? In: David M. Farrell und Rüdiger Schmitt-Beck (Hrsg.), Do political campaigns matter? Campaigning effects in elections and referendums. London: Routledge, S. 127-144.

Norris, Pippa (2006a): Did the media matter? Agenda-setting, persuasion, and mobilization effects in the British general election campaign. In: British Politics 1, S. 195-221.

Norris, Pippa (2006b): Die Überzeugten überzeugen? Pluralismus, Partizipation und Parteien im Internet. In: Klaus Kamps und Jörg-Uwe Nieland (Hrsg.), Regieren und Kommunikation. Meinungsbildung, Entscheidungsfindung und gouvernementales Kommunikationsmanagement-Trends, Vergleiche, Perspektiven. Köln: Halem, S. 261-284.

Norris, Pippa und John Curtice (2008): Getting the message out: A two-step model of the role of the Internet in campaign communication flows during the 2005 British general election. In: Journal of Information Technology & Politics 4 (4), S. 3-13.

Norris, Pippa, John Curtice, David Sanders, Margaret Scammell und Holli A. Semetko (1999): On message: Communicating the campaign. London: Sage.

Nürnberger, Frank G. (2002): Image-Building mit Bildern. In: Marco Althaus (Hrsg.), Kampagne! Neue Strategien für Wahlkampf, PR und Lobbying, 3. Aufl. Münster: LIT, S. 120-138.

Nye, Joseph S., Jr. (1997): The media and declining confidence in government. In: Press/Politics 2 (3), S. 4-9.

O'Gorman, Hubert J. (1975): Pluralistic ignorance and white estimates of white support for racial segregation. In: Public Opinion Quarterly 39, S. 113-330.

Oberreuter, Heinrich (1982): Übermacht der Medien. Erstickt die demokratische Kommunikation? Zürich: Edition Interfrom.

Oberreuter, Heinrich (1997): Medien und Demokratie. Ein Problemaufriß. In: Karl Rohe (Hrsg.), Politik und Demokratie in der Informationsgesellschaft. Baden-Baden: Nomos, S. 11-24.

Oberreuter, Heinrich (2001): Image statt Inhalt? Möglichkeiten und Grenzen inszenierter Politik. In: Otto Depenheuer (Hrsg.), Öffentlichkeit und Vertraulichkeit. Theorie und Praxis der politischen Kommunikation. Wiesbaden: Westdeutscher Verlag, S. 145-157.

Ohde, Christina (1994): Der Irre von Bagdad. Zur Konstruktion von Feindbildern in überregionalen deutschen Tageszeitungen während der Golfkrise 1990/91. Frankfurt a.M.: Peter Lang.

Ohr, Dieter (2005a): Sprechende Bilder: Die Werbemittel der Parteien und ihre Wahrnehmung. In: Manfred Güllner et al. (Hrsg.), Die Bundestagswahl 2002. Eine Untersuchung im Zeichen hoher politischer Dynamik. Wiesbaden: VS Verlag für Sozialwissenschaften, S. 123-141.

Ohr, Dieter (2005b): Wahlen und Wählerverhalten im Wandel: Der individualisierte Wähler in der Mediendemokratie. In: Manfred Güllner et al. (Hrsg.), Die Bundestagswahl 2002. Eine Untersuchung im Zeichen hoher politischer Dynamik. Wiesbaden: VS Verlag für Sozialwissenschaften, S. 15-30.

Ohr, Dieter, Hermann Dülmer und Markus Quandt (2009): Kognitive Mobilisierung oder nichtkognitive De-Mobilisierung? Eine längsschnittliche Analyse der deutschen Wählerschaft für die Jahre 1976 bis 2005. In: Oscar W. Gabriel, Bernhard Weßels und Jürgen W. Falter (Hrsg.), Wahlen und Wähler. Analysen aus Anlass der Bundestagswahl 2005. Wiesbaden: VS Verlag für Sozialwissenschaften, S. 536-558.

Ohr, Dieter, Markus Quandt und Hermann Dülmer (2005): Zur Funktion und Bedeutung der Parteibindung für den modernen Wähler. In: Jürgen W. Falter, Oscar W. Gabriel und Bernhard Weßels (Hrsg.), Wahlen und Wähler. Analysen aus Anlass der Bundestagswahl 2002. Wiesbaden: VS Verlag für Sozialwissenschaften, S. 435-458.

Östgaard, Einar (1965): Factors influencing the flow of news. In: Journal of Peace Research 2, S. 39-63.

Ostrowski, Daniel (2010): Die Public Diplomacy der deutschen Auslandsvertretungen weltweit. Theorie und Praxis der deutschen Auslandsöffentlichkeitsarbeit. Wiesbaden: VS Verlag für Sozialwissenschaften.

Page, Benjamin I. (1996): The mass media as political actors. In: PS: Political Science and Politics 29 (1), S. 20-24.

Page, Benjamin I. und Robert Y. Shapiro (1992): The rational public. Fifty years of trends in Americans' policy preferences. Chicago: University of Chicago Press.

Pan, Zhongdang (2008): Framing of the news. In: Wolfgang Donsbach (Hrsg.), International encyclopedia of communication. Vol. V. Malden, Mass.: Blackwell, S. 1869-1873.

Papacharissi, Zizzi (2002): The virtual sphere. The Internet as a public sphere. In: New Media & Society 4, S. 9-27.

Pape, Thilo von und Thorsten Quandt (2010): Wen erreicht der Wahlkampf 2.0? Eine Repräsentativstudie zum Informationsverhalten im Bundestagswahlkampf 2009. In: Media Perspektiven (9), S. 390-398.

Park, Cheong-Yi (2001): News media exposure and self-perceived knowledge: The illusion of knowing. In: International Journal of Public Opinion Research 13, S. 419-425.

Patterson, Thomas E. (1993): Out of order. New York: Alfred A. Knopf.

Patterson, Thomas E. (2002): The vanishing voter. Public involvement in an age of uncertainty. New York: Alfred A. Knopf.

Patterson, Thomas E. und Wolfgang Donsbach (1996): News decisions. Journalists as partisan actors. In: Political Communication 13, S. 455-468.

Patterson, Thomas E. und Robert D.MacClure (1976): The unseeing eye. The myth of television power in national politics. New York: Putnam.

Patzelt, Werner J. (1988): Wie man von Politik erfährt. Jugendliche und ihre Nutzung politischer Informationsquellen. In: Publizistik 33, S. 520-534.

Patzelt, Werner J. (1991): Abgeordnete und Journalisten. In: Publizistik 36, S. 315-329.

Peiser, Wolfram (1996): Die Fernsehgeneration. Eine empirische Untersuchung ihrer Mediennutzung und Medienbewertung. Opladen: Westdeutscher Verlag.

Peiser, Wolfram (1999): Zum Einfluss des Fernsehens auf das politische Interesse der Bevölkerung in der Bundesrepublik Deutschland. In: Jürgen Wilke (Hrsg.), Massenmedien und Zeitgeschichte. Konstanz: UVK Medien, S. 64-72.

Perloff, Richard M. (1993): Third-person effect research 1983-1992: A review and synthesis. In: International Journal of Public Opinion Research 5, S. 167-184.

Peter, Jochen (2003): Konsonanz 30 Jahre später. Eine international vergleichende Studie zum Einfluss konsonanter Berichterstattung auf Meinungen zur europäischen Integration. In: Publizistik 48, S. 190-208.

Peters, Bernhard (1994): Der Sinn von Öffentlichkeit. In: Friedhelm Neidhardt (Hrsg.), Öffentlichkeit, öffentliche Meinung, soziale Bewegungen. Opladen: Westdeutscher Verlag, S. 42-76.

Peters, Hans Peter, Harald Heinrichs, Arlena Jung, Monika Kallfass und Imme Petersen (2008): Medialisierung der Wissenschaft als Voraussetzung ihrer Legitimierung und politischen Relevanz. In: Renate Mayntz et al. (Hrsg.), Wissensproduktion und Wissenstransfer. Wissen im Spannungsfeld von Wissenschaft, Politik und Öffentlichkeit. Bielefeld: transcript, S. 269-292.

Petty, Richard E. und John T. Cacioppo (1984): The effects of involvement on responses to argument quantity and quality: Central and peripheral routes to persuasion. In: Journal of Personality and Social Psychology 46, S. 69-81.

Pew Research Center (2010a): Distrust, discontent, anger and partisan rancor. The people and their government (released April 18, 2010). http://people-press.org/report/606/trust-in-government (abgerufen 11. September 2010).

Pew Research Center (2010b): The state of the news media 2010 (released March 10, 2010). http://

pewresearch.org/pubs/1523/state-of-the-news-media-2010 (abgerufen 6. 6. 2010).

Pfetsch, Barbara (1993): Strategien und Gegenstrategien-Politische Kommunikation bei Sachfragen. In: Bertelsmann Stiftung (Hrsg.), Beziehungsspiele-Medien und Politik in der öffentlichen Diskussion. Fallstudien und Analysen. Gütersloh: Verlag Bertelsmann Stiftung, S. 45-110.

Pfetsch, Barbara (1996): Konvergente Fernsehformate in der Politikberichterstattung? Eine vergleichende Analyse öffentlich-rechtlicher und privater Programme 1985/86 und 1993. In: Rundfunk und Fernsehen 44, S. 479-498.

Pfetsch, Barbara (1998): Government news management. In: Doris A. Graber, Denis McQuail und Pippa Norris (Hrsg.), The politics of news. The news of politics. Washington, DC: Congressional Quarterly, S. 70-93.

Pfetsch, Barbara (2001): "Amerikanisierung" der politischen Kommunikation? Politik und Medien in Deutschland und den USA. In: Aus Politik und Zeitgeschichte (B 41-42), S. 27-36.

Pfetsch, Barbara (2003): Politische Kommunikationskultur. Politische Sprecher und Journalisten in der Bundesrepublik und den USA im Vergleich. Wiesbaden: Westdeutscher Verlag.

Pfetsch, Barbara und Silke Adam (2008): Die Akteursperspektive in der politischen Kommunikationsforschung-Fragestellungen, Forschungsparadigmen und Problemlagen. In: Barbara Pfetsch und Silke Adam (Hrsg.), Massenmedien als politische Akteure. Konzepte und Analysen. Wiesbaden: VS Verlag für Sozialwissenschaften, S. 9-26.

Pickel, Gert und Dieter Walz (1997): Politikverdrossenheit in Ost-und Westdeutschland: Dimensionen und Ausprägungen. In: Politische Vierteljahresschrift 38, S. 27-49.

Piel, Edgar (1992): Sag mir, wo die Ängste sind. In: Geo Wissen (1), S. 86-91.

Plasser, Fritz (1985): Elektronische Politik und politische Technostruktur reifer Industriegesellschaften. Ein Orientierungsversuch. In: Fritz Plasser, Peter A. Ulram und Manfried Welan (Hrsg.), Demokratierituale. Zur politischen Kultur der Informationsgesellschaft. Wien: Böhlau, S. 9-31.

Plasser, Fritz (1989): Medienlogik und Parteienwettbewerb. In: Frank E. Böckelmann (Hrsg.), Medienmacht und Politik. Mediatisierte Politik und politischer Wertewandel. Berlin: Volker Spiess, S. 207-218.

Plasser, Fritz und Günther Lengauer (2009): Wie ' amerikanisch ' sind europäische Fernsehwahlkämpfe? In: Hanna Kaspar et al. (Hrsg.), Politik-Wissenschaft-Medien. Festschrift für Jürgen W. Falter zum 65. Geburtstag. Wiesbaden: VS Verlag für Sozialwissenschaften, S. 323-346.

Plasser, Fritz mit Gunda Plasser (2002): Globalisierung der Wahlkämpfe. Praktiken der Campaign

Professionals im weltweiten Vergleich. Wien: WUV Universitätsverlag.

Pohr, Adrian (2005): Indexing im Einsatz. Eine Inhaltsanalyse der Kommentare überregionaler Tageszeitungen in Deutschland zum Afghanistankrieg 2001. In: Medien & Kommunikationswissenschaft 53, S. 261-276.

Poindexter, Paula (2008): Finding women in the newsroom and in the news. In: Paula Poindexter, Sharon Meraz und Amy Schmitz Weiss (Hrsg.), Women, men, and news. New York: Routledge, S. 73-84.

Popkin, Samuel L. (1994): The reasoning voter. Communication and persuasion in presidential campaigns. Chicago: University of Chicago Press.

Popkin, Samuel L. und Michael A. Dimock (1999): Political knowledge and citizen competence. In: Stephen L. Elkin und Karol Edward Soltan (Hrsg.), Citizen competence and democratic institutions. University Park: Pennsylvania State University Press, S. 117-146.

Pöttker, Horst (1996): Politische Sozialisation durch Massenmedien: Aufklärung, Manipulation und ungewollte Einflüsse. In: Bernhard Claußen und Rainer Geißler (Hrsg.), Die Politisierung des Menschen. Instanzen der politischen Sozialisation. Ein Handbuch. Opladen: Leske+Budrich, S. 149-157.

Price, Vincent und Edward J. Czilli (1996): Modeling patterns of news recognition and recall. In: Journal of Communication 46 (2), S. 55-78.

Price, Vincent und Donald F. Roberts (1987): Public opinion processes. In: Charles R. Berger und Steven H. Chaffee (Hrsg.), Handbook of communication science. Beverly Hills: Sage, S. 781-816.

Price, Vincent und John Zaller (1993): Who gets the news? Alternative measures of news reception and their implications for research. In: Public Opinion Quarterly 57, S. 133-164.

Prior, Markus (2007): Post-broadcast democracy. How media choice increases inequality in political involvement and polarizes elections. Cambridge: Cambridge University Press.

Puhe, Henry und Gerd H. Würzberg (1989): Lust & Frust. Das Informationsverhalten der deutschen Abgeordneten. Köln: Informedia Verlag.

Putnam, Robert D. (1995): Tuning in, tuning out: The strange disappearance of social capital. In: PS: Political Science and Politics 28, S. 664-683.

Putnam, Robert D. (2000): Bowling alone. The collapse and revival of American community. New York: Simon & Schuster.

Quiring, Oliver (2004): Wirtschaftsberichterstattung und Wahlen. Konstanz: UVK Verlagsgesellschaft.

Quiring, Oliver (2006): Zur Logik kommunikationswissenschaftlicher Wahlforschung. In: Werner Wirth, Andreas Fahr und Edmund Lauf (Hrsg.), Forschungslogik und -design in der Kommunikationswissenschaft. Band 2: Anwendungsfelder in der Kommunikationswissenschaft. Köln: Halem, S. 35-65.

Radunski, Peter (1980): Wahlkämpfe. Moderne Wahlkampfführung als politische Kommunikation. München: Olzog.

Radunski, Peter (1996): Politisches Kommunikationsmanagement. Die Amerikanisierung der Wahlkämpfe. In: Bertelsmann Stiftung (Hrsg.), Politik überzeugend vermitteln. Wahlkampfstrategien in Deutschland und den USA. Gütersloh: Verlag Bertelsmann Stiftung, S. 33-52.

Radunski, Peter (2003): Wahlkampf im Wandel. Politikvermittlung gestern-heute-morgen. In: Ulrich Sarcinelli und Jens Tenscher (Hrsg.), Machtdarstellung und Darstellungsmacht. Beiträge zu Theorie und Praxis moderner Politikvermittlung. Baden-Baden: Nomos, S. 183-198.

Raupp, Juliana (2008): Determinationsthese. In: Günter Bentele, Romy Fröhlich und Peter Szyszka (Hrsg.), Handbuch der Public Relations. Wissenschaftliche Grundlagen und berufliches Handeln. Mit Lexikon. 2., korr. und erw. Aufl. Wiesbaden: VS Verlag für Sozialwissenschaften, S. 192-208.

Ravi, Narasimhan (2005): Looking beyond flawed journalism. How national interests, patriotism, and cultural values shaped the coverage of the Iraq war. In: Press/Politics 10 (1), S. 45-62.

Reese, Stephen D. (2007): The framing project: A bridging model for media research revisited. In: Journal of Communication 57, S. 148-154.

Reimann, Horst (1968): Kommunikations-Systeme. Umrisse einer Soziologie der Vermittlungs-und Mitteilungsprozesse. Tübingen: Mohr.

Reinemann, Carsten (2003): Medienmacher als Mediennutzer. Kommunikations-und Einflussstrukturen im politischen Journalismus der Gegenwart. Köln: Böhlau.

Reinemann, Carsten und Marcus Maurer (2008): Televised debates. In: Wolfgang Donsbach (Hrsg.), International encyclopedia of communication. Vol. XI. Malden, Mass.: Blackwell, S. 5057-5063.

Reitze, Helmut und Christa-Maria Ridder (Hrsg.) (2006): Massenkommunikation VII. Eine Langzeitstudie zur Mediennutzung und Medienbewertung 1964-2005. Baden-Baden: Nomos.

Reumann, Kurt (2006): Die gelbe Kanzlermappe mit dem roten Punkt. Wie Walter Schütz sechs Bundeskanzlern mit Informationen diente. In: Forschung & Lehre 13 (3), S. 146-148.

Reumann, Kurt (2009): Journalistische Darstellungsformen. In: Elisabeth Noelle-Neumann, Winfried Schulz und Jürgen Wilke (Hrsg.), Das Fischer Lexikon Publizistik Massenkommunikation. Aktualisierte, vollständig überarbeitete und ergänzte Auflage. Frankfurt a. M.: Fischer Taschenbuch Verlag, S. 129-167.

Rheingold, Howard (1993): The virtual community. Homesteading on the electronic frontier. Reading, Mass.: Addison-Wesley.

Rhomberg, Markus (2009): Politische Kommunikation. Eine Einführung für Politikwissenschaftler. Paderborn: Wilhelm Fink/UTB.

Rice, Ronald E. (Hrsg.) (2001): Public communication campaigns, 3. ed. Thousand Oaks, Calif.: Sage.

Ridder, Christa-Maria und Bernhard Engel (2010b): Massenkommunikation 2010: Mediennutzung im Intermediavergleich. Ergebnisse der 10. Welle der ARD/ZDF-Langzeitstudie zur Mediennutzung und -bewertung. In: Media Perspektiven (11): 523-536.

Rinke, Eike Mark, Michael Schlachter und andere (2006): Netzwerk Berlin. Informelle Interpenetration von Politik und Journalismus. München: Martin Meidenbauer.

Ristau, Malte (2000): Wahlkampf in der Mediendemokratie. Die Kampagne der SPD 1997/98. In: Markus Klein et al. (Hrsg.), 50 Jahre empirische Wahlforschung in Deutschland. Wiesbaden: Westdeutscher Verlag, S. 465-476.

Robinson, John P. und Mark R. Levy (1996): News media use and the informed public: A 1990 update. In: Journal of Communication 46 (2), S. 129-135.

Robinson, Michael J. (1974): The impact of the televised Watergate hearings. In: Journal of Communication 24 (2), S. 17-30.

Robinson, Michael J. (1975): American political legitimacy in an era of electronic journalism: Reflections on the evening news. In: Douglass Cater und Richard Adler (Hrsg.), Television as a social force: New approaches to TV criticism. New York: Praeger, S. 97-139.

Robinson, Michael J. (1976): Public affairs television and the growth of political malaise: The case of 'The selling of the Pentagon'. In: American Political Science Review 70, S. 409-432.

Robinson, Michael J. (1977): Television and American politics. In: Public Interest 48, S. 3-39.

Roehl, Susanne von (1991): Social Marketing Kampagnen. Eine kommunikationswissenschaftliche Analyse am Beispiel der Kampagne zur Volkszählung 1987. Bergisch Gladbach: Eul.

Roessing, Thomas (2009): Öffentliche Meinung-die Erforschung der Schweigespirale. Baden-Baden: Nomos.

Rogers, Everett M. und J. Douglas Storey (1987): Communication campaigns. In: Charles R. Berger und Steven H. Chaffee (Hrsg.), Handbook of communication science. Newbury Park: Sage, S. 817-846.

Römmele, Andrea (2002): Direkte Kommunikation zwischen Parteien und Wählern. Professionalisierte Wahlkampftechnologien in den USA und in der BRD. Wiesbaden: Westdeutscher Verlag.

Ronneberger, Franz (1964): Die politischen Funktionen der Massenkommunikationsmittel. In: Publizistik 9, S. 291-304.

Ronneberger, Franz (1971): Sozialisation durch Massenkommunikation. In: Franz Ronneberger (Hrsg.), Sozialisation durch Massenkommunikation. Stuttgart: Enke, S. 32-101.

Ronneberger, Franz (1978): Kommunikationspolitik I. Institutionen, Prozesse, Ziele. Mainz: v. Hase & Koehler.

Ronneberger, Franz und Manfred Rühl (1992): Theorie der Public Relations. Ein Entwurf. Opladen: Westdeutscher Verlag.

Rosenberg, Shawn W., Lisa Bohan, Patrick McCafferty und Kevin Harris (1986): The image and the vote: The effect of candidate presentation on voter preference. In: American Journal of Political Science 30, S. 108-127.

Rosengren, Karl Erik (1970): International news: Intra und extra media data. In: Acta Sociologica 13, S. 96-109.

Rosengren, Karl Erik (1974): International news: Methods, data and theory. In: Journal of Peace Research 11, S. 145-156.

Rosengren, Karl Erik (1977): Four types of tables. In: Journal of Communication 27 (1), S. 67-75.

Rosengren, Karl Erik (1979): Bias in news. Methods and concepts. In: Studies of Broadcasting 15, S. 37-45.

Rosengren, Karl Erik und Sven Windahl (1989): Media matter. TV use in childhood and adolescence. Norwood, NJ.: Ablex.

Rössler, Patrick (1997): Agenda-Setting. Theoretische Annahmen und empirische Evidenzen einer Medienwirkungshypothese. Opladen: Westdeutscher Verlag.

Rössler, Patrick (2000): Vielzahl=Vielfalt=Fragmentierung? Empirische Anhaltspunkte zur Differenzierung von Medienangeboten auf der Mikroebene. In: Otfried Jarren, Kurt Imhof und Roger Blum (Hrsg.), Zerfall der Öffentlichkeit? Wiesbaden: Westdeutscher Verlag, S. 168-186.

Rössler, Patrick (2003): Botschaften politischer Kommunikation: Länder, Themen und Akteure internationaler Fernsehnachrichten. In: Frank Esser und Barbara Pfetsch (Hrsg.), Politische Kommunikation im internationalen Vergleich. Grundlagen, Anwendungen, Perspektiven. Wiesbaden: Westdeutscher Verlag, S. 305-336.

Rössler, Patrick (2008): Themen der Öffentlichkeit und Issues Management. In: Günter Bentele, Romy Fröhlich und Peter Szyszka (Hrsg.), Handbuch der Public Relations. Wissenschaftliche

Grundlagen und berufliches Handeln. Mit Lexikon. 2., korrigierte und erweiterte Auflage. Wiesbaden: VS Verlag für Sozialwissenschaften, S. 362-377.

Rossmann, Constanze und Hans-BerndBrosius (2006): Zum Problem der Kausalität in der Kultivierungsforschung. In: Werner Wirth, Andreas Fahr und Edmund Lauf (Hrsg.), Forschungslogik und -design in der Kommunikationswissenschaft. Band 2: Anwendungsfelder in der Kommunikationswissenschaft. Köln: Halem, S. 217-242.

Rossmann, Torsten (1993): Öffentlichkeitsarbeit und ihr Einfluß auf die Medien. Das Beispiel Greenpeace. In: Media Perspektiven (2), S. 85-94.

Roßteutscher, Sigrid (2009): Soziale Partizipation und Soziales Kapital. In: Viktoria Kaina und Andrea Römmele (Hrsg.), Politische Soziologie. Ein Studienbuch. VS Verlag für Sozialwissenschaften, S. 163-180.

Rosumek, Lars (2005): Politische Öffentlichkeitsarbeit im Wandel? Adenauer als Vorreiter des Medienkanzlers. In: Günter Bentele, Manfred Piwinger und Gregor Schönborn (Hrsg.), Kommunikationsmanagement. Strategien, Wissen, Lösungen (Loseblattwerk, 2001 ff.). Neuwied: Luchterhand, S. 1-44 (Art. 7.11).

Rothman, Stanley (1992): Expertenurteil und Medienberichterstattung. In: Jürgen Wilke (Hrsg.), Öffentliche Meinung. Theorie, Methoden, Befunde. Freiburg: Alber, S. 143-155.

Röttger, Ulrike und UlrikeZielmann (Hrsg.) (2009): PR-Beratung. Theoretische Konzepte und empirische Befunde. Wiesbaden: VS Verlag für Sozialwissenschaften.

Rucht, Dieter (1994): Öffentlichkeit als Mobilisierungsfaktor für soziale Bewegungen. In: Friedhelm Neidhardt (Hrsg.), Öffentlichkeit, öffentliche Meinung, soziale Bewegungen. Opladen: Westdeutscher Verlag, S. 337-358.

Rühl, Manfred (1969): Systemdenken und Kommunikationswissenschaft. In: Publizistik 14, S. 185-206.

Ruhrmann, Georg (1989): Rezipient und Nachricht. Struktur und Prozess der Nachrichtenrekonstruktion. Opladen: Westdeutscher Verlag.

Ruhrmann, Georg und Songül Demren (2000): Wie Medien über Migranten berichten. In: Heribert Schatz, Christina Holtz-Bacha und Jörg-Uwe Nieland (Hrsg.), Migranten und Medien. Neue Herausforderungen an die Integrationsfunktion von Presse und Rundfunk. Wiesbaden: Westdeutscher Verlag, S. 69-81.

Ruhrmann, Georg, Jens Woelke, Michaela Maier und Nicole Diehlmann (2003): Der Wert von Nachrichten im deutschen Fernsehen. Ein Modell zur Validierung von Nachrichtenfaktoren. Opladen: Leske+Budrich.

Ryfe, David M. (2005): Does deliberative democracy work? In: Annual Review of Political Science 8, S. 49-71.

Saffarnia, Pierre A. (1993): Determiniert Öffentlichkeitsarbeit tatsächlich den Journalismus? Empirische Belege und theoretische Überlegungen gegen die PR-Determinierungsannahme. In: Publizistik 38, S. 412-425.

Saleh, Adel (2005): Uses and effects of new media on political communication in the United States of America, Germany and Egypt. Marburg: Tectum.

Salmon, Charles T. (Hrsg.) (1989): Information campaigns: Balancing social values and social change. Newbury Park, Calif.: Sage.

Sande, Oystein (1971): The perception of foreign news. In: Journal of Peace Research 8, S. 221-237.

Sarcinelli, Ulrich (1987a): Politikvermittlung und demokratische Kommunikationskultur. In: Ulrich Sarcinelli (Hrsg.), Politikvermittlung. Beiträge zur politischen Kommunikationskultur. Stuttgart: Bonn Aktuell, S. 19-45.

Sarcinelli, Ulrich (1987b): Symbolische Politik. Zur Bedeutung symbolischen Handelns in der Wahlkampfkommunikation der Bundesrepublik Deutschland. Opladen: Westdeutscher Verlag.

Sarcinelli, Ulrich (1991): Massenmedien und Politikvermittlung-eine Problem-und Forschungsskizze. In: Rundfunk und Fernsehen 39, S. 469-486.

Sarcinelli, Ulrich (1998): Politikvermittlung und Demokratie: Zum Wandel der politischen Kommunikationskultur. In: Ulrich Sarcinelli (Hrsg.), Politikvermittlung und Demokratie in der Mediengesellschaft. Beiträge zur politischen Kommunikationskultur. Opladen: Westdeutscher Verlag, S. 11-23.

Sarcinelli, Ulrich (2009): Politische Kommunikation in Deutschland. Zur Politikvermittlung im demokratischen System. 2., überarbeitete und erweiterte Auflage. Wiesbaden: VS Verlag für Sozialwissenschaften.

Saxer, Ulrich (1981): Publizistik und Politik als interdependente Systeme. Zur politischen Funktionalität von Publizistik. In: Media Perspektiven (7), S. 501-514.

Saxer, Ulrich (Hrsg.) (1983): Politik und Kommunikation. Neue Forschungsansätze. München. München: Ölschläger.

Saxer, Ulrich (Hrsg.) (1985): Gleichheit oder Ungleichheit durch Massenmedien? Homogenisierung-Differenzierung der Gesellschaft durch Massenkommunikation. München: Ölschläger.

Saxer, Ulrich (1992): 'Bericht aus dem Bundeshaus'. Eine Befragung von Bundeshausjournalisten und Parlamentariern in der Schweiz. Diskussionspunkt 24 Zürich: Seminar für Publizistikwissenschaft der Universität Zürich.

Saxer, Ulrich (1998): System, Systemwandel und politische Kommunikation. In: Otfried Jarren, Ulrich Sarcinelli und Ulrich Saxer (Hrsg.), Politische Kommunikation in der demokratischen Gesellschaft. Opladen: Westdeutscher Verlag, S. 21-64.

Saxer, Ulrich (2007): Politik als Unterhaltung. Zum Wandel politischer Öffentlichkeit in der Mediengesellschaft. Konstanz: UVK.

Scammell, Margaret (1998): The wisdom of the war room. US campaigning and Americanization. In: Media, Culture & Society 20, S. 251-275.

Scammell, Margaret und Holli A.Semetko (2008): Election news coverage in the U. K. In: Jesper Strömbäck und Lynda Lee Kaid (Hrsg.), The handbook of election coverage around the world. Mahwah, NJ: Lawrence Erlbaum, S. 73-89.

Schantel, Alexandra (2000): Determination oder Intereffikation? Eine Metaanalyse der Hypothesen zur PR-Journalismus-Beziehung. In: Publizistik 45, S. 70-88.

Schatz, Heribert (1978): Zum Stand der politikwissenschaftlich relevanten Massenkommunikationsforschung in der Bundesrepublik Deutschland. In: Udo Bermbach (Hrsg.), Politische Wissenschaft und politische Praxis. Opladen: Westdeutscher Verlag, S. 434-454.

Schatz, Heribert (1982): Interessen-und Machtstrukturen im Interaktionsfeld von Massenmedien und Politik. In: Heribert Schatz und Klaus Lange (Hrsg.), Massenmedien und Politik. Aktuelle Probleme und Entwicklungen im Massenkommunikationssystem der Bundesrepublik Deutschland. Frankfurt/Main: Haag + Herchen, S. 6-20.

Schatz, Heribert, Patrick Rössler und Jörg-UweNieland (Hrsg.) (2002): Politische Akteure in der Mediendemokratie. Politiker in den Fesseln der Medien? Wiesbaden: Westdeutscher Verlag.

Schatz, Heribert und Winfried Schulz (1992): Qualität von Fernsehprogrammen. In: Media Perspektiven 9, S. 690-712.

Schenk, Michael (1995): Soziale Netzwerke und Massenmedien. Untersuchungen zum Einfluß der persönlichen Kommunikation. Tübingen: Mohr.

Schenk, Michael (2002): Medienwirkungsforschung, 2. Auflage. Tübingen: Mohr Siebeck.

Schenk, Michael (2007): Medienwirkungsforschung, 3., vollst. überarb. Aufl. . Tübingen: Mohr Siebeck.

Schenk, Michael (2009a): Interpersonale Kommunikation. In: Elisabeth Noelle-Neumann, Winfried Schulz und Jürgen Wilke (Hrsg.), Das Fischer Lexikon Publizistik Massenkommunikation. Frankfurt a. M.: Fischer Taschenbuch Verlag, S. 65-80.

Schenk, Michael (2009b): Persuasion. In: Elisabeth Noelle-Neumann, Winfried Schulz und Jürgen

Wilke (Hrsg.), Das Fischer Lexikon Publizistik Massenkommunikation. Frankfurt a. M.: Fischer Taschenbuch Verlag, S. 443-458.

Scherer, Helmut (1990): Massenmedien, Meinungsklima und Einstellung. Eine Untersuchung zur Theorie der Schweigespirale. Opladen: Westdeutscher Verlag.

Scherer, Helmut (1997): Medienrealität und Rezipientenhandeln. Zur Entstehung handlungsleitender Vorstellungen. Wiesbaden: Deutscher Universitäts-Verlag.

Scherer, Helmut und Markus Behmer (2000): "...und wurden zerstreut in alle Winde". Das Internet als Medium der Exilkommunikation. In: Otfried Jarren, Kurt Imhof und Roger Blum (Hrsg.), Zerfall der Öffentlichkeit? Wiesbaden: Westdeutscher Verlag, S. 282-299.

Scherer, Helmut, Lutz M. Hagen, Martin Rieß und Theodor A. Zipfel (1996): The Day After. Eine Analyse der Nachwahlberichterstattung zur Bundestagswahl 1994. In: Christina Holtz-Bacha und Lynda Lee Kaid (Hrsg.), Wahlen und Wahlkampf in den Medien. Untersuchungen aus dem Wahljahr 1994. Opladen: Westdeutscher Verlag, S. 150-176.

Scherer, Helmut und Daniela Schlütz (2002): Das inszenierte Medienereignis. Die verschiedenen Wirklichkeiten der Vorausscheidung zum Eurovision Song Contest in Hannover 2001. Köln: Halem.

Scherer, Helmut, Annekaryn Tiele, Ansgar Haase, Sabine Hergenröder und Hannah Schmid (2006): So nah und doch so fern? Zur Rolle des Nachrichtenfaktors "Nähe" in der internationalen Tagespresse. In: Publizistik 51, S. 201-224.

Scheuer, Angelika (2005): Demokratiezufriedenheit in Deutschland sinkt unter EU-Niveau. Eine europäisch-vergleichende Analyse. In: Informationsdienst Soziale Indikatoren (33), S. 8-11.

Scheufele, Bertram (2003): Frames-Framing-Framing-Effekte. Theoretische und methodische Grundlegung des Framing-Ansatzes sowie empirische Befunde zur Nachrichtenproduktion. Wiesbaden: Westdeutscher Verlag.

Scheufele, Bertram (2008): Das Erklärungsdilemma der Medienwirkungsforschung. Eine Logik zur theoretischen und methodischen Modellierung von Medienwirkungen auf die Meso-und Makro-Ebene. In: Publizistik 53, S. 339-361.

Scheufele, Bertram und Hans-Bernd Brosius (1999): The frame remains the same? Stabilität und Kontinuität journalistischer Selektionskriterien am Beispiel der Berichterstattung über Anschläge auf Ausländer und Asylbewerber. In: Rundfunk und Fernsehen 47, S. 409-432.

Scheufele, Dietram A. (1999): Framing as a theory of media effects. In: Journal of Communication 49 (1), S. 103-122.

Scheufele, Dietram A. (2002): Examining differential gains from mass media and their implications for participatory behavior. In: Communication Research 29, S. 46-65.

Scheufele, Dietram A. (2008): Framing effects. In: Wolfgang Donsbach (Hrsg.), International encyclopedia of communication. Vol. V. Malden, Mass.: Blackwell, S. 1862-1868.

Scheufele, Dietram A. und Patricia Moy (2000): Twenty-five years of the spiral of silence: A conceptual review and empirical outlook. In: International Journal of Public Opinion Research 12, S. 3-28.

Scheufele, Dietram A. und David Tewksbury (2007): Framing, agenda setting, and priming: The evolution of three media effects models. In: Journal of Communication 57, S. 9-20.

Schiller, Harald (2002): PR-Profis im Wahlkampf 2002, www.politik-digital.de/edemocracy/wahlkampf/bundestagswahl2002/pr.shtml (abgerufen 6. Mai 2006)

Schmidtchen, Gerhard (1959): Die befragte Nation. Über den Einfluß der Meinungsforschung auf die Politik. Freiburg i.Br.: Rombach.

Schmitt-Beck, Rüdiger (2000): Politische Kommunikation und Wählerverhalten. Ein internationaler Vergleich. Wiesbaden: Westdeutscher Verlag.

Schmitt-Beck, Rüdiger und Barbara Pfetsch (1994): Politische Akteure und die Medien der Massenkommunikation. Zur Generierung von Öffentlichkeit in Wahlkämpfen. In: Friedhelm Neidhardt (Hrsg.), Öffentlichkeit, öffentliche Meinung, soziale Bewegungen. Opladen: Westdeutscher Verlag, S. 106-138.

Schmitt-Beck, Rüdiger und Robert Rohrschneider (2004): Soziales Kapital und Vertrauen in die Institutionen der Demokratie. In: Rüdiger Schmitt-Beck, Martina Wasmer und Achim Koch (Hrsg.), Sozialer und politischer Wandel in Deutschland. Analysen mit Allbus-Daten aus zwei Jahrzehnten. Wiesbaden: VS Verlag für Sozialwissenschaften, S. 235-260.

Schmitt-Beck, Rüdiger und Peter Schrott (1994): Dealignment durch Massenmedien? Zur These der Abschwächung von Parteibindungen als Folge der Medienexpansion. In: Hans-Dieter Klingemann und Max Kaase (Hrsg.), Wahlen und Wähler. Analysen aus Anlaß der Bundestagswahl 1990. Opladen: Westdeutscher Verlag, S. 543-572.

Schmitt-Beck, Rüdiger und Katrin Voltmer (2007): The mass media in third-wave democracies: Gravediggers or seedsmen of democratic consolidation? In: Richard Gunther, José Ramón Montero und Hans-Jürgen Puhle (Hrsg.), Democracy, intermediation, and voting on four continents. Oxford: Oxford University Press, S. 75-134.

Schmitt-Beck, Rüdiger und Ansgar Wolsing (2010): European TV environments and citizens' social trust: Evidence from multilevel analyses. In: Communications 35, S. 461-483.

Schneider, Beate, Klaus Schönbach und Dieter Stürzebecher (1993): Journalisten im vereinigten

Deutschland. Strukturen, Arbeitsweisen und Einstellungen im Ost-West-Vergleich. In: Publizistik 38, S. 353-382.

Schneider, Peter (1968): Pressefreiheit und Staatssicherheit. Mainz: v. Hase & Koehler.

Schoen, Harald (2005): Wahlkampfforschung. In: Jürgen W. Falter und Harald Schoen (Hrsg.), Handbuch der Wahlforschung. Wiesbaden: VS Verlag für Sozialwissenschaften, S. 503-542.

Schoen, Harald und Cornelia Weins (2005): Der sozialpsychologische Ansatz zur Erklärung von Wahlverhalten. In: Jürgen W. Falter und Harald Schoen (Hrsg.), Handbuch der Wahlforschung. Wiesbaden: VS Verlag für Sozialwissenschaften, S. 187-242.

Schoenbach, Klaus, Jan de Ridder und Edmund Lauf (2001): Politicians on TV news: Getting attention in Dutch and German election campaigns. In: European Journal of Political Research 39, S. 519-531.

Schoenbach, Klaus und Edmund Lauf (2002): The 'trap' effect of television and its competitors. In: Communication Research 29, S. 564-583.

Schoenbach, Klaus und Edmund Lauf (2004): Another look at the 'trap' effect of television-and beyond. In: International Journal of Public Opinion Research 16, S. 169-182.

Schönbach, Klaus (1977): Trennung von Nachricht und Meinung. Empirische Untersuchung eines Qualitätskriteriums. Freiburg: Alber.

Schönbach, Klaus (1983): Das unterschätzte Medium. Politische Wirkungen von Presse und Fernsehen im Vergleich. München: K.G.Saur.

Schönbach, Klaus (1998): Politische Kommunikation-Publizistik-und kommunikationswissenschaftliche Perspektiven. In: Otfried Jarren, Ulrich Sarcinelli und Ulrich Saxer (Hrsg.), Politische Kommunikation in der demokratischen Gesellschaft. Opladen/Wiesbaden: Westdeutscher Verlag, S. 114-137.

Schönbach, Klaus und Werner Früh (1984): Der dynamisch-transaktionale Ansatz II: Konsequenzen. In: Rundfunk und Fernsehen 32, S. 314-329.

Schönbach, Klaus und Holli A. Semetko (2000): "Gnadenlos professionell": Journalisten und die aktuelle Medienberichterstattung in Bundestagswahlkämpfen. In: Hans Bohrmann et al. (Hrsg.), Wahlen und Politikvermittlung durch Massenmedien. Wiesbaden: Westdeutscher Verlag, S. 69-78.

Schönbach, Klaus, DieterStürzebecher und Beate Schneider (1994): Oberlehrer oder Missionare? Das Selbstverständnis deutscher Journalisten. In: Friedhelm Neidhardt (Hrsg.), Öffentlichkeit, öffentliche Meinung, soziale Bewegungen. Opladen: Westdeutscher Verlag, S. 139-161.

Schorb, Bernd (2003): Politische Sozialisation durch Medien. In: Karsten Fritz, Stephan Sting und

Ralf Vollbrecht (Hrsg.), Mediensozialisation. Pädagogische Perspektiven des Aufwachsens in Medienwelten. Opladen: Leske+Budrich, S. 75-92.

Schramm, Wilbur, Jack Lyle und Edwin B. Parker (1961): Television in the lives of our children. Stanford, Calif.: Stanford University Press.

Schrott, Peter R. und Michael F. Meffert (1996): How to test 'real' campaign effects: Linking survey data to content analytical data (ZUMA-Arbeitsbericht 96/01). Mannheim.

Schulz, Rüdiger (2001): Zapper, Hopper, Zeitungsleser-Allensbacher Erkenntnisse im Langzeitvergleich. In: BDZV (Hrsg.), Zeitungen 2001. Berlin: Bundesverband Deutscher Zeitungsverleger, S. 118-134.

Schulz von Thun, Friedemann (2008): Miteinander reden: Störungen und Klärungen. Psychologie der zwischenmenschlichen Kommunikation. Reinbek bei Hamburg: Rowohlt.

Schulz, Winfried (1976): Die Konstruktion von Realität in den Nachrichtenmedien. Analyse der aktuellen Berichterstattung. Freiburg: Alber.

Schulz, Winfried (1978): Nachrichtenstruktur und politische Informiertheit. Die Entwicklung politischer Vorstellungen der Bevölkerung unter dem Einfluß des Nachrichtenangebots (NAPOLI-Projekt). In: Presseund Informationsamt der Bundesregierung (Hrsg.), Kommunikationspolitische und kommunikationswissenschaftliche Forschungsprojekte der Bundesregierung (1974-1978). Bonn: Presseund Informationsamt der Bundesregierung, S. 251-257.

Schulz, Winfried (1982): News structure and people's awareness of political events. In: Gazette 30, S. 139-153.

Schulz, Winfried (1983): Nachrichtengeographie. Untersuchungen über die Struktur der internationalen Berichterstattung. In: Manfred Rühl und Heinz-Werner Stuiber (Hrsg.), Kommunikationspolitik in Forschung und Anwendung. Festschrift für Franz Ronneberger. Düsseldorf: Droste, S. 281-291.

Schulz, Winfried (1987): Determinanten und Folgen der Fernsehnutzung. Daten zur VielseherProblematik. In: Marianne Grewe-Partsch und Jo Groebel (Hrsg.), Mensch und Medien. Zum Stand von Wissenschaft und Praxis in nationaler und internationaler Perspektive. Zu Ehren von Hertha Sturm. München: K.G. Saur, S. 9-32.

Schulz, Winfried (1989): Massenmedien und Realität. Die "ptolemäische" und die "kopernikanische" Auffassung. In: Max Kaase und Winfried Schulz (Hrsg.), Massenkommunikation. Theorien, Methoden, Befunde. Opladen: Westdeutscher Verlag, S. 135-149.

Schulz, Winfried (1992): Modelle der Wirkungsforschung und ihre Anwendung in der öffentlichen Beeinflussung. Theorie und Empirie am Beispiel der Volkszählung 1987. In: Horst Avenarius und

Wolfgang Armbrecht (Hrsg.), Ist Public Relations eine Wissenschaft? Eine Einführung. Opladen: Westdeutscher Verlag, S. 281-310.

Schulz, Winfried (1994): Medienwirklichkeit und Medienwirkung. Aktuelle Entwicklungen der Massenkommunikation und ihre Folgen. In: Hilmar Hoffmann (Hrsg.), Gestern begann die Zukunft. Entwicklung und gesellschaftliche Bedeutung der Medienvielfalt. Darmstadt: Wissenschaf liche Buchgesellschaft, S. 122-144.

Schulz, Winfried (1995): Medienexpansion und sozialer Wandel in der Bonner Republik eine Zeitreihenanalyse. In: Bodo Franzmann et al. (Hrsg.), Auf den Schultern von Gutenberg. Medienökologische Perspektiven der Fernsehgesellschaft. Berlin, München: Quintessenz, S. 207-216.

Schulz, Winfried (1997): Politische Kommunikation. Theoretische Ansätze und Ergebnisse empirischer Forschung. Opladen/Wiesbaden: Westdeutscher Verlag.

Schulz, Winfried (1998): In der expandierenden Medienöffentlichkeit verdüstert sich das Bild der Politik. Folgen der Informationsnutzung unter Vielkanalbedingungen. In: Otfried Jarren und Friedrich Krotz (Hrsg.), Öffentlichkeit unter Viel-Kanal-Bedingungen. Baden-Baden: Nomos, S. 62-92.

Schulz, Winfried (2001a): Changes in mass media and the public sphere. In: Slavko Splichal (Hrsg.), Public opinion and democracy. Vox populi vox dei? Cresskill, NJ: Hampton Press, S. 339-357.

Schulz, Winfried (2001b): Politische Mobilisierung durch Mediennutzung? Beziehungen zwischen Kommunikationsverhalten, politischer Kompetenz und Partizipationsbereitschaft. In: Achim Koch, Martina Wasmer und Peter Schmidt (Hrsg.), Politische Partizipation in der Bundesrepublik Deutschland. Empirische Befunde und theoretische Erklärungen. Opladen: Leske+Budrich, S. 169-194.

Schulz, Winfried (2003): Politische Kommunikation. In: Günter Bentele, Hans-Bernd Brosius und Otfried Jarren (Hrsg.), Öffentliche Kommunikation. Handbuch Kommunikationsund Medienwissenschaft. Wiesbaden: Westdeutscher Verlag, S. 458-480.

Schulz, Winfried (2004): Reconstructing mediatization as an analytical concept. In: European Journal of Communication 19, S. 87-101.

Schulz, Winfried (2007): Inhaltsanalyse plus. Ansätze zur Integration von Mitteilungsund Rezipientendaten. In: Werner Wirth, Hans-Jörg Stiehler und Carsten Wünsch (Hrsg.), Dynamisch-transaktional denken. Theorie und Empirie der Kommunikationswissenschaft. Köln: Halem, S. 108-125.

Schulz, Winfried (2008a): Political communication. In: Wolfgang Donsbach (Hrsg.), International encyclopedia of communication. Vol. VIII. Malden, Mass.: Blackwell, S. 3671-3682.

Schulz, Winfried (2008b): Politische Kommunikation. Theoretische Ansätze und Ergebnisse empirischer Forschung. 2., vollständig überarbeitete und erweiterte Auflage. Wiesbaden: VS Verlag für Sozialwissenschaften.

Schulz, Winfried (2009a): Generation Multimedia. Leseforschung in der neuen Medienumwelt. In: Stiftung Lesen (Hrsg.), Lesen in Deutschland. Eine Studie der Stiftung Lesen. o. O. [Mainz]: Stiftung Lesen, S. 64-71.

Schulz, Winfried (2009b): Nachricht. In: Elisabeth Noelle-Neumann, Winfried Schulz und Jürgen Wilke (Hrsg.), Fischer Lexikon Publizistik Massenkommunikation. Frankfurt am Main: Fischer Taschenbuch Verlag, S. 359-396.

Schulz, Winfried (2009c): Politischer Medieneinfluss: Metamorphosen des Wirkungskonzepts. In: Frank Marcinkowski und Barbara Pfetsch (Hrsg.), Politik in der Mediendemokratie. PVS-Politische Vierteljahresschrift, Sonderheft 42/2009. Wiesbaden: VS Verlag für Sozialwissenschaften, S. 103-125.

Schulz, Winfried (2009d): Superbürger und chronisch Unwissende in der neuen Medienumwelt. Beziehungen zwischen politischer Mobilisierung und Informationsverhalten bei der Bundestagswahl 2005. In: Christina Holtz-Bacha, Gunter Reus und Lee B. Becker (Hrsg.), Wissenschaft mit Wirkung. Beiträge zu Journalismus und Medienwirkungsforschung. Festschrift für Klaus Schönbach. Wiesbaden: VS Verlag für Sozialwissenschaften, S. 161-180.

Schulz, Winfried, Harald Berens und Reimar Zeh (1998a): Das Fernsehen als Instrument und Akteur im Wahlkampf. Analyse der Berichterstattung von ARD, ZDF, RTL und SAT.1 über die Spitzenkandidaten bei der Bundestagswahl 1994. In: Rundfunk und Fernsehen 46, S. 58-79.

Schulz, Winfried, Harald Berens und Reimar Zeh (1998b): Der Kampf um Castor in den Medien. Konfliktbewertung, Nachrichtenresonanz und journalistische Qualität. München: Verlag Reinhard Fischer.

Schulz, Winfried und Jay G. Blumler (1994): Die Bedeutung der Kampagnen für das EuropaEngagement der Bürger. Eine Mehr-Ebenen-Analyse. In: Oskar Niedermayer und Hermann Schmitt (Hrsg.), Wahlen und Europäische Einigung. Opladen: Westdeutscher Verlag, S. 199-223.

Schulz, Winfried und Reimar Zeh (2006): Die Kampagne im Fernsehen Agens und Indikator des Wandels. Ein Vergleich der Kandidatendarstellung. In: Christina Holtz-Bacha (Hrsg.), Die Massenmedien im Wahlkampf. Die Bundestagswahl 2005. Wiesbaden: VS Verlag für Sozialwissenschaften, S. 277-305.

Schulz, Winfried und Reimar Zeh (2010): Die Protagonisten in der Fernseharena. Merkel und Steinmeier in der Berichterstattung über den Wahlkampf 2009. In: Christina Holtz-Bacha (Hrsg.), Die Massenmedien im Wahlkampf. Das Wahljahr 2009. Wiesbaden: VS Verlag für Sozialwissenschaften, S. 313-338.

Schulz, Winfried und Reimar Zeh (2019): Merkel und Schulz im Fernsehen und ein Blick zurück auf acht Wahlkämpfe. In: Christina Holtz-Bacha (Hrsg.), Die (Massen-) Medien im Wahlkampf. Das Wahljahr 2017. Wiesbaden: VS Verlag für Sozialwissenschaften, S. 243-261.

Schürmann, Frank (1992): Öffentlichkeitsarbeit der Bundesregierung. Strukturen, Medien, Auftrag und Grenzen eines informalen Instruments der Staatsleitung. Berlin: Duncker & Humblot.

Schütt-Wetschky, Eberhard (1994): Macht der Verbände-Ohnmacht der Bürger? Mit einer Fallstudie zum Kampf um § 116 Arbeitsförderungsgesetz. In: Jahrbuch für Politik 4, S. 35-104.

Schweda, Claudia und Rainer Opherden (1995): Journalismus und Public Relations. Grenzbeziehungen im System lokaler politischer Kommunikation. Wiesbaden: Deutscher Universitäts-Verlag.

Schweitzer, Eva Johanna (2010): Normalisierung 2.0. Die Online-Wahlkämpfe deutscher Parteien zu den Bundestagswahlen 2002-2009 In: Christina Holtz-Bacha (Hrsg.), Die Massenmedien im Wahlkampf. Das Wahljahr 2009. Wiesbaden: VS Verlag für Sozialwissenschaften, S. 189-244.

Sears, David O. und Jonathan L. Freedman (1967): Selective exposure: A critical review. In: Public Opinion Quarterly 31, S. 194-213.

Seidenglanz, René und Günter Bentele (2004): Das Verhältnis von Öffentlichkeitsarbeit und Journalismus im Kontext von Variablen. Modellentwicklung auf Basis des Intereffikationsansatzes und empirische Studie im Bereich der sächsischen Landespolitik. In: Klaus-Dieter Altmeppen, Ulrike Röttger und Günter Bentele (Hrsg.), Schwierige Verhältnisse. Interdependenz zwischen Journalismus und PR. Wiesbaden: VS Verlag für Sozialwissenschaften, S. 105-120.

Semetko, Holli A. (1996): Political balance on television. Campaigns in the United States, Britain, and Germany. In: Press/Politics 1 (1), S. 51-71.

Semetko, Holli A. (2008): Election campaign communication. In: Wolfgang Donsbach (Hrsg.), International encyclopedia of communication. Vol. IV. Malden, Mass.: Blackwell, S. 1481-1487.

Semetko, Holli A., Jay G. Blumler, Michael Gurevitch und David H. Weaver (1991): The formation of campaign agendas. A comparative analysis of party and media roles in recent American and British elections. Hillsdale, NJ: Lawrence Erlbaum.

Semetko, Holli A. und Klaus Schönbach (1994): Germany's 'Unity Election'. Voters and the media. Cresskill, NJ: Hampton Press.

Semetko, Holli A. und Patti M. Valkenburg (1998): The impact of attentiveness on political efficacy: Evidence from a three-year German panel study. In: International Journal of Public Opinion Research 10, S. 195-210.

Severin, Werner J. und James W. Jr. Tankard (2001): Communication theories: Origins, methods, and uses in the mass media. Fifth edition. New York: Addison Wesley Longman.

Shah, Dhavan V. (2008): Political socialization through the media. In: Wolfgang Donsbach (Hrsg.), International encyclopedia of communication. Vol. VIII. Malden, Mass.: Blackwell, S. 3749-3754.

Shah, Dhavan V., Nojin Kwak und Lance R. Holbert (2001): "Connecting" and "disconnecting" with civic life: Patterns of Internet use and the production of social capital. In: Political Communication 18, S. 141-162.

Shanahan, James und Michael Morgan (1999): Television and its viewers. Cultivation theory and research. Cambridge: Cambridge University Press.

Sheafer, Tamir und Itay Gabay (2009): Mediated public diplomacy: A strategic contest over international agenda building and frame building. In: Political Communication 26, S. 447-467.

Shively, W. Phillips (1979): The development of party identification among adults: Exploration of a functional model. In: American Political Science Review 73, S. 1039-1054.

Shoemaker, Pamela J. (Hrsg.) (1989): Communication campaigns about drugs. Government, media, and the public. Hillsdale, NJ: Lawrence Erlbaum.

Shoemaker, Pamela J. (1996): Hardwired for news: Using biological and cultural evolution to explain the surveillance function. In: Journal of Communication 46 (3), S. 32-47.

Shoemaker, Pamela J. und Akiba A. Cohen (2006): News around the World: Practitioners, content, and the public. New York: Routledge.

Shoemaker, Pamela J. und Stephen D. Reese (1996): Mediating the message. Theories of influences on mass media content. Second edition. New York: Longman.

Simon, Adam F. und JenniferJerit (2007): Toward a theory relating political discourse, media, and public opinion. In: Journal of Communication 57, S. 254-271.

Slater, Michael D. (2007): Reinforcing spirals: The mutual influence of media selectivity and media effects and their impact on individual behavior and social identity. In: Communication theory 17, S. 281-303.

Slembeck, Tilman C. (1988): Medienkonsum politischer Entscheidungsträger. Eine Untersuchung am Beispiel der Schweizer Bundesversammlung. In: Publizistik 33, S. 645-650.

Smith, Aaron (2009): The Internet's role in campaign 2008. Pew Internet & American Life Project,

April 2009, www. pewinternet. org/Reports/2009/6--The-Internets-Role-in-Campaign-2008. aspx (abgerufen 25. 3. 2010).

Smith, Robert B. (2001): A legacy of Lazarsfeld: Cumulative social research on voting. In: International Journal of Public Opinion Research 13, S. 280-298.

Sombart, Werner (1927): Der moderne Kapitalismus. Dritter Band. Das Wirtschaftsleben im Zeitalter des Hochkapitalismus. Erster Halbband. München und Leipzig: Duncker & Humblot.

Sondergeld, Klaus (1983): Die Wirtschafts-und Sozialberichterstattung in den Fernsehnachrichten. Eine theoretische und empirische Untersuchung zur politischen Kommunikation. Münster: Lit (o. J.).

Sotirovic, Mira und Jack M. McLeod (2004): Knowledge as understanding: The information processing approach to political learning. In: Lynda Lee Kaid (Hrsg.), Handbook of political communication research. Mahwah, NJ: Lawrence Erlbaum, S. 357-394.

Speed, John Gilmer (1893): Do newspapers now give the news? In: Forum 15, S. 705-711.

Spiegel-Verlag (Hrsg.) (1983): Persönlichkeitsstärke. Hamburg: Spiegel-Verlag.

Spreng, Michael (2003): Kompetenz und keine Konkurrenz. Die Wahlkampfstrategie der Union 2002 im Lichte der Praxis. In: Forschungsjournal Neue soziale Bewegungen 16 (1), S. 62-67.

Staab, Joachim Friedrich (1990): Nachrichtenwert-Theorie. Formale Struktur und empirischer Gehalt. Freiburg: Alber.Stanyer, James (2007): Modern political communication. Mediated politics in uncertain times. Malden, MA: Polity.

Stanyer, James (2007): Modern political communication. Mediated politics in uncertain times. Malden, MA: Polity.

Steinmaurer, Thomas (2003): Medialer und gesellschaftlicher Wandel. Skizzen zu einem Modell. In: Markus Behmer et al. (Hrsg.), Medienentwicklung und gesellschaftlicher Wandel. Beiträge zu einer theoretischen und empirischen Herausforderung. Wiesbaden: Westdeutscher Verlag, S. 103-119.

Stevenson, Robert L. (2003): Mapping the news of the world. In: Brenda Dervin und Steven H. Chaffee (Hrsg.), Communication, a different kind of horse race: Essays honoring Richard F. Carter. Cresskill, NJ: Hampton Press, S. 149-165.

Stöber, Rudolf (2000): Deutsche Pressegeschichte. Einführung, Systematik, Glossar. Konstanz: UVK Medien.

Strohmeier, Gerd (2002): Moderne Wahlkämpfe --wie sie geplant, geführt und gewonnen werden. Baden-Baden: Nomos.

Strohmeier, Gerd (2004): Politik und Massenmedien. Eine Einführung. Baden-Baden: Nomos.

Strömbäck, Jesper (2008): Four phases of mediatization: An analysis of the mediatization of politics. In: Press/Politics 13, S. 228-246.

Strömbäck, Jesper und Lynda Lee Kaid (Hrsg.) (2008): The handbook of election news coverage around the world. Mahwah, NJ: Lawrence Erlbaum.

Sturm, Herta (1991): Fernsehdiktate: Die Veränderung von Gedanken und Gefühlen. Ergebnisse und Folgerungen für eine rezipientenorientierte Mediendramaturgie. Gütersloh: Bertelsmann Stiftung.

Sun, Ye, Zhongdang Pan und Lijiang Shen (2008): Understanding the third-person perception: Evidence from a meta-analysis. In: Journal of Communication 58, S. 280-300.

Süskind, Martin E. (1989): Wer Nähe schafft, zensiert sich-wer Distanz hält, erfährt nichts. In: Süddeutsche Zeitung (23. Mai 1989), S. 10.

Swanson, David L. (1992): The political media complex. In: Communication Monographs 59, S. 397-400.

Swanson, David L. und Paolo Mancini (Hrsg.) (1996a): Politics, media, and modern democracy. An international study of innovations in electoral campaigning and their consequences. Westport, CT: Praeger.

Swanson, David L. und Paolo Mancini (1996b): Politics, media, and modern democracy: Introduction. In: David L. Swanson und Paolo Mancini (Hrsg.), Politics, media, and modern democracy. An international study of innovations in electoral campaigning and their consequences. Westport, CT: Praeger, S. 1-26.

Taylor, Shelley E. und Susan T. Fiske (1978): Salience, attention, and attribution: Top of the head phenomena. In: Advances in Experimental Social Psychology 11, S. 249-288.

Tenscher, Jens (1998): Politik für das Fernsehen-Politik im Fernsehen. Theorien, Trends und Perspektiven. In: Ulrich Sarcinelli (Hrsg.), Politikvermittlung und Demokratie in der Mediengesellschaft. Beiträge zur politischen Kommunikationskultur. Opladen: Westdeutscher Verlag, S. 184-208.

Tenscher, Jens (2007): Professionalisierung nach Wahl. Ein Vergleich der Parteikampagnen im Rahmen der jüngsten Bundestags-und Europawahlkämpfe in Deutschland. In: Frank Brettschneider, Oskar Niedermayer und Bernhard Weßels (Hrsg.), Die Bundestagswahl 2005. Analysen des Wahlkampfes und der Wahlergebnisse. Wiesbaden: VS Verlag für Sozialwissenschaften, S. 65-95.

Theis-Berglmair, Anna Maria (1984): Massenmedien und politische Steuerung. Aufklärungskampagnen im Kontext staatlicher Interventionspolitik. Augsburg: Maro.

Theunert, Helga und Bernd Schorb (1995): 'Mordsbilder': Kinder und Fernsehinformation. Eine

Untersuchung zum Umgang von Kindern mit realen Gewaltdarstellungen in Nachrichten und Reality-TV im Auftrag der Hamburgischen Anstalt für neue Medien (HAM) und der Bayerischen Landeszentrale für neue Medien (BLM). Berlin: VISTAS.

Thomas, William I. und Dorothy Swaine Thomas (1928): The child in America. Behavior problems and programs. New York: Knopf.

Tichenor, Phillip P., George A. Donohue und Clarice N.Olien (1970): Mass media flow and differential growth in knowledge. In: Public Opinion Quarterly 34, S. 159-170.

Tonnemacher, Jan (2003): Kommunikationspolitik in Deutschland. Eine Einführung. 2., überarbeitete Auflage. Konstanz: UVK.

Trebbe, Joachim (2009): Ethnische Minderheiten, Massenmedien und Integration. Eine Untersuchung zu massenmedialer Repräsentation und Medienwirkungen. Wiesbaden: VS Verlag für Sozialwissenschaften.

Trenaman, Joseph und Denis McQuail (1961): Television and the political image: A study of the impact of television on the 1959 general election. London: Methuen.

Tsaliki, Liza (2002): Online forums and the enlargement of public space: Research findings from a European project. In: Javnost-The Public 9, S. 95-112.

Turow, Joseph (1992): On reconceptualizing 'mass communication'. In: Journal of Broadcasting & Electronic Media 35, S. 105-110.

Uehlinger, Hans-Martin (1988): Politische Partizipation in der Bundesrepublik. Strukturen und Erklärungsmodelle. Opladen: Westdeutscher Verlag.

Uslaner, Eric M. (1998): Social capital, television, and the 'mean world': Trust, optimism, and civic participation. In: Political Psychology 19, S. 441-466.

van de Donk, Wim, Brian D. Loader, Paul G. Nixon und Dieter Rucht (Hrsg.) (2004): Cyberprotest. New media, citizens and social movements. London: Routledge.

van Deth, Jan W. (2000): Das Leben, nicht die Politik ist wichtig. In: Oskar Niedermayer und Bettina Westle (Hrsg.), Demokratie und Partizipation. Wiesbaden: Westdeutscher Verlag, S. 115-135.

van Deth, Jan W. (2001): Soziale und politische Beteiligung: Alternativen, Ergänzungen oder Zwillinge? In: Achim Koch, Martina Wasmer und Peter Schmidt (Hrsg.), Politische Partizipation in der Bundesrepublik Deutschland. Empirische Befunde und theoretische Erklärungen. Opladen: Leske+Budrich, S. 195-219.

van Deth, Jan W. (2004): Politisches Interesse. In: Jan W. van Deth (Hrsg.), Deutschland in Europa. Ergebnisse des European Social Survey 2002-2003. Wiesbaden: VS Verlag für Sozialwissenschaften, S. 275-292.

van Deth, Jan W. (2005): Kinder und Politik. Essay. In: Aus Politik und Zeitgeschichte (41), S. 3-6.

van Deth, Jan W. (2009): Politische Partizipation. In: Viktoria Kaina und Andrea Römmele (Hrsg.), Politische Soziologie. Ein Studienbuch. Wiesbaden: VS Verlag für Sozialwissenschaften, S. 141-161.

van Dijk, Jan A. G. M. (2005): The deepening divide. Inequality in the information society. Thousand Oaks: Sage.

van Dijk, Teun A. (1988): News analysis. Case studies of international and national news in the press. Hillsdale, NJ: Lawrence Erlbaum.

van Leuwen, James K. und Michael D. Slater (1991): How publics, public relations, and the media shape the public opinion process. In: Larissa A. Grunig und James E. Grunig (Hrsg.), Public Relations Research Annual, vol. 3. Hillsdale, NJ: Erlbaum, S. 165-178.

Verba, Sidney und Norman H. Nie (1972): Participation in America: Political democracy and social equality. New York: Harper & Row.

Vetter, Angelika (1997): Political efficacy: Alte und neue Messmodelle im Vergleich. In: Kölner Zeitschrift für Soziologie und Sozialpsychologie 49, S. 53-73.

Viswanath, K. und John R. Finnegan (1996): The knowledge gap hypothesis: Twenty-five years later. In: Brant R. Burleson (Hrsg.), Communication Yearbook 19. Thousand Oaks: Sage, S. 187-227.

Vollmar, Meike (2007): Politisches Wissen bei Kindern-nicht einfach nur ja oder nein. In: Jan W. van Deth et al. (Hrsg.), Kinder und Politik. Politische Einstellungen von jungen Kindern im ersten Grundschuljahr. Wiesbaden: VS Verlag für Sozialwissenschaften, S. 119-160.

Voltmer, Katrin (1999): Medienqualität und Demokratie. Eine empirische Analyse publizistischer Informations-und Orientierungsleistungen in der Wahlkampfkommunikation. Baden-Baden: Nomos.

Vowe, Gerhard (2002): Lazarsfeld et al., The people's choice. In: Christina Holtz-Bacha und Arnulf Kutsch (Hrsg.), Schlüsselwerke für die Kommunikationswissenschaft. Wiesbaden: Westdeutscher Verlag, S. 255-259.

Vowe, Gerhard (2003a): Medienpolitik-Regulierung der medialen öffentlichen Kommunikation. In: Günter Bentele, Hans-Bernd Brosius und Otfried Jarren (Hrsg.), Öffentliche Kommunikation. Handbuch Kommunikations-und Medienwissenschaft. Wiesbaden: Westdeutscher Verlag, S. 210-227.

Vowe, Gerhard (2003b): Politische Kommunikation. In: Herfried Münkler (Hrsg.), Politikwissenschaft. Ein Grundkurs. Reinbek: Rowohlt, S. 519-552.

Vowe, Gerhard und Marco Dohle (2005): Politische Kommunikation. In: Christina Holtz-Bacha et al. (Hrsg.), Fünfzig Jahre Publizistik (Sonderheft 5). Wiesbaden: VS Verlag für Sozialwissenschaften, S. 250-275.

Vowe, Gerhard, Martin Emmer und Martin Seifert (2007): Abkehr oder Mobilisierung? Zum Einfluss des Internets auf die individuelle politische Kommunikation. Empirische Befunde zu alten Fragen im Kontext neuer Medien. In: Birgit Krause, Benjamin Fretwurst und Jens Vogelsang (Hrsg.), Fortschritte der politischen Kommunikationsforschung. Festschrift für Lutz Erbring. Wiesbaden: VS Verlag für Sozialwissenschaften, S. 109-130.

Wagner, Jochen W. (2005): Deutsche Wahlwerbekampagnen made in USA? Amerikanisierung oder Modernisierung bundesrepublikanischer Wahlkampagnen. Wiesbaden: VS Verlag für Sozialwissenschaften.

Wagner, Sandra (2004): Die Nutzung des Internet als Medium für die politische Kommunikation: Reinforcement oder Mobilisierung? In: Frank Brettschneider, Jan van Deth und Edeltraud Roller (Hrsg.), Die Bundestagswahl 2002: Analysen der Wahlergebnisse und des Wahlkampfes. Wiesbaden: VS Verlag für Sozialwissenschaften, S. 120-140.

Walgrave, Stefaan und Peter Van Aelste (2006): The contingency of the mass media's political agenda setting power: Toward a preliminary theory. In: Journal of Communication 56 (1), S. 88-109.

Walma van der Molen, Juliette H. (2001): Children's and adults' recall of television versus print news: Is print really better? In: Karsten Renckstorf, Denis McQuail und Nicholas Jankowski (Hrsg.), Television news research: Recent European approaches and findings. Berlin: Quintessenz, S. 231-246.

Wanta, Wayne, Guy Golan und Cheolhan Lee (2004): Agenda setting and international news. Media influence on public perceptions of foreign nations. In: Journalism & Mass Communication Quarterly 81, S. 364-377.

Warren, Carl (1934): Modern news reporting. New York, NY: Harper.

Watermann, Rainer (2005): Politische Sozialisation von Kindern und Jugendlichen. In: Aus Politik und Zeitgeschichte (41), S. 16-24.

Weaver, David (1984): Media agenda-setting and public opinion: Is there a link? In: Robert N. Bostrom und Bruce H. Westley (Hrsg.), Mass Communications Review Yearbook 8. Beverly Hills: Sage, S. 680-691.

Weaver, David (1991): Issue salience and public opinion: Are there consequences of agenda-setting? In: International Journal of Public Opinion Research 3, S. 53-68.

Weaver, David (1996): What voters learn from the media. In: Kathleen Hall Jamieson (Hrsg.), The media and politics. Annals of the American Academy of Political and Social Sciences, vol 546. Thousand Oaks: Sage, S. 34-47.

Weaver, David (2008): Agenda-setting effects. In: Wolfgang Donsbach (Hrsg.), International encyclopedia of communication. Vol. I. Malden, Mass.: Blackwell, S. 145-151.

Weaver, David H. (Hrsg.) (1998): The global journalist. News people around the world. Cresskill, NJ: Hampton Press.

Weaver, David H., Maxwell E. McCombs und Donald L. Shaw (1998): International trends in agenda-setting research. In: Christina Holtz-Bacha, Helmut Scherer und Norbert Waldmann (Hrsg.), Wie die Medien die Welt erschaffen und wie die Menschen darin leben. Für Winfried Schulz. Opladen, Wiesbaden: Westdeutscher Verlag, S. 189-203.

Weaver, David, Maxwell McCombs und Donald L. Shaw (2004): Agenda-setting research: Issues, attributes, and influences. In: Lynda Lee Kaid (Hrsg.), Handbook of political communication research. Mahwah, NJ: Lawrence Erlbaum, S. 257-282.

Weber, Stefan (2000): Was steuert Journalismus? Ein System zwischen Selbstreferenz und Fremdsteuerung. Konstanz: UVK Medien.

Weimann, Gabriel (1994): The influentials. People who influence people. Albany, NY: State University of New York Press.

Weimann, Gabriel (2000): Communicating unreality. Modern media and the reconstruction of reality. Thousand Oaks: Sage.

Weimann, Gabriel (2006): Terror on the Internet. The new arena, the new challenges. Washington, DC: United States Institute of Peace.

Weinacht, Stefan (2009): Medienmarketing im Redaktionellen. Medienthematisierungen als Instrument der Unternehmenskommunikation von Medienorganisationen. In: Baden-Baden: Nomos.

Weischenberg, Siegfried (1993): Zwischen Zensur und Verantwortung. Wie Journalisten (Kriege) konstruieren. In: Martin Löffelholz (Hrsg.), Krieg als Medienereignis. Grundlagen und Perspektiven der Krisenkommunikation. Opladen: Westdeutscher Verlag, S. 65-80.

Weischenberg, Siegfried (1995): Journalistik. Band 2. Medientechnik, Medienfunktionen, Medienakteure. Opladen: Westdeutscher Verlag.

Weischenberg, Siegfried, Martin Löffelholz und Armin Scholl (1994): Merkmale und Einstellungen von Journalisten. Journalismus in Deutschland II. In: Media Perspektiven (4), S. 154-167.

Weischenberg, Siegfried, Wiebke Loosen und Michael Beuthner (Hrsg.) (2006): Medien-Qualitäten. Öffentliche Kommunikation zwischen ökonomischem Kalkül und Sozialverant-wortung. Konstanz: UVK.

Weischenberg, Siegfried, Maja Malik und Armin Scholl (2006a): Die Souffleure der Mediengesellschaft. Journalisten in Deutschland. Konstanz: UVK.

Weischenberg, Siegfried, Maja Malik und Armin Scholl (2006b): Journalismus in Deutschland. Zentrale Befunde der aktuellen Repräsentativbefragung deutscher Journalisten. In: Media Perspektiven (7), S. 346-361.

Weller, Christoph (2000): Die öffentliche Meinung in der Außenpolitik. eine konstruktivistische Perspektive. Wiesbaden: Westdeutscher Verlag.

Welz, Hans-Georg (2002): Politische Öffentlichkeit und Kommunikation im Internet. In: Aus Politik und Zeitgeschichte (B 39-40), S. 3-11.

Weßler, Hartmut (1999): Öffentlichkeit als Prozeß. Deutungsstrukturen und Deutungswandel in der deutschen Drogenberichterstattung. Opladen: Westdeutscher Verlag.

Wessler, Hartmut (2008): Deliberativeness in political communication. In: Wolfgang Donsbach (Hrsg.), International encyclopedia of communication. Vol. III. Malden, Mass.: Blackwell, S. 1199-1203.

Wessler, Hartmut, Berhard Peters, Michael Brüggemann, Katharina Kleinen-von Königslöw und Stefanie Sifft (2008): Transnationalization of public spheres. Houndmills: Palgrave Macmillan.

Westerståhl, Jörgen und Folke Johansson (1986): News ideologies as moulders of domestic news. In: European Journal of Communication 1, S. 133-149.

Westerståhl, Jörgen und Folke Johansson (1994): Foreign news. News values and ideologies. In: European Journal of Communication 9, S. 71-89.

Westle, Bettina (1999): Kollektive Identität im vereinten Deutschland. Nation und Demokratie in der Wahrnehmung der Deutschen. Opladen: Leske+Budrich.

Westle, Bettina (2005): Politisches Wissen und Wahlen. In: Jürgen W. Falter, Oscar W. Gabriel und Bernhard Weßels (Hrsg.), Wahlen und Wähler. Analysen aus Anlass der Bundestagswahl 2002. Wiesbaden: VS Verlag für Sozialwissenschaften, S. 484-512.

Westle, Bettina (2009): Politisches Wissen als Grundlage der Entscheidung bei der Bundestagswahl 2005. In: Oscar W. Gabriel, Bernhard Weßels und Jürgen W. Falter (Hrsg.), Wahlen und Wähler. Analysen aus Anlass der Bundestagswahl 2005. Wiesbaden: VS Verlag für Sozialwissenschaften (im Erscheinen).

White, David M. (1950): The "gatekeeper". A case study in the selection of news. In: Journalism

Quarterly 27, S. 383-390.

White, Theodore H. (1961): The making of the president 1960. A narrative history of American politics in action. New York: Atheneum.

Wiesendahl, Elmar (1998): Parteienkommunikation. In: Otfried Jarren, Ulrich Sarcinelli und Ulrich Saxer (Hrsg.), Politische Kommunikation in der demokratischen Gesellschaft. Opladen, Wiesbaden. Opladen: Westdeutscher Verlag, S. 442-449.

Wiesendahl, Elmar (2002): Parteienkommunikation parochial. Hindernisse beim Übergang in das Online-Parteienzeitalter. In: Ulrich von Alemann und Stefan Marschall (Hrsg.), Parteien in der Mediendemokratie. Wiesbaden: Westdeutscher Verlag, S. 364-389.

Wildenmann, Rudolf und Werner Kaltefleiter (1965): Funktionen der Massenmedien. Frankfurt/Main: Athenäum.

Wilke, Jürgen (1993): Internationale Beziehungen und Massenmedien. In: Heinz Bonfadelli und Werner A. Meier (Hrsg.), Krieg, Aids, Katastrophen. Gegenwartsprobleme als Herausforderung für die Publizistikwissenschaft. Festschrift für Ulrich Saxer. Konstanz: Universitätsverlag Konstanz, S. 175-191.

Wilke, Jürgen (1998): Konstanten und Veränderungen der Auslandsberichterstattung. In: Christina Holtz-Bacha, Helmut Scherer und Norbert Waldmann (Hrsg.), Wie die Medien die Welt erschaffen und wie die Menschen darin leben. Für Winfried Schulz. Opladen/Wiesbaden: Westdeutscher Verlag, S. 39-57.

Wilke, Jürgen (2000): Grundzüge der Medien-und Kommunikationsgeschichte. Von den Anfängen bis ins 20. Jahrhundert. Köln: Böhlau.

Wilke, Jürgen und Melanie Leidecker (2010): Ein Wahlkampf der keiner war? Die Presseberichterstattung zur Bundestagswahl 2009 im Langzeitvergleich. In: Christina Holtz-Bacha (Hrsg.), Die Massenmedien im Wahlkampf. Das Wahljahr 2009. Wiesbaden: VS Verlag für Sozialwissenschaften, S. 339-372.

Wilke, Jürgen und Carsten Reinemann (2000): Kanzlerkandidaten in der Wahlberichterstattung. Eine vergleichende Studie zu den Bundestagswahlen 1949-1998. Köln: Böhlau.

Wilking, Thomas (1990): Strukturen lokaler Nachrichten. Eine empirische Untersuchung von Text- und Bildberichterstattung. München: K. G. Saur.

Wimmer, Jeffrey (2007): (Gegen-) Öffentlichkeit in der Mediengesellschaft. Analyse eines medialen Spannungsverhältnisses. Wiesbaden: VS Verlag für Sozialwissenschaften.

Windzio, Michael und Matthias Kleimann (2006): Die kriminelle Gesellschaft. Mediennutzung, Kriminalitätswahrnehmung und Einstellung zum Strafen. In: Soziale Welt 57, S. 193-215.

Winterhoff-Spurk, Peter (2001): Fernsehen. Fakten zur Medienwirkung. 2., völlig überarbeitete und ergänzte Auflage. Bern: Huber.

Winterhoff-Spurk, Peter (2004): Medienpsychologie. Eine Einführung. 2., überarb. und erw. Aufl. Stuttgart: Kohlhammer.

Winterhoff-Spurk, Peter (2005): Kalte Herzen. Wie das Fernsehen unseren Charakter formt. Stuttgart: Klett-Cotta.

Winterhoff-Spurk, Peter, Dagmar Unz und Frank Schwab (2005): Häufiger, schneller, variabler. Ergebnisse einer Längsschnittuntersuchung über Gewalt in TV-Nachrichten. In: Publizistik 50, S. 225-237.

Wirth, Werner (1997): Von der Information zum Wissen. Die Rolle der Rezeption für die Entstehung von Wissensunterschieden. Ein Beitrag zur Wissenskluftforschung. Opladen: Westdeutscher Verlag.

Wittkämper, Gerhard W. (Hrsg.) (1986): Medienwirkungen in der internationalen Politik. Band 2: Das Beziehungsgeflecht von Außenpolitik und Presse. Münster: Lit-Verlag.

Wittkämper, Gerhard W., Jürgen Bellers, Jürgen Grimm, Michael Heiks, Klaus Sondergeld und Klaus Wehmeier (1992): Pressewirkungen und außenpolitische Entscheidungsprozesse-Methodologische Probleme der Analyse. In: Gerhard W. Wittkämper (Hrsg.), Medien und Politik. Darmstadt: Wissenschaftliche Buchgesellschaft, S. 150-168.

Woelke, Jens (2003a): Nachrichtenwerte in der Rezeption-Theoretische Beschreibungen und Befunde. In: Georg Ruhrmann et al. (Hrsg.), Der Wert von Nachrichten im deutschen Fernsehen. Ein Modell zur Validierung von Nachrichtenfaktoren. Opladen: Leske+Budrich, S. 145-161.

Woelke, Jens (2003b): Rezeption von Fernsehnachrichten-Befunde zum Nachrichtenwert und zur Relevanz von Nachrichtenfaktoren. In: Georg Ruhrmann et al. (Hrsg.), Der Wert von Nachrichten im deutschen Fernsehen. Ein Modell zur Validierung von Nachrichtenfaktoren. Opladen: Leske+Budrich, S. 163-199.

Wolling, Jens (1999): Politikverdrossenheit durch Massenmedien? Der Einfluß der Medien auf die Einstellungen der Bürger zur Politik. Opladen: Westdeutscher Verlag.

Wright, Charles R. (1960): Functional analysis and mass communication. In: Public Opinion Quarterly 24, S. 605-620.

Wring, Dominic (1999): The marketing colonization of political campaigning. In: Bruce I. Newman (Hrsg.), Handbook of political marketing. Thousand Oaks: Sage, S. 41-54.

Wring, Dominic und Stephen Ward (2010): The media and the 2010 campaign: the television election? In: Parliamentary Affairs 63, S. 802-817.

Wu, DenisHaoming (1998): Investigating the determinants of international news flow. A meta-analysis. In: Gazette 60, S. 493-542.

Wu, DenisHaoming (2003): Homogeneity around the world? Comparing the systemic determinants of international news flow betweeen developed and developing countries. In: Gazette 65, S. 9-24.

Yang, Guobin (2003): The Internet and the rise of a transnational Chinese cultural sphere. In: Media, Culture & Society 25, S. 469-490.

Zaller, John R. (1992): The nature and origins of mass opinion. Cambridge: Cambridge University Press.

Zeh, Reimar (2005): Kanzlerkandidaten im Fernsehen. Eine Analyse der Berichterstattung der Hauptabendnachrichten in der heißen Phase der Bundestagswahlkämpfe 1994 und 1998. München: Verlag Reinhard Fischer.

Zerfaß, Ansgar (2010): Unternehmensführung und Öffentlichkeitsarbeit. Grundlegung einer Theorie der Unternehmenskommunikation und Public Relations. 3., aktualisierte Auflage. Wiesbaden: VS Verlag für Sozialwissenschaften.

Zittel, Thomas (2010): Mehr Responsivität durch neue Medien? Die elektronische Wählerkommunikation von Abgeordneten in Deutschland, Schweden und den USA. Baden-Baden: Nomos.

Zubayr, Camille und Heinz Gerhard (2009): Tendenzen im Zuschauerverhalten. Fernsehgewohnheiten und Fernsehreichweiten im Jahr 2008. In: Media Perspektiven (3), S. 98-112.

Zubayr, Camille und Heinz Gerhard (2010): Tendenzen im Zuschauerverhalten. Fernsehgewohnheiten und Fernsehreichweiten im Jahr 2009. In: Media Perspektiven (3), S. 106-118.

Zubayr, Camille, Denise Haddad und Lea Hartmann (2020): Tendenzen im Zuschauerverhalten. Nutzungsgewohnheiten und Reichweiten im Jahr 2020. In: Media Perspektiven (3), S. 110-125.

Zukin, Cliff (1981): Mass communication and public opinion. In: Dan D. Nimmo und Keith R. Sanders (Hrsg.), Handbook of political communication. Beverly Hills: Sage, S. 359-390.

Zukin, Cliff und Cliff Snyder (1984): Passive learning: When the media environment is the message. In: Public Opinion Quarterly 48, S. 629-638.

图书在版编目(CIP)数据

政治传播：理论基础与经验研究 /（德）温弗莱德·舒尔茨著；陈文沁，张世佶译. -- 北京：中国传媒大学出版社，2021.12
（传播大讲堂论丛）
ISBN 978-7-5657-2999-7

Ⅰ. ①政… Ⅱ. ①温… ②陈… ③张… Ⅲ. ①政治传播学 Ⅳ. ①D0

中国版本图书馆 CIP 数据核字（2021）第 168360 号

Translation from German language edition:
Politische Kommunikation
By Winfried Schulz
Copyright© 2011 Springer VS | Springer Fachmedien Wiesbaden GmbH
Springer Fachmedien is a part of Springer Science+Business Media
All Rights Reserved
ISBN 978-3-531-17222-4

本书简体中文版专有出版权由斯普林格出版社授予中国传媒大学出版社，在全球销售。未经出版者书面许可，不得以任何形式抄袭、复制或节录本书中的任何部分。
北京市版权局著作权合同登记图字：01-2021-5616

政治传播：理论基础与经验研究
ZHENGZHI CHUANBO:LILUN JICHU YU JINGYAN YANJIU

著 者	[德]温弗莱德·舒尔茨著
译 者	陈文沁　张世佶
审 译	柴　野
责任编辑	张　蕊
封面设计	风得信设计·阿东
责任印制	李志鹏

出版发行　中国传媒大学出版社

社　址	北京市朝阳区定福庄东街1号	邮　编	100024
电　话	86-10-65450528　65450532	传　真	65779405
网　址	http://cucp.cuc.edu.cn		
经　销	全国新华书店		
印　刷	三河市东方印刷有限公司		
开　本	710mm×1000mm　1/16		
印　张	22.25		
字　数	375 千字		
版　次	2022 年 1 月第 1 版		
印　次	2022 年 1 月第 1 次印刷		
书　号	ISBN 978-7-5657-2999-7/D·2999	定　价	98.00 元

本社法律顾问：北京李伟斌律师事务所　郭建平
版权所有　　翻印必究　　印装错误　　负责调换

Winterhoff-Spurk, Peter (2001): Fernsehen. Fakten zur Medienwirkung. 2., völlig überarbeitete und ergänzte Auflage. Bern: Huber.

Winterhoff-Spurk, Peter (2004): Medienpsychologie. Eine Einführung. 2., überarb. und erw. Aufl. Stuttgart: Kohlhammer.

Winterhoff-Spurk, Peter (2005): Kalte Herzen. Wie das Fernsehen unseren Charakter formt. Stuttgart: Klett-Cotta.

Winterhoff-Spurk, Peter, Dagmar Unz und Frank Schwab (2005): Häufiger, schneller, variabler. Ergebnisse einer Längsschnittuntersuchung über Gewalt in TV-Nachrichten. In: Publizistik 50, S. 225-237.

Wirth, Werner (1997): Von der Information zum Wissen. Die Rolle der Rezeption für die Entstehung von Wissensunterschieden. Ein Beitrag zur Wissenskluftforschung. Opladen: Westdeutscher Verlag.

Wittkämper, Gerhard W. (Hrsg.) (1986): Medienwirkungen in der internationalen Politik. Band 2: Das Beziehungsgeflecht von Außenpolitik und Presse. Münster: Lit-Verlag.

Wittkämper, Gerhard W., Jürgen Bellers, Jürgen Grimm, Michael Heiks, Klaus Sondergeld und Klaus Wehmeier (1992): Pressewirkungen und außenpolitische Entscheidungsprozesse-Methodologische Probleme der Analyse. In: Gerhard W. Wittkämper (Hrsg.), Medien und Politik. Darmstadt: Wissenschaftliche Buchgesellschaft, S. 150-168.

Woelke, Jens (2003a): Nachrichtenwerte in der Rezeption-Theoretische Beschreibungen und Befunde. In: Georg Ruhrmann et al. (Hrsg.), Der Wert von Nachrichten im deutschen Fernsehen. Ein Modell zur Validierung von Nachrichtenfaktoren. Opladen: Leske+Budrich, S. 145-161.

Woelke, Jens (2003b): Rezeption von Fernsehnachrichten-Befunde zum Nachrichtenwert und zur Relevanz von Nachrichtenfaktoren. In: Georg Ruhrmann et al. (Hrsg.), Der Wert von Nachrichten im deutschen Fernsehen. Ein Modell zur Validierung von Nachrichtenfaktoren. Opladen: Leske+Budrich, S. 163-199.

Wolling, Jens (1999): Politikverdrossenheit durch Massenmedien? Der Einfluß der Medien auf die Einstellungen der Bürger zur Politik. Opladen: Westdeutscher Verlag.

Wright, Charles R. (1960): Functional analysis and mass communication. In: Public Opinion Quarterly 24, S. 605-620.

Wring, Dominic (1999): The marketing colonization of political campaigning. In: Bruce I. Newman (Hrsg.), Handbook of political marketing. Thousand Oaks: Sage, S. 41-54.

Wring, Dominic und Stephen Ward (2010): The media and the 2010 campaign: the television election? In: Parliamentary Affairs 63, S. 802-817.

Wu, DenisHaoming (1998): Investigating the determinants of international news flow. A meta-analysis. In: Gazette 60, S. 493-542.

Wu, DenisHaoming (2003): Homogeneity around the world? Comparing the systemic determinants of international news flow betweeen developed and developing countries. In: Gazette 65, S. 9-24.

Yang, Guobin (2003): The Internet and the rise of a transnational Chinese cultural sphere. In: Media, Culture & Society 25, S. 469-490.

Zaller, John R. (1992): The nature and origins of mass opinion. Cambridge: Cambridge University Press.

Zeh, Reimar (2005): Kanzlerkandidaten im Fernsehen. Eine Analyse der Berichterstattung der Hauptabendnachrichten in der heißen Phase der Bundestagswahlkämpfe 1994 und 1998. München: Verlag Reinhard Fischer.

Zerfaß, Ansgar (2010): Unternehmensführung und Öffentlichkeitsarbeit. Grundlegung einer Theorie der Unternehmenskommunikation und Public Relations. 3., aktualisierte Auflage. Wiesbaden: VS Verlag für Sozialwissenschaften.

Zittel, Thomas (2010): Mehr Responsivität durch neue Medien? Die elektronische Wählerkommunikation von Abgeordneten in Deutschland, Schweden und den USA. Baden-Baden: Nomos.

Zubayr, Camille und Heinz Gerhard (2009): Tendenzen im Zuschauerverhalten. Fernsehgewohnheiten und Fernsehreichweiten im Jahr 2008. In: Media Perspektiven (3), S. 98-112.

Zubayr, Camille und Heinz Gerhard (2010): Tendenzen im Zuschauerverhalten. Fernsehgewohnheiten und Fernsehreichweiten im Jahr 2009. In: Media Perspektiven (3), S. 106-118.

Zubayr, Camille, Denise Haddad und Lea Hartmann (2020): Tendenzen im Zuschauerverhalten. Nutzungsgewohnheiten und Reichweiten im Jahr 2020. In: Media Perspektiven (3), S. 110-125.

Zukin, Cliff (1981): Mass communication and public opinion. In: Dan D. Nimmo und Keith R. Sanders (Hrsg.), Handbook of political communication. Beverly Hills: Sage, S. 359-390.

Zukin, Cliff und Cliff Snyder (1984): Passive learning: When the media environment is the message. In: Public Opinion Quarterly 48, S. 629-638.

图书在版编目(CIP)数据

政治传播：理论基础与经验研究／（德）温弗莱德·舒尔茨著；陈文沁，张世佶译. -- 北京：中国传媒大学出版社，2021.12
（传播大讲堂论丛）
ISBN 978-7-5657-2999-7

Ⅰ.①政… Ⅱ.①温… ②陈… ③张… Ⅲ.①政治传播学 Ⅳ.①D0

中国版本图书馆 CIP 数据核字（2021）第 168360 号

Translation from German language edition：
Politische Kommunikation
By Winfried Schulz
Copyright© 2011 Springer VS | Springer Fachmedien Wiesbaden GmbH
Springer Fachmedien is a part of Springer Science+Business Media
All Rights Reserved
ISBN 978-3-531-17222-4

本书简体中文版专有出版权由斯普林格出版社授予中国传媒大学出版社，在全球销售。未经出版者书面许可，不得以任何形式抄袭、复制或节录本书中的任何部分。
北京市版权局著作权合同登记图字：01-2021-5616

政治传播：理论基础与经验研究
ZHENGZHI CHUANBO：LILUN JICHU YU JINGYAN YANJIU

著　　者	［德］温弗莱德·舒尔茨著
译　　者	陈文沁　张世佶
审　　译	柴　野
责任编辑	张　蕊
封面设计	风得信设计·阿东
责任印制	李志鹏

出版发行	**中国传媒大学**出版社
社　　址	北京市朝阳区定福庄东街 1 号　　邮　编　100024
电　　话	86-10-65450528　65450532　　传　真　65779405
网　　址	http://cucp.cuc.edu.cn
经　　销	全国新华书店
印　　刷	三河市东方印刷有限公司
开　　本	710mm×1000mm　1/16
印　　张	22.25
字　　数	375 千字
版　　次	2022 年 1 月第 1 版
印　　次	2022 年 1 月第 1 次印刷
书　　号	ISBN 978-7-5657-2999-7/D·2999　　定　价　98.00 元

本社法律顾问：北京李伟斌律师事务所　郭建平
版权所有　　翻印必究　　印装错误　　负责调换